Anton Egner, Hans-Jürgen Friebel,
Dr. Klaus Knabe, Günther Misenta,
Ulrike Simon, Martin Vöhringer,
Dr. Hans-Jürgen Vollmer

Mensch und Politik

Gemeinschaftskunde/
Rechtserziehung/Wirtschaft
für Gymnasien, Klasse 10

Klasse	Name	Schuljahr
10 IV	Michaelis	01/02
10 IV	J. Pafsdorf	03/04
10 V	St. Hofmann	04/05

Schroedel

Mensch und Politik

Gemeinschaftskunde/Rechtserziehung/Wirtschaft
für Gymnasien Klasse 10

bearbeitet von Anton Egner,
Hans-Jürgen Friebel,
Dr. Klaus Knabe,
Günther Misenta,
Ulrike Simon,
Martin Vöhringer,
Dr. Hans-Jürgen Vollmer

unter Mitarbeit der Verlagsredaktion

Bildquellenverzeichnis

r. = rechts, l. = links, o. = oben, u. = unten

Deutsches Kriminalmuseum, Rothenburg o.d.T.: 106; dpa, Frankfurt/M.: 19, 21, 41 l., 44, 45, 132 u., 139, 153; Jörg Axel Fischer, Hannover: 96; FORON Hausgeräte GmbH, Niederschmiedeberg: Titelbild, 76; Greenpeace, Hamburg: 75; IG Bau, Frankfurt/M. (Studio W. Zimmermann): 171 u.; Library of Congress, Washington D.C.: 13 r.u.; Nürnberger Nachrichten, Bildarchiv: 99; Ost- und Europa-Jürgens, Köln: 25; Presse- und Informationsamt der Bundesregierung, Bundesbildstelle, Bonn: 132 o.; Marily Stroux, Hamburg: 126; Süddeutscher Verlag, München: 13 l.M.; UNHCR, Vertretung in der Bundesrepublik Deutschland, Bonn: 205; Manfred Vollmer, Essen: 25; DIE ZEIT (Gunkel): 185; Wolfgang Zeyen, Großdeuben: 171 o.

Gedruckt auf Papier, das nicht mit Chlor gebleicht wurde. Bei der Produktion entstehen keine chlorkohlenwasserstoffhaltigen Abwässer.

ISBN 3-507-10432-6

© 1997 Schroedel Verlag GmbH, Hannover

Alle Rechte vorbehalten.
Dieses Werk sowie einzelne Teile desselben sind urheberrechtlich geschützt. Jede Verwertung in anderen als den gesetzlich zugelassenen Fällen ist ohne vorherige schriftliche Zustimmung des Verlages nicht zulässig.

Druck A 5 4 3 / Jahr 2001 2000 99

Alle Drucke der Serie A sind im Unterricht parallel verwendbar. Die letzte Zahl bezeichnet das Jahr des Druckes.

Grafik: Peter Langner, Hannover
Druck: klr mediapartner GmbH & Co. KG, Lengerich

Inhaltsverzeichnis

Wirtschaft und Arbeitswelt

Das Recht und die Rechtsordnung in der Bundesrepublik Deutschland

Wirtschaft und Arbeitswelt

1. Warum wirtschaften wir?

1.1 Arbeiten, um zu leben – leben, um zu arbeiten?

Wohlstand

Freizeit

Nach dem Zweiten Weltkrieg sind die Einkommen und damit der Wohlstand in einem Ausmaß gestiegen, das zu Beginn des 20. Jahrhunderts kaum jemand für denkbar gehalten hätte; gleichzeitig hat die Freizeit immer mehr zugenommen. Ein Vergleich der heutigen Arbeits- und Lebensbedingungen mit denen zu Beginn des Industriezeitalters vor ca. 150 Jahren zeigt, welch gewaltiger Wandel sich seither vollzogen hat. Damals verdiente ein Arbeiter trotz eines schier endlosen Arbeitstages von zwölf und mehr Stunden oft nicht einmal das Existenzminimum; Frauen- und Kinderarbeit waren unumgänglich. Eine Urlaubsreise war noch weit bis ins 20. Jahrhundert hinein für die große Bevölkerungsmehrheit undenkbar.

Technischer Fortschritt

Die seither erzielten Verbesserungen sind in erster Linie auf den technischen Fortschritt zurückzuführen. Wissenschaft und Technik ist es gelungen, leistungsfähigere Maschinen zu entwickeln und die Arbeitsabläufe zweckmäßiger zu organisieren. Der technische Fortschritt wurde zunächst uneingeschränkt bejaht, denn er schien eine noch bessere Zukunft zu verheißen. Erst in jüngster Zeit stellen die Menschen mehr und mehr fest, dass die Segnungen der Technik auch ihren Preis haben: Die Arbeit wird oft monotoner; Maschinen ersetzen zunehmend die menschliche Arbeitskraft; die Gefahren einer ständig wachsenden Produktion für die Umwelt werden immer offensichtlicher. So sehr die Skepsis gegenüber bestimmten Entwicklungen der Industriegesellschaft auch berechtigt ist, die technische Entwicklung ist nicht aufzuhalten. Wir werden uns ihren vielfältigen Herausforderungen stellen müssen.

MATERIAL 1 **Anekdote von der Senkung der Arbeitsmoral**

In einem Hafen an einer westlichen Küste Europas liegt ein ärmlich gekleideter Mann in seinem Fischerboot und döst. Ein schick angezogener Tourist legt eben einen neuen Farbfilm in seinen Fotoapparat, um das idyllische Bild zu fotografieren: blauer Himmel, grüne See mit friedlichen schneeweißen Wellenkämmen, schwarzes Boot, rote Fischermütze. Klick. Noch einmal: klick, und da aller guten Dinge drei sind und sicher sicher ist, ein drittes Mal: klick. Das spröde, fast feindselige Geräusch weckt den dösenden Fischer, der sich schläfrig aufrichtet, schläfrig nach seiner Zigarettenschachtel angelt; aber bevor er das Gesuchte gefunden, hat ihm der eifrige Tourist schon eine Schachtel vor die Nase gehalten, ihm die Zigarette nicht gerade in den Mund gesteckt, aber in die Hand gelegt, und ein viertes Klick, das des Feuerzeugs, schließt die eilfertige Höflichkeit ab. Durch jenes kaum messbare, nie nachweisbare Zuviel an flinker Höflichkeit ist eine gereizte Verlegenheit entstanden, die der Tourist – der Landessprache mächtig – durch ein Gespräch zu überbrücken versucht.
„Sie werden heute einen guten Fang machen."
Kopfschütteln des Fischers.
„Aber man hat mir gesagt, dass das Wetter günstig ist." Kopfnicken des Fischers.
„Sie werden also nicht ausfahren?"
Kopfschütteln des Fischers, steigende Nervosität des Touristen. Gewiss liegt ihm das Wohl des

ärmlich gekleideten Fischers am Herzen, nagt an ihm die Trauer über die verpasste Gelegenheit. „Oh, Sie fühlen sich nicht wohl?"

Endlich geht der Fischer von der Zeichensprache zum wahrhaft gesprochenen Wort über. „Ich fühle mich großartig", sagt er, „ich habe mich nie besser gefühlt." Er steht auf, reckt sich, als wolle er demonstrieren, wie athletisch er gebaut ist. „Ich fühle mich phantastisch."
Der Gesichtsausdruck des Touristen wird immer unglücklicher, er kann die Frage nicht mehr unterdrücken, die ihm sozusagen das Herz zu sprengen droht: „Aber warum fahren Sie dann nicht aus?" Die Antwort kommt prompt und knapp. „Weil ich heute morgen schon ausgefahren bin."
„War der Fang gut?"
„Er war so gut, dass ich nicht noch einmal auszufahren brauche, ich habe vier Hummer in meinen Körben gehabt, fast zwei Dutzend Makrelen gefangen ..." Der Fischer, endlich erwacht, taut jetzt auf und klopft dem Touristen beruhigend auf die Schultern. Dessen besorgter Gesichtsausdruck erscheit ihm als Ausdruck zwar unangebrachter, doch rührender Kümmernis.
„Ich habe sogar für morgen und übermorgen genug", sagte er, um des Fremden Seele zu erleichtern. „Rauchen Sie eine von meinen?" – „Ja, danke." Zigaretten werden in Münder gesteckt, ein fünftes Klick, der Fremde setzt sich kopfschüttelnd auf den Bootsrand, legt die Kamera aus der Hand, denn er braucht jetzt beide Hände, um seiner Rede Nachdruck zu verleihen.
„Ich will mich ja nicht in Ihre persönlichen Angelegenheiten mischen", sagt er, „aber stellen Sie sich mal vor, Sie führen heute ein zweites, ein drittes, vielleicht sogar ein viertes Mal aus und Sie würden drei, vier, fünf, vielleicht gar zehn Dutzend Makrelen fangen ... stellen Sie sich das mal vor." Der Fischer nickt.
„Sie würden", fährt der Tourist fort, „nicht nur heute, sondern morgen, übermorgen, ja an jedem günstigen Tag zwei-, dreimal, vielleicht viermal ausfahren – wissen Sie was geschehen würde?"
Der Fischer schüttelte den Kopf.
„Sie würden sich in spätestens einem Jahr einen Motor kaufen können, in zwei Jahren ein zweites Boot, in drei oder vier Jahren könnten Sie vielleicht einen kleinen Kutter haben; mit zwei Booten oder dem Kutter würden Sie natürlich viel mehr fangen – eines Tages würden Sie zwei Kutter haben, Sie würden ...", die Begeisterung verschlägt ihm für ein paar Augenblicke die Stimme.
„Sie würden ein kleines Kühlhaus bauen, vielleicht eine Räucherei, später eine Marinadenfabrik, mit einem eigenen Hubschrauber rundfliegen, die Fischschwärme ausmachen und Ihren Kuttern per Funk Anweisung geben. Sie könnten die Lachsrechte erwerben, ein Fischrestaurant eröffnen, den Hummer ohne Zwischenhändler direkt nach Paris exportieren – und dann ...", wieder verschlägt die Begeisterung dem Fremden die Sprache. Kopfschüttelnd, im tiefsten Herzen betrübt, seiner Urlaubsfreude schon fast verlustig, blickt er auf die friedlich hereinrollende Flut, in der die ungefangenen Fische munter springen. „Und dann", sagt er, aber wieder verschlägt ihm die Erregung die Sprache.
Der Fischer klopft ihm auf den Rücken, wie einem Kind, das sich verschluckt hat. „Was dann?" fragt er leise.
„Dann", sagt der Fremde mit stiller Begeisterung, „dann können Sie beruhigt hier im Hafen sitzen, in der Sonne dösen – und auf das herrliche Meer blicken."
„Aber das tu ich ja schon jetzt", sagt der Fischer, „ich sitze beruhigt am Hafen und döse, nur ihr Klicken hat mich dabei gestört."

Tatsächlich zog der solcherlei belehrte Tourist nachdenklich von dannen, denn früher hatte er auch einmal geglaubt, er arbeite, um eines Tages nicht mehr arbeiten zu müssen, und es blieb keine Spur von Mitleid mit dem ärmlich gekleideten Fischer in ihm zurück, nur ein wenig Neid.

(aus: Heinrich Böll: Aufsätze – Kritiken – Reden, Band II, Kiepenheuer & Witsch, München 1969, S. 182ff.)

1. Beschreiben Sie die Unterschiede im Verhalten des Fischers und den Vorstellungen des Touristen.
2. Diskutieren Sie, ob es sinnvoll für unsere Gesellschaft wäre, wenn sich Menschen die Wirtschafts- und Lebensauffassung des Fischers zu eigen machten.
3. Erörtern Sie mögliche Vor- und Nachteile der Wirtschaftsauffassung des Touristen.

1.2 Haben wir, was wir brauchen?

„Wonach du sehnlich ausgeschaut, es wurde dir beschieden.
Du triumphierst und jubelst laut: Jetzt hab ich endlich Frieden.
Ach Freundchen rede nicht so wild, bezähme deine Zunge;
ein jeder Wunsch, wenn er erfüllt, kriegt augenblicklich Junge!"

Konsumwellen

Diese Worte von Wilhelm Busch scheinen seit Ende des Zweiten Weltkriegs bestätigt zu werden. Wir können seither ein wellenhaft verlaufendes Konsumverhalten beobachten. Es begann für die Westdeutschen 1948, dem Jahr der Währungsreform, mit der sogenannten „Fresswelle"; nach Jahren des Hungers und der Entbehrung in Krieg und Nachkriegszeit konnten und wollten die Menschen sich endlich wieder einmal gründlich sattessen. Zeiten gesteigerter Nachfrage nach Möbeln und nach Haushaltsgeräten, nach Radio- und Fernsehapparaten, nach Autos und Urlaubsreisen, nach Heimcomputern, Videogeräten und anderen Erzeugnissen der elektronischen Unterhaltungsindustrie folgten.

Grundbedürfnisse
Luxusbedürfnisse

Die Konsumwellen weisen auf die gestiegene Kaufkraft hin; in ihrer Reihenfolge spiegeln sie auch eine unterschiedliche Dringlichkeit der einzelnen Bedürfnisse wider. Zunächst mussten die meisten Menschen sich vor allem auf die Befriedigung ihrer Grund- oder Existenzbedürfnisse konzentrieren. Mit wachsenden Einkommen konnten sie sich später zusätzlich anspruchsvollere Wünsche erfüllen. Luxusbedürfnisse entstanden oder wurden geweckt, bisher nachrangige Bedürfnisse wurden plötzlich als dringlich empfunden.

Ökonomisches Prinzip

Um möglichst viele seiner Bedürfnisse befriedigen zu können, muss der Mensch wirtschaften. Er muss sich fragen: Wie ist das Verhältnis von Aufwand zu Ertrag? Lohnt sich der geforderte Einsatz im Endeffekt? Kann ich das gleiche Ergebnis nicht mit sparsameren Mitteln erreichen? Auf welche Weise hole ich aus dem Gegebenen das meiste heraus? Derjenige, der sich als Unternehmer bei seinen Produktions- und Investitionsentscheidungen oder als Verbraucher bei seinen Konsumentscheidungen diese Fragen stellt, lässt sich vom ökonomischen Prinzip leiten. Dieses Gesetz der Wirtschaftlichkeit besagt:

- Maximalprinzip: Es ist so zu handeln, dass mit den gegebenen Mitteln ein größtmöglicher – maximaler – Ertrag erzielt wird.
- Minimalprinzip: Man muss versuchen, ein bestimmtes Ziel mit dem geringsten – dem minimalen – Einsatz an Mitteln zu erreichen.

MATERIAL 2 **Der Zeitgenosse**

Ein bescheidener Fußgänger wünschte sich vor Jahren nichts sehnlicher als ein paar kräftige, solide Lederschuhe. Er scheute keine Mühe und suchte alle Ämter heim, er annoncierte, wollte seine Taschenuhr, seinen Fotoapparat und schließlich gar sein Radio opfern, jedoch vergeblich, ein Paar Schuhe wollte ihm niemand dafür geben.
Im Sommer spürte er durch seine Strohsandalen den heißen Asphalt, und im Winter klapperte er mit seinen Holzpantinen durch die Stadt und brach

sich schier die Beine. Er hatte allen Mut verloren, ließ den Kopf sinken und ergab sich in sein Schicksal.
Aber welch Wunder, über Nacht gab es Schuhe in Mengen. Schwarze, braune, graue, weiße, was weiß ich, man bot sie ihm jetzt aus Leder vom Kalb, vom Ochsen und sogar vom Krokodil an.
Hatte der bescheidene Fußgänger nun nicht allen Grund, zufrieden zu sein? Er war es auch, wie ein Graf lief er mit blank gewichsten Stiefeln umher, bis zuerst sein Nachbar, dann sein Kollege sich ein Motorrad anschafften.
Potztausend – dachte er, ich laufe noch wie der erste Mensch durch die Gegend, bin gar noch stolz auf meine dummen Schuhe, nein, das muss anders werden. Er kratzte all sein Geld beisammen, lieh sich den Rest auf einen Wechsel und sauste jetzt mit den anderen um die Wette.
So glücklich war er noch nie gewesen. Bei strahlendem Sonnenschein konnte er jetzt durch die Gegend brausen, den Kopf nach vorn, den Rücken gebeugt, schneller als sein Nachbar und schneller als sein Kollege. Doch bei Regen? Ach, welches Glück ist schon vollkommen? Ein Auto müsste man haben, am besten gleich so eins, das man bei Sonnenschein auf- und bei Regen wieder zumachen kann.
Sie lächeln über meinen Fußgänger? Kennen ihn gar selbst? Nun, dann wissen Sie es auch, er ist ein netter Mensch, kürzlich hat er mich mitgenommen. Denn jetzt besitzt er ein Auto, so eins, wie er sich gewünscht hatte. Er wollte mal nach Hamburg. Wozu? Wer weiß?
Die Fahrt war schön, etwas schöner wäre es freilich gewesen, wenn er nicht soviel geschimpft hätte. Aber Hamburg hat ihm gefallen, bis auf die Straßen, den Verkehr, doch, alles was recht ist, er ist ein toller Fahrer. Bis zum Jungfernstieg sind wir gekommen, ganz ohne Beulen und sogar ohne Strafmandate. Etwas erschöpft war er schon, aber im Alsterpavillon war alles besetzt. So standen wir beide dann vor der Alster, ich blickte auf seine Schuhe, eigentümlicherweise trägt er jetzt wieder Sandalen; er dagegen schaute mit melancholischem Blick auf die Alster und meinte: „Wie herrlich müsste es sein, wenn man ein Segelboot besäße."

(aus: H. de Vries, Der Zeitgenosse, in: Aachener Volkszeitung vom 26.6.1962)

MATERIAL 3 Karikatur

Schwacher Konsument.
„Will er nicht – hm, kann er nicht mehr ...?"

Zeichnung: H. E. Köhler (1977)

1. Wie könnte die Geschichte weitergehen? Berücksichtigen Sie auch Material 3.
2. „Bedürfnisse bauen aufeinander auf." Belegen Sie diesen Satz am Beispiel von Material 2.
3. Verfassen Sie eine ähnliche Geschichte wie in Material 2 für einen Zeitgenossen aus Sachsen. Lassen Sie diese mit dem 1. 7. 1990, dem Tag der Einführung der DM in der DDR, beginnen.
4. Vergleichen Sie die Aussagen von Wilhelm Busch und der Karikatur (Material 3).

2. Wie viel Staat braucht die Wirtschaft?

2.1 Wirtschaftssysteme und Wirtschaftsordnungen

Lebensstandard

Der Lebensstandard eines Volkes ist von dessen Versorgung mit Gütern abhängig. Auf der Erde schienen früher zumindest einige Güter unbegrenzt vorhanden zu sein, die jeder ohne weiteres in Anspruch nehmen konnte, wie z. B. das Sonnenlicht, das Wasser, die Luft. Man nannte sie freie Güter, die – obwohl häufig lebensnotwendig –, scheinbar ohne wirtschaftliche Bedeutung waren.

Freie Güter

Alle anderen Güter müssen erst hergestellt, bearbeitet oder herbeigeschafft werden. Sie sind Gegenstand des Wirtschaftens. Wer sie in Anspruch nehmen will, muss dafür Gegenleistungen erbringen, d. h. bezahlen. Der Preis richtet sich nach dem wirtschaftlichen Wert des einzelnen Gutes; dieser hängt vor allem davon ab, wie knapp und begehrt es jeweils ist. Wirtschaft bezeichnet somit den Bereich unseres Lebens, der vom bewussten, zweckmäßigen Umgang mit den knappen Gütern geprägt ist.

Knappe Güter

In einem engen Zusammenhang mit der Knappheit der Güter steht die Frage ihres Einsatzes. Wie sollen die vorhandenen Mittel, die Ressourcen, verwendet werden? Welche und wie viele Güter sollen hergestellt und nach welchen Gesichtspunkten sollen sie verteilt werden? Und wer entscheidet darüber: der Staat, die Unternehmer oder wer sonst? Die Liste solcher mit dem Wirtschaften verbundenen Fragen, die man zusammenfassend als das Lenkungsproblem einer Volkswirtschaft bezeichnet hat, ist lang. Dass die Menschheit darauf unterschiedliche Antworten gefunden hat und wohl auch weiterhin finden wird, ist einleuchtend. Im Grunde gibt es so viele Antworten wie es Staaten gibt. Denn jeder Staat hat seine eigene Wirtschaftsordnung, die Ausdruck seiner Vorstellungen über die Lenkung der Volkswirtschaft ist. Allerdings orientieren sich die auf der Welt bestehenden Wirtschaftsordnungen weitgehend an zwei entgegengesetzten Grundmodellen (Wirtschaftssystemen). Diese Systeme sind die liberale (freie) Marktwirtschaft, in der die Teilnehmer am Wirtschaftsgeschehen unabhängig voneinander ihre Konsum- und Produktionsentscheidungen treffen, und die Zentralverwaltungswirtschaft, wo eine zentrale Planbehörde den gesamten Wirtschaftsverkehr lenkt.

Lenkungsproblem einer Volkswirtschaft

Während die Wirtschaftsordnungen der ehemaligen sozialistischen Staaten in hohem Maße nach den Grundsätzen der Zentralverwaltungswirtschaft organisiert waren, sind die Volkswirtschaften der westlichen Demokratien vorwiegend marktwirtschaftlich ausgerichtet.

Welche Auffälligkeiten ergeben sich beim Vergleich der Daten aus den beiden deutschen Staaten (Mat. 4)?
Versuchen Sie, diese Unterschiede zu erklären.

MATERIAL 4 **Kaufkraftvergleich 1985**

Waren- bzw. Leistungsart	Mengen-einheit	Zum Kauf erforderliche Arbeitszeit in		Waren- bzw. Leistungsart	Mengen-einheit	Zum Kauf erforderliche Arbeitszeit in	
		BRD Std. : Min.	DDR Std. : Min.			BRD Std. : Min.	DDR Std. : Min.
Industriewaren				**Dienstleistungen**			
Kinderhalbschuhe, Gummisohle	Paar	2 : 35	7 : 21	Elektrischer Strom	75 kWh	2 : 00	1 : 20
Bettwäsche	Garnitur	2 : 43	21 : 20	Omnibusfahrt	1 Fahrt	0 : 08	0 : 02
Staubsauger	Stück	13 : 32	82 : 09	Tageszeitungen, Abonnement	monatl.	1 : 17	0 : 39
Kühlschrank	Stück	29 : 54	272 : 19				
Waschautomat für 4,5 kg	Stück	59 : 09	491 : 04	**Nahrungs- und Genußmittel**			
Farbfernseher	Stück	81 : 34	1008 : 56	Roggen-Mischbrot	1 kg	0 : 12	0 : 07
Personenkraftwagen	Stück	694 : 33	4375 : 00	Schweinekotelett	1 kg	1 : 01	1 : 47
				Kartoffeln	5 kg	0 : 18	0 : 10

(aus: Zahlenspiegel Bundesrepublik Deutschland/Deutsche Demokratische Republik – Ein Vergleich, Bonn o.J., S. 77f.)

2.2 Die Freie Marktwirtschaft

Elemente der Marktwirtschaft

In einer liberalen Marktwirtschaft ist das Wirtschaftsgeschehen weitgehend frei von staatlichen Eingriffen. In ihr kann jeder Eigentum an Produktionsmitteln erwerben: Die Freiheit des Eigentums ist gewährleistet. Jeder kann Beruf, Arbeitsplatz und Ausbildungsstätte frei wählen, ein Unternehmen gründen oder sich an einem solchen beteiligen: Es herrscht Berufs- und Gewerbefreiheit. Die Unternehmer planen in eigener Verantwortung unabhängig voneinander Produktion und Absatz: Es gilt der Grundsatz der unternehmerischen Entscheidungsfreiheit. Jeder Unternehmer kann mit anderen auf den Märkten um die Konsumenten konkurrieren: Es besteht Wettbewerbsfreiheit. Arbeitgeber und Arbeitnehmer handeln frei Löhne und Arbeitsbedingungen aus: Sie verwirklichen das Prinzip der Tarifautonomie. Jeder Verbraucher kann nach freier Wahl auf den Märkten kaufen: Es herrscht Konsumfreiheit.

Angebot und Nachfrage

Die Freie Marktwirtschaft beruht auf dem Grundgedanken, dass sich Angebot und Nachfrage auf den Märkten wirtschaftlich vernünftig regeln, indem alle Marktteilnehmer ihre eigenen Interessen verfolgen, die Verbraucher also daran interessiert sind, so qualitätsbewusst und preiswert wie möglich einzukaufen, und die Unternehmer, möglichst große Gewinne zu erzielen. Einer der geistigen Väter der Marktwirtschaft, der schottische Nationalökonom Adam Smith (1723–1790) hatte gelehrt, dass sich die besten Voraussetzungen für eine optimale Versorgung der Bevölkerung ergeben, wenn diese Interessengegensätze frei von staatlichen Reglementierungen auf den Märkten ausgetragen werden können. Nach der Lehre von Adam Smith darf der Staat nur in solchen gesellschaftlichen Angelegenheiten aktiv werden, die für die Allgemeinheit wichtig sind, aber dem Privatunternehmer keinen Gewinn versprechen und deshalb auch nicht Gegenstand privater unternehmerischer Tätigkeiten werden, wie z. B. der Bau und Unterhalt von Schulen und Verkehrswegen. Ansonsten solle sich die Staatstätigkeit auf den Schutz der Bürger beschränken.

MATERIAL 5 **Planung eines neuen Produkts**

Kuchen für Nizza

In den Teig kommen 140 Tonnen Mehl, 840 Sack Zucker, 30 Tonnen Fett und 450 000 Eier. Mit dieser Wochenration bäckt Wilhelm Weber, 65, Kuchen für die Deutschen.

Bäckermeister Weber, der selbst sein „Leben lang gern Kuchen aß", ist im Pensionierungsalter zum größten Kuchenbäcker des Kontinents geworden. Auf 1 000 Lastwagen schafft seine Brot- und Backwarenfabrik Wilhelm Weber GmbH u. Co. KG täglich 150 000 Stück Backwerk zu Supermärkten, Kaufhäusern und Filialläden. Zwei vollautomatische Öfen von je 30 Meter Länge sorgen für Nachschub.

Den Plan, Kuchen industriell herzustellen und in die Selbstbedienungsläden zu stapeln, hatte Weber in den USA gefasst. Zehn Jahre lang war er in amerikanischen Großbäckereien in die Lehre gegangen und hatte am Chicagoer Institut for Bakery, der einzigen Hochschule der Welt für Bäckerei-Wissenschaft, studiert. Als er in die vom Vater ererbte handwerkliche Bäckerei zurückkehrte, begann er mit gründlichen Vorarbeiten.

Webers Fließbandgebäck durfte nicht teurer sein als hausgemachtes, „weil die Hausfrau sonst das Gewissen plagt", und es durfte nicht allzu sehr sättigen, „weil das dem Umsatz nicht bekommt".

So fertigte Weber vorerst weiter Brot und nur nach Feierabend Kuchen zur Probe, bis zu 20 000 Stück je Rezept. Unablässig ließ er Bekannte und Verwandte kosten und ihr Urteil abgeben. Ebenso umständlich plante er den Vertrieb.

Da er ganz Westdeutschland mit frischer Ware beliefern wollte, musste er einen Schnellversand einrichten. Auch war es ein Problem, dass die Kuchen in ihrer Verpackung so stapelfähig wie Brot und dennoch ansehnlich sein mussten. Weber entwickelte selbst Verpackungsmaschinen, und als sie zur Zufriedenheit arbeiteten, steckte er zwei Millionen Mark in seinen Frischdienst: Was die Back-Roboter morgens vier bis nachmittags 16 Uhr ausstoßen, wird anschließend von Lkw zu Verteilerstellen gefahren und dort auf Kleintransporter umgeladen, die am Morgen bei Geschäftsbeginn vor den Läden stehen.

Erstmals hatte Weber 1958 den Vorstoß auf den großen Markt gewagt; er gewann den Kaufhof in Darmstadt als Kunden. Der bundesweite Erfolg stellte sich aber erst ein, als Weber begann, seinen Produkten eine Frische-Garantie aufzudrucken.

Heute hat er 40 Millionen Mark Jahresumsatz erreicht, und seine Kuchen sind so begehrt, dass er es sich leisten kann, nur Aufträge von 10 000 Stück an zu akzeptieren und nur auf Bestellung zu backen. Sein Sortiment enthält bereits 39 Sorten, von Bergsträßer Streusel und Rheinischem Stuten bis zum Dänischen Kaffeekuchen. Als „Büchsenöffner für den europäischen Markt" bäckt er Kleinkuchen zu Preisen von 35 bis 50 Pfennig. Sie haben schon bis nach Stockholm und Nizza Abnehmer gefunden.

(aus: Der Spiegel, Nr. 19/1968, S. 100)

MATERIAL 6 Egoismus und Gemeinwohl in der Freien Marktwirtschaft

Der Mensch braucht fortwährend die Hilfe seiner Mitmenschen, und er würde diese vergeblich von ihrem Wohlwollen allein erwarten. Er wird viel eher zum Ziel kommen, wenn er ihren Egoismus zu seinen Gunsten interessieren und ihnen zeigen kann, dass sie ihren eigenen Nutzen davon haben, wenn sie für ihn tun, was er von ihnen haben will … Nicht von dem Wohlwollen des Fleischers, Brauers oder Bäckers erwarten wir unsere Mahlzeit, sondern von ihrer Bedachtnahme auf ihr eigenes Interesse. Wir wenden uns nicht an ihre Humanität, sondern an ihren Egoismus, und sprechen nicht von unseren Bedürfnissen, sondern von ihren Vorteilen. …

Jeder Einzelne wird sich darum bemühen, sein Kapital so anzulegen, dass es den höchsten Wert erzielen kann. Im Allgemeinen wird er weder darauf aus sein, das öffentliche Wohl zu fördern, noch wird er wissen, inwieweit er es fördert. Er interessiert sich lediglich für seine eigene Sicherheit und seinen eigenen Gewinn. Und dabei wird er, wie von einer unsichtbaren Hand geleitet, ein Ziel fördern, das keineswegs in seiner Absicht gelegen hatte. Indem er seinen eigenen Interessen dient, fördert er das Wohl der Allgemeinheit auf weit wirksamere Weise, als wenn es in seiner wahren Absicht gelegen hätte, es zu fördern.

Auf welche Gattungen des heimischen Gewerbefleißes jemand sein Kapital verwenden soll und bei welcher das Produkt den größten Wert verspricht, kann offenbar jeder Einzelne nach seinen örtlichen Verhältnissen weit besser beurteilen, als es ein Staatsmann oder Gesetzgeber für ihn tun könnte.

(aus: Adam Smith: Der Wohlstand der Nationen, 1776, übersetzt von H.C. Recktenwald, München, Beck, 1988)

MATERIAL 7 Ideal und Wirklichkeit

Schlange von Arbeitslosen, die Weihnachten 1931 in New York nach einer warmen Mahlzeit anstehen

Durch Fleiß kann ein pfiffiger junger Kerl aus der Armut zu Reichtum aufsteigen

1. Welche Überlegungen musste Bäckermeister Weber bei der Planung der Produktion, der Kapitalbeschaffung, bei der Kalkulation der Preise und im Hinblick auf den Vertrieb seiner Kuchen anstellen (Mat. 5)?
2. Erläutern Sie ausgehend vom Menschenbild das Verhältnis von Eigeninteresse und Allgemeinwohl bei Adam Smith (Mat. 6).
3. Inwiefern ist Bäckermeister Weber ein Unternehmer im Sinne von Adam Smith?
4. Auf welche Auswirkungen der freien Marktwirtschaft weist Material 7 hin?

2.3 Der Marktpreis – die unsichtbare Hand?

Markt

Ein Markt entsteht durch das Zusammentreffen von Angebot und Nachfrage. Das Angebot stellt die Menge eines Gutes dar, die bei einem bestimmten Preis auf dem Markt zum Verkauf bereit gehalten wird. Unter der Nachfrage versteht man die Gütermenge, für die bei einem bestimmten Preis Kaufinteresse besteht. Im Modell drängt ein steigender Preis die Nachfrage der Konsumenten nach einem Gut zurück, lockt aber gleichzeitig ein größeres Angebot hervor – und umgekehrt: Ein sinkender Preis lässt die Nachfrage steigen, das Angebot aber zurückgehen. Man kann diese Zusammenhänge auch so formulieren: Ist das Angebot eines Gutes größer als die Nachfrage nach diesem, dann sinkt der Preis, – ist die Nachfrage nach einem Gut größer als das Angebot, dann steigt dessen Preis (linke Zeichnung). Der Preis wird sich solange verändern, bis Angebot und Nachfrage ausgeglichen sind. In der zeichnerischen Darstellung (rechts) ist dies beim Schnittpunkt der Kurven von Angebot und Nachfrage der Fall. Bei diesem Schnittpunkt besteht Marktgleichgewicht; der hier erzielte Preis heißt Gleichgewichtspreis. Bei diesem Preis wird die größtmögliche Gütermenge umgesetzt.

Gleichgewichtspreis

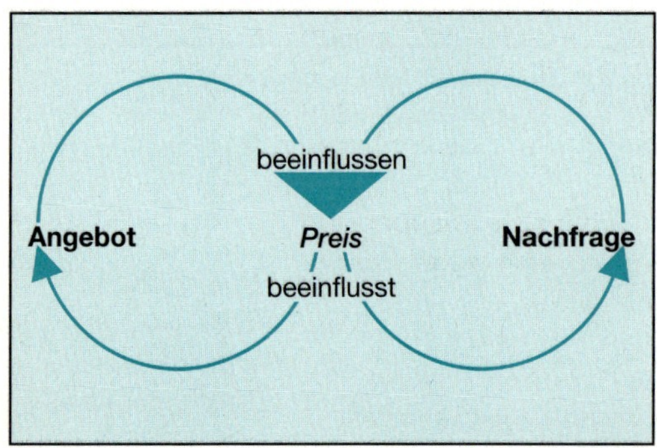

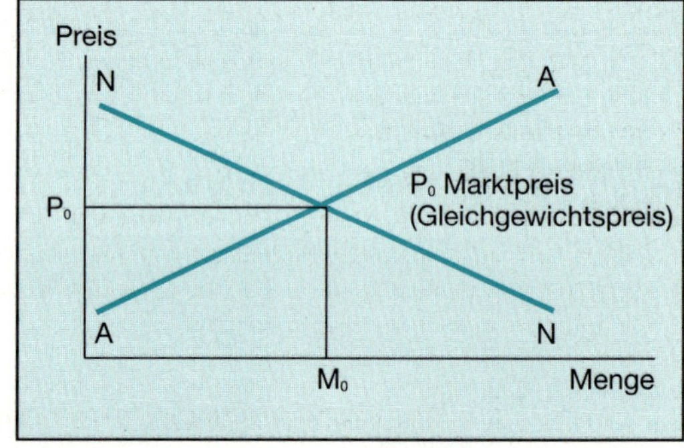

Das Ausmaß, in dem die Nachfrage auf Preisänderungen reagiert, ist – je nach Güterart – unterschiedlich. Bei lebensnotwendigen Gütern, die nur unzureichend oder überhaupt nicht ersetzbar sind, z. B. Brot oder Salz, geht die Nachfrage bei Preisänderungen kaum oder gar nicht zurück; sie steigt aber auch nicht bei Preissenkungen. In solchen Fällen ist die Nachfrage in Bezug auf den Preis unelastisch. Eine geringe Nachfrageelastizität haben auch Güter, die sich bei Verbrauchern einer sehr hohen Wertschätzung erfreuen; hier nimmt man eher Preiserhöhungen in Kauf, als auf das Gut zu verzichten. Güter, die leicht durch andere zu ersetzen sind, haben eine hohe Nachfrageelastizität.

Nachfrageelastizität

Der Ausgleich von Angebot und Nachfrage infolge von Preisveränderungen wird stets nur punktuell erreicht; statt dessen besteht abwechselnd ein Überangebot bzw. eine Übernachfrage. Zum ersten Mal konnte dies für den Schweinefleischmarkt statistisch nachgewiesen werden; bei höheren Fleischpreisen steigern die Bauern die Ferkelaufzucht mit der Folge eines Überangebots an Schweinefleisch, sobald die Tiere schlachtreif sind. Darauf verfallen die

Preise für Schweinefleisch, so dass viele Bauern die Schweinemast einschränken; Verknappungserscheinungen und Preiserhöhungen sind die Folge. Da sich dieser Vorgang regelmäßig wiederholt, spricht man von einem Schweinezyklus.

Schweinezyklus

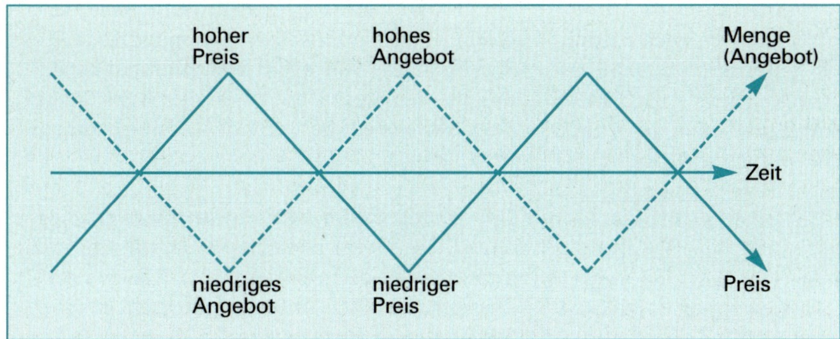

Der Schweinezyklus ist ein Beispiel für einen ungleichgewichtigen Markt, auf dem „wie durch eine unsichtbare Hand gelenkt“ (Adam Smith) Angebot und Nachfrage zum Ausgleich gebracht werden. Diese unsichtbare Hand ist der funktionierende Preismechanismus. Er löst das Lenkungsproblem einer Volkswirtschaft, denn er koordiniert die zahllosen Kauf- und Verkaufspläne:

- Die Marktpreise zeigen an, was und wieviel produziert werden soll. Sie sind ein Signal für die Wünsche der Verbraucher und verhindern, dass auf Dauer an deren Bedürfnissen vorbei produziert wird.
- Die Marktpreise regeln die Verteilung der knappen Güter: Je knapper und begehrter ein Gut ist, desto weniger Menschen werden sich wegen seines dann hohen Preises dieses Gut leisten können oder wollen.

MATERIAL 8 Zeitungsmeldungen über Preisveränderungen

Begehrter roter Burgunder

Die Winzer in Burgund reiben sich zufrieden die Hände. Die Ernte dieses Jahres ist reichlich ausgefallen. Die Erträge liegen um 40 Prozent über denen des Vorjahres. Zudem erweist sich der 1988er Wein als „ein sehr großer Jahrgang“. Und nun hat auch seine Kommerzialisierung mit einem vielversprechenden Auftakt begonnen. Bei der 128. Versteigerung des Hospizes von Beaune, die traditionell das Preisbarometer für die Vermarktung des Weines der Ernte eines jeden Jahres darstellt, wurden Ende November Preissteigerungen gegenüber 1987 erzielt. Die Preissteigerungen rechtfertigen sich nach Ansicht der Winzer wegen der außergewöhnlichen Qualität dieses Jahrgangs.

Preiskurve geknickt – Kaffeepreise fallen

Insgesamt fünfmal hatten die Kaffeeröster seit Anfang dieses Jahres zugeschlagen: Zwischen Anfang Januar und Mitte Juli wurde das Kilo Kaffeebohnen im Sortenschnitt um 30 bis 40 Prozent teurer. Um Aufschlagargumente war die Branche nie verlegen: Immerhin habe sich der Preis wegen der verheerenden Missernte für die Rohware binnen 18 Monaten versechsfacht. Willig folgten die deutschen Importeure dem Trend und reichten Zuschläge an den Handel weiter. Das Risiko schien gering, der Kaffeedurst kaum zu löschen. Doch der Preisgalopp dieses Jahres überforderte selbst hartnäckige Kaffeetrinker. Konsumenten in Europa und Amerika wichen auf Tee, Milch, Saft und Kaffee-Ersatz aus.

Warum verändern sich Preise? Kennen Sie weitere Preisbewegungen?

MATERIAL 9 Die Börse am Markt

Das Zustandekommen des Gleichgewichtspreises kann man gut am Börsengeschehen beobachten. An der Börse werden Aktien (Anteilscheine) und andere Wertpapiere gekauft und verkauft. Viele große Unternehmen sind als Aktiengesellschaften organisiert; durch Ausgabe von Aktien beschaffen sie sich das erforderliche Eigenkapital. Wer eine Aktie kauft, erwirbt dadurch einen Eigentumsanteil an dem entsprechenden Unternehmen. Damit hat er das Recht, an der jährlichen Hauptversammlung teilzunehmen und wird am ausgeschütteten Gewinn in Form von Dividenden (Gewinnanteilen) beteiligt. Viele Kapitalanleger erwerben jedoch weniger deswegen Aktien; vielmehr wollen sie an der Börse spekulieren, um von den Veränderungen der Aktienkurse, d.h. der Aktienpreise zu profitieren.

Privatpersonen können nicht selbst an der Börse kaufen oder verkaufen: Sie haben dort nur als Zuschauer Zutritt. Wer Aktien kaufen oder verkaufen will, muss dazu ein Kreditinstitut einschalten. Vielfach wird er beim Erteilen eines Kauf- oder Verkaufsauftrags für Aktien eines Unternehmens seiner Bank mitteilen, dass ein bestimmter Preis nicht überschritten oder unterschritten werden darf, andernfalls kann der Auftrag nicht ausgeführt werden. Wenn der Kunde seiner Bank diese Mitteilung jedoch nicht macht, dann wird sein Auftrag in jedem Fall „billigst" (bei Käufen) oder „bestens" (bei Verkäufen) ausgeführt.
Die jeweilige Bank gibt ihre Aufträge an ihren Börsenhändler weiter, der die Aufträge aller Kunden der von ihm vertretenen Banken sammelt. Der Handel an der Börse beginnt jeweils um 10.30 Uhr. Um ihre Kauf- oder Verkaufaufträge auszuführen, wenden sich die Börsenhändler an einen bestimmten Börsenmakler, der die Aufgabe hat, den Kurs (Preis) der Aktie des betreffenden Unternehmens festzusetzen.

Der Börsenmakler fasst die Aufträge entsprechend der Kursvorstellungen der Käufer und Verkäufer in den Spalten 1 bis 3 seines Auftragsbuches (siehe unten) zusammen; in die 4. Spalte des Auftragsbuches trägt er, nachdem er alle Kauf- und Verkaufsaufträge erhalten hat, den möglichen Umsatz ein. Als amtlichen Börsenkurs eines Börsentages setzt er dann für ein Wertpapier den Kurs fest, zu dem er am meisten Anbieter und Nachfrager befriedigen kann, d.h. zu dem der Umsatz am größten ist.

Auszug aus dem Auftragsbuch eines Börsenmaklers für eine Autoaktie

Kurs DM/Stück	Angebot Stück	Nachfrage Stück	mögl. Umsatz Stück
143	60	120	•
145	70	110	•
147	80	100	•
149	90	90	•
151	100	80	•
153	110	70	•

(nach: Günther Ashauer, Einführung in die Wirtschaftslehre, Stuttgart 1973, S. 82)

1. Übertragen Sie die Daten aus dem obigen Auftragsbuch in Ihr Heft, und füllen Sie die 4. Spalte aus. Ermitteln Sie den Börsenkurs für die betreffenden Aktien an diesem Tag.
2. Übertragen Sie in einem Koordinatensystem auf der Senkrechten die Kurse (Preise) und auf der Waagerechten die Mengen (Stück), und zeichnen Sie mit Hilfe der Daten des Auftragsbuches die Angebots- und Nachfragekurve. Bei welchem Preis herrscht Gleichgewicht zwischen Angebot und Nachfrage?
3. Warum wird auf anderen Märkten nur selten Gleichgewicht erreicht? Lesen Sie dazu den vorstehenden Informationstext.

2.4 Wettbewerb – das Salz in der Suppe „Marktwirtschaft"

Der Teppichhändler in einem kleinen maghrebinischen Gebirgsdorf und ein Tourist hatten sich geeinigt: 30 000 Dirham sollte der schöne Schafwollteppich kosten. Hartnäckig hatte der Tourist mit dem Händler auf dem Dorfplatz um den Preis gefeilscht. 40 000 Dirham wollte dieser ursprünglich für seinen Teppich haben, 20 000 hatte der Tourist geboten, schließlich hatte man sich in der Mitte verständigt. Der Stolz des Touristen über sein Verhandlungsgeschick und die Freude über sein „Schnäppchen" verflogen jedoch jäh, als er einige Tage später bei einem Bummel durch die geschäftige Hauptstadt sah, dass in einem Geschäft ein Teppich gleicher Beschaffenheit und Qualität für 25 000 Dirham angeboten wurde.

Marktübersicht

Dem Touristen hatte bei seinen Kaufverhandlungen in dem Gebirgsdorf die Marktübersicht gefehlt. Er konnte nicht – wie in der Hauptstadt – von Stand zu Stand, von Geschäft zu Geschäft gehen, um Preise und Qualitäten zu vergleichen. In seinem Dorf war der Händler Monopolist; er war nicht gezwungen, sein Angebot an den Preisen der Konkurrenz auszurichten. Er war dem Touristen nur scheinbar entgegengekommen; gemessen an den üblichen Marktpreisen hatte er den Teppich zu einem überhöhten Preis verkaufen können.

Wettbewerb

Diese Geschichte verdeutlicht, dass ohne Wettbewerb keine marktgerechten Preise zustande kommen. Wettbewerb ist somit eine wesentliche Voraussetzung für das Funktionieren des Preismechanismus und damit der Marktwirtschaft. Wettbewerb findet aber nicht nur im Handel statt, sondern auch in der Produktion. Für die Unternehmer ist er „Zuckerbrot" und „Peitsche" zugleich. Der Konkurrenzkampf zwingt sie dazu, den technischen Fortschritt zu nutzen, um möglichst kostengünstig zu produzieren; er zwingt sie, den Markt genau zu beobachten, um möglichst rasch auf die jeweils aktuellen Kundenwünsche zu reagieren. Dem Unternehmer, der das erfolgreich schafft, winken gute Gewinne; derjenige aber, der im Wettbewerb versagt, wird auf Dauer nicht bestehen können. Im Wettbewerb zeigt sich also die Leistungsfähigkeit der einzelnen Anbieter; sie drückt sich z.B. in günstigen Preisen, in qualitativ hervorragenden Waren oder in einem guten Service aus. Erst unter Wettbewerbsbedingungen führt das Streben der Unternehmer nach möglichst hohen Gewinnen zu einer bestmöglichen Versorgung der Bevölkerung; erst im Wettbewerb wird deutlich, was eine Volkswirtschaft wirklich zu leisten imstande ist.

Gewinne

Leistungszwang des Wettbewerbs

Immer wieder kommt es aber vor, dass sich einzelne Anbieter dem Leistungszwang des Wettbewerbs zu entziehen suchen. Sie trachten danach, einen Vorsprung vor ihren Mitbewerbern zu erlangen, der nicht durch eigene Leistung begründet ist: Sie bedienen sich unlauterer Mittel (z.B. Verbreitung von Falschinformationen über Konkurrenzprodukte) oder schrecken im Extremfall nicht einmal vor Straftaten zurück (z.B. Betriebsspionage). Eine andere Möglichkeit, den Wettbewerb auszuschalten, stellt der ruinöse Wettbewerb dar: Produkte werden zeitweilig unter den Herstellungskosten verkauft (Dumping), um Konkurrenten vom Markt zu verdrängen. Mit zahlreichen gesetzlichen Vorschriften versucht der Staat, diesen Schädigungswettbewerb zu unterbinden und den Leistungswettbewerb zu fördern.

MATERIAL 10 Eine Zeitungsmeldung

Verbraucherverein warnt: Pflanzengift in Babykost

Schwere Vorwürfe gegen deutsche Drogeriemarktkette

Bonn/Lindau (dpa) Massive Vorwürfe wegen Giftrückständen in Babykost hat die Verbraucher-Initiative e.V. gegen die Drogeriemarktkette XY erhoben. In vier von fünf Stichproben der aus Spanien importierten Drogerie-Eigenmarke seien Rückstände von Pflanzenschutzmitteln entdeckt worden. In drei Fällen seien die Grenzwerte bis zum Zehnfachen überschritten worden.

Die Drogeriekette betreibe einen Preiskampf auf dem Rücken von Säuglingen. Um die Konkurrenz preislich zu unterbieten, lasse sie die notwendige Sorgfaltspflicht vermissen. ... Die Verbraucher-Initiative räumte ein, dass der Verzehr der mit Lindan belasteten Produkte nicht zu einer akuten Vergiftung führe. Wegen der Gefahr der Ansammlung im Körper dürfe sie aber gerade nicht an Säuglinge gefüttert werden. Bereits zuvor hatte das baden-württembergische Umweltministerium darauf hingewiesen, dass keine konkrete Gesundheitsgefahr bestanden habe. ...

Der spanische Hersteller der Babykost sieht sich einem „Handelskrieg“ ausgesetzt. „Das ist deutscher Protektionismus, um die eigenen Produkte zu schützen. Wir waren dabei, sie vom Markt zu verdrängen, und sie haben sich eine protektionistische Richtlinie einfallen lassen“, sagte ein Firmen-Sprecher der spanischen Zeitung „El Pais“. „Wir erfüllen alle Qualitätskontrollen, aber da die Deutschen Lindan nicht mehr verwenden, haben sie Grenzwerte festgelegt, die je einzelnes Glas praktisch nicht mehr einzuhalten sind.“

(aus: Badische Zeitung vom 6.4.1994)

MATERIAL 11 Hintergrundbericht einer Wochenzeitung

Hauptsache billig!

Wenn der Chef der Drogeriemarktkette etwas überhaupt nicht mag, dann sind das Fragen von neugierigen Journalisten. ...Dabei müsste er die Öffentlichkeit gar nicht scheuen, zumindest nicht im Hinblick auf seine Erfolgsbilanz. 1993 haben die mehr als 4 200 Drogeriemärkte noch einmal kräftig zugelegt – um 22 Prozent im Vergleich zum Vorjahr. Der Umsatz liegt bei 5,2 Milliarden Mark. Allein im vergangenen Jahr wuchs das Netz der Filialen noch einmal um 900. Auch in Spanien, Frankreich, Holland und Österreich fährt der Unternehmer aus der schwäbischen Kleinstadt seine Milliarden ein. 22 500 Menschen sind in rund 5 000 XY-Filialen beschäftigt, ein Viertel davon als Teilzeitbeschäftigte.

Wegen seines rüden Umgangs mit den Beschäftigten ist der Marktführer auf dem deutschen Drogeriesektor (Marktanteil: 40 Prozent) ins Gerede gekommen. „Im Vergleich zu XY ist Aldi eine soziale Oase“, klagte der ehemalige Funktionär der Gewerkschaft Handel, Banken, Versicherungen, Dieter Steinborn. ... XY kümmere sich wenig oder gar nicht um soziale Selbstverständlichkeiten wie Weihnachtsgeld oder Urlaubsgeld, streiche oft sogar die Lohnfortzahlung im Krankheitsfall. Überstunden würden häufig nicht bezahlt. Seine Filialen müssen bis heute ohne Telefonanschluss auskommen.

Der Chef der Drogeriemarktkette hat seine Gründe für diese Sparpolitik. „Wenn die Filialen Telefonanschlüsse haben, telefonieren die Angestellten doch nur, statt zu arbeiten.“ Und die vielen Aushilfen und niedrigen Sozialleistungen sind für den Herrscher über das riesige Drogeriereich eben der Preis für den gigantischen Firmenerfolg, der wiederum darauf beruht, der billigste Anbieter zu sein. ...

Naturschutzverbände, Elterninitiativen und Biobauern brachte der Drogeriekönig gegen

sich auf, als er im vergangenen Jahr kurzerhand seiner Niedrigpreispolitik zuliebe den Babynahrungshersteller Z …auslistete. Im Januar 1993 war Z von Fleisch aus herkömmlichen Betrieben auf Bioprodukte umgestiegen. Als erster Hersteller eines kompletten Bio-Baby-Menüs stellte sich die Firma vor und punktete gegen die Konkurrenz. Mehr als 200 Biobauern im Allgäu, die fortan 1100 Rinder jährlich aus kontrollierter Aufzucht an Z und seine Verarbeiter liefern sollten, waren zufrieden. Endlich sollte sich ihr Engagement im Ökoanbau, der ökologischen Viehzucht und der artgerechten Viehtransporte lohnen. Die Umstellung bei Z kam auch bei den Verbrauchern gut an. Nicht so bei XY. Weil die Z-Produkte um bis zu zwanzig Pfennig teurer werden sollten, flog der Babynahrungshersteller aus den XY-Regalen. „Die neuen Endverbraucherpreise konnten wir, auch im Interesse unserer Kunden, nicht mittragen. Bitte haben Sie für diese Entscheidung Verständnis“, wurde Z abgefertigt – und verlor rund zwanzig Prozent seines 300 Millionen Umsatzes.

„Wir lagen plötzlich bei der Hälfte der geplanten Schlachtungen, es war ein herber Tiefschlag für die Betroffenen“, berichtet Biobauer Adi Sprinkart. Jetzt, nach den jüngsten Meldungen über den Babykostskandal bei XY, zwinkert der Ökobauer verschmitzt mit den Augen: „Ich würde lügen, wenn ich sagen würde, dass ich mich nicht über den Ärger freue, den die Firma XY jetzt am Hals hat.“ Da habe der Markt einmal so funktioniert, wie man sich das öfter wünschen möchte.

Wer die langen Listen zurückgenommener XY-Babynahrung liest, macht sich sicher auch Gedanken darüber, ob die Preisphilosophie eines solchen Unternehmens tatsächlich der Weisheit letzter Schluss ist. Egal, ob das Ermittlungsverfahren der Staatsanwaltschaft Ulm Belastendes gegen XY ergibt, ob nachgewiesen werden kann, dass der Verbraucher bewusst über den wahren Herstellungsort der Ware getäuscht wurde oder nicht: Die Negativschlagzeilen dürften kaum dazu beitragen, das ehrgeizige Umsatzziel von sechs Milliarden für dieses Jahr zu erreichen.

(nach: Die Zeit Nr. 16 vom 15.4.1994, S. 28, Autor: Klaus Wittmann)

1. Erläutern Sie die Wettbewerbsstrategie der Drogeriemarktkette anhand von Material 10 und 11 und setzen Sie sich damit auseinander.
2. Welche Reaktionen des Unternehmens XY und seiner Konkurrenten auf den Babykostskandal sind denkbar?
3. Untersuchen Sie am Beispiel von Material 10 und 11 die Bedeutung des Verbraucherschutzes.

2.5 Ist der Kunde wirklich König?

Müssen sich Produzenten und Verkäufer wirklich nach den Wünschen ihrer Kunden richten? Ist es nicht vielmehr so, dass sie durch die Werbung immer wieder neue Konsumbedürfnisse zu wecken verstehen und so die Verbraucher zum Kauf unnötiger Dinge verleiten? Wird der Konsument also durch die Werbung verführt, oder bringt sie ihm nicht vielleicht doch auch Nutzen?

Informative Werbung

Produkteigenschaft
Kaufmotivation

In Deutschland kommen jährlich mehr als tausend Produkte neu auf die Märkte. Noch nie war das Angebot so groß. Um sich darin zurechtzufinden, braucht der Kunde mehr denn je Informationen über die angebotenen Produkte, über deren Qualität und Preis. Hierbei leistet die informative Werbung der Hersteller eine nicht zu unterschätzende Hilfe. Der Verbraucher muss sich allerdings darüber im Klaren sein, dass die Hersteller im eigenen Interesse handeln; sie wollen ihre Waren verkaufen und möglichst hohe Gewinne erzielen; sie sind also darauf bedacht, dass ihr Angebot auch wirklich seinen Käufer findet. Deshalb beschränkt sich ihre Werbung auch meist nicht auf die bloße Information über die Eigenschaften der angebotenen Produkte. Sie versucht vielmehr, den Verbraucher zum Kauf zu motivieren, indem sie ihm suggeriert, wie bedeutsam für ihn der Kauf gerade dieser oder jener Ware sei.

„Werbeflut"

Der Aufwand, mit dem die Unternehmen ihre Verkaufsbotschaften dem Verbraucher übermitteln wollen, ist enorm. 1996 kostete im Privatfernsehen die Werbeminute zur Prime-Time 150 000 DM; in Deutschland wurden mehr als 50 Milliarden Mark in die Werbung investiert, das sind etwa 650 DM je Einwohner. Die Unternehmen kalkulieren ihre Kosten für Werbung in die Preise ein, so dass der Konsument mit seinem täglichen Einkauf diesen immer größer werdenden Werbeaufwand auch noch bezahlen muss. Allein im letzten Jahrzehnt sind die Werbeausgaben um ca. 134 Prozent gestiegen. Ein Jugendlicher z.B. sieht bis zu seinem 20. Lebensjahr im Durchschnitt allein 200 000 Fernsehwerbespots. Angesichts dieser Entwicklung spricht sogar die Werbewirtschaft selbstkritisch von einer „Werbeflut". In der Werbebranche weiß man, dass eine große Zahl von Werbeanzeigen und -spots vom Verbraucher überhaupt nicht mehr wahrgenommen wird. Man schätzt, dass von 100 gesendeten Spots nur drei in befriedigender Weise Produktbotschaften an den Verbraucher bringen. Wird der Konsument am Ende gegen Werbung immun?

Werbemethoden

Suggestive Werbung

Die Werbestrategen versuchen, dieser „Gefahr" nicht nur über die Erhöhung der Werbeetats, sondern auch durch eine Verfeinerung der Werbemethoden entgegenzusteuern, wie ein Blick auf die Werbung in der Nachkriegszeit in Westdeutschland zeigt. In den ersten Nachkriegsjahren dominierte eindeutig die informative Werbung. Zunächst galt es, dem Verbraucher zu vermitteln, dass das Produkt x oder y „endlich wieder" am Markt ist. Nachdem der Wiederaufbau in Gang gekommen und der Konkurrenzkampf härter geworden war, ging man dazu über, wirkliche oder vermeintliche Verbesserungen der Produkte herauszustellen („Noch besser durch ...", „noch wirksamer mit ..."). In den sechziger Jahren schließlich trat die suggestive Werbung in den Vordergrund. Die Werbefachleute gruppierten glückliche Menschen um die angepriesenen Produkte; der Kauf und Konsum eines bestimmten Produkts verhieß die

Erfüllung bestimmter Sehnsüchte oder stand für einen modernen „Lifestyle". Man versuchte, die Markenartikel mit einem Image zu verbinden, z. B. eine Zigarettenmarke mit dem Image der Weltläufigkeit, denn ihr Konsum versprach angeblich den „Duft der großen weiten Welt". Ein weiterer Schritt der Werbestrategen war der Versuch, Werbung als Massenunterhaltung zu präsentieren. Um dem zunehmenden Werbeüberdruss entgegenzuwirken, sollte Werbung ein Erlebnis vermitteln und deshalb spannend, witzig und lustig sein. Die Werbung der 90er Jahre endlich ist zunehmend von der Überlegung bestimmt, dass der Kauf auch Ausdruck einer Weltanschauung geworden ist. Zunehmend werden Themen aus Ökologie und Umwelt aufgegriffen, um dem Konsumenten beim Kauf das schlechte Gewissen zu nehmen. Andere Werbemaßnahmen versuchen, das Bild eines ökologisch oder sozial orientierten Unternehmens zu vermitteln.

Imagewerbung

Je raffinierter und ausgeklügelter die Werbemethoden werden, desto wichtiger wird es für den Verbraucher, sich der Hilfe neutraler Einrichtungen der Verbraucherberatung zu bedienen. Allein die Stiftung Warentest prüft, bewertet und vergleicht jährlich etwa 1700 Güter und Dienstleistungen nach ihrer Qualität, nach ihrem Verhältnis von Preis und Leistung sowie nach weiteren Kriterien wie Sicherheit und Umweltverträglichkeit. Daneben gibt es noch zahlreiche andere Einrichtungen, die Vergleichstests durchführen oder – wie die Verbraucherzentralen mit ihren mehr als 250 Beratungsstellen – dem Käufer Informationen für seine Kaufentscheidung liefern.

Verbraucherberatung

MATERIAL 12 **„Schock-Reklame" – das Beispiel der Benetton-Werbung**

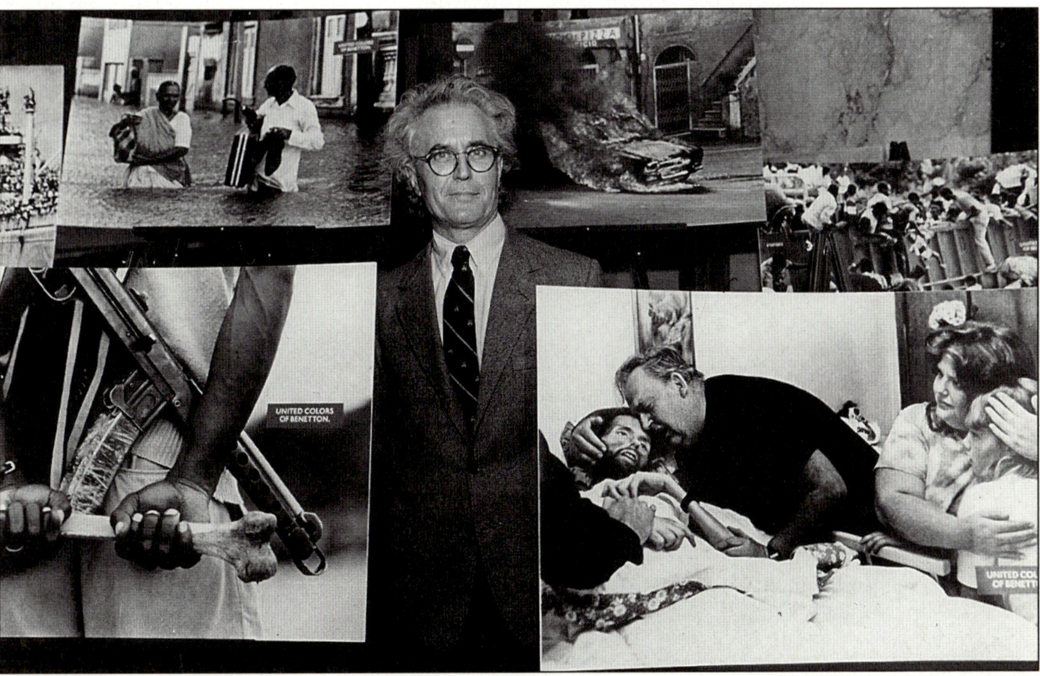

(Luciano Benetton, Chef des Benetton-Konzerns, mit ausgewählten Plakaten der Werbekampagne)

MATERIAL 13 Benetton-Werbung in der Kritik

In den letzten Jahren hat eine ungewöhnliche Art von Imagewerbung auf sich aufmerksam gemacht. Die Textilfirma Benetton, die sich weltweit in über 7000 eigenen Geschäften vornehmlich an junge Menschen wendet, zeigt nicht mehr nur Kleidungsstücke oder Personen, die diese tragen, sondern sie benutzt Fotos, die Probleme ansprechen: Umweltkatastrophen, Krankheiten, Tabus. Das Bild des von einer Ölkatastrophe betroffenen Schwimmvogels gehört zu dieser Art von „Problemwerbung", die den Firmennamen mit ökologischen, sozialen und politischen Problemfeldern verknüpft und Diskussionen auslösen soll.
Die Plakate und Zeitschriftenanzeigen der Firma Benetton sind umstritten. Viele erhielten Preise und Auszeichnungen, lösten aber gleichzeitig bei bestimmten Gruppen Proteste aus und wurden verboten. Skandale in mehreren Ländern riefen besonders Plakate hervor, die an Aids erkrankte Menschen zeigen. Die Leitung des Museums für Moderne Kunst in Frankfurt am Main indessen hielt die Benetton-Werbung für so bedeutend, dass sie dieses und andere Plakate ausstellte.

PRO:

„Die Mode war in den letzten Kampagnen nicht mehr, auch nicht andeutungsweise präsent. Der grüne Balken mit dem Benetton-Motto ordnet sich dem Bildmotiv unter, so dass die Beteuerung des Konzerns und des Fotografen, in erster Linie die inhaltlichen Anliegen ansprechen zu wollen, glaubwürdig erscheint."
(Jürgen Döring: Plakatkunst von Toulouse-Lautrec bis Benetton, Heidelberg und Hamburg 1994, S. 220)

CONTRA:

„Es geht Benetton nicht um Aids und all die anderen abgebildeten Katastrophen, es geht nicht um politische und soziale Fragen oder Lösungsvorschläge ... Diese Sicht teilt auch der Zentralverband der deutschen Werbewirtschaft ...: „Die von Benetton vorgeschobene Moral ist Mittel zum Zweck. Unter dem Deckmantel moralischer Absicht verbirgt sich ein aggressives Ausbeuten von Sensationslust und menschlichem Leid."
(Johannes Kirschenmann, in: Kunst und Unterricht Nr. 176/1993, S. 13)

Bundesgerichtshof verbietet drei Benetton-Anzeigen

Der Bundesgerichtshof (BGH) bestätigte am 6. Juli 1995 das Urteil des Frankfurter Landgerichts, das drei Anzeigen bzw. Plakate des Textilunternehmens Benetton, u.a. die Abbildung eines im Öl schwimmenden Vogels, verboten hatte. Die Begründung lautet, diese Anzeigen seien sitten- und damit wettbewerbswidrig, weil Mitleidsgefühle kommerziell ausgenutzt würden (Az: I ZR 110/93, I ZR 239/93 und I ZR 190/94). Das Urteil hat die andauernde Diskussion um die Zulässigkeit solcher Werbung erneut angeheizt: Es wird teils begrüßt, teils jedoch kritisiert, u.a. mit dem Hinweis auf das Grundrecht der Meinungsfreiheit.

1. Beschreiben Sie die Bilder in Material 12 und 13. Ist das Werbung?
2. Welche Gefühle löst die Werbung von Benetton bei Ihnen aus?
3. Diskutieren Sie, welche Gründe dazu geführt haben, dass die Benetton-Werbung sowohl prämiert als auch verboten wurde?
4. Fertigen Sie eine Videoaufnahme von unterschiedlichen Werbespots zur Hauptsendezeit an. Mit welchen Werbeeffekten wird gearbeitet? Inwiefern unterscheidet sich die Werbung von der Benetton-Kampagne?

2.6 Zentralverwaltungswirtschaft: Mangel trotz Planung

Das System der Zentralverwaltungswirtschaft in der DDR beinhaltete die zentrale Planung und Lenkung von Produktion und Verbrauch. Die zentrale Planung wurde von der „Staatlichen Plankommission" wahrgenommen, bei der alle wichtigen wirtschaftlichen Daten zusammenliefen. Diese Planbehörde arbeitete die Volkswirtschaftspläne aus, in denen genau festgelegt war, welche Güter jeweils in welchen Mengen in einem bestimmten Zeitraum hergestellt, welche Investitionen dafür getätigt und wieviele Rohstoffe verbraucht werden sollten. Es ist einleuchtend, dass in einem System, das eine freie unternehmerische Tätigkeit nicht kannte, Privateigentum an Produktionsmitteln die Ausnahme war.

Staatliche Plankommission
Volkswirtschaftspläne

Eng verbunden mit der zentralen Leitung und Planung waren die für den sozialistischen Staat typischen „Masseninitiativen der Werktätigen". Im sogenannten sozialistischen Wettbewerb wetteiferten die Arbeitskollektive in den Betrieben um höhere Leistungen zur Erfüllung und Übererfüllung des Wirtschaftsplans, um die Erhöhung der Arbeitsproduktivität, die Senkung der Selbstkosten und die Erhöhung der Qualität der Erzeugnisse. Seinen Höhepunkt erreichte der sozialistische Wettbewerb jeweil im Vorfeld von Wahlen und Parteitagen. Die SED-Führung bediente sich hierbei eines breit gefächerten und vielfältig abgestuften Instrumentariums von Belobigungen, Auszeichnungen und Prämierungen.

Sozialistischer Wettbewerb

MATERIAL 14 **Lenin über die Organisation der Wirtschaft (Januar 1918)**

Arbeiter und Bauern! Werktätige und Ausgebeutete! Der Grund und Boden, die Banken, die Fabriken, die Werke sind Eigentum des ganzen Volkes geworden! Nehmt selbst die Rechnungsführung und Kontrolle über die Produktion und die Verteilung der Produkte in die Hand – darin und nur darin liegt der Weg zum Sieg des Sozialismus, die Bürgschaft für seinen Sieg, die Bürgschaft für den Sieg über jede Ausbeutung, über Not und Elend! Denn in Russland ist genug Getreide, Eisen, Holz, Wolle, Baumwolle und Flachs für alle da. Man muss nur die Arbeit und die Erzeugnisse richtig verteilen, man muss nur eine allgmeine sachliche, praktische Kontrolle des ganzen Volkes über diese Verteilung einführen und nicht nur in der Politik, sondern auch im täglichen wirtschaftlichen Leben. Die Volksfeinde, die Reichen und ihre Kostgänger, sodann die Gauner, Müßiggänger und Rowdys besiegen.

(aus: W. I. Lenin: Wie soll man den Wettbewerb organisieren?, LW 26, S. 408–409)

MATERIAL 15 **Aus Artikel 9 der DDR-Verfassung**

(1) Die Volkswirtschaft der Deutschen Demokratischen Republik beruht auf dem sozialistischen Eigentum an den Produktionsmitteln. ...

(2) Die Volkswirtschaft der Deutschen Demokratischen Republik dient der Stärkung der sozialistischen Ordnung, der ständigen materiellen und kulturellen Bedürfnisse der Bürger, der Entfaltung ihrer Persönlichkeit und ihrer sozialistischen gesellschaftlichen Beziehungen.

(3) In der Deutschen Demokratischen Republik gilt der Grundsatz der Leitung und Planung der Volkswirtschaft sowie aller gesellschaftlichen Bereiche. Die Volkswirtschaft der Deutschen Demokratischen Republik ist sozialistische Planwirtschaft. Die zentrale staatliche Leitung und Planung ist mit der Eigenverantwortung der örtlichen Staatsorgane und Betriebe sowie der Initiative der Werktätigen verbunden.

1. Vergleichen Sie den Aufruf von Lenin (Mat. 14) und Art. 9 der DDR-Verfassung (Mat. 15) mit den Vorstellungen von Adam Smith (Mat. 6).
2. Bestimmen Sie die Merkmale und Unterschiede von freier Marktwirtschaft und Zentralverwaltungswirtschaft.

MATERIAL 16 Planungsbeispiel Mode

Wie reagiert ein planwirtschaftlicher Betrieb in der DDR – nennen wir ihn „Volkseigener Betrieb (VEB) Mode" – auf ein neu aufkommendes Bedürfnis, z. B. die Jeansmode?

Nehmen wir an, der „VEB-Mode" versucht, dem „Bedürfnis Jeansmode" nachzukommen und ein bestimmtes Sortiment Jeanshosen zu produzieren. Angesichts der großen Nachfrage wäre der Absatz sicherlich kein Problem …

„Aber w i e wir sie produzieren – das ist außerordentlich modern!"

„Gelernter Polsterer? Sie schickt der Himmel, wir befinden uns gerade im Prozess der Planvorbereitung!"

Wichtigstes Problem: Kurzfristig und außerplanmäßig ist das überhaupt nicht zu machen. Der Ablauf eines Volkswirtschaftsplanes ist langwierig. Vom ersten Entwurf bis zur Realisierung vergehen gut und gerne 12 bis 14 Monate … Ist der Plan einmal gebilligt, so ist das Produktionsprogramm des VEB-Mode (und aller anderen Betriebe) voll, bis auf geringe Reserven, vertraglich mit Abnehmern und Lieferanten gebunden … Er hat somit weder freie Kapazitäten (Aufnahmefähigkeiten), noch frei verfügbare Materialien in größerem Umfange. Das gleiche gilt für seine Vorlieferanten. Zusatzkapazitäten und Materialien im Ausland zu beschaffen, ist ebenfalls unmöglich, denn das alleinige Verfügungsrecht liegt bei den staatlichen Außenhandelsorganen.

Einziger Ausweg: Der „VEB-Mode", der vom Plan abweichen will, kann
- Zusatzkapazitäten beantragen;
- sich bemühen, beim Vorlieferanten zusätzliche Gewebe zu bekommen …
- bei einem Vorlieferanten und beim Handel erwirken, dass die bereits ein Jahr vorher geschlossenen Verträge geändert werden …

Alle diese Instanzen werden einer solchen Planänderung nur zustimmen, wenn damit die Gesamtplanerfüllung nicht gefährdet wird, denn sonst gibt es Schwierigkeiten
- mit vorgesetzten staatlichen Verwaltungsstellen, weil die staatlichen Planauflagen nicht erfüllt werden;
- mit der Belegschaft, die keine oder geringe Prämienzuführungen erhält …

Für den Betriebsdirektor stellt sich die Frage, weshalb er, nur des zweifelhaften Ruhmes wegen, einem modebewussten Betrieb vorzustehen, alle diese Schwierigkeiten auf sich nehmen sollte. Schließlich hat er Familie und bestimmte Karrierevorstellungen, die er nur verwirklichen kann, wenn er beschlossene Pläne möglichst reibungslos erfüllt, oder sogar überbietet …

Ein weiteres Problem kommt hinzu: Für den „VEB-Mode" ist es – anders als in der Marktwirtschaft – nicht entscheidend, ob seine Kollektion „ankommt" oder nicht. Für den Vertrieb ist er nicht zuständig. Solange er plangerecht an den Handel liefert, braucht ihn das Problem „Ladenhüter" nicht zu beunruhigen; auch das Risiko, in Konkurs zu gehen, wenn seine Produktion keinen Absatz findet, ist in der Planwirtschaft ohne Bedeutung.

(aus: Willy Behrend: Sozialistische Modelle, Genosse Konsument: Bedürfnisbefriedigung im Sozialismus, Köln 1979, S. 16–21)

MATERIAL 17 Sozialistischer Wettbewerb

MATERIAL 18 Blue Jeans maßgeschneidert

SAN FRANCISCO. „Sie passt wie angegossen.“ Das sagt eine begeisterte Kundin über ihre Jeans für 59 Dollar. Kein Wunder, dass die Hose so gut sitzt, sie wurde ausschließlich nach Maß gefertigt. Die Blue Jeans der Firma Levis hat schon einmal von San Francisco aus die Welt erobert. Jetzt scheint das Unternehmen mit maßgeschneiderter Massenware wieder einmal dem Trend voraus zu sein.
In Jeansgeschäften in Cincinnatti gibt es diesen Service seit einigen Monaten. Die Computertechnologie hat die maßgeschneiderte Massenproduktion möglich gemacht. Die Verkäufer nehmen zunächst Maß und geben Beinlänge, Taille, Hüft- und Gesäßumfang der Kundin in den Computer ein. Auf dem Bildschirm erscheinen eine oder mehrere Artikelnummern von Jeans, die auf Lager sind und in etwa passen dürften. Diese kann die Kundin anprobieren und sagen, wo die Hose nicht richtig sitzt und was sie geändert haben möchte. Aus diesen Informationen erstellt das Computerprogramm den Schnitt für die jeweils ideale Jeans. Insgesamt sind 4 224 Kombinationsmöglichkeiten einprogrammiert. Auch verschiedene Farben und Stoffe stehen natürlich zur Auswahl. Alle diese Angaben werden an eine computerisierte Schnittmaschine in einer Jeansfabrik weitergeleitet. Diese schneidet den Stoff zurecht und dann durchläuft die Jeans den normalen Fertigungsprozess. Innerhalb von drei Wochen ist sie fertig und wird für einen kleinen Aufpreis entweder ins Haus geliefert oder kann auch im Geschäft abgeholt werden.

Die Maßanfertigung kostet nur zehn Dollar mehr als die Jeans von der Stange ... In den Geschäften in Cincinnatti sind die Verkäufe um 300 Prozent gestiegen, seitdem sie die Jeans nach Maß anbieten ... Die Jeans ist die erste Konfektionsware nach vorprogrammiertem Maß. Technologieexperten gehen davon aus, dass dies die Produktionsweise der Zukunft ist.

(aus: Stuttgarter Zeitung vom 5.12.1994, S. 15, Autorin: Ingrid Kölle)

1. Auf welche Hindernisse und Probleme stößt der VEB-Mode, wenn er rasch auf die wachsende Nachfrage nach Jeans reagieren will (Material 16)?
2. Vergleichen Sie die Produktionsweise im VEB-Mode (Material 16) mit der Jeans-Fabrik in Material 18. Was entscheidet über den Erfolg der beiden Unternehmen (Material 16–18)?

2.7 Die Soziale Marktwirtschaft – der dritte Weg

Die Bevölkerung der Bundesrepublik Deutschland entschied sich in den ersten Bundestagswahlen im Jahre 1949 für die Parteien, die für eine Soziale Marktwirtschaft als Wirtschaftsordnung eingetreten waren. Das Konzept der Sozialen Marktwirtschaft war allerdings heftig umstritten. Viele glaubten, dass die große Not der Nachkriegsjahre nur durch staatliche Planung und Lenkung beseitigt werden könne. Zumindest die Grundstoffindustrie solle verstaatlicht werden, um eine Konzentration wirtschaftlicher Macht in den Händen weniger Privater zu verhindern.

Grundgesetz und Wirtschaftsordnung

Das Grundgesetz hätte auch solche von sozialistischen Ideen bestimmte Wege zugelassen, denn es ist nicht auf eine bestimmte Wirtschaftsordnung festgelegt. Diese wirtschaftspolitische Neutralität des Grundgesetzes erklärt sich aus den großen Gegensätzen über die künftige Wirtschaftsordnung nach dem Zweiten Weltkrieg. Eine Festlegung in die eine oder andere Richtung hätte die gewünschte breite Zustimmung aller wichtigen politischen Gruppen zum Grundgesetz gefährdet. So entschloss sich der Parlamentarische Rat 1948/49, diese Frage offen zu halten und die konkrete Ausgestaltung der Wirtschaftsordnung der künftigen Politik zu überlassen.

Allerdings hat das Grundgesetz einen Rahmen abgesteckt, innerhalb dessen wirtschaftspolitische Gestaltungsfreiheit besteht: Im Grundrechtskatalog des Grundgesetzes sind sowohl liberale Elemente verankert, die die Freiheit des Einzelnen verbürgen, als auch soziale Prinzipien, die eine korrigierende staatliche Einflussnahme voraussetzen. Dies bedeutet, dass weder eine reine Zentralverwaltungswirtschaft, die dem Einzelnen keinen wirtschaftlichen Handlungsspielraum mehr ließe, möglich ist, noch eine liberale Marktwirtschaft, in der der Staat nur die Rolle eines „Nachtwächters" zu spielen hätte.

Das Konzept der Sozialen Marktwirtschaft passt mit seinen liberalen und sozialen Elementen in diesen grundgesetzlichen Rahmen. Wie die freie Marktwirtschaft sieht es freie unternehmerische Betätigung auf der Grundlage von Privateigentum an Produktionsmitteln und freie Konsumwahl vor. Produktion und Konsum werden auf den Märkten durch den Preis aufeinander abgestimmt. Im Unterschied zur Freien Marktwirtschaft kann der Staat in der Sozialen Marktwirtschaft durch eine aktive Wirtschaftspolitik regulierend und korrigierend in das wirtschaftliche Geschehen eingreifen. Durch die staatliche Wirtschaftspolitik sollen Fehlentwicklungen bis hin zu Wirtschaftskrisen möglichst verhindert werden.

Aktive Wirtschaftspolitik des Staates

Man unterscheidet
- die Ordnungspolitik: Sie soll den Wettbewerb sichern;
- die Konjunkturpolitik: Sie soll das ständige Auf und Ab im Wirtschaftsgeschehen dämpfen und für eine stetige Wirtschaftsentwicklung sorgen;
- die Strukturpolitik: Sie soll vor allem Umstellungsprozesse im Gefüge der Volkswirtschaft beeinflussen;
- die Sozialpolitik: Sie soll soziale Absicherung gewährleisten und soziale Gerechtigkeit fördern.

MATERIAL 19 Wirtschaftsordnungen

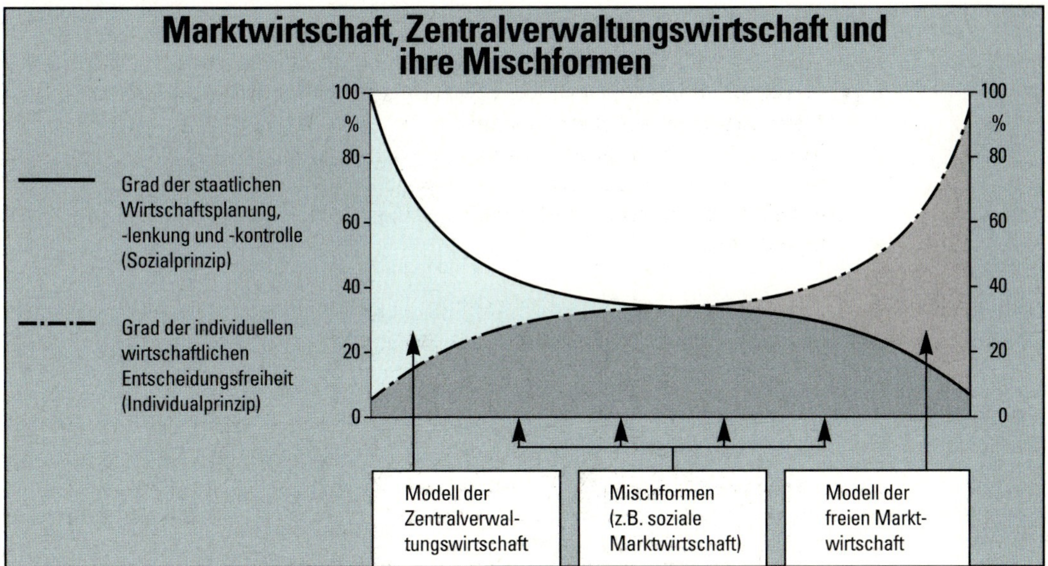

Welche der folgenden Sätze enthalten Merkmale der **Zentralverwaltungswirtschaft,** der **Sozialen Marktwirtschaft** und der **Freien Marktwirtschaft?**

- **a** Regierungssprecher kündigt allgemeine Mietpreiserhöhungen zum 1. August an.
- **b** Der Käufer erhält nur festgesetzte Warenmengen.
- **c** Jeder kann den Beruf seiner Wahl ergreifen.
- **d** Unternehmer der Baustoffindustrie wegen Preisabsprache verurteilt.
- **e** Die Unternehmen stellen Erzeugnisse entsprechend ihren Absatzerwartungen her.
- **f** Wirtschaftsminister erhöht Produktionsziffern in der Stahlindustrie.
- **g** Kabinett beschließt Privatisierung der Fluggesellschaft.
- **h** Beiträge zur Arbeitslosenversicherung werden erhöht.
- **i** Minister verspricht höhere Löhne im Bergbau.
- **j** Kartellamt verbietet Fusion zweier Großverlage.
- **k** Kabinett erhöht Mineralölsteuer für bleihaltiges Benzin.
- **l** Gewerkschaften lenken die Besetzung der Arbeitsplätze.
- **m** Parteisekretär verspricht bessere Versorgung mit Grundnahrungsmitteln.
- **n** Supermarktkette kündigt 24-stündige Ladenöffnung an.
- **o** Wirtschaftsminister gegen Festsetzung eines Mindestlohnes.
- **p** Teppichherstellung ohne Kinderarbeit undenkbar.

Ordnen Sie die jeweiligen Aussagen dem Modell der drei Wirtschaftsordnungen zu.

MATERIAL 20 Grundzüge der Sozialen Marktwirtschaft

Eine bewusst gestaltete Marktwirtschaft ist kein Vollautomat. Wenn wir, was nie ohne Gefahr geschieht, im Bilde bleiben wollen, mag man sie mit einem der Bedienung und Steuerung bedürftigen Halbautomaten vergleichen. So wie etwa ein Automobilmotor ein in sich funktionierender Mechanismus ist, der aber eine Reihe von außen kommender Bedienungen erfordert, um seinen Zweck zu erfüllen, muss auch der marktwirtschaftliche Austausch von einem Kreis sichernder und auslösender, auf die Eigenart seiner Funktion abgestimmter Handhaben umgeben werden. Es bedarf gewisser Maßnahmen zum Ingangbringen des marktwirtschaftlichen Austausches überhaupt, was der Funktion des Anlassers entspräche, er bedarf einer laufenden Sicherung der Funktionsfähigkeit des Wettbewerbes, der Regelung ihres Gesamtganges, was der Schmierung, der Bedienung des Gaspedals und dem Bremsen gleichkäme, es bedarf einer strukturellen Beeinflussung, die der Lenkung des Wagens entspräche, und nicht zuletzt weist auch die Marktwirtschaft trotz ihrer durchgängigen Rationalität gewisse Konstruktionsfehler auf, die eine gelegentliche Reparatur, zum Teil auch eine gewisse konstruktive Abänderung erfordern …

(aus: Alfred Müller-Armack, Wirtschaftslenkung und Marktwirtschaft, Hamburg 1974[2], S. 94. Der Autor gilt als Schöpfer des Begriffs „Soziale Marktwirtschaft“. Er war von 1958–63 Staatssekretär im Bundeswirtschaftsministerium unter dem damaligen Wirtschaftsminister Ludwig Erhard.)

MATERIAL 21 Aus einer Denkschrift von Alfred Müller-Armack (1948)

Die angestrebte moderne Marktwirtschaft soll betont sozial ausgerichtet und gebunden sein. Ihr sozialer Charakter liegt bereits in der Tatsache begründet, dass sie in der Lage ist, eine größere und mannigfaltigere Gütermenge zu Preisen anzubieten, die der Konsument durch seine Nachfrage entscheidend mitbestimmt und die durch niedrige Preise den Realwert des Lohnes erhöht und dadurch eine größere und breitere Befriedigung der menschlichen Bedürfnisse erlaubt …

Um den Umkreis der Sozialen Marktwirtschaft ungefähr zu umreißen, sei folgendes Betätigungsfeld künftiger sozialer Gestaltung genannt:

a) Schaffung einer sozialen Betriebsordnung, die den Arbeitnehmer als Mensch und Mitarbeiter wertet, ihm ein soziales Mitgestaltungsrecht einräumt, ohne dabei die betriebliche Initiative und Verantwortung des Unternehmens einzuengen,
b) Verwirklichung einer als öffentliche Aufgabe begriffenen Wettbewerbsordnung, um dem Erwerbsstreben der Einzelnen die für das Gesamtwohl erforderliche Richtung zu geben,
c) Befolgung einer Antimonopolpolitik zur Bekämpfung möglichen Machtmissbrauchs in der Wirtschaft,
d) Durchführung einer konjunkturpolitischen Beschäftigungspolitik mit dem Ziel, dem Arbeitgeber im Rahmen des Möglichen Sicherheit gegenüber Krisenrückschlägen zu geben,
e) Marktwirtschaftlicher Einkommensausgleich zur Beseitigung ungesunder Einkommens- und Besitzverschiedenheiten, und zwar durch Besteuerung und durch Familienzuschüsse, Kinder- und Mietbeihilfen an sozial Bedürftige,
f) Siedlungspolitik und sozialer Wohnungsbau,
g) Soziale Betriebsstruktur durch Förderung kleinerer und mittlerer Betriebe und Schaffung sozialer Aufstiegschancen, …
i) Ausbau der Sozialversicherung,
j) Städteplanung,
k) Minimallöhne und Sicherung der Einzellöhne durch Tarifvereinbarungen …

(zitiert nach: Christoph Kleßmann, Die doppelte Staatsgründung, Bonn 1982, S. 428 f.)

1. Verdeutlichen Sie an Material 20, welche Wesensmerkmale der Sozialen Marktwirtschaft Müller-Armack durch den Vergleich mit dem Halbautomaten hervorheben will.
2. Stellen Sie fest, welche Rolle dem Staat in der Sozialen Marktwirtschaft zukommt (Material 20 und 21). Untersuchen Sie, in welcher Weise die von Müller-Armack geforderten Leistungen des Staates in unserem wirtschaftlichen und gesellschaftlichen Leben realisiert worden sind.

2.8 Wettbewerb und Globalisierung

Unternehmen im Wert von 60 Milliarden DM sind 1995 in Deutschland gekauft oder verkauft worden. Bis zum Ende des Jahrzehnts werden schätzungweise 300 000 Unternehmen von anderen Unternehmen übernommen werden. Mitte der Neunzigerjahre macht vor allem die Pharmabranche durch einen gewaltigen Konzentrationsprozess auf sich aufmerksam. Henkel hat Schwarzkopf übernommen, BASF und Hoechst haben teilweise Milliardenbeträge für die Übernahme amerikanischer bzw. britischer Pharmaunternehmen ausgegeben, Fresenius wird seine Dialyse-Sparte mit der amerikanischen National Medical Care verschmelzen. Am spektakulärsten freilich war die Elefantenhochzeit der beiden Basler Chemie-Riesen Sandoz und Ciba-Geigy; es war die bis dahin größte Fusion in der Industriegeschichte. Die weltweite Liberalisierung des Telefongeschäftes, das bisher von staatlichen Monopolbetrieben beherrscht wurde, hat bereits eine Wellen von Zusammenschlüssen und Übernahmen ins Rollen gebracht. Dies gilt auch für die internationale Informations- und Kommunikationsindustrie.

Konzentrationsprozess

Übernahmekandidaten sind vor allem mittelständische Unternehmen, die zu klein und finanzschwach sind, um den Herausforderungen der internationalen Märkte gewachsen zu sein. Die zunehmende Globalisierung der Wirtschaft, die weltweit immer größer werdenden gegenseitigen Abhängigkeiten und Rivalitäten sind ein mächtiger Antrieb, durch Zukauf in Forschung, Produktion und Vertrieb international mitzuhalten. Mehr als 40 Prozent aller Übernahmen sind heute bereits grenzüberschreitend.

Globalisierung

Diese Tendenzen sind Ausdruck eines erbitterten internationalen Konkurrenzkampfes und damit durchaus im Sinne einer funktionierenden Marktwirtschaft. Sie könnten aber auch auf längere Sicht den Wettbewerb einschränken und damit die marktwirtschaftliche Ordnung gefährden.

Um den Wettbewerb auf den heimischen Märkten zu schützen, hat der Bundestag 1957 das Gesetz gegen Wettbewerbsbeschränkungen (Kartellgesetz) verabschiedet. Es wurde durch das Gesetz über die Fusionskontrolle von 1973 noch erweitert. Das Gesetz verbietet grundsätzlich Kartelle, d.h. wettbewerbswidrige Absprachen über die Aufteilung des Marktes oder über Preise. Die Beteiligung eines Unternehmens an einem anderen (Konzernbildung) oder die Verschmelzung von Unternehmen (Fusion) sind den Kartellbehörden vorab anzuzeigen und können untersagt werden, wenn sie zu einer marktbeherrschenden Position führen. Dafür hat das Gesetz genaue Kriterien vorgegeben. Bei der Prüfung von Marktbeherrschung muss das Bundeskartellamt auch den möglichen Wettbewerb aus dem Ausland berücksichtigen, der wegen der internationalen Verflechtung die wirtschaftliche Macht eines Anbieters im Inland mindern kann. In besonderen Fällen, wenn z.B. ein überragendes nationales Interesse am Zusammenschluss besteht, kann der Bundeswirtschaftsminister eine Ausnahmegenehmigung erteilen. Das Bundeskartellamt hat in den vergangenen 20 Jahren ca. 17 000 Fusionsvorhaben geprüft, davon wurden ca. 100 untersagt. Seit 1990 gilt für Zusammenschlussvorhaben mit europäischer Bedeutung von einer bestimmten Größenordnung an die Fusionskontrolle durch die EU-Kommission.

Kartellgesetz

MATERIAL 22 Karikatur

... und weiter so ...

MATERIAL 23 Konzentration

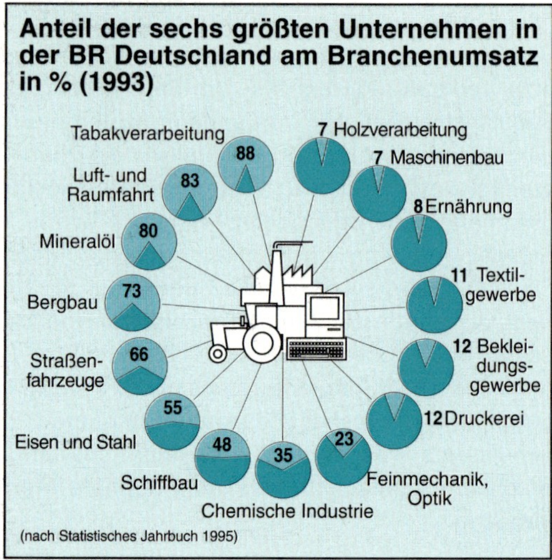

MATERIAL 24 Gnadenlose Auslese

Wer kauft ständig Aktien des hannoverschen Reifenunternehmens Continental? Ein Italiener namens Leopoldo Pirelli, der den Deutschen die Zusammenlegung der Reifensparten beider Konzerne unter dem Dach der Conti anbietet. Auf diese Weise könnten Pirelli, der fünftgrößte Reifenhersteller, und Conti, die Nummer vier, ihre Position auf dem Weltmarkt beträchtlich verbessern. Pirelli möchte den Bestand seiner Firma sichern. Er führt, ebenso wie Conti, einen fast schon verzweifelten Kampf ums Überleben. Das Reifengeschäft in den USA, Europa und Asien werden schon bald drei, allenfalls vier Konzerne unter sich aufteilen. Obwohl die fünf größten Konzerne zusammen bereits mehr als 70 Prozent des Weltmarktes beherrschen, müssen fast alle drastische Gewinneinbrüche hinnehmen und harte Sparprogramme durchziehen. Das scheinbar merkwürdige Phänomen, dass bei zunehmender Konzentration der Wettbewerb zwischen den Firmen nicht schwächer, sondern härter wird, hat vor allem eine Ursache: Die großen Reifenkäufer, die Automobilkonzerne, haben viel mehr Einfluss auf den Preis der Ware als die Hersteller. Als der Audi-Chef mit Conti darüber verhandelte, ob der neue Audi 100 mit Conti-Reifen ausgerüstet wird, setzte er einen Preis von 42 Mark pro Reifen durch. Die Produktionskosten liegen rund 20 DM höher. Die Conti-Manager schlugen ein, weil sie, wie ihre Konkurrenten, darauf angewiesen sind, dass möglichst viele Automobile als Erstausstattung ab Werk mit ihren Reifen ausgeliefert werden. Viele Autofahrer bleiben beim Reifenwechsel der Marke treu, die der Hersteller auf die Felge zog. Jahrelang konnte Conti seine Produkte ungefähr zum Selbstkostenpreis an Autofirmen verkaufen. Für Gewinne musste das Ersatzgeschäft sorgen, der Verkauf an den Autofahrer. Seit die Automobilkonzerne weltweit mit Macht ihre Kosten senken, können die Reifenfirmen an ihre Großabnehmer fast nur noch mit Verlust verkaufen. Wenn einer nicht mitspielt, findet sich stets ein Konkurrent, der die Verluste hinnimmt, um seinen Marktanteil zu erhöhen und den Wettbewerber aus dem Markt zu drängen.

Conti behauptete sich in diesem mörderischen Spiel lange Zeit recht erfolgreich. Die Hannoveraner schluckten die europäischen Fabriken von Uniroyal, den österreichischen Konkurrenten Semperit und den US-Hersteller General Tire. Das Firmenfressen ist notwendig fürs eigene Überleben, es ist zuweilen aber auch riskant. Die Übernahme von General Tire wird Conti neben dem Kaufpreis noch mindestens eine Milliarde Mark kosten. Die US-Firma war viel schlimmer heruntergewirtschaftet, als die Deutschen beim Kauf ahnten. Conti und Pirelli sind auf Dauer wohl zu klein, um allein gegen Michelin, Good-year und Bridgestone bestehen zu können, und beide passen auch recht gut zueinander. Pirelli ist in Südeuropa und in Südamerika stark. Conti mehr in Mittel- und Nordeuropa und in den USA. Einige Manager in der Automobilindustrie macht der Poker um Conti indes nachdenklich. Noch können sie den Verdrängungskampf der Reifenfirmen nutzen, um die Pneus zu Schleuderpreisen einzukaufen. Wenn die Konzentration jedoch im Tempo der vergangenen Jahre weitergeht, haben die Autofirmen es bald nur noch mit zwei oder drei Reifen-Multis zu tun. Dann, so fürchtet der Vorstand eines deutschen Autokonzerns, „können sie uns die Preise diktieren".

(aus: Der Spiegel Nr. 39/1990. Pirelli hat den Versuch, Conti zu übernehmen, inzwischen aufgegeben)

MATERIAL 25 Präsident des Kartellamtes: „Wirtschaft nicht kartellwütig"

Die größten Sünder gegen den Wettbewerb seien nicht die privaten Unternehmen, sondern die Regierungen. Sie versuchten mit vielerlei Hilfen, zum Beispiel in Ostdeutschland, nicht wettbewerbsfähige Unternehmen über Wasser zu halten oder Branchen wie den Steinkohlebergbau mit Milliardensummen zu stützen. In der EU gebe es zudem eine starke Tendenz, sich nach außen abzuschotten. Bundes- und Landesregierungen darf das Kartellamt aber nicht auf die Finger schauen. Es soll in der privaten Wirtschaft für Wettbewerb sorgen. Und da war der Zeitraum 1991/92 durch die Privatisierung der ostdeutschen Wirtschaft gekennzeichnet. 1300 der insgesamt 3750 Firmenzusammenschlüsse, die das Kartellamt überprüfte, beruhten auf Käufen ostdeutscher Firmen. Von dieser Sonderentwicklung abgesehen, hat sich, so Wolf, „die Konzentration der deutschen Wirtschaft auf dem hohen Niveau der achtziger Jahre fortgesetzt". Bedrohlich ist das aus Dr. Wolfs Sicht im Großen und Ganzen nicht. „Wir haben es nicht mit einer kartellwütigen Wirtschaft zu tun." In 40 Prozent der Fälle seien inzwischen ausländische Firmen an den Zusammenschlüssen beteiligt, das deute auf eine Internationalisierung hin. Die ist Wolf hochwillkommen. Erfreut beobachtet der Kartellamtschef, dass der EU-Binnenmarkt in einigen Branchen für mehr Wettbewerb sorgt. Sorgen macht dem Kartellamt neuerdings die Entsorgungswirtschaft. Mit 140 Zusammenschlüssen im Zeitraum 1991/92 hat sich die Zahl gegenüber 1989/90 mehr als verdoppelt. Zunehmend dringen branchenfremde Großunternehmen, vor allem Tochtergesellschaften von Stromversorgern, in diesen Wachstumsmarkt ein. Dass sich solche Unternehmen in diesem Wachstumsmarkt mit 20, 30, ja mitunter 40 Prozent Wachstum pro Jahr engagieren, ist aus Wolfs Sicht verständlich, trotzdem macht ihm das Sorge.

(aus: Badische Zeitung vom 29. Juni 1993)

1. Nennen Sie die Gründe für das – inzwischen zurückgezogene – Übernahmeangebot Pirellis.
2. Warum wird für die Reifenunternehmen bei zunehmender Konzentration der Wettbewerb härter? Welche Folgen sind bei zunehmender Konzentration zu erwarten (Mat. 22–24)?
3. Wie beurteilt der Kartellamtspräsident die Konzentrationstendenzen (Mat. 24)?

3. Wirtschaftspolitik – eine Sache für Magier?

Stabilitätsgesetz

Der 8. Juni 1992 fiel auf Pfingsten. Die meisten Politiker hatten der Bundeshauptstadt den Rücken gekehrt. Niemand dachte an diesen Feiertagen daran, einen „Jubilar" zu ehren, der auf den Tag genau vor 25 Jahren das Licht der Welt erblickt hatte: das „Gesetz zur Förderung der Stabilität und des Wachstums der Wirtschaft" (Stabilitätsgesetz). „Damals", erinnert sich ein Beteiligter, „war alles anders. Wir haben das Gesetz richtig gefeiert."

Wirtschaftspolitische Ziele

„Wir", das waren die Leute um den Bundeswirtschaftsminister Karl Schiller (SPD). Mit dem Gesetz glaubte man endlich die wirtschaftspolitischen Instrumente zu haben, die die Bundesregierung in die Lage versetzen würden, die Wirtschaftsentwicklung im Rahmen der marktwirtschaftlichen Ordnung zu steuern. Das Gesetz schrieb vier wirtschaftspolitische Ziele fest, nämlich ein stabiles Preisniveau, einen hohen Beschäftigungsstand, außenwirtschaftliches Gleichgewicht sowie ein stetiges und angemessenes Wirtschaftswachstum.

Gesamtwirtschaftliches Gleichgewicht

Der Glaube, die Politik könne die Wirtschaftsentwicklung im Sinne eines so definierten gesamtwirtschaftlichen Gleichgewichts zuverlässig steuern, war groß, obwohl man sich bewusst war, dass die gleichzeitige Verwirklichung der vier stabilitätspolitischen Ziele geradezu „magische Kräfte" erfordern würde. „Man hatte wirklich den Glauben an die Machbarkeit" erinnert sich Otto Schlecht, der langjährige Staatssekretär im Bundeswirtschaftsministerium.

Nach dem Bruch der CDU/FDP-Regierung unter Bundeskanzler Ludwig Erhard, dem Vater des Wirtschaftswunders in Westdeutschland, entstand das Stabilitätsgesetz unter dem Eindruck der ersten Wirtschaftskrise seit Bestehen der Bundesrepublik. Auf die Vorboten der Krise von 1966/67 hatte Erhard lediglich mit Maßhalteappellen reagiert. Weitergehende Forderungen nach einem staatlichen Krisenmanagement wies er zurück; sie stellten für ihn eine ordnungspolitisch unzulässige Ausweitung der Staatsaufgaben dar.

Mit dem Stabilitätsgesetz gelang der neuen Bundesregierung, einer großen Koalition aus CDU/CSU und SPD, ein wirtschaftlicher Aufschwung „nach Maß". Die politisch-psychologische Bedeutung dieses Erfolges kann kaum überschätzt werden. Erst Ende der siebziger Jahre, dem Jahrzehnt der Ölpreisexplosionen, wuchsen Zweifel an der Beherrschbarkeit ökonomischer Prozesse. Die nach dem Ende der sozialliberalen Koalition 1982 unter Helmut Kohl gebildete Bundesregierung aus CDU/CSU und FDP verzichtete daher weitgehend auf die Anwendung des stabilitätspolitischen Instrumentariums. Aber auch die stabilitätspolitischen Ziele sind unter Beschuss geraten: Die Grünen unternahmen 1990 im Bundestag den Versuch, das ihrer Ansicht nach „naturblinde" Stabilitätsgesetz mit seinem Bekenntnis zum Wirtschaftswachstum im Sinne einer ökologisch-sozialen Ausrichtung der Wirtschaft zu ändern.

MATERIAL 26 **Wirtschaftspolitische Ziele und wirtschaftliche Entwicklung in der Bundesrepublik**

Deutsche sollen länger arbeiten

10% Arbeitslosigkeit in Deutschland – höchster Stand seit Währungsreform

Steuern und Abgaben steigen weiter

Stabilitätsgesetz

§ 1 Bund und Länder haben bei ihren wirtschafts- und finanzpolitischen Maßnahmen die Erfordernisse des gesamtwirtschaftlichen Gleichgewichts zu beachten. Die Maßnahmen sind so zu treffen, dass sie im Rahmen der marktwirtschaftlichen Ordnung gleichzeitig zur Stabilität des Preisniveaus, zu einem hohen Beschäftigungsstand und außenwirtschaftlichem Gleichgewicht bei stetigem und angemessenem Wirtschaftswachstum beitragen.

Wirtschaft wächst nur um 1%

Teuerung bei 1,9%

Exportgeschäft boomt

Wechselkurs der D-Mark steigt

Bundesbank zögerlich bei Zinssenkung

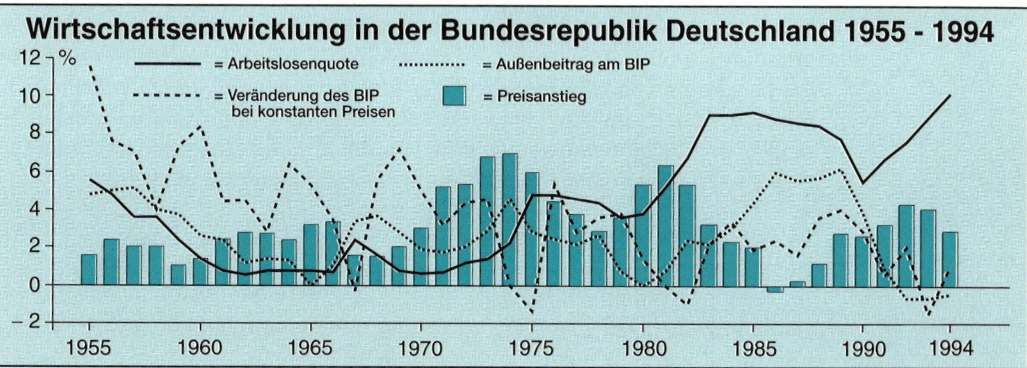

1. Die Schlagzeilen berichten über die Wirtschaftsentwicklung in Deutschland im Jahre 1996. Ihre Auswertung kann unter folgenden Fragestellungen erfolgen:
   - Um welche Ziele geht es in der Wirtschaftspolitik?
   - Welche der in den Schlagzeilen genannten Forderungen und Maßnahmen sind mit dem Stabilitätsgesetz in Einklang zu bringen, welche nicht?
   - Zeichnen sich Zielkonflikte ab?
2. Aktualisieren Sie diese Schlagzeilen und beurteilen Sie aufgrund deren Aussagen die Wirtschaftslage unter stabilitätspolitischen Gesichtspunkten.
3. Schreiben Sie die Grafik „Wirtschaftsentwicklung in der Bundesrepublik" fort, und untersuchen Sie Zusammenhänge in der Entwicklung der Wachstumsrate, der Arbeitslosenquote und der Inflationsrate.

4. Wachstum, Wachstum über alles?

4.1 Was ist Wirtschaftswachstum?

Grenzen des Wachstums

Mit Beginn der Industrialisierung im 18. und 19. Jahrhundert setzte in den meisten europäischen Ländern, in Nordamerika und Japan ein bis heute anhaltender Prozess wirtschaftlichen Wachstums ein; er hat zu einer radikalen Veränderung der Lebensverhältnisse geführt. Auch in absehbarer Zeit dürfte sich das Wirtschaftswachstum fortsetzen. Zwar wird immer häufiger auf die „Grenzen des Wachstums" hingewiesen, doch in Wissenschaft und Politik herrscht die Meinung vor, Wirtschaftswachstum sei auch weiterhin erforderlich.

Die Gründe für die Ansicht, dass eine Wirtschaft wachsen soll, hat bereits vor mehr als 200 Jahren Adam Smith in seinem Buch „Wohlstand der Nationen" dargelegt. Dort wird erstens auf den Wunsch der Menschen nach Verbesserung ihres Lebensstandards hingewiesen. Dieser Wunsch nach mehr Wohlstand ist auch heute ungebrochen. Zweitens könne, so Adam Smith, eine Gesellschaft viele Probleme leichter bewältigen, wenn die Wirtschaft nicht stagniere. Als Beispiele für solche durch Wirtschaftswachstum leichter zu lösenden Aufgaben könnte man heute anführen: das Beschäftigungsproblem, die Versorgung der immer größer werdenden Zahl von Rentnern oder den sozialen Ausgleich zwischen Armen und Reichen. Über das Wirtschaftswachstum sollte auch ein Großteil der Kosten der deutschen Einheit finanziert werden. Um den großen Finanzbedarf zu decken, mussten aber auch Steuern erhöht und Kredite aufgenommen werden.

Wie aber entsteht Wirtschaftswachstum? Was ist überhaupt „Wachstum"? Auf welche Weise kann man feststellen, ob eine Volkswirtschaft wächst, stagniert oder gar schrumpft?

Produktivität Produktionspotential

Die Wirtschaft kann wachsen, wenn die Produktionsfaktoren Boden, Kapital und Arbeit vermehrt oder – aufgrund des technischen Fortschritts – effizienter eingesetzt werden. In den modernen Industriegesellschaften ist Wirtschaftswachstum vor allem auf technischen Fortschritt zurückzuführen, da insbesondere der Faktor „Arbeit" nicht beliebig vermehrt werden kann. Neue leistungsfähigere Maschinen oder verbesserte Fertigungsverfahren bewirken eine Steigerung der Produktivität und damit – bei konstantem Einsatz des Faktors Arbeit – eine Erweiterung der Produktionskapazitäten, des Produktionspotentials. Ob der Produktivitätsfortschritt jedoch zu einer Ausweitung der Produktion genutzt wird, hängt von den Gewinnerwartungen der Unternehmen ab. Nur wenn diese aufgrund von Marktanalysen davon überzeugt sind, dass eine höhere Produktion auch wirklich zu einem von ihnen gewünschten Preis abgesetzt werden kann, werden sie die Produktion ausweiten; andernfalls werden sie die Produktivitätsfortschritte zum Abbau von Arbeitskräften nutzen. In diesem Fall hätte der effizientere Einsatz der Produktionsfaktoren nicht zu einer Ausweitung des Produktionspotentials geführt, die Wirtschaft könnte nicht wachsen.

Ein anderer Indikator für wirtschaftliches Wachstum ist das Bruttosozialprodukt (BSP) bzw., seit 1992, das Bruttoinlandsprodukt (BIP). Letzteres drückt den Wert aller Güter und Dienstleistungen aus, die im Inland während eines Jahres geschaffen oder erbracht werden; das BSP hingegen hob auf die Wirtschaftsleistung der Inländer ab, d. h. es berücksichtigte etwa die von deutschen Unternehmen im Ausland erbrachten Leistungen und vernachlässigte umgekehrt die der in Deutschland ansässigen ausländischen Unternehmen. Der Vergleich des BIP von Jahr zu Jahr zeigt, ob es gewachsen, gleichgeblieben oder zurückgegangen ist. Da sein Wert in den jeweiligen Marktpreisen ausgedrückt wird, kann es wegen zwischenzeitlich eingetretener Preissteigerungen zu Ungenauigkeiten kommen. Um die wirkliche, die reale Entwicklung des Inlandsprodukts erfassen zu können, müssen die zwischenzeitlich eingetretenen Preisänderungen herausgerechnet werden. Hierzu wird das BIP mehrerer Jahre jeweils mit den Marktpreisen eines einzigen Jahres bewertet, dem „Basisjahr". Dieses preisbereinigte BIP wird als reales Inlandsprodukt bezeichnet – im Gegensatz zum nominalen Inlandsprodukt, das die „jeweiligen" Marktpreise widerspiegelt. Die jährlichen prozentualen Veränderungen des realen Bruttoinlandsprodukts zeigen die Wachstumsraten einer Volkswirtschaft an.

Bruttosozial-, Bruttoinlandsprodukt

reales/nominales BIP

Wachstumsraten

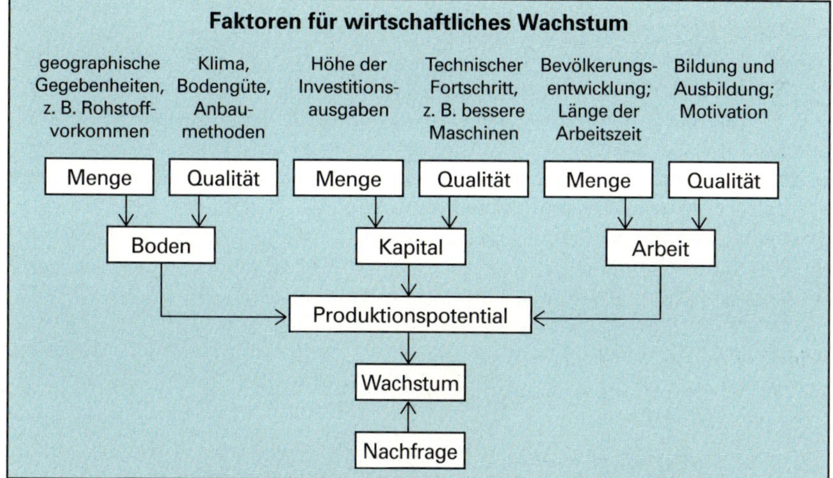

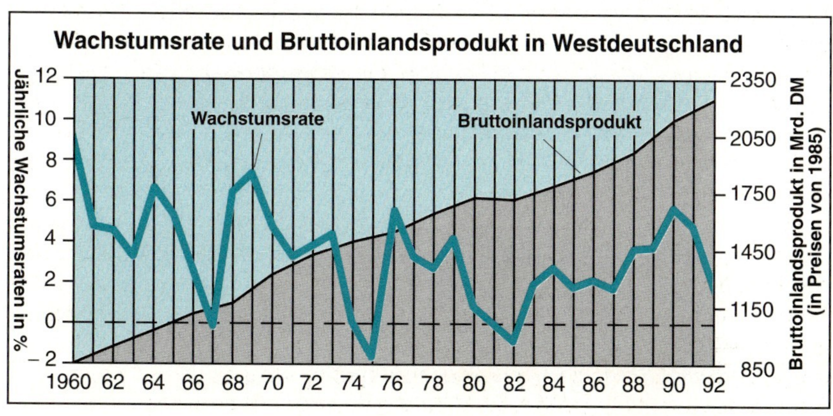

MATERIAL 27 Was ist das eigentlich „Wachstum"?

Wie notwendig ist Wachstum? Was hat Wachstum mit Investitionen zu tun? Was ist das eigentlich: „Wachstum"?

Das Beispiel von einem Robinson auf seiner Insel erleichtert die Antwort auf solche Fragen immer noch am besten. Robinson muss beispielsweise Fische fangen, damit er genug zu essen hat. Mit bloßen Händen ist er damit den ganzen Tag beschäftigt und bringt es auf nicht mehr als zwei am Tag. Das ist jene Ration, die er täglich verspeist. Bald beschließt er, für den Fischfang ein Netz zu knüpfen. Das kostet Zeit, die ihm für den Fischfang fehlt. Um während des Netzbaus trotzdem nicht zu verhungern, isst er eine Zeitlang nur eineinhalb Fische und hebt einen halben auf. Robinson spart. Er spart sich soviel vom Munde ab, bis er soviel Fischhälften beisammen hat, dass er das Netzknüpfen ohne den Zwang zum täglichen Fischfang beginnen kann. Er spart, und er investiert das Ersparte in den Netzbau.

Als das Netz fertig ist, hat Robinson ein Investitionsgut produziert. Der Preis dafür war sein Konsumverzicht. Die Investition erweist sich als erfolgreich; Robinson fängt statt zwei jetzt täglich zehn Fische. Die Fische sind sein kleines Bruttosozialprodukt. Dadurch, dass er investiert hat, hat er es von zwei auf zehn vergrößert. Seine Investition hat ihm wirtschaftliches Wachstum gebracht. Dazu kommt noch das Netz. Robinsons Kapitalgut, sein erstes Vermögen. Die überschüssigen Fische trocknet er.
Nach einiger Zeit ist sein Fischvorrat, seine neue Ersparnis so groß, dass er abermals investieren kann: Er baut ein Boot. Vom Boot aus ist der Fischfang leichter; er gewinnt Freizeit, kann sich Arbeitszeitverkürzung leisten. Mit dem Boot erreicht er auch eine Nachbarinsel. Dort findet er Früchte. Wieder steigt Robinsons Sozialprodukt, wieder hat ihm die Investition Wirtschaftswachstum beschert und sein Vermögen vermehrt. Robinson hat mit Netz und Boot Kapital gebildet.

Das Robinson-Modell lässt sich ausbauen. Freitag kann aufkreuzen, andere Schiffbrüchige können angespült werden, es wird geheiratet, Kinder wachsen heran, Arbeitsteilung und Tauschhandel entwickeln sich, eine Währung kommt auf. Doch zum Verständnis für den engen Zusammenhang zwischen Sparen und Investieren auf der einen Seite und Wachstum auf der anderen genügt bereits das einfache Beispiel. Wird gespart, kann investiert werden. Wird investiert, und zwar über die bloßen Erhaltungsinvestitionen hinaus (bei Robinson: Ersatz des verbrauchten Netzes durch ein neues), steigt das Sozialprodukt, die Wirtschaft wächst. Diese Investitionen, Netto-Investitionen genannt, sind also für das Wachstum eine notwendige Voraussetzung. Ihre Bedeutung liegt dabei vor allem darin, dass mit einer zusätzlichen Investition die Fähigkeit einer Volkswirtschaft, Güter zu produzieren, größer geworden ist. Der Volkswirtschaft stehen nach der Investition, nach der Anschaffung von Produktionsmitteln, zur Versorgung mehr Güter zur Verfügung als vor der Investition.

Doch damit ist noch nicht geklärt, ob und warum Wachstum notwendig ist. Hat Robinson Wachstum gebraucht? Nein, gebraucht hat er es nicht, aber er wollte es. Mit zwei Fischen hätte er sein Leben bis an sein Lebensende täglich fristen können, doch das hat ihm nicht genügt. Er wollte mehr: seinen Lebensstandard erhöhen. Freilich auf bescheidene Weise; seine Umwelt ist bei diesem Wachstum heil geblieben. Das Wachstumsstreben heute dagegen gefährdet die Umwelt. Doch nach wie vor steht hinter diesem Streben der Wille nach noch mehr Wohlstand.

(aus: Frankfurter Allgemeine Zeitung vom 4. 1. 1983, Autor: Klaus Peter Krause)

1. Erarbeiten Sie am Beispiel Robinsons, unter welchen Voraussetzungen Wirtschaftswachstum entstehen kann.
2. Stellen Sie Argumente zusammen, mit denen die Ansicht, Wirtschaftswachstum sei unverzichtbar, untermauert werden könnte.
3. Erörtern Sie mögliche Grenzen des Wirtschaftswachstums.

4.2 Welches Wachstum ist „angemessen"?

Das Stabilitätsgesetz nennt als Zielvorgabe ein „angemessenes Wirtschaftswachstum"; es gibt dieses Ziel jedoch nicht größenmäßig vor. Welches Wachstum aber ist „angemessen"? In den fünfziger und sechziger Jahren waren jährliche Wachstumsraten von sechs und mehr Prozent durchaus nicht selten. Solche Werte sind heute kaum noch zu erwarten, nicht zuletzt, weil die hohen Wachstumsraten jener Jahre auf einem relativ niedrigen Sozialprodukt als Ausgangsniveau fußten. Geht man vom Vollbeschäftigungsziel aus, müsste ein „angemessenes" Wachstum eine Größenordnung erreichen, die einen hohen Beschäftigungsstand gewährleistet. Doch selbst kräftiges Wirtschaftswachstum wie in den achtziger Jahren schafft nicht genügend neue Arbeitsplätze.

Grenzen des Wachstums

Auch aus ökologischen Gründen werden Zweifel an dem Ziel möglichst hoher Wachstumsraten angemeldet. Die Diskussion über die ökologischen Aspekte von Wirtschaftswachstum entstand zu Beginn der siebziger Jahre und wurde vor allem durch den Bericht des Club of Rome über die „Grenzen des Wachstums" ausgelöst. Dessen Berechnungen über die Endlichkeit der Rohstoffe fußten auf der Annahme eines exponentiellen Wachstums, eines Wachstums mit konstanter Rate, das in immer kürzeren Zeitabständen zu einer Verdoppelung des Verbrauchs an Ressourcen führt. Die Prognosen des Reports über „Die Grenzen des Wachstums" hatten seit 1972 viel zur Verbreitung einer radikalen Wachstumskritik beigetragen. Mit dem Wirtschaftswachstum solle Schluss gemacht werden, war die extreme Forderung; das „Null-Wachstum" wurde propagiert. Abgesehen davon, dass die Gleichsetzung von Wirtschaftswachstum mit exponentiellem Wachstum nicht der Wirklichkeit entspricht – im Trend sind die jährlichen Zuwachsraten des Inlandsprodukts ständig kleiner geworden und nur die absoluten Zuwächse sind in etwa konstant geblieben –, hat die Diskussion doch zu sehr viel Nachdenklichkeit geführt. Vielen wurde bewusst, dass ein wachsendes Inlandprodukt nicht unbedingt eine Steigerung von Lebensqualität bedeuten muss. Die Forderung kam auf, man solle überlegen, „was denn da wachsen soll und was nicht" (Erhard Eppler). Man solle Wachstum nicht mehr nur rein quantitativ, sondern auch qualitativ bestimmen.

Null-Wachstum

Qualitatives Wachstum

Ein solches qualitatives Wachstum wirft zahlreiche bis heute nicht gelöste Probleme auf. Zum einen müssen Instrumente entwickelt werden, mit deren Hilfe wirtschaftliches Wachstum in eine ökologisch sinnvolle Richtung gelenkt werden kann, ohne dass marktwirtschaftliche Grundsätze verletzt werden. Zum anderen sind Produktionspotential und Inlandsprodukt keine geeigneten Maßstäbe für qualitatives Wachstum, da sie z. B. auch ökologisch schädliches Wirtschaften bzw. ökologisch schädliche Produkte erfassen und als „Wohlfahrtsgewinn" ausweisen. In den letzten Jahren haben deshalb verschiedene Wissenschaftler versucht, mit Hilfe „sozialer Indikatoren" die Berechnung des Inlandsproduktes zu korrigieren. Das Statistische Bundesamt hat 1989 die Arbeiten an einer umweltökonomischen Gesamtrechnung aufgenommen. Der ursprüngliche Gedanke, ein „Ökosozialprodukt" zu ermitteln, das neben der wirtschaftlichen Leistung die Umweltbelastungen und Folgekosten des Wachstums in einer einzigen Zahl zum Ausdruck bringt, ist jedoch wegen erheblicher Bewertungsschwierigkeiten dieser Kosten nicht zu verwirklichen.

MATERIAL 28 Vergrößerung des Inlandsprodukts bei unterschiedlichen Wachstumsraten

Jahr	Prozentuale Wachstumsrate pro Jahr				
	1 %	2 %	3 %	4 %	5 %
0	100	100	100	100	100
10	110	122	134	148	163
30	135	181	243	324	432
50	164	269	438	708	1147
70	201	400	792	1549	3043
100	270	724	1922	5012	13150

1. Erläutern Sie die Tabelle (Material 28).
2. Überprüfen Sie mithilfe der Grafik auf S. 35 unten, ob die Annahme einer jährlich konstanten Wachstumsrate der Wirklichkeit entspricht.
3. Erörtern Sie, welches Wachstum als angemessen bezeichnet werden sollte.

(aus: K. W. Leistico: Anatomie der Wirtschaft, Rowohlt, Reinbek, 1969, S. 99)

MATERIAL 29 Wirtschaftswachstum als Selbstzweck und Leerlauf?

„In Amerika wurde eine landwirtschaftliche Maschine erfunden, die allerdings noch verbessert werden muss, weil sie zuviel Raum einnimmt. Sie pflanzt Kartoffeln, bewässert sie, erntet sie ab, wäscht sie, kocht sie und isst sie auf.“ (Ephraim Kishon)

Mit dieser Maschine wird eigentlich recht genau die heutige Wirtschaft beschrieben. Sie wird immer mehr zu einer Maschine – es ist wahr: eine sehr raumbeanspruchende Maschine –, die nicht nur Sozialprodukt produziert, sondern gleichzeitig einen immer größeren Teil davon selber konsumiert und verschluckt. Das heißt, ein immer kleinerer Teil des Zuwachses kommt beim wirtschaftenden Menschen an, für den angeblich produziert wird, bringt also überhaupt keinen Nutzen; ein immer größerer Teil muss für die Folgekosten des wirtschaftlichen Wachstums aufgewendet werden oder scheidet aus der Wirtschaft aus, bevor er überhaupt irgendeinen Nutzen stiften konnte. Das Sozialprodukt steigt, die Wirtschaft arbeitet immer angestrengter, die ganze Anstrengung hat immer weniger Sinn. ... Unsere Zivilisationsmaschine des quantitativen Wachstums wird immer mehr zu einem Leerlauf.

Dieser Leerlauf hat verschiedene Erscheinungsformen. ... Er umfasst einmal den gesamten Teil der Güter, die fortgeworfen oder ausrangiert werden, bevor sie verbraucht oder abgenutzt sind: infolge von Modeänderungen, um des Prestiges willen, weil der technische Fortschritt angeblich oder tatsächlich bessere Güter oder Produktionsmittel bereitstellt, wegen nicht vorhandener Reparaturmöglichkeiten usw. ... Es handelt sich um den gewollten oder ungewollten Verschleiß ..., der dazu dient, Platz zu machen für die nachdrängende Neuproduktion. Da alle Waren nur mit ihrem Preis, also ihrem Verkaufswert, in das Sozialprodukt eingehen, unabhängig davon, wie lange sie und ob sie überhaupt genutzt werden, steigt das Sozialprodukt an, je größer der Verschleiß ... ist, und je mehr neue Waren nachrücken können. ...

Eine [andere] Art des Leerlaufs steht im Zusammenhang mit den eigentlichen Folgekosten des Wachstumsprozesses. Wenn wir nicht untergehen wollen in Lärm, in der Verschmutzung des Wassers, der Verunreinigung der Luft, der Überschwemmung des Landes mit Unrat, müssen immer mehr Zusatzleistungen erbracht werden zur Beseitigung der Belästigungen, zur Säuberung oder zur Korrektur bereits eingetretener Schädigungen. Es handelt sich z. B. um Lärmschutzmauern, Abwasserreinigungsanlagen, Luftfilter, Kehrichtverbrennungsanlagen. Alle erhöhen das Sozialprodukt, aber dienen nur dazu, so gut es geht (und es geht nur in sehr beschränktem Ausmaß), Schäden zu reparieren, die sich aus dem bisherigen Sozialproduktwachstum ergeben haben. Ein zusätzlicher Nutzen wird nicht erbracht. Noch deutlicher wird diese Problematik, wenn man an die Verkehrsunfälle denkt. Je intensiver der Verkehr, desto größer das Sozialprodukt, desto höher aber auch die Unfallzahlen. Je höher aber die Unfallzahlen sind, je mehr kaputte Autos und Verunfallte auf der Straße liegen bleiben, um so stärker steigt nochmals das Sozialprodukt an durch Kauf neuer Autos und die Behandlung der Verunfallten in den Spitälern.

(aus: Hans-Christian Binswanger, Arbeit – Freizeit – Wachstum: Probleme unserer Wirtschaftsordnung, in: Mitteilungen der Verbraucherzentrale Nordrhein-Westfalen, Nr. 1, 1982, S. 23 ff.)

4.3 Warum „stetiges" Wirtschaftswachstum?

Die Marktwirtschaft beruht auf einer unüberschaubaren Vielzahl von Einzelentscheidungen. Daher sind Missverständnisse zwischen den Kaufentscheidungen der Verbraucher und den Investitionsentscheidungen der Unternehmer nicht zu vermeiden. Eine stetige Wirtschaftsentwicklung ist in der Marktwirtschaft also nicht zu erwarten. Vielmehr vollzieht sich das wirtschaftliche Geschehen in einem zyklischen Auf und Ab des Wirtschaftswachstums, der Konjunktur. Ein Konjunkturzyklus, üblicherweise von einem Tiefpunkt zum nächsten gemessen, wird in vier Phasen eingeteilt: Aufschwung, Hochkonjunktur, Abschwung, Tiefstand. Generell werden Konjunkturschwankungen als kurzfristige Abweichungen vom langfristigen Wachstumstrend aufgefasst. Dieser wird durch den Zuwachs des Produktionspotentials bestimmt, das durch die tatsächliche Produktion bald mehr, bald weniger ausgelastet wird. Der Auslastungsgrad des Produktionspotentials ist somit ein wichtiger Konjunkturindikator; er drückt das reale Bruttoinlandsprodukt in Prozent des Produktionspotentials aus. Ein sinkender Auslastungsgrad zeigt einen konjukturellen Abschwung (Rezession) an, ein steigender einen Aufschwung (Prosperität). Von Hochkonjunktur (Boom) spricht man bei einer völligen Auslastung, von einer Krise (Depression) bei einem anhaltend niedrigen Auslastungsgrad.

Konjunktur
Konjunkturzyklus

Auslastungsgrad des Produktionspotentials

Wirtschaftskrisen sind häufig mit Unternehmenszusammenbrüchen und Arbeitslosigkeit verbunden. Im Boom kann eine überschäumende Nachfrage wegen der Vollauslastung der Produktionskapazitäten eine Inflation auslösen. Um diese wirtschaftlich, sozial und politisch unerwünschten Effekte von Konjunturschwankungen möglichst abzuschwächen, verpflichtet das Stabilitätsgesetz die Bundesregierung auf das Ziel eines stetigen Wirtschaftswachstums.

Der Gedanke, die Konjunkturausschläge durch wirtschaftspolitische Maßnahmen zu dämpfen, geht auf den britischen Wirtschaftswissenschaftler John Maynard Keynes (1883–1946) zurück. Während die Klassiker der Marktwirtschaft gelehrt hatten, die Selbstheilungskräfte des Marktes sorgten zu jedem Zeitpunkt für einen Ausgleich von Angebot und Nachfrage und damit für ein gesamtwirtschaftliches Gleichgewicht, hielt Keynes angesichts der Weltwirtschaftskrisenzeit 1929 eine Selbstverstärkung des Abschwungs in einer Krise für möglich. Keynes führte Konjunkturschwankungen auf Schwankungen einer oder mehrerer Komponenten der gesamtwirtschaftlichen Nachfrage, d. h. auf die private Konsumgüternachfrage, auf die private Investitionsgüternachfrage, auf die Staatsnachfrage oder auf die Auslandsnachfrage zurück. Anstöße für einen Aufschwung müssten vor allem von der Staatsnachfrage ausgehen. Mit Hilfe des Staatshaushaltes, des Fiskus, solle in einer Krise zusätzliche Nachfrage geschaffen werden. Der Staat solle seine eigenen Ausgaben erhöhen und durch Steuererleichterungen und sonstige Anreize versuchen, die erlahmte private Nachfrage zu stimulieren. Um die dadurch verursachten Mehrausgaben zu finanzieren, solle sich der Staat notfalls durch Kreditaufnahme an den Kapitalmärkten verschulden (deficit spending). Umgekehrt solle der Staat in Zeiten der Hochkonjunktur seine eigenen Ausgaben drosseln, die überschüssige private Nachfrage durch Steuererhöhungen abschöpfen und diese Mehreinnahmen z.B. zur Schuldentilgung verwenden.

Gesamtwirtschaftliche Nachfrage

Fiskus

„deficit spending"

Schwächen der Fiskalpolitik

Während der Siebzigerjahre versuchte die Bundesregierung, die Konjunktur mittels des stabilitätspolitischen Instrumentariums zu steuern; in dieser Zeit wurde aber auch der Blick für die Schwächen der Fiskalpolitik geschärft:

- Zwischen Erkennnen, Beschließen und Durchführung der konjunkturpolitischen Maßnahmen kann soviel Zeit verstreichen, dass sie statt antizyklisch prozyklisch wirken.
- Konjunkturprogramme können die private Nachfrage allenfalls anregen, ihre Belebung jedoch nicht erzwingen – in den Worten Karl Schillers: „Man kann die Pferde zwar zur Tränke führen, nicht aber zum Saufen zwingen".
- Konjunkturprogramme wirken häufig nur als „Strohfeuer", weil sie dazu verleiten, ohnehin geplante Investitionen lediglich vorzuziehen, um die Vergünstigungen des zeitlich befristeten Konjunkturprogramms „mitzunehmen".
- Zwar ist es leicht, in der Krise Steuererleichterungen zu beschließen; umgekehrt können im Boom jedoch Steuererhöhungen nur sehr schwer gegen den Widerstand von Interessengruppen durchgesetzt werden.

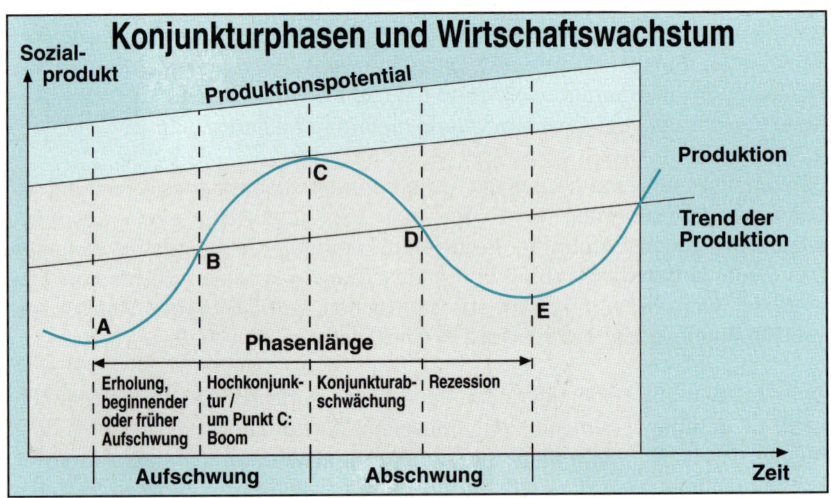

Instrumentarium des Stabilitätsgesetzes	
Hochkonjuntur	**Rezession**
1. Heraufsetzung der Einkommensteuer/Lohnsteuer und Körperschaftssteuer um höchstens 10% für längstens ein Jahr (Konjunkturzuschlag). 2. Beschränkung der Abschreibungsmöglichkeiten. Aufhebung von Sonderabschreibungen zur Dämpfung der Investitionen. 3. Stillegung von Staatseinnahmen bei der Bundesbank (Konjunkturausgleichs-Rücklage). Kreditaufnahmebeschränkung und Ausgabekürzungen des Staates.	1. Herabsetzung der Einkommensteuer/Lohnsteuer und Körperschaftssteuer um höchstens 10% für längstens ein Jahr. 2. Gewährung eines Investitionsbonus = Abzug von bis zu 7,5% der Investitionsausgaben von der Steuerschuld. 3. Finanzierung zusätzlicher Ausgaben aus der Konjunkturausgleichs-Rücklage und/oder durch zusätzliche Kredite.

MATERIAL 30 Brünings Wirtschaftspolitik – ein Vorbild für die Bundesregierung?

Verschärfen die von der Bundesregierung beschlossenen Kürzungen der Staatsausgaben die Rezession in der Bundesrepublik? Wiederholen Bundeskanzler Helmut Kohl und Finanzminister Theo Waigel heute denselben verhängnisvollen Fehler von Reichskanzler Heinrich Brüning, der zu Beginn der dreißiger Jahre mit katastrophalem Ergebnis versucht hatte, die damalige Wirtschaftskrise unter anderem durch radikale Ausgabenkürzungen im Staatsetat zu bekämpfen?

Der historische Vergleich zu Brüning ... ist weit überzogen, auch wenn es auf den ersten Blick Ähnlichkeiten zwischen damals und heute gibt: Wie damals ging die Regierung in den Jahren vor der Krise zu leichtfertig mit öffentlichen Finanzen um, wurde das Ausmaß der Krise zunächst unterschätzt, wurden dann die Defizite in den öffentlichen Etats durch höhere Steuern und Kürzungen vor allem bei den Sozialleistungen bekämpft. Aber im Gegensatz zur Regierung heute hat Brüning per Notverordnung eine massive Deflationspolitik betrieben. Preise und Einkommen wurden um etwa dreißig Prozent gesenkt; die öffentlichen Ausgaben wurden zwischen 1930 und 1932 um etwa ein Drittel reduziert, mitten in der Depression wurde die Neuverschuldung der öffentlichen Hand auf nahezu Null zurückgeführt. ...

Würde sich die Bundesregierung tatsächlich die Reichsregierung Heinrich Brünings zum Vorbild nehmen, wären die Konsequenzen tatsächlich ähnlich verheerend wie in den dreißiger Jahren. ... Durch Fehlentscheidungen und Versäumnisse in der Vergangenheit hat sich die Regierung in eine Falle manövriert. Einerseits befindet sich Westdeutschland in einer klassischen keynesianischen Situation; der Nachfragemangel verlangt geradezu ein deficit spending – einen mit Schulden finanzierten Konjunkturanstoß durch den Staat. Andererseits haben der Bund, aber auch Länder und Gemeinden die Schulden in der jüngsten Vergangenheit auf eine Höhe getrieben, dass dieser Weg blockiert ist. ...

Mitten in der Wirtschaftskrise steht die Regierung vor der paradoxen Aufgabe, den Staatsetat konsolidieren und gleichzeitig die Konjunktur in Schwung bringen zu müssen. Mit ihren jüngsten Beschlüssen verfehlt sie beide Ziele. Von einer Konsolidierung ist in den Bonner Planungen ... keine Spur. Wo sie überhaupt spart, tut sie es am falschen Ende. Deshalb wirkt sie auch nicht der Rezession entgegen. ... Wer (z. B.) nach Art eines Rasenmähers die Sozialleistungen stutzt, der verschärft den Nachfragemangel. Der Ausweg aus dem Dilemma wäre ein mittelfristiges Konsolidierungsprogramm. ... Dazu gehörte, dass der Finanzminister seinen 478-Milliarden-Etat noch einmal auf den Prüfstand stellt. Und dann gilt es, alle ökonomisch unsinnigen Ausgaben auszumerzen. ... Mit einer Deflationspolitik à la Brüning hat das nichts zu tun – wohl aber mit einer Rückkehr zu einer glaubwürdigen Haushaltspolitik.

(aus: Die Zeit vom 16. 7. 1993, Autor: Wilfried Herz)

1. Worin sieht der Autor Ähnlichkeiten in der Wirtschaftspolitik der Regierung Brüning (1930–1932) und Kohl?
2. Informieren Sie sich in Ihrem Geschichtsbuch über die Konsequenzen von Brünings Wirtschaftspolitik.
3. Beschaffen Sie sich Informationen über die aktuelle Entwicklung der Staatsausgaben. Überprüfen Sie die These, in der öffentlichen Debatte werde der historische Vergleich zu Brüning überzogen.
4. Wenden Sie die nach dem Stabilitätsgesetz vorgesehenen Maßnahmen auf die aktuelle wirtschaftliche Situation in Deutschland an. Zeigen Sie auf, welche Probleme mit der Anwendung der Stabilitätspolitik verbunden sind (S. 39 f.).

5. Geht uns die Arbeit aus?

5.1 Geschönte Arbeitslosenzahlen? – Wer ist arbeitslos?

Nach einem Jahrzehnt der Vollbeschäftigung ist seit Mitte der siebziger Jahre in Westdeutschland die Zahl der Arbeitslosen in mehreren Schüben stark angestiegen. 1975 gab es im Westen Deutschlands erstmals seit den fünfziger Jahren wieder mehr als eine Million Menschen ohne Arbeit; 1983 wurde dann die Zwei-Millionen-Grenze überschritten und im Februar 1996 meldete die Bundesanstalt für Arbeit mit 4,27 Mio. Arbeitslosen den höchsten Stand der Arbeitslosigkeit seit der Währungsreform. Selbst in dem vorangegangenen Jahrzehnt einer guten konjunkturellen Entwicklung konnten nicht genügend neue Arbeitsplätze geschaffen werden, um die Arbeitslosenzahl nachhaltig zu senken. So waren auf dem Höhepunkt der Konjunktur in den 80er Jahren immerhin noch 1,7 Millionen Menschen als arbeitslos gemeldet. Von Konjunkturkrise zu Konjunkturkrise hat sich der Sockel von Langzeitarbeitslosen immer mehr erhöht. Besonders dramatisch aber war der Arbeitsplatzabbau seit der deutschen Einigung in Ostdeutschland: Fast die Hälfte der Arbeitsbevölkerung in Ostdeutschland hat seit dem Übergang zur Marktwirtschaft den Arbeitsplatz verloren.

Arbeitslosenquote

Nicht jeder Arbeitslose gilt auch im amtlichen Sinne als „arbeitslos". Der offizielle Indikator zur Messung der Arbeitslosigkeit ist die Arbeitslosenquote. Sie ist in der deutschen Statistik definiert als der Anteil der beim Arbeitsamt registrierten Arbeitslosen an der Zahl der abhängigen Erwerbspersonen, d. h. der beschäftigten und der als arbeitslos registrierten Arbeitnehmer. Die Arbeitslosenquote gibt die Beschäftigungslage allerdings nur unvollkommen wieder, da sie nur die amtlich registrierten Arbeitslosen erfasst, d.h. diejenigen, die sich bei den Arbeitsämtern als arbeitslos melden, etwa weil sie Arbeitslosengeld oder Arbeitslosenhilfe in Anspruch nehmen wollen. Wer keinen Anspruch auf solche Zahlungen hat und sich auch nicht beim Arbeitsamt als Arbeitssuchender meldet, etwa weil er sich von dessen Vermittlungstätigkeit nichts verspricht, erscheint auch in keiner Arbeitslosenstatistik. Nicht als „arbeitslos" gelten auch Personen, die in den Vorruhestand geschickt wurden, obwohl sie noch gerne arbeiten möchten, ferner solche, die nach dem Verlust ihres Arbeitsplatzes durch das Arbeitsamt umgeschult werden oder diejenigen, die vorübergehend in einer „Arbeitsbeschaffungsmaßnahme" unterkommen. Solche ABM-Stellen sind keine echten Arbeitsplätze, weil sie zeitlich befristet sind und aus Geldern der Bundesanstalt für Arbeit finanziert werden.

Arbeitsbeschaffungsmaßnahmen

Aufgrund solcher statistischer Verfahren konnte insbesondere das Ausmaß des Arbeitsplatzabbaus in den neuen Ländern heruntergespielt werden. Um das wahre Ausmaß der Arbeitslosigkeit festzustellen, müsste die Arbeitslosenquote durch die „Stille Reserve" ergänzt werden; diese kann nur indirekt über die Schätzung des Erwerbspersonenpotentials ermittelt werden, d.h. über die Schätzung der Gesamtzahl aller arbeitsfähigen und -willigen Personen. Die Stille Reserve wird für 1996 auf mehr als 2 Millionen Arbeitskräfte geschätzt.

Stille Reserve
Erwerbspersonenpotential

MATERIAL 31 Ohne Arbeit nichts wert?

Er hockt da, den Rücken an die Wand gelehnt, die Knie angezogen, den Blick gesenkt. Auf einem Schild, neben ihm an der Kaufhauswand, steht in großen Buchstaben ARBEITSLOS.
Ab und zu wirft jemand ein paar Münzen in die Blechdose vor seinen Füßen. Dann nickt er stumm. Er sieht nie jemanden an. Vielleicht weil er sich schämt, vielleicht weil er weiß, dass die Menschen, die ihm schnell etwas von ihrem Wechselgeld abgeben, nicht in sein Gesicht sehen wollen. Ansehen ist wie Berühren. Und wir, die wir in unserer stets zu kurzen Mittagspause an ihm vorbeihasten, wollen von keinem berührt werden, der auf der Straße sitzt. Wir haben genug eigene Sorgen. Muss der Mann da sitzen? Bekommt er denn kein Arbeitslosengeld? Keine Sozialhilfe? Wahrscheinlich wieder einer, der – irgendwie – selbst schuld ist an seiner Misere. Wer was kann, wer sich ein bisschen zusammenreißt und nicht zu fein ist, auch mal Schmutzarbeit zu machen, der findet doch immer Arbeit. ... Der Mann auf der Straße stört. Er fordert Anteilnahme. Aber wir wollen durch ihn nicht daran erinnert werden, dass Arbeit und bürgerliche Sicherheit heute nicht mehr selbstverständlich sind.
Kein Wirtschaftszweig, der nicht seine überflüssig gewordenen Arbeitsstellen gezählt und Massenentlassungen angekündigt hat: 100 000 in der Elektro- und Elektronik-Branche, 3 000 bei BMW, 12 500 bei VW, 5 000 bei der Lufthansa, 20 000 bei Mercedes, 100 000 bei Bundes- und Reichsbahn, 40 000 in der Stahlbranche. ...

Marlies Kottmann ist eine von denen, die die Elektronikbranche nicht mehr braucht. Für die 32jährige Bürokauffrau war die Entlassung vor einem halben Jahr ein Schock. Arbeitslos waren andere: die mit der schlechten Ausbildung, die Älteren, die Langsamen, die Blaumacher. Aber jetzt war sie eine der 200, die von einer Softwarefirma „abgespeckt“ wurden.
Sie müsse noch Urlaub abbummeln, erklärte sie den Nachbarn, wenn sie sie tagsüber auf der Straße traf. Inzwischen kann sie nicht mehr verheimlichen, dass dieser Urlaub kein Urlaub ist. 58 Bewerbungen hat Marlies Kottmann verschickt und viele Klinken geputzt. Umsonst. Sie steht ständig unter hektischer Anspannung. Sie schläft schlecht, in letzter Zeit hat sie oft Magenschmerzen. Und sie hat Angst: nie wieder einen Job zu finden, die Wohnung nicht mehr bezahlen zu können, vielleicht – man weiß ja nie – Alkoholikerin zu werden. Manchmal, wenn sie wieder einen von denen mit der Blechdose und dem Pappschild sieht, überfällt sie Panik.
Nutz die Zeit, ermahnt sie sich, lern endlich Wirtschaftsenglisch. Dann hast du bessere Chancen. Aber irgendwie, sagt sie, komme sie nicht vorwärts. Das Leben läuft immer zäher und langsamer. Ihre Freunde besucht sie nur

MATERIAL 32 Finanzielle Belastungen für die Familien von Arbeitslosen

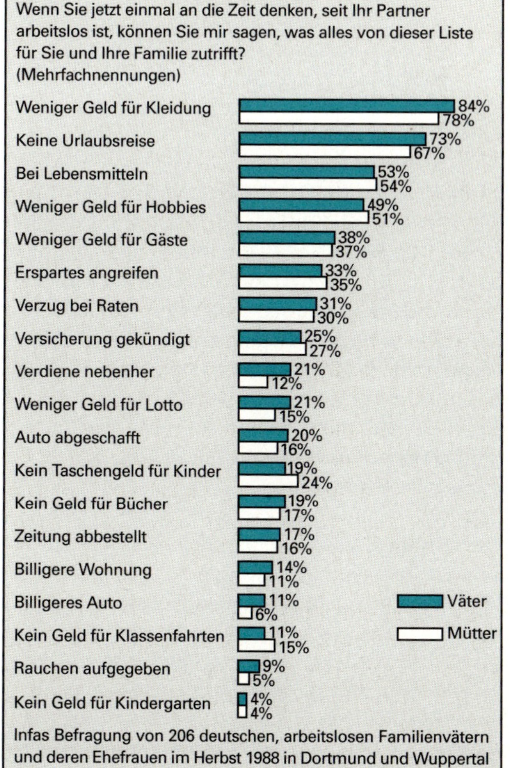

(aus: Mitteilungen des Arbeitsamtes 1/1991, S. 181)

noch selten. Sie habe ja nichts mehr zu erzählen. Und sie schämt sich: „Man ist einfach nichts wert, wenn man arbeitslos ist. Das steckt halt so drin." ...

Arbeit, wie sie heute gemeinhin verstanden wird, bedeutet längst mehr ... als tägliche Pflicht, mehr als Gelderwerb, um Miete, Sonntagsbraten, Auto und die Ausbildung der Kinder bezahlen zu können. Arbeit, urteilt Sigmund Freud, ist das „Band zur Realität". Seit die zentralen Lebensbereiche Beruf und Familie strikt voneinander getrennt sind, verbindet uns der Job mehr denn je mit anderen Menschen, lässt uns erleben, wie die Welt „da draußen" funktioniert. Und an unserer Arbeit erfahren wir unsere Fähigkeiten und unsere Grenzen. Das gilt für die Verkäuferin genauso wie für die Architektin, für den Lehrer genauso wie für den LKW-Fahrer. Denn jede Arbeit, und steht sie noch so sehr im Ruf, stupide zu sein, fordert Aufmerksamkeit und persönlichen Einsatz. Vor allem aber gibt sie dem Leben Sinn, denn sie beweist, dass wir nicht „überflüssig" sind. ...
Sicher: wir alle träumen mal davon, nicht mehr arbeiten zu müssen. Ist Arbeit nicht auch eine Last, kann sie nicht auch krank machen? Aber für die, die nicht mehr arbeiten dürfen, wird der immerwährende Sonntag schnell zum Alptraum: Nicht ständige Ruhe, sondern der Wechsel von Ruhe und Anspannung, von Freizeit und Arbeit ist ein Grundbedürfnis des Menschen.

Gar keine Arbeit – das bedeutet mehr Stress und Belastung als jede noch so schwere Arbeit.

Karl Lück, seit vier Jahren „zu Hause", war Leiter eines der vier Lager einer Obst- und Gemüsegroßhandlung. Er war in der letzten Zeit häufig krank gewesen: „Übergewicht, Bluthochdruck und, na ja, nach Feierabend mit den Kollegen ab und zu ein Bier zuviel." Als die Lager zentralisiert wurden, wurde er mit einer Abfindung entlassen.
Bis dahin war er wer: „gutes Geld, schönes Haus, tüchtige Frau und zwei prima Kinder, Schiedsrichter in der Firmen-Fußballmanschaft". Heute lebt der 41-jährige allein in einer Einzimmerwohnung. Dabei fing alles ganz gut an: endlich mal ein paar Wochen Zeit für die Kinder ... Eine schöne Zeit. Aber aus den Wochen wurden Monate, die Zeit wurde zur Geißel und das Geld bald knapp.
Seine Autorität als ehemaliger Chef von acht Arbeitern wollte Karl Lück zwischen Küche und Kinderzimmer ausleben. Seine Kinder, das glaubte er zu spüren, respektierten ihn immer weniger, und anstelle der sonst üblichen Diskussionen gab es gleich „eins hinter die Ohren". Karl Lück, der doch gar nichts zu tun hatte, fühlte sich ständig unter Druck. Ein Jahr nach der Kündigung gehörte er wie fast jeder zweite zu den Langzeitarbeitslosen. Und das zählt für das Arbeitsamt genauso als „vermittlungshemmendes Merkmal" wie Krankheit, älter als 45 zu sein oder einen türkischen Pass zu haben. Nach anderthalb Jahren resignierte Karl Lück, da wurde es besser mit dem Druck: „Es ist eben leichter, vor dem Fernseher zu hocken, wenn du weißt, es passiert sowieso nichts anderes mehr." Er sei ein völlig anderer Mensch geworden, fand seine Frau. Sie reichte die Scheidung ein und zog mit den Kindern aus.

Dr. Thomas Kieselbach, Psychologe an der Universität Bremen und Experte für die gesundheitlichen und psychosozialen Folgen von Arbeitslosigkeit: Natürlich bedeutet die Familie für viele Arbeitslose Halt und Sicherheit. Aber jede Familie lebt in einer Beziehungsroutine, in einer Balance von Nähe und Distanz. Wird der Vater – in den meisten Familien auch heute noch der Hauptemährer – arbeitslos, ist die

Distanz verschwunden. Wenn es dem Partner dann nicht gelingt, eine neue Beziehungsroutine zu finden, brechen oft verborgene Konflikte auf, an denen die Familie schnell zerbrechen kann. ...

Dabei haben ... Kinder ... oft am meisten zu leiden, wenn Mutter oder Vater den Job verlieren. Nicht, weil Arbeitslose die schlechteren, sondern weil sie die stärker belasteten Eltern sind – durch Geldnot und das demütigende Erlebnis, nicht mehr gebraucht zu werden. Studien in verschiedenen Städten der USA und Großbritanniens haben gezeigt, dass die Zahl der Kindesmisshandlungen analog zur Arbeitslosenquote anstieg. Und selbst wenn es nicht so weit kommt: Es ist schon schlimm genug, wenn ein Leben ohne Perspektive für Kinder zum Modell wird. Wozu in der Schule lernen, wenn am Ende kein Erfolg steht? Wozu eine jahrelange Ausbildung für wenig Geld absolvieren, wenn am Ende vielleicht nur das Sozialamt bleibt? ...

Wenn sie ins Berufsleben eintreten, werden aus Kindern junge Erwachsene mit eigenem Gehaltskonto, eigenen Anforderungen, eigenen Zukunftsplänen. Doch ... für viele ist in diesem Jahr nach der Lehre erst mal Schluss, in der Metallbranche zum Beispiel für jeden zweiten. In den vergangenen sechs Monaten stieg die Zahl der unter 20-jährigen Arbeitslosen in den alten Bundesländern um etwa ein Fünftel auf über 70 000. ...

Wo sich Angst um die eigene Existenz breitmacht, dort werden die Schuldigen schnell bei den Schwächeren gesucht. „Wer seine Arbeit zu verlieren droht oder schon verloren hat“, so der Bremer Wissenschaftler Dr. Thomas Kieselbach, „der hat auch die Kontrolle über den eigenen Lebensplan verloren. Der Schrei ‚Ausländer raus, dann haben alle Deutschen Arbeit‘ gibt dem Einzelnen das Gefühl, die Kontrolle wiederzugewinnen. Aggressive Auseinandersetzungen und scheinbar sinnlose Gewaltakte sind nicht nur ein Ventil für angestauten Zorn, sondern sie vermitteln auch die Illusion, das eigene Leben wieder selbst in die Hand nehmen zu können.“ ...

Heute arbeiten wir noch durchschnittlich 38 Stunden pro Woche – und nicht mehr 80, wie noch Mitte des letzten Jahrhunderts. Die (westliche) Welt ist dabei keineswegs ärmer geworden. Die rasante Entwicklung der Technologie hat das möglich gemacht, doch nun hat uns der Fortschritt im Sauseschritt überholt: Immer mehr Maschinen voller Mikrochips machen immer mehr menschliche Arbeitskraft überflüssig. ...

Uns geht die Arbeit aus. Eine Lösung scheint nicht in Sicht. Oder doch? Die immer weniger werdende Arbeit, so der französische Philosoph André Gorz, müsse umverteilt werden. 1000 Jahresarbeitsstunden, das sind vierzig 25-Stunden-Wochen, für jeden. Das klingt nach einer Revolution, einer naiven Utopie. Aber wenn Arbeit in den nächsten zwanzig Jahren nicht zum Privileg einer hochbezahlten Elite werden soll, müssen wir dringend darüber nachdenken.

(aus: Petra Oelker, Ohne Arbeit nichts wert?, in: Brigitte Nr. 17/93, S. 132–138)

1. „Bist Du arbeitslos – bist Du nutzlos – bist Du sinnlos.“ Überprüfen Sie die Berechtigung dieser Aussagen.
2. Erörtern Sie ausgehend vom Text (Material 31) und der Grafik (Material 32) mögliche persönliche, gesellschaftliche und politische Folgen andauernder Massenarbeitslosigkeit.
3. Setzen Sie sich mit der Forderung von André Gorz auseinander, die vorhandene Arbeit müsse radikal umverteilt werden.

5.2 Kontroversen um die richtige Arbeitsmarktpolitik

Die Arbeitslosigkeit muss an ihren Wurzeln bekämpft werden. Wegen der Vielfalt der Ursachen von Arbeitslosigkeit gibt es jedoch kein Patentrezept. Nach den Ursachen unterscheidet man folgende Formen von Arbeitslosigkeit:

Saisonale Arbeitslosigkeit

- Saisonale Arbeitslosigkeit ist jahreszeitlich bedingt und auf bestimmte Wirtschaftszweige, z.B. das Fremdenverkehrsgewerbe oder das Baugewerbe beschränkt. Saisonale Einflüsse auf die Beschäftigung sind kaum zu beseitigen, saisonale Arbeitslosigkeit ist daher nicht ursachengerecht zu bekämpfen.

Fluktuationsarbeitslosigkeit

- Fluktuationsarbeitslosigkeit ist Ausdruck der üblichen Fluktuation auf dem Arbeitsmarkt, die sich z.B. aus dem Wunsch nach Veränderungen seitens der Arbeitnehmer ergibt; auch sie ist weitgehend unvermeidbar.

Konjunkturelle Arbeitslosigkeit

- Konjunkturelle Arbeitslosigkeit ist eine Folge der üblichen Konjunkturschwankungen. Im Vertrauen auf die Selbstheilungskräfte des Marktes raten die Anhänger wirtschaftsliberaler Vorstellungen in Zeiten konjunktureller Schwäche zur beschäftigungspolitischen Enthaltsamkeit. Demgegenüber fordern die Keynesianer aus Sorge vor einem Versagen der Marktkräfte ein antizyklisches Gegensteuern des Staates.

Strukturelle Arbeitslosigkeit

- Strukturelle Arbeitslosigkeit kann als Folge der ständigen Veränderungen im Gefüge der Volkswirtschaft auftreten. So gibt es wachsende, stagnierende und schrumpfende Wirtschaftszweige; neue Branchen entstehen, andere verschwinden völlig. Häufig hat dieser sektorale Strukturwandel auch noch eine regionale Komponente; so stützten sich die altindustrialisierten Regionen an Ruhr und Saar in hohem Maße auf den Kohlebergbau und die Stahlindustrie – zwei stagnierende oder schrumpfende Wirtschaftszweige. Daher ist die Arbeitslosigkeit dort sehr viel höher als in anderen Regionen der Bundesrepublik. Maßnahmen zur Bekämpfung der strukturellen Arbeitslosigkeit zielen meist auf die Behebung dieser regionalen und sektoralen Ungleichgewichte; hierzu gehören z.B. die Förderung der Ansiedlung von Wachstumsindustrien und die Umschulung von Arbeitskräften. Der mit der Umstellung der wenig produktiven DDR-Planwirtschaft auf die Marktwirtschaft verbundene Strukturbruch wird in den neuen Bundesländern von Massenarbeitslosigkeit begleitet.

Wachstumsdefizitäre Arbeitslosigkeit

- Wachstumsdefizitäre Arbeitslosigkeit tritt auf, wenn das Wirtschaftswachstum über eine längere Periode hinweg im Vergleich zum Produktivitätsfortschritt oder im Vergleich zum Wachstum des Erwerbspersonenpotentials zu gering ausfällt. Die CDU/CSU-FDP Koalition führte seit 1982 Wachstumsdefizite auf Hemmungen des Angebots zurück und betrieb daher eine angebotsorientierte Politik mit dem Ziel, die Angebotsbedingungen etwa durch Einführung flexiblerer Arbeitszeiten, durch Genehmigung von Sonntagsarbeit oder durch Lockerungen des Kündigungsschutzes und Senkung der Lohnnebenkosten zu verbessern. Die Arbeitgeber verweisen vor allem auch auf die hohen Lohn- und Lohnnebenkosten und verlangen von den Gewerkschaften tarifpolitische Enthaltsamkeit; zugleich versuchen sie, durch Rationalisierungsmaßnahmen die Lohnkosten zu drücken. SPD und Gewerkschaften fordern eine „gerechtere" Verteilung der vorhandenen Arbeit durch Arbeitszeitverkürzung und entwickelten die Idee eines „Bündnisses für Arbeit" (Lohnzurückhaltung gegen Arbeitsplatzgarantie).

MATERIAL 33 Karikatur

Hunde, die laut bellen ...

1. Ordnen Sie die einzelnen Hunde ihrem jeweiligen Halter zu. Womit könnten die Hundehalter begründen, dass ihre Hunde auch beißen können?
2. Würden Sie eher den Hundehaltern oder eher dem Karikaturisten zustimmen?
3. Sind inzwischen weitere Hunde zum Angriff auf die Arbeitslosigkeit angetreten?

MATERIAL 34 Die internationale Dimension der Arbeitslosigkeit

Der Jobmangel droht zum entscheidenden wirtschaftlichen Problem der neunziger Jahre zu werden. ... Nach einer Prognose der OECD werden allein in den 24 Mitgliedsländern der Organisation im kommenden Jahr 36 Millionen Menschen ohne Arbeit sein. Die Arbeitslosen der OECD, zu einer Menschenkette aufgereiht, könnten locker den Erdball umspannen. ... Die Arbeitslosigkeit, warnt die OECD, bedeute nicht nur für den Einzelnen oft materielle Not sowie persönliche Krisen und belaste die Sozialsysteme und den gesellschaftlichen Frieden. Sie provoziere auch „kontraproduktiven politischen Aktionismus", etwa ein „überhastetes und verfehltes Wachstum" oder „offenen oder versteckten Protektionismus". ...

Gerade weil die derzeitige Krise Länder wie Deutschland besonders schwer getroffen hat und der internationale Wettbewerb immer härter wird, müssen Unternehmen, die überleben wollen, mit allen Mitteln die Kosten senken. Die „Krise als Chance", die Parole der Zuversichtlichen, heißt für viele Betriebe: rationalisieren, gesundschrumpfen, entlassen wie selten zuvor. ... Viele Jobs, die heute verloren gehen, werden auch in besseren Zeiten nicht mehr wiederkehren. ...
Im „Development Report 1993" des United Nations Development Programme (UNDP) ist nachzulesen, dass das Bruttoinlandsprodukt im Zeitraum von 1960 bis 1987 in Großbritannien um 83 Prozent, in Deutschland um 122 Prozent und in Frankreich um 168 Prozent wuchs, in allen drei Ländern aber die Beschäftigung 1987 unter dem Niveau von 1960 lag. Der Grund nach Meinung der UN-Forscher: der Zuwachs an Produktivität. Da die Wachstumsraten nach Auffassung der meisten Experten in Zukunft nicht mehr ausreichen werden, um die Rationalisierungserfolge zu kompensieren, wird die Produktivitätsfalle immer öfter zuschnappen.
Dass die Wirtschaft ohne zusätzliche Beschäftigung wachsen kann, zeigt auch der langanhaltende Konjunkturaufschwung Deutschlands in den achtziger Jahren: In der Bundesrepublik wuchs das Bruttoinlandsprodukt von 1982 bis 1991 jährlich durchschnittlich um 2,5 Prozent – das Arbeitsvolumen veränderte sich im gleichen Zeitraum kaum: 1982 wurden hierzulande 46,2 Milliarden Stunden gearbeitet, zehn Jahre später waren es 46,9 Milliarden Stunden. Dass dennoch mehr als zwei Millionen neue Jobs geschaffen werden konnten, lag vor allem an der um durchschnittlich zwei Wochenstunden verkürzten Wochenarbeitszeit, an vermehrter Teilzeitarbeit und zusätzlichen Urlaubstagen. Weil die geburtenstarken Jahrgänge, mehr Frauen sowie Aussiedler und andere Zuwanderer auf den Arbeitsmarkt drängten, sank die Zahl der Beschäftigungslosen freilich nur um 600 000.

Voller Neid schaut deshalb mancher Europäer nach Übersee. Der Arbeitsmarkt der Vereinigten Staaten war bislang ungleich dynamischer als der europäische. Die Beschäftigung hat sich in Nordamerika seit 1960 fast verdoppelt. ... Jahr für Jahr werden jenseits des Atlantiks zwar mehr Arbeitsplätze vernichtet als in Europa, aber eben auch mehr geschaffen. ... Der Anteil der Langzeitarbeitslosen liegt in den USA bei nur sechs Prozent, in der EU ist fast jeder zweite Beschäftigungslose seit mindestens zwölf Monaten ohne Job.

Doch die Amerikaner zahlen für diese Dynamik einen hohen Preis. Immer mehr finden nur noch schlechtbezahlte, primitive Jobs, meist im Dienstleistungsbereich, die ihnen kaum eine soziale Absicherung bieten. Und die Schere zwischen Arm und Reich öffnet sich immer weiter: Die Realeinkommen der ärmsten zehn Prozent der Arbeiter sind seit 1970 um ein Drittel gefallen; die Stundenlöhne schlecht ausgebildeter junger Männer allein in den vergangenen zehn Jahren um rund zwanzig Prozent. Die Beschäftigung im verarbeitenden Gewerbe sank von 1989 bis 1992 um 16 Prozent; im Einzelhandel, wo weniger als die Hälfte verdient wird, stieg sie dagegen um zwanzig Prozent. ... Im reichsten Land der Erde ist das Phänomen der *working poor* weit verbreitet: berufstätige Amerikaner, deren Einkommen nicht zum Überleben reicht. Sie stellen den Löwenanteil der dreißig Millionen Armen Amerikas.

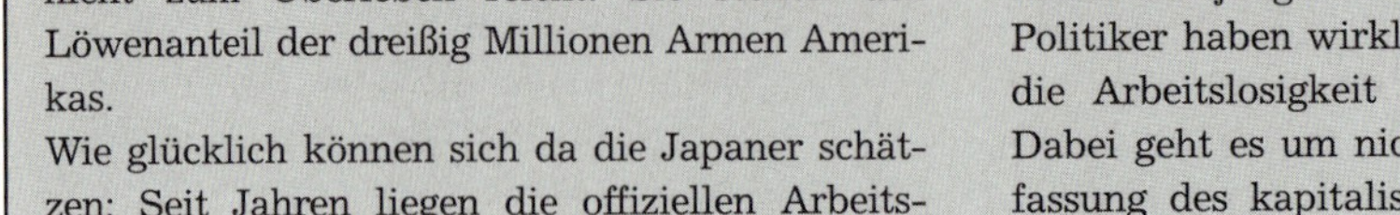

Wie glücklich können sich da die Japaner schätzen: Seit Jahren liegen die offiziellen Arbeitslosenraten der fernöstlichen Industriemacht bei traumhaften zwei Prozent. Das liegt vor allem an dem enormen Wirtschaftswachstum, das mit durchschnittlich 4,2 Prozent in den Jahren von 1981 bis 1991 höher lag als in jedem anderen OECD-Land (bis auf die Türkei). Doch ein genauerer Blick zeigt, dass in Nippon der Schein schöner ist als die Wirklichkeit.

Teilzeitarbeitskräfte ohne Job tauchen zum Beispiel in der japanischen Arbeitslosenstatistik gar nicht erst auf – dabei ist der Anteil der Teilzeitarbeit wesentlich höher als in Europa. Vor allem aber wächst stetig die Fraktion der sogenannten Fensterhocker: Beschäftigte, zumeist Angestellte, die eigentlich nichts zu tun haben. Sie werden von den Unternehmen so lange wie möglich gehalten – als Zugeständnis an den japanischen Mythos der Lebensarbeitsstellung und den Firmenfrieden, aber auch, um teure Entlassungen und Wiedereinstellungen in besseren Zeiten zu vermeiden. Nach einer neuen Studie betrifft diese verdeckte Arbeitslosigkeit sage und schreibe 2,46 Millionen Beschäftigte. De facto liege, so die Wirtschaftsforscher, die Arbeitslosenquote so bei sechs Prozent. Weil auch in Japan der Kostendruck auf die Unternehmen wächst, werden sich bald viele dieser Fensterhocker auf der Straße wiederfinden.

Wachsende Beschäftigungslosigkeit also auch in der dynamischsten und erfolgreichsten Industrienation der jüngeren Geschichte – Ökonomen und Politiker haben wirklich allen Grund, sich gegen die Arbeitslosigkeit etwas einfallen zu lassen. Dabei geht es um nicht weniger als um die Verfassung des kapitalistischen Wirtschaftssystems.

(aus: Arne Daniels, Blockade in der Job-Maschine, in: Die Zeit Nr. 29 vom 16. 7. 1993, S. 15, gekürzt)

1. Beschreiben Sie die Unterschiede in den Arbeitsmärkten Europas, der USA und Japans.
2. Unter dem Stichwort „zweiter Arbeitsmarkt" wird neuerdings die Übernahme des flexibleren amerikanischen Systems auch bei uns diskutiert. Allerdings sollen die schlechtbezahlten Jobs der „working poor" durch staatliche Zulagen abgefedert werden. Informieren Sie sich über den Diskussionsstand und setzen Sie sich mit der Idee eines „zweiten Arbeitsmarktes" auseinander.

6. Freihandel oder Protektionismus?

„Made in Germany" – die weltweite Wertschätzung dieses Gütesiegels deutscher Exportartikel gilt als eine der Ursachen für unseren Wohlstand. Vor allem Maschinen, Kraftfahrzeuge, chemische und elektronische Erzeugnisse entwickelten sich im Exportgeschäft zu weltweit erfolgreichen Verkaufsschlagern unserer Industrie. Die Exportquote, der Anteil des Exports von Waren und Dienstleistungen am Bruttoinlandsprodukt, liegt bei etwa 25 Prozent; mit anderen Worten: Etwa jede vierte Mark wird durch das Exportgeschäft verdient. Seit Jahren gehört die Bundesrepublik mit den USA und Japan zu den größten Exportländern der Welt: Deutschland erreichte 1995 einen Weltmarktanteil von 10,6 Prozent, die USA 12,1 und Japan 9,2 Prozent.

Zahlungsbilanz

Der Wirtschaftsverkehr zwischen dem In- und Ausland wird statistisch in der Zahlungsbilanz erfasst. Vereinfacht kann man sich eine Bilanz wie ein Konto vorstellen, auf dem Zu- und Abgänge verzeichnet werden. Aus deren wertmäßigen Gebenüberstellungen ergibt sich dann ein Überschuss oder ein Defizit. Dieser positive oder negative Restbetrag heißt Saldo. Die Zahlungsbilanz ist in zahlreiche Teilbilanzen untergliedert, z.B. die Handelsbilanz, in der die im- und exportierten Güter wertmäßig verbucht werden, die Dienstleistungsbilanz, die den Wert der an das Ausland geleisteten oder vom Ausland empfangenen Dienstleistungen – etwa im internationalen Tourismus – erfasst, und die Übertragungsbilanz, in der unentgeltliche Leistungen der Bundesrepublik – etwa im Rahmen der Entwicklungshilfe – verzeichnet werden. Diese drei Teilbilanzen werden in der Leistungsbilanz zusammengefasst, die somit eine Unterabteilung der Zahlungsbilanz bildet. Die Kapitalverkehrsbilanz gibt Auskunft über das Ausmaß der Kapitalbewegungen zwischen In- und Ausland.

Handelsbilanz

Leistungsbilanz
Kapitalverkehrsbilanz

Das vom Stabilitätsgesetz geforderte Ziel des außenwirtschaftlichen Gleichgewichts gilt als erreicht, wenn die Salden von Handels- und Dienstleistungsbilanz zusammen einen Überschuss von 1,5 bis 2 Prozent des Bruttoinlandsprodukts ergeben. Zur Zeit wären das 45–60 Milliarden DM. Dieser Überschuss ist unter anderem zum Ausgleich traditionell negativer Teilbilanzen, z.B. der Übertragungsbilanz, erforderlich.

Über den Export und Import von Gütern, Dienstleistungen und Kapital fließt ausländisches Geld in unsere Volkswirtschaft und deutsches Geld ins Ausland. Internationaler Handel ist daher nur möglich, wenn die Währungen der Handelspartner unbeschränkt gegeneinander ausgetauscht werden können. Man nennt diesen unbeschränkten Austausch von Währungen Konvertibilität. In der Bundesrepublik Deutschland und in den meisten westeuropäischen Staaten wurde die Konvertibilität im Jahre 1958 eingeführt.

Konvertibilität

Der Austausch der Währungen erfolgt zu einem bestimmten Wechselkurs; dieser gibt den in eigener Währung ausgedrückten Preis einer ausländischen

Währung an, z.B. bedeutet ein Wechselkurs des Dollars von 1,50, dass für einen Dollar 1,50 DM zu bezahlen sind. Die Höhe der jeweiligen Wechselkurse ergibt sich im allgemeinen durch Angebot und Nachfrage nach den einzelnen Währungen auf den Devisenmärkten. Der Kurs einer Währung kann sich somit ständig ändern; deshalb spricht man auch von flexiblen Wechselkursen. Eine hohe Nachfrage nach einer Währung bedeutet, dass deren Kurs steigt, und umgekehrt fällt er, wenn das Angebot größer als die Nachfrage ist. So bedeutet ein steigender Dollarkurs, dass für den Kauf eines Dollars ein höherer Betrag in DM aufzubringen ist; die DM ist gegenüber dem Dollar weniger wert, sie hat eine Abwertung erfahren. Ein fallender Dollarkurs bedeutet demgegenüber eine Aufwertung der DM; der Dollar ist billiger geworden, man kann für eine DM einen höheren Dollarbetrag erwerben.

Flexible Wechselkurse

Auf- und Abwertungen haben unmittelbare Auswirkungen auf den Import und Export von Gütern und Dienstleistungen. Aufwertungen beeinträchtigen die Exportchancen des aufwertenden Landes, verbilligen aber dessen Importe. Starke Kursschwankungen erschweren die Kalkulierbarkeit und hemmen den internationalen Handel.

Europäisches Währungssystem

Diese Nachteile wollten die Regierungen der damaligen Europäischen Gemeinschaft (EG), der heutigen EU, mit Gründung des Europäischen Währungssystems (EWS) beseitigen. Mit Ausnahme Großbritanniens einigten sie sich 1979 auf feste Paritäten (Austauschverhältnisse) ihrer Währungen untereinander. Schwankungen sind in diesem System nur noch innerhalb gewisser Bandbreiten (15 %) möglich. Bei Überschreitungen der zulässigen Schwankungsbreite sind die Notenbanken der Mitgliedsländer des EWS verpflichtet, durch Stützungskäufe oder -verkäufe auf den Devisenmärkten zu intervenieren.

Freihandel und Protektionismus

Theoretisch bringt der freie Warenaustausch allen Nationen Nutzen, weil sich jedes Land tendenziell auf die Produktion der Waren konzentriert, bei deren Herstellung es über Kostenvorteile verfügt. Gegen solche freihändlerischen Vorstellungen wenden sich vornehmlich protektionistische Strömungen, die in ausländischer Konkurrenz eine Bedrohung der eigenen Wirtschaft erblicken.

MATERIAL 35 **Ein Tag im Leben des Dollar**

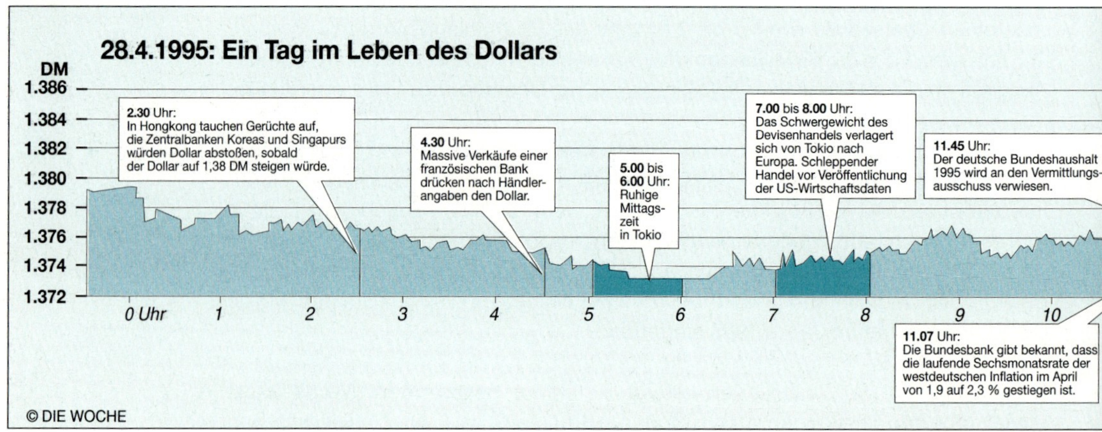

MATERIAL 36 **Entwicklung des Wechselkurses zwischen Dollar und DM**

Kurswert eines US-Dollars in DM

Sept.49	4,20
März 61	4,00
Dez. 71	3,22
März 73	2,83
3.Jan.80	1,71
1981	2,26
26.Feb. 85	3,47
29.Okt. 87	1,74
Juli 88	1,84
Mai 96	1,54

Daten nach: Globus 6853 und Index Funk 4403

MATERIAL 37 **Karikatur**

„Diesen Wirtschaftstypen ist auch nichts recht zu machen!“

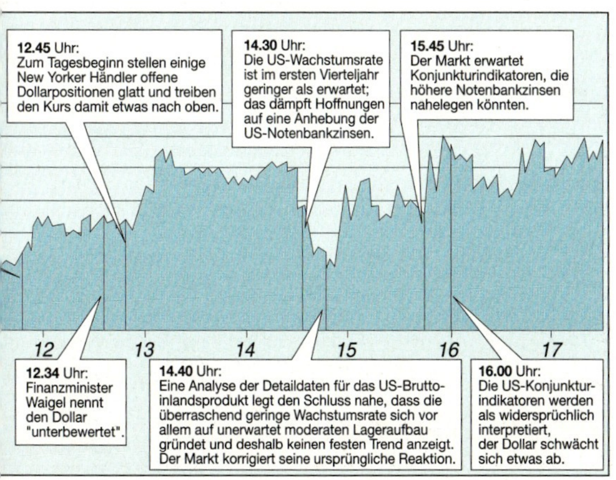

1. Versuchen Sie, das Auf und Ab des Dollar am 28.4.1995 zu erklären (Mat. 35).
2. Entnehmen Sie dem Wirtschaftsteil Ihrer Tageszeitung den aktuellen Dollarkurs, und deuten Sie dessen langfristige Entwicklung (Mat. 36).
3. Erläutern Sie das in der Karikatur zum Ausdruck kommende Dilemma (Mat. 37).

MATERIAL 38 Macht Freihandel arbeitslos? – Aus einem Streitgespräch

In der EG sind über siebzehn Millionen Menschen ohne Arbeit. Wird Europa jetzt zur Handelsfestung ausgebaut mit dem Argument, die verbliebenen Arbeitsplätze vor der Billigkonkurrenz zu schützen?

Lafay: Bis zu einem gewissen Punkt ist die Konkurrenz der asiatischen Länder nicht zu kritisieren, denn die Löhne dort sind, nach Kaufkraft gerechnet, sechsmal so niedrig wie bei uns. Problematisch ist allerdings, dass die Währungen dieser Länder stark unterbewertet sind. Die Wechselkurse asiatischer Länder wie China werden von den Behörden festgesetzt; sie ergeben sich nicht am Markt. Nach diesen Wechselkursen sind die Löhne dort deshalb dreißig Mal niedriger als in Europa. Das verfälscht die Wettbewerbsbedingungen. ... Die beste Lösung wäre, die Währungen auf ein korrektes Niveau zu bringen. Wenn man das nicht erreichen kann, ist die zweitbeste Lösung, einen Zoll auf die Einfuhren zu erheben, um normale Wettbewerbsbedingungen wiederherzustellen. ...

Siebert: Es gibt überhaupt keinen Beleg für die Unterbewertung der Währungen von Entwicklungsländern. ...

Führt der Aufholprozess der asiatischen Länder nicht tatsächlich dazu, dass Arbeitsplätze aus Europa nach Asien abgesaugt werden?

Lafay: Der internationale Handel ermöglicht den weniger entwickelten Ländern in der Tat aufzuholen, und das ist eine gute Sache. Japan hat uns in bestimmter Hinsicht bereits überholt. Aus zwei Gründen ist das gelungen: Die Japaner arbeiten effizienter, und sie schotten bestimmte Märkte ab. Gegenüber Japan sollte die EG deshalb keine reine Freihandelsstrategie anwenden.

Siebert: Wir brauchen den Wettbewerb, denn er ist ein Entdeckungsverfahren für neue Technologien, für geringere Kosten; er dient der Effizienzsteigerung und Innovationen. ... In einer offenen Weltwirtschaft ist nichts festgezurrt. Einige Sektoren werden schrumpfen, die anderen wachsen. Produktionen bei uns wandern im Produktionszyklus ab, dies ist ein normaler Prozess. Das Entscheidende ist aber, dass insgesamt jedes Land in diesem Anpassungsprozess gewinnen kann. ... Eine protektionistische Politik ist nicht im europäischen Interesse, weil Europa dann in zehn oder zwanzig Jahren ... einschlafen wird.

Lafay: ... Seit rund fünfzehn Jahren fällt Europa zurück. Das ist normal, soweit es sich um arbeitsintensive Industrien handelt. Weniger normal ist, dass uns das Gleiche bei Spitzentechnologien widerfährt. ... Jeder versteht, dass bestimmte Produktionen abwandern müssen. Doch heute weiß keiner mehr, was an ihre Stelle treten soll. Erst hat Europa die Textilindustrie verloren, dann den Stahl, dann die Elektronik, und heute werden sogar fortgeschrittene Dienstleistungen wie die EDV-gestützte Buchhaltung nach Asien verlagert. Was bleibt für Europa?

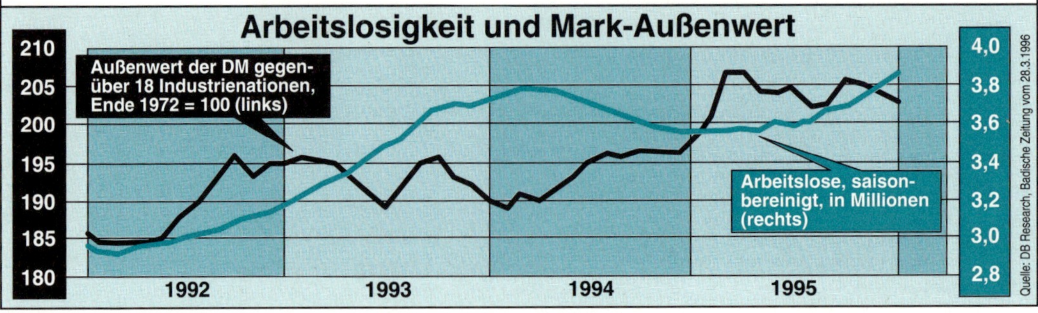

(aus: Die Zeit vom 20. 8. 1993. Das Streitgespräch führten die Wirtschaftswissenschaftler Gérard Lafay, Berater der damaligen französischen Regierung, und Horst Siebert, Mitglied des Sachverständigenrates zur Begutachtung der gesamtwirtschaftlichen Entwicklung)

1. Stellen Sie die Auffassungen der beiden Wirtschaftswissenschaftler zu folgenden Problemen einander gegenüber: Protektionismus und Arbeitsplatzsicherung, Wettbewerbsverzerrung im internationalen Handel, Funktion des internationalen Wettbewerbs.
2. Untersuchen Sie die Zusammenhänge zwischen Arbeitslosigkeit und Mark-Außenwert.

7. Behält unser Geld seine „Geltung"?

7.1 Was ist „Inflation"?

Meinungsumfragen belegen immer wieder, dass die Deutschen dem wirtschaftspolitischen Ziel „Geldwertstabilität" einen hohen Rang einräumen. Dahinter stecken historisch begründete Inflationsängste. Denn 1923 und 1948 hatten inflationäre Prozesse die Ersparnisse vieler Menschen vernichtet. Vor dem Hintergrund dieser Erfahrung wurde in der Bundesrepublik Deutschland die Inflation konsequenter als bei vielen ihrer westeuropäischen Nachbarn bekämpft.

Die Inflation weist sehr vielfältige Erscheinungsformen auf. Sie lassen sich nach „Geschwindigkeit", „Sichtbarkeit" und „Ursachen" unterscheiden:

- Nach der Geschwindigkeit des Inflationsprozesses unterscheidet man die schleichende und die galoppierende Inflation. Mit jährlichen Preissteigerungsraten zwischen zwei und vier Prozent herrschte in der Bundesrepublik in den meisten Jahren die schleichende Inflation vor; lediglich während der siebziger Jahre beschleunigte sich in manchen Jahren das Inflationsstempo mit jährlichen Preissteigerungsraten zwischen sechs und acht Prozent. Eine galoppierende Inflation mit zweistelligen monatlichen Preissteigerungsraten ist heute für manche Entwicklungsländer charakteristisch. Die in der Weimarer Republik zu Beginn der zwanziger Jahre herrschende Inflation wird wegen ihres unvorstellbaren Ausmaßes häufig als Hyperinflation bezeichnet.

Schleichende Inflation

Galoppierende Inflation

Hyperinflation

- Nach der Sichtbarkeit des Inflationsprozesses wird zwischen offener und verdeckter oder zurückgestauter Inflation unterschieden. In der Marktwirtschaft der Bundesrepublik Deutschland mit ihrer freien Preisbildung vollzieht sich die Inflation offen, für jedermann sichtbar an den steigenden Lebenshaltungskosten. Während des Zweiten Weltkriegs hatte sich dagegen in Deutschland eine zurückgestaute Inflation entwickelt: Wegen der Umstellung der Produktion auf Kriegsgüter konnte die Konsumgüternachfrage nur noch unzureichend befriedigt werden. Normalerweise hätte eine Verknappung des Angebots an Konsumgütern zu Preissteigerungen geführt. Um Unruhe in der Bevölkerung zu verhindern, erließ die Regierung einen Preisstopp und rationierte das Konsumgüterangebot durch Einführung eines Bezugsscheinsystems. Da die Menschen nur einen relativ geringen Teil ihres Einkommens für den Konsum verwenden konnten, sparten sie zwangsläufig große Summen an. Die so zurückgestaute Kaufkraft wurde für 1945 auf etwa 240 Milliarden Reichsmark geschätzt. Nach dem Krieg wurden Preisstopp und Rationierung zunächst beibehalten. Allerdings entstanden jetzt wegen mangelnder Kontrollmöglichkeiten nach dem Zusammenbruch schwarze Märkte, auf denen das Zehn- bis Hundertfache der amtlichen Preise gezahlt wurde. Es zeigte sich, dass die aus dem Ungleichgewicht von Angebot und Nachfrage resultierende Inflation mit den administrativen Mitteln des Preisstopps und

Zurückgestaute Inflation

der Rationierung lediglich verdeckt oder zurückgestaut werden konnte. Die Reichsmark hatte bei Kriegsende ihre Funktion als Wertspeicherungsmittel längst eingebüßt und wurde nach dem Zusammenbruch auch bald nicht mehr als Zahlungsmittel akzeptiert; der Tauschhandel blühte auf. Die Währungsreform von 1948 beseitigte diese Zustände.

- Nach den Inflationsursachen werden die Nachfrageinflation, die Anbieterinflation und die Geldmengeninflation unterschieden.

Nachfrageinflation

Die Nachfrageinflation tritt auf, wenn bei einer vollen Auslastung des Produktionspotentials die Nachfrage nicht befriedigt werden kann. In der Vergangenheit gingen in der Bundesrepublik Inflationsschübe nicht selten von der Auslandsnachfrage aus. Da hierzulande die Preise meist stabiler waren als in vielen anderen Ländern, stiegen immer wieder die Exporte schneller als die Importe. So kam es wiederholt zu Verknappungen des Angebots auf dem Binnenmarkt und damit zu Preissteigerungen. Diese Entwicklungen im Außenhandel stellten faktisch einen Import der ausländischen Inflation dar.

Importierte Inflation

Anbieterinflation

Die Anbieterinflation entsteht, wenn die Unternehmen steigende Kosten für Löhne, Kredite und Rohstoffe sowie Steuererhöhungen erfolgreich auf die Preise überwälzen können. Starke Konkurrenz oder eine zurückhaltende Nachfrage können allerdings die Spielräume für Preiserhöhungen verringern. Der zunehmende Konzentrationsprozess macht jedoch manche Unternehmen vom Marktgeschehen unabhängiger; aufgrund ihrer Marktmacht fällt ihnen eine Überwälzung gestiegener Kosten auf die Preise leichter.

Geldmengeninflation

Für eine Geldmengeninflation wird der Nährboden bereitet, wenn der Zuwachs des Geldvolumens die Wachstumsmöglichkeiten der Produktion übersteigt. Das Entstehen inflationärer Prozesse ist an mehrere Voraussetzungen geknüpft, so müssen z.B. die Produktionskapazitäten voll ausgelastet sein, die vermehrte Geldmenge muss nachfragewirksam sein, und die steigende Nachfrage darf nicht durch Importe befriedigt werden.

In der Marktwirtschaft sollen schwankende Preise Veränderungen von Angebot und Nachfrage signalisieren; Preisstabilität kann daher nicht bedeuten, dass sich die Preise der einzelnen Güter nicht verändern dürfen. Vielmehr ist damit gemeint, dass Preiserhöhungen bei bestimmten Gütern durch Preissenkungen bei anderen Gütern ausgeglichen werden, d.h., dass das Preisniveau insgesamt stabil bleibt. Wichtigstes Preisbarometer sind die Verbraucherpreise; sie geben die Lebenshaltungskosten der privaten Haushalte an. Die Entwicklung der Verbraucherpreise wird anhand der Preise für bestimmte Warenkörbe, die alles enthalten, was eine Durchschnittsfamilie zum Leben braucht, ermittelt. Wird der zum jeweiligen Erhebungszeitraum festgestellte Gesamtpreis des Warenkorbs zu dem Preis ins Verhältnis gesetzt, der für den Vormonat bzw. den Vorjahresmonat zu bezahlen war, dann erhält man die monatlichen bzw. jährlichen Inflations- oder Preissteigerungsraten. Wegen sich verändernder Verbrauchergewohnheiten, des Aufkommens neuer Produkte und wechselnder Qualitätsstandards werden die Warenkörbe alle fünf Jahre aufgrund repräsentativer Erhebungen neu zusammengestellt. Deshalb kann die Preisentwicklung nur bedingt über einen längeren Zeitraum verglichen werden.

Verbraucherpreise

Inflationsrate

MATERIAL 39 Karikatur

1. Beschreiben Sie die Karikatur.
2. Versuchen Sie, die Unterschiede zwischen den Tarifparteien sowie den Rentnern und Sparern zu erklären.
3. Setzen Sie sich mit den Aussagen der Karikatur hinsichtlich der Tarifparteien auseinander.
4. Man könnte auf dieser Treppe noch andere Figuren einzeichnen, etwa einen Immobilienbesitzer oder den Bundesfinanzminister.
   Erörtern Sie, wie diese die Inflationstreppen „nehmen" würden.

MATERIAL 40 Kaufkraftverlust der Mark

Kaufkraftverlust der Mark

Kaufkraft einer DM verglichen mit 1948

100 Pf, 90 Pf, 70 Pf, 43 Pf, 29 Pf

1948, 1960, 1970, 1980, 1990, 1995

Quelle: Statistisches Bundesamt

MATERIAL 41 Preisbewegung

Einzelpreise und Verbraucherpreiseniveau

Zwischen November 1979 und November 1980 verteuerte sich in Westdeutschland die Lebenshaltung aller privaten Haushalte um 5,3 Prozent. Hinter dieser Durchschnittszahl verbergen sich u. a. folgende Einzelpreisbewegungen:

Fotoapparate	– 1,1
Kfz-Haftpflicht-Versicherung	– 1,3
Bohnenkaffee	– 2,4
Flugtarife	– 4,2
Fernsprechgebühren	– 7,4
Benzin	+ 13,3
Kohle	+ 13,5
Gas	+ 22,5
Frischgemüse	+ 23,6

(aus: H. Meyer: Inflation und Stabilitätspolitik, in: Wirtschafts- und Gesellschaftspolitische Informationen 40, Köln 1981, S. 39)

1. Versuchen Sie, die unterschiedlichen Preisbewegungen zu erklären.
2. Informieren Sie sich in Tageszeitungen über aktuelle inflationstreibende Einzelpreisbewegungen.
3. Erörtern Sie die Auswirkungen der in Material 41 dargestellten Preisbewegungen auf Haushalte mit niedrigem bzw. mit hohem Einkommen.

MATERIAL 42 Ein Vertrag vom 1. 1. 1940

Zwischen Herrn Franz Neuberth, wohnhaft Lörrach, Hindenburgstr. 24 und Gärtnereibesitzer Adolf Sandler, wohnhaft Freiburg i. Br; Stadtstr. 66 wurde heute folgender Vertrag abgeschlossen:

§ 1

Herr Gärtnereibesitzer Adolf Sandler, bzw. dessen Rechtsnachfolger übernehmen die Pflege der auf dem Freiburger Friedhof in Feld 42, Reihe I No, 53/54 gelegenen Grabstätte der Eheleute Neuberth auf die Dauer vom 1. Januar 1940 bis 1. Januar 1970.

§ 2

Herr Gärtnereibesitzer Adolf Sandler, bzw. dessen Rechtsnachfolger verpflichten sich, die Grabstätte während des oben genannten Zeitraumes stets in ordnungsmässigem Zustand zu erhalten.

§ 3

Für diese Leistung erhält Herr Gärtnereibesitzer Adolf Sandler in bar die Summe von RM. 320,–, in Worten: Dreihundertundzwanzig Reichsmark, am 1. Februar 1940 ausbezahlt.

1. Schließen Sie vom Inhalt des Vertrages auf die wirtschaftlichen Rahmenbedingungen zur Zeit des Vertragsschlusses.
2. Unterstellt, der Gärtnereibesitzer hätte sich nach 1948 entschlossen, den Vertrag zu den darin genannten Konditionen nicht länger zu erfüllen. Wie hätte er argumentieren können?

MATERIAL 43 Die Kosten der Geldentwertung

Geldentwertung ist unsozial, weil sie die Ärmeren schröpft, während ihr die Begüterten ausweichen, ja sogar von ihr profitieren können. Wer nur einen schmalen Notgroschen auf einem Sparkonto mit gesetzlicher Kündigungsfrist unterhält, muss in diesen Tagen erleben, dass die Rate der Geldentwertung über dem Zinssatz liegt. Die kleinen Vermögen schrumpfen, anstatt zu wachsen. Wer dagegen viel Geld besitzt, kann entweder höherverzinsliche Sparformen wie Festgelder wählen oder Sachvermögen erwerben. Wenn das Geld an Wert verliert, steigt gerade der Wert von Sachvermögen, etwa von Immobilien. Zu den Inflationsgewinnern zählen auch alle Kreditnehmer, weil sie mit Geld zurückzahlen, das gegenüber dem Zeitpunkt der Kreditaufnahme an Wert verloren hat. Die wichtigsten Kreditnehmer in unserer Wirtschaft sind nicht die kleinen Leute, sondern die Unternehmen und der Staat. ... Dem Schaden steht kein langfristig erkennbarer Nutzen gegenüber. Die früher populäre Auffassung, mit einem Dreh an der Inflationsschraube ließe sich Arbeitslosigkeit bekämpfen, hat sich als Irrlehre erwiesen. ... Freilich kann eine zu großzügige Geldausstattung eine kurzfristige Wirtschaftsbelebung auslösen, nicht jedoch einen dauerhaften und gesunden Aufschwung mit sicheren und wettbewerbsfähigen Arbeitsplätzen. ... Die Inflation dieser Tage ist das Ergebnis zu hoher Ansprüche an die Leistungskraft der Volkswirtschaft. Die Deutschen im Osten haben in die Vereinigung den Wunsch eingebracht, möglichst schnell einen dem Westen vergleichbaren Lebensstandard zu erzielen, ohne jedoch eine ihren Ansprüchen entsprechende Wirtschaftsleistung erbringen zu können. Andererseits zeigen auch die Westdeutschen kaum Neigung, ihre Ausgaben zugunsten ihrer Landsleute im Osten einzuschränken. Die Nachfrage nach Gütern und Dienstleistungen steigt somit schneller als das Angebot. Das Resultat ist eine Überforderung der Wirtschaftskraft, ablesbar an wirtschaftlich unverantwortlichen Tarifabschlüssen und einer ausufernden Staatsverschuldung.

(aus: Frankfurter Allgemeine Zeitung vom 17. 9. 1991, Autor: Gerald Braunberger)

1. „Lieber fünf Prozent Inflation als fünf Prozent Arbeitslosigkeit". Welche Argumente finden Sie im Text gegen diese Aussage?
2. Legen Sie dar, wie im Text die Inflation in Ost- und Westdeutschland nach der deutschen Einigung erklärt wird. Erörtern Sie, warum in Ostdeutschland die Preise nach der deutschen Einigung weitaus schneller stiegen als in Westdeutschland.

7.2 Strategien zur Inflationsbekämpfung

Deutsche Bundesbank

Im Kampf gegen die Inflation kommt der Deutschen Bundesbank, der Zentral- oder Notenbank der Bundesrepublik Deutschland, eine entscheidende Rolle zu. Aufgabe der Bundesbank ist es, die Wirtschaft mit Geld zu versorgen; sie hat ferner den Zahlungsverkehr im Inland und mit dem Ausland abzuwickeln sowie bei der Bankenaufsicht mitzuwirken. Als gesetzlich bestellte „Hüterin der Währung“ hat sie den Auftrag, den Geldwert möglichst stabil zu halten. Mit ihrer gesetzlich abgesicherten Unabhängigkeit nimmt sie eine Sonderstellung im Staate ein: Sie unterliegt weder Weisungen der Bundesregierung, noch ist sie gegenüber dem Parlament verantwortlich. Sie ist jedoch verpflichtet, die allgemeine Wirtschaftspolitik der Bundesregierung zu beachten, und gehalten, sie im Rahmen ihrer Aufgabe, die Währung zu sichern, zu unterstützen. Die gesetzliche Absicherung der Unabhängigkeit der Bundesbank ist eine Lehre aus der Geschichte: Beide Geldentwertungen in diesem Jahrhundert waren durch staatliche Einflüsse auf die Notenbank ausgelöst worden.

In ihrer Geldpolitik orientierte sich die Deutsche Bundesbank bis in die siebziger Jahre hinein an den wirtschaftspolitischen Vorstellungen von Keynes. In Phasen überschäumender Konjunktur hat sie eine Politik des knappen und teuren Geldes betrieben, um Inflationsgefahren abzuwenden; bei drohender Rezession lockerte sie dagegen die geldpolitischen Zügel. Beides geschah oft in raschem zeitlichen Wechsel. Diese „stop and go“-Politik der Bundesbank ergänzte somit die antizyklische Fiskalpolitik der Bundesregierung von der geld- und kreditpolitischen Seite her.

Monetarismus

Geldmenge

Mitte der siebziger Jahre rückte die Bundesbank unter dem Einfluss der monetaristischen Theorien Milton Friedmans von ihrem bisherigen geldpolitischen Kurs ab. Nach Friedman kommt der Geldmenge eine entscheidende Rolle im Wirtschaftsprozess zu, da das Sozialprodukt in seiner Entwicklung an die Entwicklung der Geldmenge gebunden sei. Auch bestehe ein enger Zusammenhang zwischen Geldmenge und gesamtwirtschaftlicher Nachfrage. Durch eine Verstetigung der Geldmengenentwicklung könnten daher Konjunkturschwankungen langfristig geglättet werden. Um ein inflationsfreies Wirtschaftswachstum zu ermöglichen, müsse die Zuwachsrate der Geldmenge an der mittelfristig zu erwartenden Zuwachsrate des Produktionspotentials ausgerichtet werden. Die Zentralbanken sollten sich in ihrer Geldpolitik auf die Einhaltung dieser mittelfristig festgelegten Zuwachsrate der Geldmenge konzentrieren und nicht – wie bisher – antizyklisch auf die Entwicklung des Sozialprodukts reagieren. Seit 1975 gibt die Bundesbank jeweils im Dezember das für das kommende Jahr angepeilte Geldmengenziel bekannt, wobei die Geldmenge M 3 als Maßstab herangezogen wird; diese besteht aus dem umlaufenden Bargeld (Banknoten und Münzen), den Sichteinlagen (im wesentlichen: Einlagen von Unternehmen und Privatpersonen auf Girokonten), Termingeldern bis unter vier Jahren sowie den Spareinlagen mit gesetzlicher Kündigungsfrist. Die Zuwachsrate der Geldmenge wird nach folgender Formel festgelegt: Geldsteigerungsrate = Wachstumsrate des Produktionspotentials + unvermeidliche Preissteigerungsrate. Die Geldmenge muss in einer normal ausgelasteten Volkswirtschaft um die Wachstumsrate des Produktionspotentials zunehmen, wenn die

Geldmenge M 3

Mehrproduktion reibungslos finanziert werden soll. Würde die unvermeidliche Inflationsrate nicht berücksichtigt und stiegen die Preise, dann wäre der Geldmengenzuwachs nicht groß genug, um auch noch das angestrebte Wirtschaftswachstum zu ermöglichen. Beide Komponenten – Produktionspotential und unvermeidliche Inflationsrate – werden seit 1989 unter dem Begriff „nominales Produktionspotential" zusammengefasst.

„Nominales Produktionspotential"

Bis 1978 formulierte die Bundesbank für die angestrebte Geldmenge einen festen Zielwert, Punktziel genannt; seit jenem Jahr gibt sie jedoch dafür eine Bandbreite von zwei bis drei Prozentpunkten, einen Zielkorridor an und behält sich vor, innerhalb dieses vorgegebenen Rahmens die Geldmenge je nach konjunktureller Entwicklung zu variieren. Das Geldmengensteuerungskonzept der Bundesbank enthält monetaristische und keynesianische Elemente. Monetaristisch ist die Festlegung eines Geldmengenziels; keynesianisch ist ihr Vorbehalt, je nach konjunkturellen Erfordernissen die Entwicklung der Geldmenge im Rahmen des Zielkorridors, also mäßig, antizyklisch zu beeinflussen.

Punktziel
Zielkorridor

Das geldpolitische Instrumentarium der Bundesbank

Eine Aufgabe der Bundesbank ist die Versorgung der Volkswirtschaft mit Geld. Bei der Erfüllung dieser Aufgabe hat sie allerdings die Geldwertstabilität zu beachten. Um diese Aufgabe erfüllen zu können, stehen der Bundesbank zwei Steuerungsmöglichkeiten zur Verfügung, zum einen die **Liquiditätspolitik** und zum anderen die **Zinspolitik**. Während erstere darauf abzielt, das Kreditvolumen der Geschäftsbanken zu beeinflussen, wirkt die zweite direkt auf die Kreditkosten ein.

1. Im Rahmen ihrer Liquiditätspolitik verfügt die Bundesbank über folgende Instrumente:

- Erhöhung oder Senkung der **Mindestreservesätze**. Jede Geschäftsbank muss einen Teil der Einlagen ihrer Kunden bei der Bundesbank hinterlegen (Mindestreserve). Eine Erhöhung oder Senkung dieser zinslosen Pflichtrücklagen, verringert oder vergrößert den Spielraum für Kredite der Geschäftsbanken.
- Die Bundesbank kann (muss aber nicht!) die öffentlichen Haushalte verpflichten, Kassenbestände unverzinslich bei ihr und nicht bei Geschäftsbanken zu deponieren. Diese **Einlagenpolitik** beeinflusst zwangsläufig die Liquidität der Geschäftsbanken.
- Die Bundesbank kann als Käufer oder Verkäufer von Wertpapieren gegenüber den Geschäftsbanken aktiv werden. Mit dieser **Offenmarktpolitik** bringt sie Geld in den Wirtschaftskreislauf oder entzieht es ihm. Bei den immer bedeutsamer werdenden **Wertpapierpensionsgeschäften** handelt es sich um Offenmarktgeschäfte mit fester Rückkaufvereinbarung.
- Viele Unternehmen, die für die Lieferung von Waren einen Wechsel angenommen haben, reichen diesen bei ihrer Bank ein und erhalten dafür einen Kredit. Die Kreditinstitute ihrerseits geben diese Wechsel häufig an die Bundesbank weiter und refinanzieren sich dadurch. Die Bundesbank braucht jedoch nicht alle Wechsel anzunehmen. Sie legt das Kontingent an Wechseln fest, das sie annimmt **(Rediskontpolitik)**. Eine Änderung des Kontingents vermindert oder vermehrt den jeweiligen Kreditspielraum der Geschäftsbank.
- Viele Kreditinstitute sind Eigentümer von Wertpapieren. Die Bundesbank kann diese Wertpapiere beleihen, wobei sie allerdings einen gewissen Prozentsatz des Wertes, den sie selbst festlegt, nicht überschreitet. Auch diese Verfahren, die sogenannte **Lombardpolitik**, steuert die Kreditvergabe der Geschäftsbanken.

2. Im Rahmen ihrer Zinspolitik kann die Bundesbank die Kreditnachfrage beleben oder drosseln.

- Zum einen berechnet sie bei ihrer Rediskontpolitik den Geschäftsbanken Zinsen für die eingereichten Wechsel. Konkret sieht dies so aus, dass sie den Geschäftsbanken nur einen bestimmten Prozentsatz des Nennwertes ausbezahlt. Der Rest **(Diskontsatz)** wird als Zins einbehalten. Eine Änderung des Diskontsatzes beeinflusst naturgemäß die Bereitschaft der Banken zur Refinanzierung.
- Zum zweiten müssen die Geschäftsbanken auch Zinsen **(Lombardsatz)** für die Beträge entrichten, die ihnen als Anleihe auf Wertpapiere von der Bundesbank gezahlt wurden.
- Entsprechend der gestiegenen Bedeutung der Wertpapierpensionsgeschäfte ist der bei diesen geforderte Zinssatz **(Repo-Satz)** neben dem Diskontsatz heute der wichtigste Leitzins.

MATERIAL 44 Ist die Inflation besiegt?

So billig war Geld schon lange nicht mehr. Mit einer kräftigen Zinssenkung gab die Bundesbank ... der Konjunktur das stärkste Signal, das ihr zu Gebote stand: Der Diskont, also der Zins, zu dem sich die Banken Geld beschaffen können, liegt nun wieder bei seinem historischen Tiefstand von 2,5 Prozent. ...
Alles spricht zur Zeit für eine Politik des billigen Geldes: Die Inflation liegt deutlich unter zwei Prozent, die Tariflöhne steigen eher noch langsamer, die Zinsen für langfristige Anlagen sind niedriger als in Amerika; auch die misstrauischen Finanzhändler in aller Welt sehen kein Inflationsgespenst am Horizont.
Gut möglich, dass dieses Gespenst nicht nur weit weg ist, sondern gar nicht mehr existiert. Ist die Inflation besiegt? Die Frage wird immer öfter gestellt und ... auch von ernstzunehmenden Leuten mit „Ja" beantwortet. Die Globalisierung, so die These, hat der Inflation den Garaus gemacht. Lohn- und Preissteigerungen lassen sich im brutalen Wettbewerb immer weniger durchsetzen. Jeder Versuch einer inflationären Politik durch Regierungen und Notenbanken wird von den Finanzmärkten umgehend mit Zinsaufschlägen und Kapitalflucht bestraft. Die Inflationsrate nähert sich dem Nullpunkt.
Bewahrheitet sich diese Vermutung, dann hat dies weitreichende Folgen. Die „Null-Ära" dürfte zum Beispiel den Abschied von den regelmäßigen Tariflohnsteigerungen mit sich bringen. Der Produktivitätszuwachs der Wirtschaft würde dann eher durch Preissenkungen denn durch Lohnerhöhungen weitergegeben. ... Hausbesitzer könnten sich nicht mehr auf automatische Wertsteigerungen verlassen, Immobilien

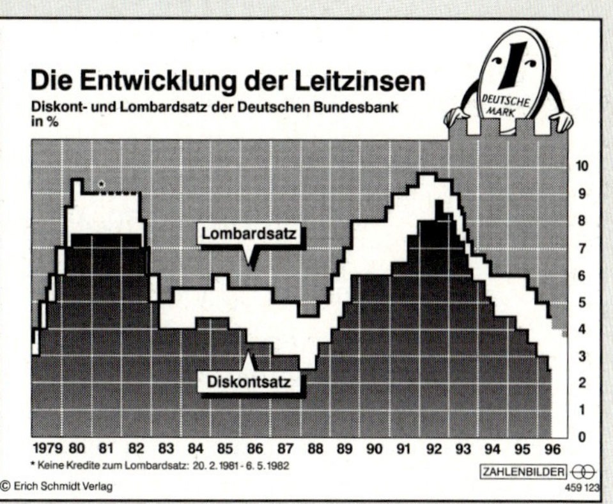

würden eine ziemlich riskante Anlageform. Vor allem aber wäre in schlechten Zeiten wieder Deflation denkbar, ein Verfall der Preise auf breiter Front, der wiederum zum Zusammenbruch der Gewinnerwartungen und der Investitionen führen müßte.
Was bedeutet dies alles für die Politik? Sicher sollte niemand vorschnell „hurra" schreien. Insgesamt haben die Industrieländer bisher abnehmende Teuerungsraten erlebt, aber noch keine „Null-Ära". Geldwertstabilität ist nie völlig sicher, doch kann das Stabilitätsziel heute viel leichter nach zwei Seiten hin verletzt werden. Wird diese Tatsache verdrängt, laufen die Notenbanken – und besonders die Bundesbank – Gefahr, die Konjunktur regelmäßig viel zu früh auszubremsen und die Wirtschaft so um Beschäftigungschancen zu bringen. ... Die Geldbehörden in New York, Frankfurt, Paris und Tokio haben allen Grund, auf absehbare Zeit die Zügel schleifen zu lassen – jedenfalls so lange sie nicht neue Anspruchsinflation fürchten müssen. Und eine solche ist derzeit kaum vorstellbar.

(aus: Nikolaus Piper: Der Tod der Inflation, in: Die Zeit Nr. 18 vom 26.4.1996, S. 24)

1. „Alles spricht zur Zeit für eine Politik des billigen Geldes". Welche Instrumente stehen dafür zur Verfügung? In welcher Weise müssen sie eingesetzt werden?
2. Womit begründet der Autor seine These vom (wahrscheinlichen) Tod der Inflation?
3. Der Text beschwört das Gespenst einer möglichen Deflation. Erläutern Sie den Inhalt des Begriffes „Deflation", und erörtern Sie, warum diese volkswirtschaftlich nicht wünschenswert sein kann.

8. Die Unternehmensform muss stimmen

In der Bundesrepublik Deutschland gibt es mehr als 1,6 Millionen Unternehmen; die meisten, nämlich 1,5 Millionen, sind mittlere und kleinere Unternehmen mit einem Jahresumsatz unter 5 Millionen DM, häufig Familienunternehmen. Ein Unternehmen ist eine rechtlich selbständige Wirtschaftseinheit, in der mehrere Betriebe und Verwaltungen zusammengefasst sein können. Die Unternehmen sind rechtlich sehr unterschiedlich organisiert. Die wichtigsten Rechtsformen sind

Rechtsformen

- das Einzelunternehmen
- die Personengesellschaft
- die Kapitalgesellschaft
- die Genossenschaft

Diese Rechtsformen unterscheiden sich vor allem hinsichtlich der Unternehmensführung, der Haftung sowie der Kapitalkraft.

Einzelunternehmen

Bei einem Einzelunternehmen sind sämtliche Unternehmerfunktionen bei einer einzigen Person vereinigt, die als Alleininhaber alle unternehmerischen Entscheidungen in eigener Verantwortung und mit vollem persönlichen Risiko trifft, d.h. für Schulden aus der Unternehmung auch mit dem Privatvermögen haftet. Der Einzelunternehmer ist Vollkaufmann im Sinne des Handelsrechts und muss daher bestimmte gesetzliche Vorschriften beachten (Eintragung in das Handelsregister oder in die Handwerksrolle, Führung von Geschäftsbüchern). Einzelunternehmen sind vielfach im Einzel- und Großhandel sowie im Handwerk anzutreffen.

Personengesellschaften

Größere Unternehmen werden oft in der Form einer Gesellschaft betrieben. Von diesen kommen die Personengesellschaften, und unter diesen die Offene Handelsgesellschaft (OHG), dem Einzelunternehmen am nächsten. Bei der OHG bringen die Gesellschafter das Eigenkapital gemeinsam auf und führen auch gemeinsam die Geschäfte; jeder Gesellschafter haftet für die Schulden des Unternehmens voll mit seinem Privatvermögen. Bei einer Kommanditgesellschaft (KG), der neben der OHG wichtigsten Form einer Personengesellschaft, ist ein Teil der Gesellschafter, die Kommanditisten, nicht an der Geschäftsführung beteiligt; sie haften nur bis zur Höhe ihrer Einlage, nicht jedoch mit dem privaten Vermögen für die Verbindlichkeiten der Gesellschaft – anders als die persönlich haftenden Gesellschafter, die Komplementäre. Diese haben gewöhnlich auch die Geschäftsführung inne. Kommanditgesellschaften sind häufig in der gewerblichen Wirtschaft anzutreffen.

Kapitalgesellschaften

Mittlere und große Unternehmen, die einen hohen Finanzbedarf haben, sind häufig als Kapitalgesellschaften, und zwar als Gesellschaft mit beschränkter Haftung (GmbH) oder als Aktiengesellschaften (AG) organisiert. Kapitalgesellschaften sind Gesellschaften mit eigener Rechtspersönlichkeit (juristische Personen). Als solche können sie Träger von Rechten (z.B. Eigentumsrechte) oder Pflichten (z.B. aus Verträgen) sein. Im Konkursfall haftet nur die Gesellschaft mit ihrem Vermögen. Für Kapitalgesellschaften sind bestimmte Organe vorgeschrieben.

Organe der GmbH sind die Gesellschafterversammlung, der Aufsichtsrat (ab einer bestimmten Größe) und die Geschäftsführung; Organe der AG sind die Hauptversammlung, der Aufsichtsrat und der Vorstand (Manager, die von den Kapitaleignern berufen werden).

Genossenschaften

Genossenschaften kommen vornehmlich im Bereich der Landwirtschaft vor; es sind Vereinigungen mit dem Ziel, bestimmte wirtschaftliche Aktivitäten ihrer Mitglieder zu fördern, z.B. die Vermarktung von Erzeugnissen.

MATERIAL 45 Auf dem Weg in die berufliche Selbstständigkeit

Die folgende Szene ist aus einem Gespräch mit einem für Unternehmensgründungen zuständigen Berater einer Industrie- und Handelskammer und Hinweisen von Banken für Ratsuchende, die sich zum Selbstständigmachen entschlossen haben, entwickelt worden:

Der 30-jährige kaufmännische Angestellte Hans Fink, der seit über 5 Jahren in dem Unternehmen „Meyer & Co. – Büromaschinen" in B. arbeitet, trägt sich mit dem Gedanken, selbstständig zu werden. In der Kreisstadt N., dem Wohnort seiner Schwiegereltern, sieht er den geeigneten Standort für ein eigenes Unternehmen. Er ist überrascht von der Fülle des Informationsmaterials, das die Landesregierung, die Industrie- und Handelskammern, die Handwerkskammern und Banken zu Unternehmensgründungen bereithalten. Direkt wendet er sich an den Sachbearbeiter für Recht, Steuern und Finanzen seiner Industrie- und Handelskammer (IHK):

IHK: „... Ich ziehe einmal eine Zwischenbilanz: Über die Konkurrenzsituation in N. und den Standort des Betriebs haben wir gesprochen. Wir sollten uns jetzt der Unternehmensform zuwenden. Ich darf mit der Tür ins Haus fallen: Schwebt Ihnen ein „Ein-Mann-Unternehmen" vor, oder wollen Sie mit einem Partner zusammenarbeiten?

H. Fink: Wenn ich an den Kapitalbedarf für das Geschäftsgebäude, den Lieferwagen, vor allem an die Beschaffung des ersten Warenlagers denke, kommen mir Bedenken, dass ich es allein schaffen kann.

IHK: Haben Sie schon jemanden ins Auge gefasst, der mit Ihnen als Gesellschafter arbeiten würde?

H. Fink: Ja, ich halte Kontakt mit einem Ingenieur, den ich aus meiner bisherigen Geschäftstätigkeit als Fachmann für Computerprogramme kenne.

IHK: Würde er mitmachen und auch Kapital bereitstellen?

H. Fink: Mitmachen würde er schon, aber über seine finanziellen Möglichkeiten weiß ich noch zu wenig.

IHK: Ich mache Ihnen zwei alternative Vorschläge, die Sie sich bis zu unserer nächsten Begegnung durch den Kopf gehen lassen sollten:

1. Sie entscheiden sich für eine Einzelunternehmung, die eine einfache und kostengünstige Form der Existenzgründung ist. Es schreibt Ihnen niemand vor, wieviel Startkapital Sie benötigen, Sie sind Ihr eigener Herr, keiner kontrolliert Sie, und der Gewinn fließt Ihnen allein zu.

H. Fink: Aber wie steht es mit der Finanzierung?

IHK: Darauf wollte ich jetzt zu sprechen kommen. Die Finanzierung müssen Sie allein in die Hand nehmen, und Sie übernehmen auch die volle Haftung für Ihre Schulden, d.h. Ihr Privatvermögen haftet genauso wie Ihr Geschäftsvermögen.

2. Sie können den Ingenieur als Geschäftspartner gewinnen und gründen eine Gesellschaft mit beschränkter Haftung. Sie brauchen zusammen ein Mindestkapital von 50 000,– DM. Ihr Privatvermögen wird dann nicht mehr zur Haftung für die Verbindlichkeiten der GmbH herangezogen. Bedenken Sie aber, dass die Banken oder andere Kreditinstitute dennoch von Ihnen beim Start in die Selbständigkeit private Sicherheiten verlangen. Die komplizierte Gründung der GmbH müssten Sie mit Hilfe eines Notars abwickeln. Den Gesellschaftsvertrag zwischen Ihnen und Ihrem Partner können Sie aber frei gestalten. So können z.B. Sie allein Geschäftsführer sein oder nur Ihr Partner oder beide. Legen Sie darin Rechte und Pflichten genau fest.

H. Fink: Da raucht einem ja der Kopf. Und über die Steuern haben wir noch gar nicht gesprochen.

IHK: Da haben Sie recht. Sprechen Sie über die Steuern am besten mit einem Steuerberater Ihres Vertrauens, der Ihnen mit Rat und Tat zur Seite steht."

1. Arbeiten Sie mit Hilfe des Autorentextes die Besonderheiten von Personen- und Kapitalgesellschaften heraus.
2. Mit welchen Problemen müssen sich Unternehmensgründer auseinandersetzen (Material 45)?

9. Arbeitgeber und Arbeitnehmer – Partner oder Kontrahenten?

9.1 „Das Ende der Üppigkeit" – Tarifpolitik auf neuen Wegen?

In der Frühphase des Industriezeitalters war es üblich, dass Löhne und Arbeitsbedingungen individuell zwischen dem einzelnen Arbeiter und seinem Arbeitgeber vereinbart wurden. In der Regel musste sich der wirtschaftlich schwächere Arbeiter den oft einseitig gewinnorientierten Vorstellungen des Unternehmers beugen, um überhaupt eingestellt zu werden. Allmählich – gegen den Widerstand der Arbeitgeber – schlossen sich die Arbeiter in Gewerkschaften zusammen; gemeinsames solidarisches Auftreten sollte ihre Verhandlungsposition stärken. Dann mussten die Gewerkschaften jedoch um ihre Anerkennung als Tarifparteien kämpfen, also um das Recht, kollektiv für ihre Mitglieder Verträge über Löhne und Arbeitsbedingungen (Tarifverträge) abzuschließen. Dieses Ziel setzten sie schließlich in der Revolution von 1918 durch.

Gewerkschaften

Mit seinen ca. 9,3 Mio. Mitgliedern ist der Deutsche Gewerkschaftsbund (DGB) heute die größte gewerkschaftliche Organisation in Deutschland. Der DGB ist ein Dachverband von 15 (1996) selbstständigen und unabhängigen Einzelgewerkschaften, die jeweils für einen oder mehrere Wirtschaftszweige zuständig sind. Ihnen können unabhängig von ihrem Fachberuf alle Arbeitnehmer der betreffenden Branchen beitreten, so dass für einen Betrieb nur jeweils eine DGB-Gewerkschaft zuständig ist. Dagegen ist die nicht dem DGB angehörende Deutsche Angestellten Gewerkschaft (DAG) mit ihren ca. 1 Mio. Mitgliedern nach dem Berufsprinzip aufgebaut. Die in der Bundesvereinigung der Deutschen Arbeitgeberverbände (BDA) zusammengefassten Unternehmerorganisationen haben sich – wie die DGB-Einzelgewerkschaften – nach Industriezweigen organisiert.

Unternehmer-organisationen

Koalitions-freiheit
Tarifautonomie

Das Grundgesetz gewährleistet in seinem Artikel 9 Abs. 3 die Koalitionsfreiheit, also das Recht zur Bildung von Arbeitsverbänden; damit ist auch die Tarifautonomie verfassungsrechtlich gesichert, d.h. das Recht von Gewerkschaften und Arbeitgebern, Tarifverträge in eigener Verantwortung und frei von staatlichen Eingriffen abzuschließen. Durch unsere Rechtsordnung garantiert sind ferner die Kampfmittel in Tarifkonflikten: das Streikrecht und die Aussperrung.

Tarifverträge

Tarifverträge (Lohn- und – zur Regelung der Arbeitsbedingungen – Manteltarifverträge) sind immer zeitlich befristet und können zum Ende ihrer Laufzeit von den Tarifparteien gekündigt werden. Sie werden meist für einzelne Tarifbezirke, selten flächendeckend für das gesamte Bundesgebiet, gelegentlich aber auch nur für einzelne größere Unternehmen (Werkstarifvertrag) abgeschlossen. Sie binden die Gewerkschaften und ihre Mitglieder sowie die Mitgliedsunternehmen der Arbeitgeberverbände. Ihre Einhaltung kann gerichtlich erzwungen werden. Abweichende Vereinbarungen zwischen einzelnen Betrieben und ihren jeweiligen tarifgebundenen Betriebsangehörigen sind zulässig, wenn sie die Arbeitnehmer durch übertarifliche Leistungen begünstigen. In jüngster Zeit vereinbarten die Tarifparteien tarifvertragliche Öffnungsklauseln, die einzelbetriebliche Abweichungen von den Tarifverträgen auch dann zulassen, wenn sie für die Arbeitnehmer eine Verschlechterung bedeuten. Durch diese Flexibilisierung soll die Tarifpolitik betriebsnäher gestaltet werden. Man will Unternehmen, die in wirtschaftliche Schwierigkeiten geraten sind, auf diese Weise finanzielle Spielräume verschaffen. Allerdings ist in den Tarifverträgen in aller Regel genau aufgeführt, in welchen Punkten Abweichungen möglich sind; ferner ist die Zustimmung der Tarifpartner hierfür vorgesehen. Wegen dieser Beschränkungen wird aus dem Arbeitgeberlager vermehrt die Einführung gesetzlicher Öffnungsklauseln verlangt: Der Gesetzgeber soll es den Unternehmen ermöglichen, sich unter bestimmten Voraussetzungen auch gegen gewerkschaftlichen Widerstand aus den tarifvertraglichen Bindungen zu lösen. Die Gewerkschaften erblicken in solchen Forderungen einen Angriff auf die Tarifautonomie und damit auf ein wesentliches Element der sozialen Demokratie.

Öffnungsklauseln

Flexibilisierung der Tarifpolitik

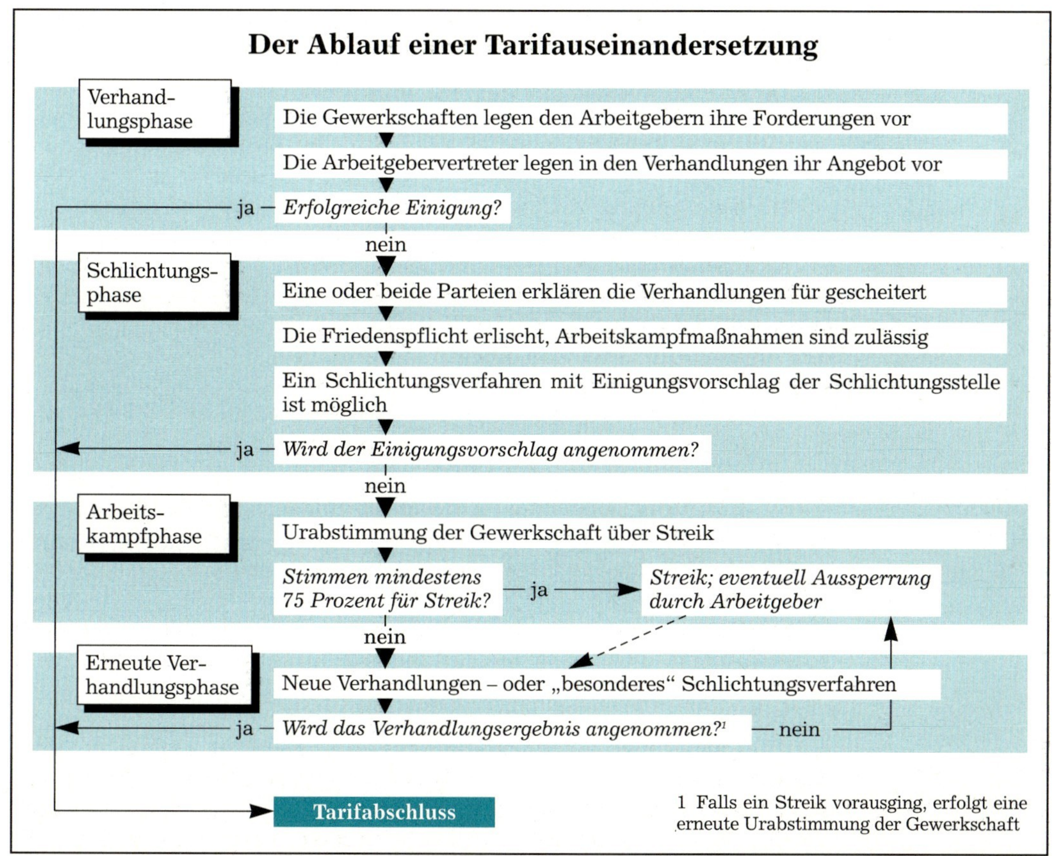

(aus: Jürgen Jeske/Hans D. Barbier: So nutzt man den Wirtschaftsteil einer Tageszeitung, Societäts-Verlag, Frankfurt/M. 1993)

MATERIAL 46 Rückkehr zur 40-Stunden-Woche

Der Vorstandsvorsitzende der Schlafhorst AG, dem weltweit führenden Hersteller von Spinnereimaschinen, legt dar, wie nach Vorstellungen der Geschäftsleitung auf den schärfer werdenden internationalen Wettbewerb im Textilmaschinenbau zu reagieren ist:

Die Geschäftsleitung macht ... der Belegschaft den Vorschlag, auf der Basis einzelvertraglicher Regelungen 1994 zu bisherigem Lohn/Gehalt zur 40-Stunden-Woche zurückzukehren, d.h. also 40 Stunden zum Lohn von 36 Stunden zu arbeiten. Zusätzlich sollen die Kosten für Überstunden sinken, wobei die Überstunden erst bei 40 Stunden beginnen. Die Arbeitszeit soll in höchstem Maße flexibel gestaltet werden, damit jeder Bedarfsfall beim Kunden bedient werden kann. (...)

Wir sind der festen Ansicht, dass in rechtlich zulässiger Weise per Einzelvereinbarung mit jedem einzelnen Mitarbeiter dann vom geltenden Tarifvertrag abgewichen werden kann, wenn das Ergebnis einer solchen Vereinbarung für den Mitarbeiter bzw. die Mitarbeiterin letztendlich günstiger ist als die Einhaltung der Tarifbestimmungen. In einer von Rezession geprägten Zeit steht ganz besonders die Arbeitsplatzsicherheit im Mittelpunkt dieses Günstigkeitsprinzips.
Als Gegenleistung sagt die Geschäftsleitung zu, die Tariferhöhung für 1994 in voller Höhe durchzuführen ... Eine weitere wesentliche Gegenleistung ist die Zusage, dass es 1994 keine betriebsbedingten Entlassungen geben wird.

(aus: Handelsblatt vom 10.1.1994)

MATERIAL 47 Demonstrationsplakat

MATERIAL 48 Aus dem Metalltarifvertrag 1994

- 3 Prozent mehr Lohn und Gehalt
- Senkung der Wochenarbeitszeit von 37 auf 36 Stunden bei vollem Lohnausgleich
- Eine Verlängerung der Arbeitszeit über 36 Stunden hinaus darf für höchstens 18 Prozent der Beschäftigten vereinbart werden.
- Bei Abgabe einer Beschäftigungsgarantie ist eine Arbeitszeitverkürzung ohne Lohnausgleich möglich, wenn sie für alle Beschäftigten gilt.

1. Erläutern Sie die tarifpolitischen Vorstellungen des Vorstandes der Schlafhorst AG (Mat. 46).
2. Entwerfen Sie eine Stellungnahme des Betriebsrates zu den Plänen bei Schlafhorst.
3. Mitglieder einer Nürnberger Arbeitsloseninitiative haben provokativ angeboten, bis zu 20 Prozent unter Tarif zu arbeiten. Man sei „bereit zu Schichtarbeit, Nachtarbeit, Überstunden, Sonn- und Feiertagsarbeit, bis hin zur 60-Stunden-Woche" (Handelsblatt vom 25.7.1994). Diskutieren Sie die Konsequenzen einer solchen Initiative für einen regional begrenzten Arbeitsmarkt.

9.2 Demokratie im Betrieb

Unternehmerische Entscheidungsbefugnisse

Die Einführung und Erweiterung von Mitbestimmungsrechten für die Arbeitnehmer ist seit langem ein weiteres wichtiges gewerkschaftliches Anliegen. Im 19. Jahrhundert hatten die Arbeitgeber in ihren Unternehmen praktisch unumschränkte Entscheidungsbefugnisse. Sie konnten jederzeit Arbeitskräfte einstellen oder entlassen, und niemand hatte das Recht, ihnen dabei hereinzureden. Die Frage, wie die Unternehmen zu führen seien, ob die Produktion ausgeweitet, eingeschränkt oder gar eingestellt werden sollte, ging nur sie etwas an. Die Arbeitgeber leiteten ihren Anspruch, die Unternehmen nach eigenem Gutdünken zu führen, aus ihren Rechten als deren Eigentümer ab.

Mitbestimmung der Arbeitnehmer

Die Gewerkschaften hingegen argumentierten, ein Unternehmen sei „keine einseitige Veranstaltung seiner Eigentümer“; ein Unternehmen sei vielmehr ein sozialer Verband, in dem die Interessen der Beschäftigten im Vergleich zu den Interessen der Eigentümer mindestens gleichrangig seien. Dementsprechend forderten sie für die Arbeitnehmer Mitbestimmungsrechte. In den hart geführten Auseinandersetzungen um die Mitbestimmung der Arbeitnehmer konnten sich die Gewerkschaften mit ihrer Auffassung teilweise durchsetzen.

Betriebsrat

In jedem Betrieb mit mehr als fünf wahlberechtigten Arbeitnehmern kann von diesen ein Betriebsrat gewählt werden, der in sozialen, personellen und wirtschaftlichen Angelegenheiten eine Reihe von Mitwirkungsrechten hat. Teils handelt es sich hierbei um echte Entscheidungsbefugnisse, teils um Informations-, Anhörungs- oder Mitberatungsrechte entsprechend den Bestimmungen des Betriebsverfassungsgesetzes. Am weitesten gehen die Rechte eines Betriebsrates in sozialen Angelegenheiten.

Betriebliche Mitbestimmung
Unternehmensmitbestimmung

Nicht zu verwechseln mit dieser betrieblichen Mitbestimmung von Betriebsräten ist die ebenfalls im Betriebsverfassungsgesetz für größere Kapitalgesellschaften, z.B. Aktiengesellschaften, zusätzlich vorgesehene Unternehmensmitbestimmung. Sie vollzieht sich in den Aufsichtsräten dieser Unternehmen. Der Aufsichtsrat bestellt und kontrolliert den Vorstand, dem die Leitung des Unternehmens obliegt. Der Aufsichtsrat entscheidet auch über die grundsätzlichen Fragen der Unternehmenspolitik, z.B. über Produktionsprogramme, über wesentliche Investitionen oder über die Stillegung einzelner Unternehmensteile. Die Zukunft eines Unternehmens und damit auch die Zukunft der Arbeitsplätze wird somit maßgeblich von den Entscheidungen des Aufsichtsrates beeinflusst. Daher ist die Unternehmensmitbestimmung der Arbeitnehmer der wichtigste, aber auch der am meisten umstrittene Mitbestimmungsbereich.

Paritätische Mitbestimmung

Die Unternehmensmitbestimmung ist in der Montanindustrie (Industrie, die auf Kohle und Erzbergbau aufbaut) am weitestgehenden verwirklicht; die Aufsichtsräte sind hier paritätisch (je zur Hälfte) mit Vertretern der Anteilseigner, z.B. Aktionärsvertretern, und mit Arbeitnehmern besetzt. Um im Aufsichtsrat eine Patt-Situation (ein Unentschieden) und damit eine Lähmung des Unternehmens zu vermeiden, beruft der Aufsichtsrat ein weiteres Mitglied, den „Neutralen“, auf den sich beide Seiten verständigen müssen. Oft werden Wissenschaftler oder Arbeitsrichter als Neutrale berufen.

MATERIAL 49 Karikatur

MATERIAL 50 Schaubild

Mitbestimmung für Arbeitnehmer

Wo?	Wie?
Montanindustrie	Parität im Aufsichtsrat
Große Kapitalgesellschaften	Gleiche Mitgliederzahl im Aufsichtsrat (bei Parität zweite Stimme f. d. Vors.)
Kleinere Kapitalgesellschaften	2/3 Arbeitgeberseite/ 1/3 Arbeitnehmerseite
Übrige Unternehmen (5 und mehr Besch.)	Nur betriebliche Mitbestimmung (Betriebsräte)
Öffentlicher Dienst	Nur betriebliche Mitbestimmung (Personalräte)
Kleinbetriebe (weniger als 5 Besch.)	Keine Mitbestimmungsrechte

(nach: Globus 3069)

MATERIAL 51 Betriebliche Mitbestimmung

Der Metallwarenfabrikant F hat zwei Betriebe, von denen einer am Rande einer Großstadt A, der andere 80 km davon entfernt in einem kleinen Ort B liegt und in denen insgesamt 400 Arbeiter und Angestellte beschäftigt werden.

F möchte aus Rationalisierungsgründen beide Betriebe zusammenlegen, um innerbetriebliche Nachteile, wie unzulängliche Koordination der Betriebsabteilungen, Beeinträchtigung des Arbeitsflusses und Transportkosten zu vermeiden, die durch die räumliche Trennung der Produktion entstehen, also die Voraussetzungen für eine straffere Lenkung der Produktion schaffen. Da in A günstigere Standortbedingungen bestehen, z. B. hinsichtlich der Verkehrsbedingungen und der Möglichkeit, Fachkräfte anzuwerben, möchte er den Betrieb in A ausbauen und den in B stillegen. Er beabsichtigt, bei dieser Gelegenheit neben den organisatorisch notwendig werdenden personellen Veränderungen auch eine alte personalpolitische Rechnung mit denjenigen seiner Belegschaftsmitglieder zu begleichen, die beim letzten Streik der Metallarbeiter durch ihren Einsatz, z. B. als Streikposten entscheidend dazu beitrugen, dass auch in seinen Betrieben die Produktion weitgehend zum Erliegen kam. Schließlich denkt er daran, im Zusammenhang mit der produktionstechnischen Rationalisierung auch eine grundlegende Änderung der Lohnabrechnung und Lohnauszahlung vorzunehmen, und zwar möchte er das bisherige Verfahren der wöchentlichen Barlohnauszahlung abschaffen und statt dessen nur noch zweimal im Monat die dann fälligen Löhne auf Gehaltskonten seiner Arbeitnehmer bei einer Bank oder Sparkasse überweisen.

(aus: H. Ortlieb und F. Dörge, Wirtschaftsordnung und Strukturpolitik, Bd. II, Opladen 1968, S. 272)

1. Untersuchen Sie mit Hilfe des Schaubilds (Material 50), ob und wenn ja, inwieweit die Karikatur (Material 49) das Verhältnis von Kapital und Arbeit zutreffend darstellt.
2. Versuchen Sie zu erklären, warum die Mitbestimmungsrechte der Arbeitnehmer je nach Unternehmensform und -größe unterschiedlich ausgeprägt sind.
3. Inwiefern werden in Material 51 Interessen der Arbeitnehmer berührt?
4. Kann der Fabrikant die geplanten Veränderungen ohne weiteres durchführen? Welche Rechte hat der Betriebsrat? Nutzen Sie als Informationsgrundlage Material 52.

MATERIAL 52 Der Betriebsrat: Was er darf, was er kann, was er muss

Hier bestimmt der Betriebsrat mit:

- Arbeitszeit und Pausen.
- Überstunden und Urlaub.
- Verteilung der Arbeitszeit auf die Wochentage.
- Technische Einrichtungen, die geeignet sind, Arbeitnehmer zu überwachen.
- Verhütung von Arbeitsunfällen, Berufskrankheiten und Gesundheitsschutz.
- Sozialeinrichtungen.
- Betriebliche Lohngestaltung und Eingruppierung der Arbeitnehmer/innen.
- Akkord- und Prämienzuschläge.
- Betriebliche Berufsfortbildung.
- Einstellungen, Versetzungen, Umgruppierungen und Kündigungen. Verweigert der Betriebsrat hier die Zustimmung, muss der Arbeitgeber vor einem Arbeitsgericht klagen.
- Aufstellung eines Sozialplans bei Betriebsänderungen.

Hier muss der Betriebsrat rechtzeitig unterrichtet werden und darf mitberaten:

- Personalplanung.
- Geplante Betriebsänderungen.
- Personelle Veränderungen unter den leitenden Angestellten.
- Planung von Neu-, Um- und Erweiterungsbauten sowie technischen Anlagen.
- Planung von Arbeitsverfahren, Arbeitsabläufen und der Arbeitsplätze.

Hier darf sich der Betriebsrat informieren:

- Gestattet ist die Einsicht in die Bruttolohn- und Gehaltslisten – bei Zustimmung der Beschäftigten darf der Betriebsrat auch die Personalakten einsehen.

Was der Betriebsrat nicht darf:

- Der Betriebsrat darf nicht in Arbeitskämpfe eingreifen (Friedenspflicht).
- Er darf keine Rechtsauskünfte erteilen.

MATERIAL 53 Die Rolle des Betriebsratsvorsitzenden Fritz Moser beim Konkurs der Kollnauer Spinnerei und Weberei AG

Seit den siebziger Jahren ist die Zahl der Beschäftigten in der westdeutschen Textil- und Bekleidungsindustrie von ca. 900.000 auf ca. 350.000 zurückgegangen. Dieser Arbeitsplatzabbau hat vielfältige Ursachen. So ist die Strumpfherstellung aus der Bundesrepublik vorwiegend nach Italien verlagert worden, neun von zehn hierzulande verkauften Herrenhemden werden im Ausland, vornehmlich in Asien produziert. Osteuropäische Länder drängen mit Dumping-Preisen, die nicht selten unter den Gestehungskosten liegen, auf den deutschen Markt. Heimische Webereien beziehen die Garne inzwischen überwiegend von griechischen und türkischen Spinnereien. Vergeblich suchten zahlreiche Spinnereien, durch erhebliche Rationalisierungsanstrengungen (schnellere Maschinen, längere Maschinenlaufzeiten) der Konkurrenz aus den Billiglohnländern zu widerstehen – so auch die Spinnerei und Weberei AG in Kollnau. Das Unternehmen musste dennoch seine Spinnerei stillegen. Welche Rolle fiel dem Betriebsrat in dieser für Unternehmen und Beschäftigte gleichermaßen schwierigen Lage zu?

Fritz Moser, gelernter Weber, lange Jahre Vorsitzender des Betriebsrates der Spinnerei und Weberei AG, Inhaber bedeutsamer Ehrenämter, z. B. gehörte er dem Hauptvorstand der IG Textil und Bekleidung an, ist Landesarbeitsrichter und Mitglied des örtlichen Gemeinderates, spricht von bösen Zeiten, die hinter ihm liegen. Er denkt dabei an die Wochen und Monate nach dem 17. Oktober, an diesem Tag meldete das Unternehmen den Vergleich an, der schließlich einen Tag vor Weihnachten zum Konkurs führte. Der bisher so angesehene Betriebsratsvorsitzende sah sich plötzlich heftigen Angriffen verärgerter Kollegen ausgesetzt; selbst seine Familie blieb von Angriffen nicht ausgespart. Fritz Moser spricht aber nicht nur mit Bitterkeit von den zurückliegenden →

Ereignissen: „Es gab auch Kollegen, die haben mir persönlich für meine Arbeit, für den Einsatz, den ich gezeigt habe, gedankt. Das tut gut in solch schweren Zeiten."

Als Arbeitnehmervertreter im Aufsichtsrat hatte Fritz Moser genauere Einblicke in die Schwierigkeiten der 1869 als Familienunternehmen gegründeten Spinnerei und Weberei, die während der 20er Jahre in eine Aktiengesellschaft umgewandelt worden war. Obwohl in den letzten Jahren vor dem Konkurs erhebliche Mittel für Rationalisierungsmaßnahmen ausgegeben wurden – keine Maschinenteile waren älter als 10 Jahre – konnte das Unternehmen nicht so kostengünstig wie die Konkurrenz aus den Billiglohnländern produzieren. Außerdem hatte man zu lange auf Naturfaserprodukte gesetzt, während die Nachfrage Gewebe aus synthetischen Fasern begünstigte. So waren die Produktionskapazitäten nur noch zum Teil ausgelastet. Dennoch kam das „Aus" überraschend; die Banken wollten plötzlich nicht mehr mitspielen. So entschied der Aufsichtsrat am 17. Oktober 1988, den Vergleich anzumelden; die Spinnerei sollte geschlossen und zunächst 90 der 310 Beschäftigten entlassen werden. Dem Betriebsratsvorsitzenden oblag es, Betriebsrat und Beschäftigte zu informieren.

Moser spricht von einer der schlimmsten Betriebsversammlungen, die er je erlebt habe. Die Stimmung war niedergeschlagen, es gab Tränen und Weinkrämpfe. Viele der Belegschaftsmitglieder waren seit Generationen mit dem 120 Jahre alten Unternehmen verbunden. Schon ihre Eltern und Großeltern waren hier beschäftigt. „Wenn man jede einzelne Kollegin und jeden einzelnen Kollegen kennt, mit ihnen zum Teil mehr als 40 Jahre zusammengearbeitet hat, um ihre Probleme bis in die Familien hinein weiß, ist es um so schmerzlicher, von Entlassung sprechen zu müssen."

Der Betriebsrat hatte die schwierige Aufgabe, aus einer Namensliste von 120 Personen für 90 Kollegen der Kündigung zuzustimmen. Dies erfolgte in einer Sozialauswahl nach Kriterien wie Familienstand, Familiengröße, Zahl der schulpflichtigen Kinder, Dauer der Betriebszugehörigkeit, Doppelverdiener. Jeder der zur Entlassung Vorgeschlagenen wurde angehört, der Betriebsarzt und die Rentenversicherungsanstalt eingeschaltet, Kontakte mit Industriepfarrern aufgenommen. Für die Entlassenen mussten Sozialpläne erarbeitet werden, auch wenn nicht sicher ist, ob und wann sie die relativ bescheidene Entschädigung – etwa 7500,– DM bei vierzigjähriger und 150,– DM bei halbjähriger Betriebszugehörigkeit – erhalten werden, weil nach dem Konkursrecht die Gläubiger, d. h. vor allem die Banken, vorrangig befriedigt werden.

Einige Monate nach dem Konkurs sieht sich der Betriebsrat mit einer Reihe von Arbeitsgerichtsprozessen konfrontiert, in denen es darum geht, ob der Betriebsrat die Sozialauswahl richtig getroffen hat. Doch Fritz Moser bekennt sich zu den Entscheidungen seines Betriebsrates: Man hätte es sich einfacher machen können und den Abteilungen, die stillgelegt werden sollen, geschlossen kündigen können. Um soziale Härten zu vermeiden, wurde jedoch die gesamte Belegschaft bis hin zum Vorstand in die Kündigung einbezogen. „So hat die Belegschaft mitbekommen, dass es nicht der kleine Mann ist, den es alleine trifft. Wir wissen, was wir gemacht haben und sind stolz darauf. Wir waren da für die Probleme, die die Leute hatten. Wir haben allen geholfen, denen wir helfen konnten, gleichgültig, ob es sich um Türken, Griechen oder Deutsche handelte."

Nicht in seiner Macht lag es jedoch, den Konkurs abzuwenden. Die Gespräche mit den politischen Parteien und den Bundes- und Landtagsabgeordneten verliefen im Sande. Überrascht war Moser davon nicht; er wusste, dass der Ministerpräsident des Landes erst zwei Wochen vorher erklärt hatte, für die Textilindustrie gäbe es aus Landesmitteln „keine müde Mark mehr".

1. Zeigen Sie auf, welche Aufgaben und Probleme der Betriebsratsvorsitzende Fritz Moser im Zusammenhang mit dem Konkurs seines Unternehmens zu bewältigen hatte.
2. Beschreiben Sie das Spannungsverhältnis, in dem Fritz Moser seine Aufgaben als Betriebsratsvorsitzender in dieser für Unternehmer und Arbeitnehmer kritischen Zeit wahrgenommen hat.

9.3 Arbeitsrecht und Arbeitsgerichtsbarkeit

Die erheblichen sozialen Missstände in der Frühzeit der Industrialisierung haben nicht nur zur Selbsthilfe der Arbeiter in der Arbeiterbewegung geführt; auch der Gesetzgeber sah sich bereits im 19. Jahrhundert, wenn auch nur zögernd, zum Eingreifen gezwungen, um die schlimmsten Übelstände zu beseitigen. Nach und nach entstand ein besonderes Arbeiterschutzrecht, das zunächst für Bergleute und Fabrikarbeiter gedacht war, später aber auch auf andere Gruppen von Arbeitnehmern ausgedehnt wurde. Neben frühen Gesetzen zur Einschränkung der Frauen- und Kinderarbeit sind als Beispiele solcher Schutzgesetze folgende besonders hervorzuheben: die Arbeitszeitordnung, das Mutterschutzgesetz, das Jugendarbeitsschutzgesetz und das Kündigungsschutzgesetz. Der Gedanke der besonderen Schutzbedürftigkeit der Arbeitnehmer prägt das gesamte Arbeitsrecht, zu dem auch das Tarifrecht, das Betriebsverfassungsrecht und Rechtsvorschriften, die das Arbeitsverhältnis regeln, gehören.

Arbeiterschutzrecht

Arbeitsrecht

Für Streitigkeiten auf dem Gebiet des Arbeitsrechts wurde eine besondere Arbeitsgerichtsbarkeit geschaffen, die heute dreistufig von den Arbeitsgerichten über die Landesarbeitsgerichte bis hin zum Bundesarbeitsgericht aufgebaut ist. Alle Arbeitsgerichte sind mit Berufsrichtern und mit ehrenamtlichen Laienrichtern besetzt. Die Laienrichter werden auf Vorschlag der jeweiligen Verbände paritätisch von Arbeitgeber- und Arbeitnehmerseite gestellt. In dieser paritätischen Besetzung kommt zum Ausdruck, dass das Arbeitsrecht unter Berücksichtigung der besonderen Schutzbedürftigkeit der Arbeitnehmer einen Ausgleich der Interessen von Arbeitgebern und Arbeitnehmern anstrebt. Das Verfahren vor den Arbeitsgerichten begünstigt die Erledigung durch Vergleich (Kompromiss in Rechtsstreitigkeiten).

Arbeitsgerichtsbarkeit

MATERIAL 54 **Der Fall Konrad F.**

Konrad F., 54 Jahre, verheiratet, hat drei Kinder im Alter von 9 bis 14 Jahren. Seit 25 Jahren arbeitet er in der Firma „Wohnkultur“, einer Möbelfabrik in H. Er ist seit sechs Jahren mit zwei weiteren Mitarbeitern in der Werbeabteilung tätig. Seine Kollegen sind ein 37-jähriger Werbekaufmann mit zwei Kindern im Alter von acht und fünfzehn Jahren und eine 26-jährige unverheiratete kaufmännische Angestellte. Zum 1. 1. wurde die Firma „Wohnkultur“ von dem Warenhauskonzern „Sparkauf“aus Hamburg übernommen. Die 230 Mitarbeiter erhalten ein Schreiben der neuen Firmenleitung, in dem diese mitteilt, dass sie in die bisherigen Arbeitsverträge eintritt. Im April beschließt die Firmenleitung, die Werbeabteilung bei der Firma in H. zum 1. 7. zu schließen.
Den beiden jüngeren Mitarbeitern der Werbeabteilung bietet sie einen geänderten Arbeitsvertrag an, der von diesen auch angenommen wird. Sie sind künftig im Einkauf und im Außendienst tätig. Konrad F. soll zum 31. 12. gekündigt werden. Am 10. 5. teilt die Firmenleitung dem Betriebsrat entsprechend dem Betriebsverfassungsgesetz die beabsichtigte Kündigung mit. Sie begründet die Kündigung damit, dass sie die Werbung von Hamburg aus zentral durchführen wolle.

(nach: R. Stückmann, Arbeitsrecht, Fernstudienlehrgang Arbeitslehre, Weinheim 1978, S. 64 ff.)

1. Warum soll Konrad F. gekündigt werden? Nennen Sie Gründe aus der Sicht der Firma „Sparkauf“.
2. Welche Schritte kann Konrad F. gegen die Kündigung unternehmen?

MATERIAL 55 Die Kündigung eines Arbeitsvertrages

Nach § 102 Betriebsverfassungsgesetz ist vor jeder Kündigung der Betriebsrat zu hören. Die Kündigungsgründe sind anzugeben. Der Betriebsrat kann binnen einer Woche Bedenken anmelden. Er kann seinen Widerspruch damit begründen, dass soziale Gesichtspunkte nicht berücksichtigt wurden oder dass der Arbeitnehmer nach Umschulung unter anderen Bedingungen weiterbeschäftigt werden könne. Eine Zustimmung des Betriebsrates zur Kündigung ist nicht erforderlich. Bei Angestellten ist eine Kündigungsfrist von sechs Wochen zum Quartalsschluss einzuhalten. Die Frist hängt von der Betriebszugehörigkeit ab und beträgt bei mehr als zwölf Jahren sechs Monate.

In Betrieben mit mindestens sechs Arbeitnehmern werden Arbeitnehmer vor einer sozial ungerechtfertigten Kündigung durch das Kündigungsschutzgesetz geschützt, wenn das Arbeitsverhältnis schon sechs Monate bestanden hat. Eine Kündigung ist nur gerechtfertigt, wenn sie personenbedingt, verhaltensbedingt oder betriebsbedingt ist. Personenbedingt ist z. B. eine Kündigung, wenn ein als Kraftfahrer beschäftigter Arbeitnehmer aufgrund einer Sehschwäche häufig Unfälle verursacht. Verhaltensbedingt ist eine Kündigung, wenn ein Arbeitnehmer öfter in betrunkenem Zustand zur Arbeit kommt. Betriebsbedingt ist eine Kündigung bei Rationalsierungsmaßnahmen, Betriebsstillegung oder Rohstoffmangel.

1. Entwerfen Sie ein Schreiben des Betriebsrates an die Firmenleitung, in dem Einspruch gegen die Kündigung erhoben und dieser begründet wird.
2. Entwerfen Sie ein Schreiben der Firmenleitung an Konrad F., in dem die Kündigung ausgesprochen wird. Auf den Brief des Betriebsrates soll Bezug genommen werden.
3. F. ist Mitglied der Gewerkschaft. Er sucht den Rechtssekretär Rinderle der Gewerkschaft auf. Als Gewerkschaftsmitglied hat er Anrecht auf Rechtsschutz. Übernehmen Sie die Rolle des Rechtssekretärs und bearbeiten Sie folgende Fragen: Um welche Art von Kündigung handelt es sich? – Wie lange beträgt die Kündigungsfrist? Wurde sie von der Firmenleitung eingehalten? – Wurde der Betriebsrat ordnungsgemäß eingeschaltet? – War der Einspruch des Betriebsrates korrekt? Ist die Klage beim Arbeitsgericht zulässig?

MATERIAL 56 Der Prozess vor dem Arbeitsgericht

Der Rechtssekretär rät Konrad F. nach dem Kündigungsschutzgesetz, von der Firmenleitung zu verlangen, dass sie ihm die Gründe für die soziale Auswahl mitteilt. Er rät ihm weiter, Kündigungsschutzklage zu erheben. Mit der Klage möchte F. erreichen, dass das Arbeitsgericht die Kündigung für unwirksam erklärt. Im Prozess muss F. darlegen und beweisen, dass die soziale Auswahl des Arbeitgebers ungerechtfertigt ist. Die Firmenleitung muss das Gegenteil beweisen. Weist das Arbeitsgericht die Klage zurück, ist das Arbeitsverhältnis beendet. Erklärt das Gericht die Kündigung für unwirksam, so besteht das Arbeitsverhältnis weiter.

Rollenspiel „Arbeitsgerichtsprozess“

Der Prozess vor dem Arbeitsgericht soll in einem Rollenspiel durchgeführt werden. Es sind beteiligt: ein Arbeitsrichter, der Rechtsvertreter der Firma „Sparkauf“, Rechtsanwalt Böck, der Rechtssekretär Rinderle und Konrad F.. Der Arbeitsrichter stellt den Sachverhalt zunächst dar. Rinderle trägt seinen Standpunkt vor und versucht, das Unsoziale bei der Auswahl zu beweisen. F. gibt auf Befragen des Richters bzw. Rinderles Kommentare. Rinderle wiederholt zum Schluss seinen Antrag. Rechtsanwalt Böck nimmt anschließend Stellung und begründet die Kündigung der Firmenleitung. Der Richter entscheidet und begründet sein Urteil.

10. Die Bundesrepublik Deutschland – ein Sozialstaat

Mit der Industrialisierung verloren die bisher tragenden sozialen Sicherungsgemeinschaften wie Zünfte, Großfamilien und Dorfgemeinschaften ihren Zusammenhalt. Entwurzelung und Verelendung waren die Folge. Es entstand die „soziale Frage", die für den monarchischen Obrigkeitsstaat zur ernsten Bedrohung wurde. Nur durch soziale Reform von oben, meinte Bismarck, könne Revolution von unten verhindert werden. Sozialpolitik wurde Regierungsprogramm des Kaiserreiches. Am 17. November 1881 wurde mit einer Botschaft Kaiser Wilhelms I. die erste Phase staatlicher Sozialgesetzgebung eingeleitet, in deren Verlauf die Krankenversicherung (1883), die Unfallversicherung (1884) und die Invaliditäts- und Altersrentenversicherung (1889) als Elemente eines Systems versorgungsstaatlicher Daseinssicherung geschaffen wurden. Im Jahre 1911 wurde die Krankenversicherung auf alle abhängig Beschäftigten ausgedehnt, die Hinterbliebenenfürsorge eingeführt und ein großer Teil der Angestellten in das System der Sozialversicherung einbezogen.

Soziale Frage

Versorgungsstaatliche Daseinssicherung

In der Weimarer Republik trat die Entwicklung des Arbeitsrechts stärker in den Vordergrund. Mit dem Gesetz über Arbeitsvermittlung und Arbeitslosenversicherung von 1927 wurde dem System der sozialen Sicherung ein weiteres Element hinzugefügt. Bedeutende Stationen der Weiterentwicklung der Sozialversicherungen nach 1945 waren die Einführung der an die allgemeine Lohnentwicklung gekoppelten „dynamischen Rente" (1957), die Lohnfortzahlung im Krankheitsfall (1957 und 1970), die flexible Altersgrenze (1972), die rentenrechtliche Anerkennung von Kindererziehungszeiten („Babyrente", 1986) und die Einrichtung einer Pflegeversicherung (1995).

In der Bundesrepublik ist der Sozialstaatsgedanke ein Verfassungsgebot. Ausdrücklich verankert ist der Sozialstaat im Grundgesetz in zwei Artikeln (Art. 20 und 28), welche den demokratischen und sozialen Bundes- bzw. Rechtsstaat fordern. Man bezeichnet die Formulierung in beiden Artikeln als Sozialstaatspostulat. Es ist inhaltlich zunächst unbestimmt, wird aber ergänzt durch eine Reihe von Verfassungsnormen, die den Staat auf bestimmte soziale Grundwerte verpflichten. Zu diesen gehören vor allem der Schutz der Menschenwürde (Art. 1); das Gleichheitsgebot (Art. 3); der besondere Schutz von Ehe, Familie, Mutter und nichtehelichen Kindern (Art. 6); das Recht für jedermann, „zur Wahrung und Förderung der Arbeits- und Wirtschaftsbedingungen Vereinigungen zu bilden" (Art. 9) und die Sozialpflichtigkeit des Eigentums (Art. 14).

Sozialstaatspostulat
Soziale Grundwerte

Die Diskussion um den Sozialstaat und dessen Finanzierbarkeit kreist heute um folgende Problembereiche bzw. Zielbestimmungen:

1. Hilfe gegen Not und Armut zu leisten und ein Existenzminimum zu sichern, das für ein menschenwürdiges Dasein nötig ist (z.B. Sozialhilfe);

2. eine Grundsicherung gegenüber den Wechselfällen des täglichen Lebens zu gewährleisten (z.B. Kurzarbeitergeld);
3. für eine gerechte Verteilung des Wohlstands zu sorgen (soziale Gerechtigkeit).

System der sozialen Sicherung

Das System der sozialen Sicherung beruht auf den drei Säulen Sozialversicherung, soziale Versorgung und soziale Fürsorge. In der gesetzlichen Sozialversicherung gelten in den einzelnen Versicherungszweigen unterschiedliche Prinzipien: Die Renten- und die Arbeitslosenversicherung orientieren sich vor allem am Äquivalenzprinzip. Danach hängt im Versicherungsfall die Höhe der Leistungen von der Versicherungsdauer und der Höhe der Versicherungsbeiträge ab. In der Kranken- und in der Pflegeversicherung spielt die einkommensabhängige Beitragshöhe für die Leistungen im Versicherungsfall keine Rolle. Diese Versicherungen sind in erster Linie als Solidargemeinschaft konzipiert. Die soziale Fürsorge greift vor allem dann, wenn in individuellen Notsituationen die anderen Teile des Systems der sozialen Sicherung versagen. In der sozialen Fürsorge gilt das Subsidiaritätsprinzip, d.h. Hilfe wird nur geleistet, wenn Selbsthilfe nicht möglich ist.

Subsidiaritätsprinzip

Die Bevölkerungsentwicklung (zunehmender Anteil alter Menschen), die hohe Arbeitslosigkeit, die Kosten des medizinischen Fortschritts, die enorme Staatsverschuldung und nicht zuletzt die Inanspruchnahme der Kassen der Sozialversicherung für versicherungsfremde Zwecke durch den Staat, z.B. zur Bewältigung einigungsbedingter Probleme, stellen den Sozialstaatsgedanken zunehmend auf die Probe. Der Gesetzgeber reagiert immer häufiger mit Leistungseinschränkungen auf die Finanznot. Zugleich wird in der Öffentlichkeit auf die Möglichkeiten privater Vorsorge verwiesen, die allerdings bei den Beziehern niedriger Einkommen – und das ist die große Masse der Bevölkerung – nur sehr gering sein dürften.

Grundprinzipien sozialer Sicherung

	Versicherungsprinzip	Versorgungsprinzip	Fürsorgeprinzip
Sicherungsvoraussetzung	Mitgliedschaft in Versicherung	speziell eingeräumter Rechtsanspruch	individuelle Notlage
Gliederung wichtiger Sicherungszweige nach dem überwiegenden Grundprinzip	Sozialversicherung – gesetzliche Rentenversicherung – gesetzliche Krankenversicherung – gesetzliche Unfallversicherung – Arbeitslosenversicherung (Arbeitslosengeld) – Pflegeversicherung	– Kriegsopferversorgung – soziale Entschädigung bei Impfschäden – Beamtenversorgung – Kindergeld (ohne Einkommensgrenzen)	– Sozialhilfe – Jugendhilfe – Resozialisierung – Wohngeld – Kindergeld (bei Einkommensgrenzen)

MATERIAL 57 Leben von der Sozialhilfe – Selbstversuch einer Journalistin

Ein alleinstehender Sozialhilfeempfänger erhält heute monatlich 514 DM (1985: 385 DM) als Hilfe zum Lebensunterhalt; daneben übernimmt das Sozialamt die Miete und gewährt zweckgebundene Hilfen, z. B. für Kleidung. Eigene Einkünfte werden angerechnet.

Mein ERSTER MONTAG beginnt mit Brötchen, Butter, Marmelade, Kaffee, Apfelstrudel – und einem schlechten Gewissen. Ein Frühstück im Wert von mindestens vier Mark: Das ist schon ungefähr ein Drittel der dreizehn Mark, die ich am Tag verbrauchen darf. Rechnet man vom Tagessatz allerdings noch die Aufwendungen für Kosmetikartikel, Kleidung, Haushaltswaren, Reparaturen und kleineren Anschaffungen ab, bleibt wenig übrig.

Am MITTWOCH wird es erstmals deutlich: Je mehr man aufs Essen achten muss, je mehr es im Mittelpunkt der Lebensplanung stehen muss, desto hungriger wird man. An den Warenkorb, der bis auf die hundert Gramm Zwiebeln und die Viertel-Rolle-Klopapier alles wöchentlich genau vorschreibt, halte ich mich von Anfang an nicht. Es werden sogar Tage kommen, an denen ich hemmungslos zwei Tafeln Schokolade in mich hineinstopfe und drei Gläser Wein im Gasthaus trinke statt den Tee daheim. Größer als der Sinnengenuss ist dabei ein eigenartiges Gefühl von Freiheit: es den „anderen" einmal richtig gezeigt zu haben, weil man gegen alle haushälterische Vernunft verstoßen hat. Ich stelle mir vor: Kindischer Trotz ist die einzige Form der Selbstbehauptung in diesem entmündigten Leben …

Gegen ENDE DER ERSTEN WOCHE beginnt langsam der systematische Abstieg: von Wein über Sprudel zum Wasser; vom Braten über Hackfleisch zu Nudeln mit Soße; vom Kaffee zum Tee; von der Butter zur Margarine; von Frisch- zu Dosenwaren; von der selbstgemachten Fleischbouillon zu Tütensuppe. Das Essen ist fast der einzige Posten, an dem man sparen kann. Reste werden gewärmt, kombiniert. Der Abfall reduziert sich auf ein Achtel der ursprünlichen Menge. Sozialhilfe-Empfänger gehen gezwungenermaßen umweltfreundlich und sparsam mit Energie um. Sechzehn Kilowatt Strom stehen mir monatlich zu … Der geplante Kinobesuch mit Freunden muss ausfallen, weil mir nur alle zwei Monate eine Kinokarte zusteht. Zwar besitzen überraschend viele Sozialhilfe-Empfänger ein Fernsehgerät. Aber die neue Armut ist zu jung, und in wenigen Jahren werden die Geräte defekt sein. Die Nabelschnur zur Außenwelt, zur Kommunikationsgesellschaft, wird immer dünner werden. Noch sitze ich nicht allein im Halbdunkel daheim. Mein Experiment dauert vier Wochen lang. Was aber wäre in vier Jahren? …

In der ZWEITEN WOCHE ziehe ich mich allmählich aus der Stadt zurück. Was zehrt: nicht die schmale Kost, sondern das absolute Gefühl von Verlorenheit in der Einkaufswelt … Anfangs umschleiche ich noch in einem Kaufhaus den Stand mit französischen Spezialitäten, bis ich die schnell gezückten Zwanzigmarkscheine, die gesammelte Käufer-Potenz der anderen, nicht mehr aushalte. Ich möchte so tun, als ob ich Geld hätte, … allein die Vorstellung arm zu sein, bewirkt, dass ich Wohlhabenheit vortäuschen will … Man schämt sich. Die Würde des Menschen ist sehr antastbar.

Als für den ZWEITEN SAMSTAG ABEND eine Einladung zum Rehessen kommt, fühle ich mich bereits ein wenig in jener gefährlichen Ruhe gestört, die im gesellschaftlichen Abseits herrscht. Alles wird zum Problem: das Gastgeschenk, die Gegeneinladung …

In der DRITTEN WOCHE ist absehbar, dass mir das Geld für Spüli, die Mantelreinigung und einiges andere fehlen wird. Verhütungsmittel sind beim Sozialamt zu beziehen. Sicher kein angenehmer Weg, ich verzichte darauf, ich spiel' nicht mehr mit, ich stelle mir nur vor: Einer Sozialhilfe-Empfängerin kann trotz zusätzlicher Hilfen nichts Schlimmeres zustoßen als ein Kind. Armut und geringere Bildungschancen würden sich in die nächste Generation verschleppen wie eine Erbkrankheit.

Nicht auszudenken aber auch, wenn jetzt größere Anschaffungen anständen. Ein Kühlschrank, ein neuer Pullover, der Schuster. Mit 110 Mark Weihnachtshilfe und 480 Mark Bekleidungspauschale im Jahr kommt man nicht weit …

Meine LETZTE WOCHE ist überstrahlt von der ungeheuren Erleichterung, dass bald alles vorbei sein wird …

(aus: Christine Richard, Die Würde des Menschen ist antastbar, in: Badische Zeitung vom 31. 12. 1985)

1. Welche Veränderungen stellt die Journalistin Christine Richard im Verlauf ihres vierwöchigen Selbstversuchs an sich selbst fest?
   Versuchen Sie, die einzelnen Beobachtungen unter bestimmten Gesichtspunkten zu ordnen.
2. Erörtern Sie, welcher politische Zündstoff im Entstehen einer „Neuen Armut" stecken könnte.

11. Wirtschaft und Umwelt – ein Gegensatz?

Umweltschutz

„Der Himmel über der Ruhr muss wieder blau werden." Diese Wahlkampfforderung von SPD-Kanzlerkandidat Willy Brandt löste 1961 allgemeine Erheiterung aus. Denn zu dieser Zeit spielte der „Umweltschutz"noch keine wesentliche Rolle in Politik und Gesellschaft der Bundesrepublik Deutschland, und in der damaligen DDR wurde das Thema offiziell nicht einmal ansatzweise wahrgenommen. Heute halten 90 Prozent der Bürger den Schutz der Umwelt für ein vorrangiges Anliegen. Oft schon im Kindergarten, spätestens aber in der Grundschule erfahren die Kinder von der Verantwortung des Menschen für die Bewahrung der Schöpfung; Umweltthemen finden sich in den Lehrplänen aller Altersstufen bis hin zum Abitur. In allen größeren Gemeinden gibt es hauptamtliche Umweltschutzbeauftragte; Bund und Länder haben Umweltministerien eingerichtet. Seit 1994 ist der Umweltschutz als Staatsziel im Grundgesetz verankert. Die Parteien streben die Weiterentwicklung der Wirtschaftsordnung zur „ökologischen und sozialen Marktwirtschaft" an. Jede sechste von der Wirtschaft gestartete Werbekampagne greift Umweltfragen auf. Diese Beispiele belegen die erstaunliche Tatsache, dass sich innerhalb einer Generation in unserem Land ein Bewusstsein für die Gefährdung unserer natürlichen Lebensgrundlagen entwickelt und geschärft hat.

Gefährdung der natürlichen Lebensgrundlagen

Dieser Prozess der Bewusstseinsbildung ist wesentlich durch den im Jahre 1972 veröffentlichten Bericht des Club of Rome über die „Grenzen des Wachstums" angestoßen worden; andere Ereignisse – wie z.B. die Ölkrisen in den 70er Jahren und der Unfall im Atomreaktor von Tschernobyl 1986 – haben ihn weiter vorangetrieben. Die im Club of Rome zusammengeschlossenen Wissenschaftler hatten ihren Berechnungen die – allerdings unzutreffende – Annahme eines exponentiellen Wachstums der Wirtschaft zugrunde gelegt, eines Wachstums mit konstanter Rate, das in immer kürzeren Zeitabständen zu einer Verdoppelung der Produktion und damit des Verbrauchs an natürlichen Rohstoffen führt. Die Erschöpfung der Rohstoffvorräte der Erde schien absehbar; bei vielen Menschen wuchs die Angst, dass die Vision eines geplünderten Planeten „Erde" bald schreckliche Wirklichkeit werden könnte.

Fortschritte im Umweltschutz

Vielleicht hat es solcher Schreckensbilder bedurft, um Nachdenklichkeit zu erzeugen. Seither hat sich manches zum Besseren gewendet; im Umweltschutz wurden Fortschritte erreicht, die lange Zeit nicht für möglich gehalten worden waren. Kein Computermodell, das die Grenzen des Wachstums simulierte, hatte die Lernfähigkeit des Menschen eingeplant. Auch wurden die Möglichkeiten des technischen Fortschritts auf dem Gebiet der Umwelt kaum richtig eingeschätzt, wenn nicht gar völlig ignoriert. Mit Hilfe der neuen Umwelttechnologien ist es inzwischen z.B. gelungen, das Wirtschaftswachstum von der Entwicklung der Schadstoffemissionen abzukoppeln: Die industrielle Produktion wuchs in den letzten Jahren schneller als der Schadstoffausstoß.

In Deutschland wächst der Markt für Umwelttechnologien jährlich um sechs bis acht Prozent; er wächst damit mehr als dreimal so schnell wie die gesamte Wirtschaft. Allerdings bestimmen zur Zeit noch die „nachsorgenden" Technologien, z. B. Filtertechniken, das Angebot. Sinnvoller wären Technologien und Produktionsabläufe, die den Umweltschutz von vornherein einplanen und die Rohstoffe schonen.

MATERIAL 58 FCKW und Ozonloch 1992/93

In der mittleren Schicht der Erdatmosphäre, der Stratosphäre, befindet sich in einer Höhe von 30–35 km über der Erdoberfläche die Ozonschicht; sie wirkt wie ein Filter vor der ultravioletten Sonnenstrahlung. Durch ihre Ausdünnung, die zuerst über dem Südpolargebiet beobachtet wurde („Ozonloch"), kommt es zu einem Anstieg der bodennahen UV-Strahlung, die wiederum zu einem vermehrten Auftreten bestimmter Krankheiten, unter anderem Hautkrebs, führen kann.

Für das Ausdünnen der Ozonschicht wird die Emission industriell hergestellter Gase, insbesondere Fluorkohlenwasserstoffs (FCKW) verantwortlich gemacht. FCKW hat eine breite Anwendungspalette; es dient als Lösungs-, als Kälte-, als Verschäumungs- und als Treibmittel und wurde wegen günstiger physikalischer und chemischer Eigenschaften (Nicht-Brennbarkeit, geringe Giftigkeit) in hohem Maße eingesetzt. Zur Reduzierung der FCKW-Emissionen sind mehrere internationale Umweltschutzabkommen geschlossen worden mit dem Ziel einer stufenweisen Reduzierung der FCKW-Produktion bis hin zum völligen Ausstieg.

Am 15.7.1992 gaben die westdeutschen Hersteller von Kühlgeräten gegenüber dem Bundesumweltminister eine „freiwillige Selbstverpflichtung" zum FCKW-Ausstieg ab. Künftig soll das ozonunschädliche FKW R 134a als Kühlmittel und H-FCKW im Isolierschaum verwendet werden. Das Ozonabbaupotential dieses „FCKW-light" wird mit zwei bis elf Prozent gegenüber dem bisher gebräuchlichen FCKW angegeben; es wird deshalb unter Umweltgesichtspunkten für eine Übergangszeit als akzeptabler Ersatzstoff angesehen.

(Autorentext)

MATERIAL 59 Aus einer Greenpeace-Information

FKW R 134a ... enthält zwar selbst kein Chlor mehr, schädigt also nicht die Ozonschicht. Doch dafür heizt es kräftig die Erdatmosphäre auf: Es hat das 3 200-fache Treibhauspotential des bisher aktivsten Klimagases CO_2.

Was derart der Umwelt schadet, nützt jedoch der chemischen Industrie: R 134a wird zum zehnfachen Preis von FCKW verkauft. Die Firma Hoechst, die sich soeben unter dem Druck von Greenpeace als erster Chemie-Multi aus der FCKW-Produktion verabschiedete, erhofft sich für ihr 134a-Produkt „Reclyn" gewaltige Märkte.

(aus: Der Kühlschrank-Krimi, Faltblatt F 4001, hrsg. von Greenpeace)

MATERIAL 60 Demonstration 1992

1. Erklären Sie anhand von Material 58 was mit dem Begriff „Ozonloch" gemeint ist.
2. Worin liegt die Gefahr von FKW R 134a?

MATERIAL 61 Fall 1: Marktwirtschaft und Umwelt – Der Öko-Kühlschrank

Der plötzliche Exitus der DDR und ihres durch und durch verrotteten Wirtschaftssystems hat die Sachsen genauso schwer getroffen wie andere. Mit Textilien und Maschinen haben sie früher gutes Geld verdient, mit Klavieren und Fahrrädern, mit Uhren und kostbarem Porzellan. Viel ist nicht geblieben.

Ob es nun gerade ein Kühlschrank sein muss, mit dem die Sachsen ihren Behauptungswillen unter Beweis stellen, mag bestritten werden. Aber warum nicht: Die schlichte Kiste aus Niederschmiedeberg hat so viel Aufsehen erregt, dass ihr exemplarischer Wert weit höher liegt als ihr Preis. Der „Clean Cooler" hat die Tücken der Marktwirtschaft deutlich gemacht. ...

Kühlschrankfertigung bei FORON: Einsatz des Kältemittels Isobutan

In Zusammenarbeit mit Greenpeace hat die FORON GmbH in Niederschmiedeberg ein Kühlgerät entwickelt, das auf den Ozonkiller Fluorkohlenwasserstoff (FCKW) verzichtet[1]. Als Kühlmittel wird ein Gemisch aus Propan und Isobutan verwendet. Der Öko-Cooler verbraucht nur ein Viertel der bislang üblichen Menge an Strom und kann – im Gegensatz zu herkömmlichen Modellen – bei Verschrottung vollständig einer neuen Verwendung zugeführt werden.

Das Gerät hat nur einen Fehler: Es ist eben in einer kleineren Firma im Erzgebirge entwickelt worden und nicht bei *Bosch* oder *Siemens*.

Heute wissen die Sachsen, dass ein pfiffiges Produkt allein das Überleben noch nicht sichert.

Erst wollte die Treuhandanstalt die Firma FORON, die schon zu DDR-Zeiten unter anderem Haushaltsgeräte produziert hatte, in die Liquidation schicken. Dann machten sich, als die Sachsen trotzig ihren Kühlschrank bauen wollten, die großen westlichen Hersteller über den kleinen Konkurrenten her.

Trick eins stammte aus der Abteilung Desinformation: Das neuartige Kühlgerät sei viel zu gefährlich, so verbreiteten Firmen wie *Bauknecht*, *Liebherr* und *Siemens*. Händler und Kunden mussten den Eindruck bekommen, sie hätten es mit einer Bombe zu tun.

Lächerlich, sagt FORON's Kühlschrank-Entwickler Albrecht Meyer: Mit dem angeblich so brisanten Gasgemisch, das in jedem Gerät steckt, würden allenfalls zwei Feuerzeuge gefüllt.

Das hatten dann wohl auch die Konkurrenten gemerkt. Sie gingen zur Phase zwei über und eigneten sich die Idee des unerwünschten Neulings an.

Beim Branchenführer Liebherr wurde noch an dem Text gefeilt, der auf die „bestehenden Gefahrenquellen" des Öko-Kühlschranks hinweist, da arbeiteten die Techniker des Unternehmens schon an einem eigenen Modell. Das kühlt nun auch nicht mehr mit FCKW, sondern mit einem ähnlichen Gasgemisch, wie es die Sachsen verwenden.

Im März kam der „Clean Cooler" auf den Markt. Zwei Monate später standen gleichartige Liebherr-Modelle bei den Händlern. Die Lektion ist bitter: FORON hat bislang gut 100 000 Stück verkauft, *Liebherr* über eine halbe Million.

Aber so, wie der Sachse ist, will er sich damit nicht abfinden. Ein neues Design soll dem Produkt zum verdienten Durchbruch verhelfen: Der nächste FORON-Kühlschrank wird rund.

[1] Zur Isolierung setzte FORON seit jeher expandiertes Poystrol (Styropor) ein, weil in der DDR FCKW knapp war.

(aus: Der Spiegel Nr. 52/1993, S. 101 f.)

MATERIAL 62 **Urkunde**

URKUNDE

DEUTSCHER UMWELTPREIS 1993

Der Deutsche Umweltpreis zeichnet Einsatz und Leistung aus, die entscheidend und in vorbildhafter Weise zum Schutz und zur Erhaltung unserer Umwelt beigetragen haben oder in Zukunft zu einer deutlichen Umweltentlastung beitragen werden.

Das Kuratorium der Deutschen Bundesstiftung Umwelt hat am 17. Mai 1993 auf Vorschlag einer unabhängigen Jury beschlossen, den

DEUTSCHEN UMWELTPREIS 1993

zur Hälfte mit einer Dotierung von DM 500.000 an die Firma

FORON HAUSGERÄTE GMBH

zu vergeben.

Die Deutsche Bundesstiftung Umwelt zeichnet die FORON Hausgeräte GmbH für die Entwicklung des weltweit ersten FCKW- und FKW-freien Kühlschranks aus. Das Unternehmen hat bewiesen, dass Umweltverträglichkeit, technische Innovation und ökonomische Umsetzung sich konsequent und erfolgreich verbinden lassen.

Der Deutsche Umweltpreis 1993 ist heute durch den Bundesminister der Finanzen, Herrn Dr. Theo Waigel, überreicht worden.

Berlin, den 21. Juni 1993

Dr. Hans Tietmeyer
Vorsitzender des Kuratoriums
Deutsche Bundesstiftung

Fritz Brickwedde
Generalsekretär
Deutsche Bundesstiftung Umwelt

DEUTSCHE BUNDESSTIFTUNG UMWELT

1. „Das Unternehmen hat bewiesen, dass Umweltverträglichkeit, technische Innovation und ökonomische Umsetzbarkeit sich konsequent und erfolgreich verbinden lassen." Überprüfen Sie diesen Satz aus der Urkunde über den Deutschen Umweltpreis 1993 mit Hilfe von Material 61.
2. Diskutieren Sie, was die Verleihung des Deutschen Umweltpreises für das Unternehmen bedeutet hat.

MATERIAL 63 FORON kämpft ums Überleben

FORON lässt sich so leicht nicht kaltstellen

Von Jörg Walitzek

Niederschmiedeberg. Ein Kühlschrank, der fortwährend von „eiskalt" auf „lauwarm" umspringen muss, hat keine hohe Lebenserwartung. Auch einem Unternehmen, das seit einem Jahr entweder Europas innovativster Hersteller „weißer Ware" ist oder das klassische Pleiteunternehmen, bekommt der ständige Wechsel nicht. So ergeht es FORON. Seit einem Jahr geben sich im sächsischen Niederschmiedeberg die „potentiellen Käufer" die Klinke in die Hand. Fast schon unterschrieben waren die Verkaufsdokumente, da sprangen die jedesmal mit vollmundigen Sprüchen daherkommenden und gerade deshalb auch heissbegehrten Investoren ohne Nennung von Gründen wieder ab. ...

Die FORON-Hausgeräte GmbH will die Produktion weiterführen, bis ... einer der Investoren sein Geld in das zu modernisierende Unternehmen steckt. ... Vor allem sind einschneidende Maßnahmen zur Kostensenkung im Produktionsbereich vorgesehen. Über eine Sortimentsbereinigung sollen alte und in der Regel teurer zu fertigende Modelle im Kühlbereich ausgesondert werden. Aber auch „Preisanpassungen nach oben" seien geplant, um die Schere zwischen entstehenden Kosten und erhofften, aber nicht erzielten Gewinnen zu schließen. Ob dieses Konzept schlüssig ist, wird sich sehr bald zeigen, denn schon heute bewegen sich die Neuheiten aus Niederschmiedeberg keineswegs im unteren Teil des Preisfeldes. Ein Interimskonzept sehe außerdem vor, so der Zwangsverwalter Rechtsanwalt Tack, dass allen Beschäftigten zum 30. Juni gekündigt werde. „428 Mitarbeiter erhalten aber neue befristete Arbeitsverträge", ... für die übrigen gebe es einen Sozialplan.

(aus: Leipziger Volkszeitung vom 8.5.1996, S. 7)

MATERIAL 64 Hintergrundinformationen

FORON befindet sich seit Anfang Mai 1996 in Gesamtvollstreckung (Konkurs), die Zahl der Mitarbeiter betrug zu diesem Zeitpunkt 620 (im April 1990, also kurz vor der Wirtschafts- und Währungsunion mit der Bundesrepublik, waren es noch 5 450). Die Marktanteile von FORON-Produkten lagen zum Zeitpunkt des Konkurses in ganz Deutschland unter einem Prozent und in Ostdeutschland bei 15 Prozent. Ein FORON-Sprecher: Wegen der verspäteten Auszahlung zugesagter Kredite habe die FORON-Idee, mit individuell gestalteten Kühlschränken auf den Markt zu kommen, erst mit einjähriger Verspätung verwirklicht werden können; mittlerweile habe die Konkurrenz auch auf diesem Gebiet „die Nase vorn". Nach Einschätzung des sächsischen Wirtschaftsministeriums kann FORON nicht allein auf dem europäischen Markt bestehen, das Unternehmen habe allenfalls in „gewissen Nischen" für Qualitätsprodukte eine Chance. Die Gesamtvollstreckung könne die Suche nach einem neuen Investor erleichtern, da keine alten Verbindlichkeiten übernommen werden müssten. Die Landesregierung will den rund 280 Zulieferern – allein bei sieben Firmen sind Rechnungen über 1,5 Millionen DM offen – helfen.

(zusammengestellt nach Pressemitteilungen von FORON, Süddeutsche Zeitung vom 24./25.2.1996, Leipziger Volkszeitung vom 20.3.1996 und 8.5.1996). Seit dem 1.8.1996 führt die ATAG Kitchen Group (Niederlande) den Bereich Kühlen und Gefrieren als FORON Haus- und Küchentechnik GmbH weiter.

1. Diskutieren Sie, was es für das Unternehmen und seine Mitarbeiter bedeutet, wenn „heißbegehrte Investoren ohne Nennung von Gründen wieder absagen" (Mat. 63).
2. Erörtern Sie, inwiefern die Geschichte um den Öko-Cooler „Tücken der Marktwirtschaft" deutlich gemacht hat (S. 75–78).

MATERIAL 65 Fall 2: Marktwirtschaft und Umwelt – SERO – abgewickelt und vergessen?

„SERO" – das stand zu Zeiten der DDR für „VEB Sekundär-Rohstofferfassung" und war für viele „das perfekteste Recycling-System, das es je gab", und das „unbestritten beste Wertstoff-Erfassungssystem der Welt". Nach der Wende übernahm die Treuhandanstalt den großen Staatsbetrieb und entschloss sich, das Unternehmen zu privatisieren. Faktisch bedeutete das das „Aus" für SERO, auch wenn privatisierte Teile heute noch den Namen des Traditionsbetriebes fortführen.

Die Privatisierung stieß damals auf Unverständnis: Immerhin rangierte das SERO-System laut einer Spiegel-Umfrage, was erhaltenswerte Einrichtungen der DDR seien, auf Platz zwei – direkt nach dem Erhalt der Kindertagesstätten. Die Entscheidung war umstritten, denn nach der Wende hatten die fünf neuen Bundesländer mit einer nie dagewesenen Müll- und Verpackungsflut zu kämpfen. Das Müllaufkommen der Bürger in Ost-Deutschland schoss fast auf das Dreifache und erreichte West-Durchschnitte. Durch das wegfallende SERO-System entstand ein Entsorgungsproblem, welches die Müll-Katastrophe nur verschlimmerte. Angekündigt wurde der Bau von Müllverbrennungsanlagen durch West-Firmen.

Das SERO-System war kein Produkt ökologischen Denkens in der DDR. Vielmehr erkannte die SED-Regierung schon Anfang der 50er Jahre, dass der rohstoffarmen DDR durch die Wiederverwertung von Müll ein erheblicher wirtschaftlicher Nutzen entstehen konnte. ... Organisiert war das Kombinat Sekundärrohstofferfassung planwirtschaftlich-hierarchisch. Die Leitung in Berlin koordinierten 15 SERO-Bezirksbetriebe, die wiederum die kleineren Betriebsstellen in den Kommunen betreuten. ... Auf 1 000 Einwohner kam eine SERO-Annahmestelle. ...

Der große Sammelanreiz für die Bevölkerung erklärt sich nicht zuletzt durch die relativ hohe Vergütung, die für die einzelnen Wertstoffe gezahlt wurde. ... Auch die großangelegten Mobilisierungskampagnen trugen zum Erfolg des Müllsammelns bei. Sammler waren zum überwiegenden Teil Kinder oder RentnerInnen, die ihr Taschengeld mit dem Sammeln von Müll aufbessern konnten. Jugendorganisationen wie die FDJ oder Hausgemeinschaften hatten zudem ein Plansoll an Gesammeltem zu erfüllen. ... Die große Normierung der Verpackungen (es gab im Vergleich zur BRD nur wenige unterschiedliche Verpackungsarten) hat das Sammeln und das Wiederverwerten einfach gemacht. ... Durch die Abnahmepflicht der Industrie waren Preisschwankungen auf dem Wertstoffmarkt für die SERO-Kombinatsleitung uninteressant und ungefährlich. Im Vorhinein festgelegte Liefermengen sorgten dabei immer wieder für Schwierigkeiten. ...

Insgesamt konnte die DDR 14% ihres Rohstoffbedarfs durch die Aufbereitung von Müll decken. ... Dabei fiel SERO allerdings eine vergleichsweise kleine Rolle zu, da die größte Menge der wiederverwertbaren Abfälle aus der Industrie kamen. ... Gleichzeitig trug SERO so aber auch zur Entlastung der Mülldeponien bei ... Statistisch sammelte jede/r BürgerIn 70 kg Sekundärrohstoffe und 55 kg Küchenreste und produzierte so nur 175 kg Müll pro Jahr und Kopf[1] (Westen 500 kg). Während in der DDR ca. 40% des Hausmülls einer Wiederverwertung zugeführt werden konnte, waren es in der BRD nur 6%. ...

Nicht unbedeutend war zudem der psychologische Effekt des SERO-Sammelns. Durch die aufgezwungene Erziehungsarbeit in Sachen Müll gewöhnten sich die Menschen eine weniger verschwenderische, dafür aber weitaus bewusstere Umgehensweise mit ihren Abfällen an, als es in der alten Bundesrepublik üblich war.

Direkt nach der Wende 1989 rutschte das SERO-System in die Krise. Die Situation war nun eine gänzlich andere. ... Der Absatz der Rohstoffe stagnierte schnell. Einerseits war der Zugang zum westlichen Rohstoffweltmarkt nun →

1 Diese Zahl berücksichtigt nicht die vielen illegalen Mülldeponien, die in der DDR entstanden sind.

nicht mehr durch politisches Blockdenken und Selbstversorgungsanspruch versperrt, andererseits konnten private westliche Firmen Altrohstoffe zu billigeren Preisen anbieten, da sie mit dem „Iglu"-Prinzip (Sammeltonnen) kostenlos gesammelten Müll hatten.

Viele der alten Abnehmer rutschten zudem selbst in wirtschaftliche Krisen und mussten ihren Betrieb einstellen. Auch wurde die DDR nun mit Massen der unnormierten West-Verpackungen überschwemmt, worauf sich der SERO-Betrieb nur schwer einstellen konnte. ...

Schon bevor die Treuhandanstalt den großen Betrieb in ihre „Obhut" nahm, wurde bereits das „Wie" einer neuen Organisation von SERO diskutiert. Zwei große Hauptkonzepte standen zur Disposition: Privatisieren oder Kommunalisieren. Die Gemeinden argumentierten ..., dass eine Überführung der SERO-Betriebe in kommunale Hand nur folgerichtig sei. Immerhin sei nach neuem Recht den Kommunen die Pflicht zur Abfallentsorgung auferlegt worden. Außerdem sei die Sicherung von Arbeitsplätzen bei einer Privatisierung nicht unbedingt gegeben. ... Die privaten Müllentsorgungsunternehmen des Westens ... wollten sich ... das Geschäft mit dem ostdeutschen Müll nicht entgehen lassen. Im Westen wurde soeben ... das „Duale System" und der „Grüne Punkt" eingeführt ... : Verpackungen mit grünem Punkt werden durch private Entsorger recycelt, finanziert durch Aufpreis bei den Produkten[2]. Diesen Entsorgungsmarkt wollte man sich im Osten ebenfalls erschließen. ...

Das SERO-Kombinat hätte auch unter marktwirtschaftlichen Bedingungen in ähnlicher Form weiterexistieren können –, allerdings nicht ohne eine grundlegende Modernisierung des Betriebes. Um eine Alternative zum westdeutschen Müllsystem darstellen zu können, hätten wohl vor allem zwei der alten Errungenschaften erhalten werden müssen:

- die bürgerfreundlichen und persönlichen Sammelstellen mit kleiner Obulus-Zahlung, die einerseits das Bewusstsein der Bevölkerung erhöhen helfen und andererseits für eine gute Qualität der Wertstoffe sorgen, da sie sofort sortiert werden können;
- zweitens die große Normierung nur weniger verschiedener wiederverwertbarer Verpackungen, die die Errichtung eines Pfandsystems erleichtert und so direkten ökologischen Nutzen verspräche.

Die westdeutschen Müllmultis haben nach der Wende schnell reagiert und mit ihrem Bundesverband der Deutschen Entsorgungswirtschaft eine effiziente Aufteilung des „Kuchens DDR" in Sachen Müllbeseitigung organisieren können. Ihre Lobby minimalisierte die Aussichten auf ein neues ökologisches Projekt in den neuen Bundesländern.

Ergänzender Hinweis der Autoren: Die PDS-Fraktion im Landtag von Sachsen-Anhalt beantragte 1996 die Wiedereinführung des Entsorgungssystems SERO. Eine Tageszeitung startete daraufhin eine Telefon-Umfrage, um die Resonanz in der Bevölkerung auszuloten. Ergebnis: einhellige Zustimmung der befragten Leser.

2 Kosten des Dualen Systems: jährlich vier Millionen DM

(aus: Christoph Dowe: SERO – abgewickelt und vergessen?, in: Wolfgang Dümcke/Fritz Vilmar; Hrsg.: Kolonialisierung der DDR. Kritische Analysen und Alternativen des Einigungsprozesses, agenda-Verlag Münster, 1995, S. 195–207).

1. Stellen Sie Aufbau, Funktionsweise und Erfolge des SERO-Systems zu DDR-Zeiten dar.
2. Zeigen Sie, inwiefern die Wende von 1989/90 SERO in eine Krise führte.
3. Setzen Sie sich mit der in Material 65 vertretenen Auffassung auseinander, SERO hätte auch unter marktwirtschaftlichen Bedingungen existieren können.
4. Informieren Sie sich bei der zuständigen Behörde Ihrer Gemeinde/Ihres Landkreises über aktuelle Probleme der Müllentsorgung in Ihrer Region. Nutzen Sie auch den aktuellen Umweltbericht des sächsischen Umweltministeriums. Nehmen Sie Kontakte zu den politischen Parteien auf und erkunden Sie deren Auffassung zu den anstehenden Problemen der Müllentsorgung und deren Einschätzung von SERO.

Das Recht und die Rechtsordnung in der Bundesrepublik Deutschland

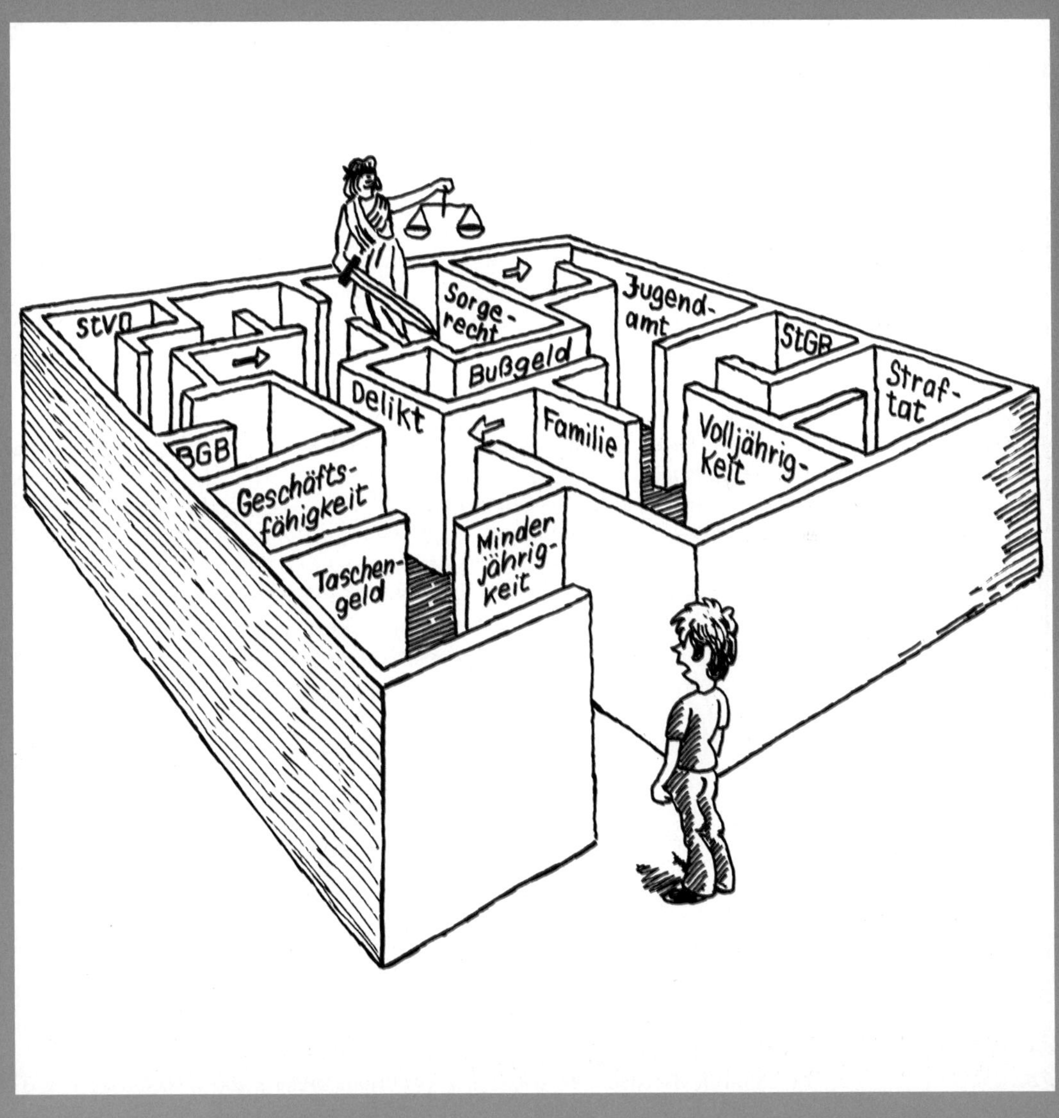

1. Die besondere Rechtsstellung des Jugendlichen

1.1 Das Recht – ein Irrgarten?

Soziale Erwartungen Sanktionen

Gesellschaft ist ein Geflecht von sozialen Regeln, von Geboten und Verboten, die eingehalten werden müssen, um ein friedliches und möglichst reibungsloses Zusammenleben zu gewährleisten. Jedem gegenüber besteht eine Vielzahl von sozialen Erwartungen, deren Einhaltung durch Sanktionen, d.h. durch gesellschaftliche Maßnahmen erzwungen werden kann. Nicht unbedingt verpflichtende, aber für die Mitmenschen erfreuliche Verhaltensweisen – man spricht hier von Kann-Erwartungen – werden durch Zeichen der Sympathie belohnt, nicht aber durch negative Sanktionen erzwungen. Soll-Erwartungen wie Höflichkeit und Pünktlichkeit werden durch mehr Nachdruck begleitet, ihre Nichtbeachtung hat negative Sanktionen wie Missbilligung oder Tadel zur Folge. Bei Verhaltensweisen, deren Einhaltung für die Gesellschaft unentbehrlich ist, spricht man von Muss-Erwartungen. Ihre Einhaltung wird durch die Gesellschaft erzwungen. Die Gesamtheit dieser verbindlichen Regeln und der im Falle der Nichteinhaltung drohenden Sanktionen bezeichnen wir als Recht. Das Recht ist also eine verbindliche soziale Ordnung, deren Einhaltung – anders als die Sitten und Bräuche – durch die staatliche Gewalt, durch Gerichte und Vollzugsbeamte, erzwungen werden kann.

Recht

Das Recht umfasst alle Bereiche unserer Gesellschaft, die Familie ebenso wie die Wirtschaft, den Straßenverkehr ebenso wie die staatliche Ordnung. Denn in allen Bereichen kann es zu Konflikten kommen; überall bedarf es klarer Regeln und Vorschriften; überall muss der Einzelne wissen, mit was er zu rechnen hat, wenn er sich nicht an die Rechtsvorschriften hält. Die Berechenbarkeit des Rechts ist wichtiges Merkmal eines Rechtsstaats. Und so sind die Regeln fast alle schriftlich fixiert und in Hunderten von Gesetzen und Rechtsverordnungen zusammengefasst, die ihrerseits wieder aus vielen Paragraphen oder Einzelbestimmungen bestehen. Wie kann aber ein Schüler Einblick gewinnen in ein Gesetzeslabyrinth, welches Juristen erst nach einem langjährigen Studium durchblicken?

Rechtsstaat Gesetze

Als Einblick genügt es zu wissen, dass es sich im wesentlichen um zwei Rechtsbereiche handelt. Als Privatrecht bezeichnet man all die gesetzlichen Bestimmungen, in denen die Beziehungen zwischen Privatpersonen geregelt sind, also das Familienrecht oder all die vielen Rechtsgeschäfte des täglichen Lebens wie Kauf oder Miete. Dabei treten nicht nur natürliche Personen in Erscheinung, sondern auch juristische Personen wie Firmen oder Kaufhäuser, die in der Regel nicht einem Einzelnen gehören, sondern einer Vielzahl von Eigentümern. Personen können ihre Beziehungen frei gestalten, doch gelten im Streitfall, z.B. beim Kauf, die Rechtsvorschriften. Als Öffentliches Recht hingegen gelten die gesetzlichen Bestimmungen, welche die Beziehungen zwi-

Privatrecht

Öffentliches Recht

schen den Einzelnen und der Gesellschaft regeln, welche ihrerseits durch staatliche Behörden – z.B. Gemeindeverwaltung oder Polizei – vertreten wird. Hier gilt das Prinzip der Unterordnung des Einzelnen unter die Gesamtheit. Doch hat jeder laut Art. 19,4 GG das Recht, gerichtlich gegen die öffentliche Gewalt vorzugehen, wenn er in seinen Rechten verletzt wird – auch dies ein Merkmal des Rechtsstaats.

MATERIAL 1 Schulweg mit Hindernissen

Als Petra (16) sich in ihrem Klassenzimmer auf den Stuhl fallen ließ, krachte der unter ihr zusammen. Der Zoff mit ihrer Mathelehrerin, die sie wegen Zerstörung städtischen Eigentums tadelte, brachte sie vollends auf Touren. Denn der Tag hatte schon stressig angefangen.
Zunächst einmal hatte sie Ärger mit ihren Eltern, weil sie ihr gesamtes Geld in ein Mofa gesteckt hatte, ohne sie zu fragen. Aber wozu hatte sie eigentlich den Führerschein gemacht? Doch die Eltern machten ihr klar, dass das Fahrzeug weder polizeilich gemeldet noch versichert sei. Also musste sie wie sonst mit dem Bus fahren. Eine Monatskarte hatte sie nicht, denn sie hatte das Mofa am 31. März gekauft – gerade rechtzeitig, um die Monatskarte für April zu sparen.
Die Fahrt im überfüllten Bus verlief wie gewohnt, doch ausgerechnet heute wurde sie kontrolliert. Der Kontrolleur wollte die fälligen 120 DM Buße kassieren, doch sie hatte nur 12 DM dabei. Also dauerte es, bis er ihre Personalien aufgeschrieben hatte, denn den Ausweis hatte sie Gott sei Dank dabei.
So kam sie auch noch zu spät zur Schule. Gleich am Eingang erwischte sie ihre Schulleiterin, Frau Dr. Adler, und drohte ihr eine Verwarnung an. Der Ärger in der Mathestunde gab ihr dann den Rest, und in der dritten Stunde drohte noch die Lateinarbeit. Wegen all des Ärgers hatte sie keine Zeit gehabt, sich nochmals die aufgegebenen Vokabeln anzuschauen.

Der 16jährige Peter kaufte von einem 17 Jahre alten Mitschüler ein gebrauchtes Moped für 350 DM. Einen Teil des Kaufpreises hatte er als Geburtstagsgeschenk von seinem Opa erhalten, im übrigen überzog er das Girokonto, auf das ihm seine Eltern monatlich 100 DM als Taschengeld überwiesen. Die Eltern lehnten den Fahrzeugkauf ab, denn Peter habe nicht nur keinen Führerschein, er müsse auch über den Kaufpreis hinaus die zusätzliche Belastung durch Kfz-Steuer und Versicherungsprämie in Rechnung stellen. Auch sei das Fahrzeug alles andere als verkehrssicher – ein schlechter Kauf, der seiner Unerfahrenheit zuzuschreiben sei.
Am nächsten Morgen hatte der Bus, mit dem Peter zur Schule fuhr, wegen Schneefalls Verspätung. Er hatte Angst, die Mathe-Arbeit zu versäumen, denn sein Lehrer, Herr Scharf, würde ihn sicher gnadenlos mündlich prüfen, und gefährdet war er ohnehin. Also nahm er das weder angemeldete noch versicherte Moped aus dem Keller und fuhr los. Als ihn ein Pkw überholte, wurde er auf der glatten Straße unsicher und geriet zu weit in die Straßenmitte. Der Pkw-Fahrer riss sein Fahrzeug nach links, um einen Zusammenstoß zu vermeiden. Der Pkw geriet ins Schleudern, kam von der Straße ab und fuhr die Böschung hinunter. Der Fahrer blieb unverletzt, doch der Pkw erlitt Totalschaden.
Peter bemerkte zwar den Unfall, doch fühlte er sich unschuldig und fuhr weiter. Denn er hatte es eilig, zur Schule zu kommen.

1. Sammeln Sie und diskutieren Sie Ihre bisherigen Erfahrungen mit dem Recht.
2. Stellen Sie in Gruppenarbeit die verschiedenen Rechtsprobleme zusammen, mit denen Petra und Peter in Berührung kamen oder kommen können (Material 1).
3. In welchen Fällen handelt es sich dabei um Rechtsstreitigkeiten mit anderen Privatpersonen, in welchen Fällen geht es um Probleme mit Behörden und anderen Vertretern der staatlichen Gewalt?

MATERIAL 2 Rechtsbereiche

Vertrag, Schadensersatz, Besitz und Eigentum, Ehe, Familie, Erbrecht	Handels- und Gesellschaftsrecht, Wettbewerb, Konkurs, Vergleich	Arbeitsvertrag, Mutterschutz, Arbeits- und Kündigungsschutz	Beamten- und Polizeirecht, Bau- und Naturschutz, Kernenergie, Sozialhilfe	Steuern für Lohn, Einkommen, Grund, Grunderwerb, Gewerbe	Erwachsenen-, Jugend- und Verkehrsstrafrecht, Wirtschaftsvergehen	Verfassungsrecht Staatsverträge
Bürgerliches Recht	Handels- und Wirtschaftsrecht	Arbeitsrecht	Verwaltungsrecht	Steuerrecht	Strafrecht	Staatsrecht
Amts- und Landgerichte Zivilabteilung		Arbeitsgerichte	Verwaltungsgerichte	Finanzgerichte	Amts- und Landgerichte Strafabteilung	Bundes- und Landesverfassungsgerichte
Privatrecht			**Öffentliches Recht**			

MATERIAL 3 Die Rechtsstellung der Jugendlichen von der Geburt bis zum 16. Lebensjahr

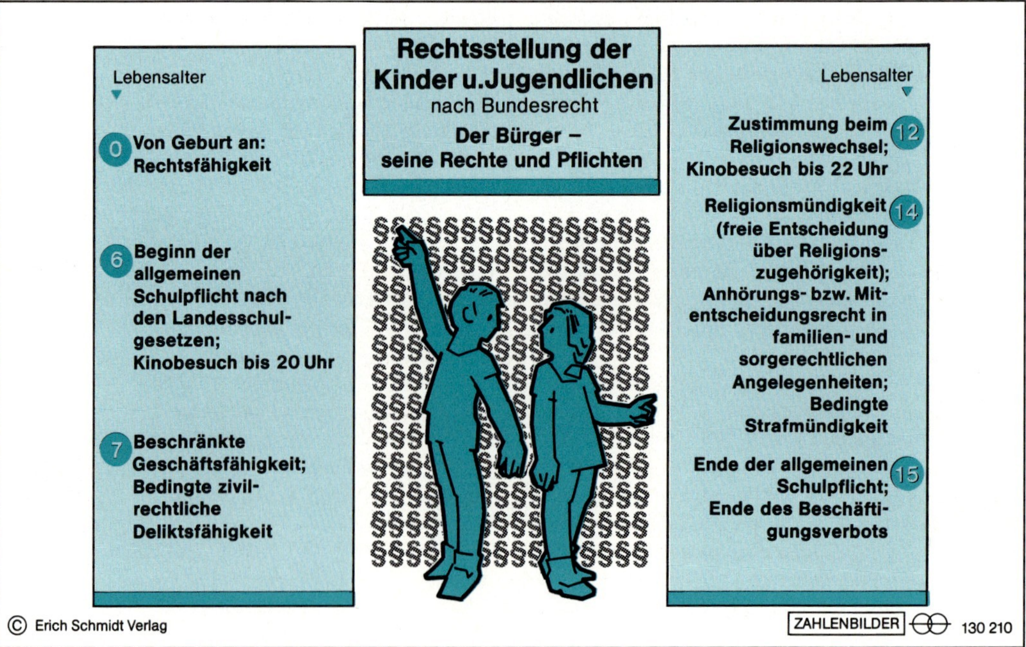

1. Welche Rechte und Pflichten hat ein Jugendlicher in Ihrem Alter (Material 3)?
2. Welche der im Schaubild (Material 3) genannten Bestimmungen würden Sie dem Privatrecht, welche dem öffentlichen Recht zuordnen?
3. Nennen Sie andere Situationen, in denen Sie täglich mit dem Recht in Berührung kommen. Versuchen Sie, sie den Bereichen „Privatrecht" und „öffentliches Recht" zuzuordnen.

MATERIAL 4 Neuregelung des Jugendschutzes (1985)

	Geschützte Altersgruppen ▷ / Gefährdungsbereiche ▽	KINDER bis 14 Jahre: ohne Begleitung eines Erziehungsberechtigten	KINDER bis 14 Jahre: in Begleitung eines Erziehungsberechtigten	JUGENDLICHE ab 14 bis 16 Jahre: ohne Begleitung eines Erziehungsberechtigten	JUGENDLICHE ab 14 bis 16 Jahre: in Begleitung eines Erziehungsberechtigten	JUGENDLICHE ab 16 bis 18 Jahre: ohne Begleitung eines Erziehungsberechtigten	JUGENDLICHE ab 16 bis 18 Jahre: in Begleitung eines Erziehungsberechtigten	Ausnahmsweise erlaubt
§ 3	**Aufenthalt in Gaststätten**	✕	●	✕	●	● bis 24.00	●	bei Veranstaltungen eines Trägers der Jugendhilfe, auf Reisen, zur Einnahme einer Mahlzeit oder eines Getränkes (§ 3 Abs. 1)
§ 4 Abs. 1 Nr. 2	**Abgabe und Verzehr anderer alkoholischer Getränke** z. B. Bier, Wein u. ä.	✕	✕	✕	⊘	●	●	⊘ in Begleitung eines Personensorgeberechtigten (§ 4 Abs. 2)
§ 5 Abs. 1	**Anwesenheit bei öffentlichen Tanzveranstaltungen** z. B. Disko	✕	●	(✕)	●	● bis 24.00	●	Ausnahmegenehmigungen auf Vorschlag des Jugendamtes möglich (§ 5 Abs. 3)
§ 7 Abs. 1	**Videokassetten u. ä.** nicht freigegeben unter 18 Jahren, oder nicht von der obersten Landesbehörde gekennzeichnet	✕	✕	✕	✕	✕	✕	
§ 9	**Rauchen in der Öffentlichkeit**	✕	✕	✕	✕	●	●	

✕ nicht erlaubt ● erlaubt

Angebots- und Aufstellungsverbote:

Angebot alkoholischer Getränke in Automaten (in der Öffentlichkeit) (§ 4 Abs. 3).

Angebot bespielter Videokassetten in Automaten (in der Öffentlichkeit) (§ 7 Abs. 4).

Aufstellung elektronischer Bildschirmunterhaltungsspielgeräte ohne Gewinnmöglichkeit zur entgeltlichen Benutzung auf Kindern und Jugendlichen zugänglichen öffentlichen Plätzen etc. (§ 8 Abs. 3).

Aufstellung von Unterhaltungsspielgeräten mit gewalt-, kriegsverherrlichenden oder pornographischen Darstellungen in der Öffentlichkeit (§ 8 Abs. 5).

Maßnahmen gegenüber Kindern und Jugendlichen: Entfernung vom Gefährdungsort, Überbringen zum Erziehungsberechtigten, oder Inobhutnahme durch das Jugendamt (§ 1). Das Jugendamt kann, wenn eine Gefährdung durch Anwendung der §§ 3 bis 8 nicht auszuschließen ist, die Anwesenheit von Kindern und Jugendlichen unterbinden (§ 10).

Strafbestimmungen gegenüber Erwachsenen: Ordnungswidrig handelt, wer als Veranstalter oder Gewerbetreibender den Jugendschutzbestimmungen vorsätzlich oder fahrlässig zuwiderhandelt (§ 12) bzw. als dritte Person über 18 solche Verstöße herbeiführt oder fördert.

Die Schutzbestimmungen des Gesetzes finden auf verheiratete Jugendliche keine Anwendung (§ 2 Abs. 4)

1. Sammeln Sie Ihre Erfahrungen mit dem Jugendschutzgesetz. Wurden Sie schon kontrolliert?
2. Untersuchen Sie die Rechtsbestimmungen (Material 4). Aus welchen Gründen war eine Neuregelung des Jugendschutzes notwendig?
3. Warum bemüht sich der Gesetzgeber darum, dass in Gaststätten mindestens ein alkoholfreies Getränk billiger sein muss als Bier? Was steht dem entgegen?
4. Das Jugendschutzgesetz ist eine Ergänzung des elterlichen Erziehungsrechts durch das öffentliche Recht. Erörtern Sie die Notwendigkeit derartiger Regelungen.

1.2 Elterliche Sorge und Recht des Jugendlichen

Väterliche Gewalt

Die Entwicklung der modernen Industriegesellschaft und der Wandel der Wertvorstellungen haben auch die Familie erfasst. Nicht nur im Bereich der Politik waren Menschen immer weniger bereit, sich Autoritäten widerspruchslos unterzuordnen, das Streben nach freier und selbstständiger Gestaltung erfaßte auch die Familie. Umstritten war vor allem die väterliche Gewalt, welche nicht nur die alleinige Entscheidung des Mannes in „allen das gemeinschaftliche eheliche Leben betreffenden Angelegenheiten" beinhaltete, sondern auch bedeutete, dass allein dem Vater die elterliche Gewalt zustand. Zwar verkündete das Grundgesetz 1949, dass Männer und Frauen gleichberechtigt seien, doch bedurfte es noch harter politischer Auseinandersetzungen, um das Familienrecht auf den heutigen Stand zu bringen. 1957 verlor der Mann seine herausragende Bedeutung als Familienoberhaupt, doch erst 1977 wurde endgültig festgelegt, dass die Beziehungen der Ehegatten untereinander im Geiste der Gleichberechtigung und der Partnerschaft zu regeln seien. Dieses Prinzip der Partnerschaft veränderte 1980 auch die Rechtsstellung des Jugendlichen.

Partnerschaft

Rechtsfähigkeit

Unumstritten war schon immer die Rechtsfähigkeit des Kindes, dass jeder Mensch von Geburt an Träger von Rechten und Pflichten ist und dass ihm auch die Grundrechte zustehen, z. B. die Unantastbarkeit der Menschenwürde und das Recht auf freie Entfaltung der Persönlichkeit. Umstritten jedoch war die Grundrechtsmündigkeit, ob nämlich der Jugendliche die erforderliche Einsicht und Lebenserfahrung besitzt, seine Grundrechte ohne Hilfe anderer in Anspruch zu nehmen. Grenzen ergeben sich aus dem gleichfalls im Grundgesetz garantierten Erziehungsrecht der Eltern, dessen Ausübung allerdings durch die staatliche Gemeinschaft überwacht wird. Aufgabe der staatlichen Gemeinschaft war es, eine Regelung zu finden, die einerseits das Erziehungsrecht der Eltern gewährleistet, andererseits aber auch der wachsenden Fähigkeit und dem wachsenden Bedürfnis des Jugendlichen zu selbstständigem und verantwortungsbewusstem Handeln gerecht wird.

Grundrechtsmündigkeit

Erziehungsrecht

Elterliche Sorge

Die Aufgabe der Eltern umschreibt das Gesetz mit dem neuen Begriff der elterlichen Sorge. Sie umfasst zunächst die Personensorge, dass Eltern z. B. für die religiöse Erziehung der Kinder sorgen, über deren schulische Ausbildung entscheiden, darüber bestimmen, wo sich ihre Kinder aufhalten und mit wem sie Umgang haben dürfen. Außerdem sind die Eltern zur Aufsicht verpflichtet und haften bei Verletzung dieser Pflicht für Schäden, die ihre Kinder angerichtet haben. Nicht zuletzt haben die Eltern die Unterhaltspflicht und sind daher oft daran interessiert, dass ihre Kinder möglichst rasch auf eigene Füße kommen.

Mitspracherecht

Minderjährigkeit jedoch bedeutet nicht, dass man als Jugendlicher nicht ein Mitspracherecht bei wichtigen Fragen hat, etwa zu welchem Elternteil man bei einer Scheidung ziehen möchte oder bei der Entscheidung über die Religionszugehörigkeit oder bei der Berufswahl. Dieses Mitspracherecht hängt vom Alter und vom jeweiligen Entwicklungsstand des Jugendlichen ab. Es bedeutet, dass der Jugendliche nicht allein entscheiden kann, wenn auch berechtigte Interessen seiner Eltern berührt werden. Als vermittelnde Instanzen können daher das Jugendamt oder das Vormundschaftsgericht angerufen werden.

Jugendamt

MATERIAL 5 Elterliche Gewalt

Das Landgericht Arnsberg hat einem 26-jährigen Mann die Unterhaltung mit seiner 18-jährigen Freundin verboten.

Hand in Hand schlenderten sie durch die Gräfte um den Soester Stadtwall oder auch im nahe gelegenen Möhnetal, und abends leisteten sich Barbara N., 18, und ihr Freund Jürgen Z., 26, ein Bier im Twen-Lokal „Daily Pub". Es war der übliche Umgang mit Küssen und Kraulen. Doch in dem westfälischen Städtchen, in dem Reste aus dem Mittelalter, Mauern ums Gärtchen, und sieben Sandsteinkirchen den Blick verstellen, gedieh's zur Affäre.

Oberregierungsrat Gert B., Stiefvater der Obersekundarin Barbara, und seine Frau Marta nahmen Anstoß am Umgang der minderjährigen Tochter mit dem kaufmännischen Angestellten. Der Beamte züchtigte die junge Dame, die Mutter steckte „Babsi" in ein fernes Internat und ging in Arnsberg vor das Landgericht: Zivilklage auf Unterlassung – Hände weg von Barbara.

Richter Horst G., 61, und seine Beisitzer zeigten Verständnis für diese Art der elterlichen Gewaltausübung und verboten dem jungen Mann unlängst, „seine Freundin anzusprechen, ihr zu schreiben oder sonstwie mit ihr in Verbindung zu treten" – „bei Vermeidung" einer „Geld- oder Haftstrafe".

Der Freund ihrer Tochter, so hatte die klagende Mutter den Richtern erzählt, habe bereits ein uneheliches Kind, sei „fast ständig" high und mehrfach vorbestraft, auch wegen „Drogenhandels". Tatsächlich: Z. ist Vater und auch schon zweimal abgeurteilt worden, weil er ohne Schein geangelt und vor Jahren ein paar Pillen des Aufputschmittels Captagon verschenkt hatte. Das reichte den Richtern. Immerhin werde „in Soest erzählt", begründeten sie ihr Urteil, „der Beklagte sei drogensüchtig". Und „die Befürchtung der Klägerin", ihre Tochter könne von dem Vater eines unehelichen Kindes „ebenfalls geschwängert werden", sei „nicht von der Hand zu weisen".

So geschah's im Arnsberger Wald, zwei Autostunden von Bonn entfernt, wo der Bundestag demnächst 18-jährige für volljährig erklären wird. Wählen darf Barbara N. schon heute, Politiker jedenfalls, keine Freunde.

(aus: Der Spiegel Nr. 9/1973, S. 63)

MATERIAL 6 Aus einer Bundestagsdebatte

Fiebig (SPD): „Die im geltenden Recht den Eltern eingeräumte Herrschaftsmacht über ihre Kinder, die sogenannte elterliche Gewalt, entspricht nicht mehr der heutigen Lebenswirklichkeit. Die Zeit der Patriarchen ist abgelaufen. ... Der Entwurf will dementsprechend das Spannungsverhältnis zwischen dem als Grundrecht in Artikel 6 Absatz 2 des Grundgesetzes ausgestalteten Elternrecht einerseits und den Grundrechten des Kindes andererseits, besonders in Artikel 1 und 2 des Grundgesetzes niedergelegt, die dem Kind mit zunehmendem Alter in wachsendem Umfang zu eigener Ausübung zustehen, durch eine vernünftige Abwägung von Elternrecht und Kindesrecht neu ordnen. Kinder sind also nicht mehr nur Objekt des Rechtes, ... sondern sie sind im Sinne des Grundgesetzes auch als Personen anzusehen, die Träger eigener Rechte sind."

Dr. Stark (CDU/CSU): „Nicht reden – reden lässt sich zwar über alles – lassen wir mit uns über folgendes: Wir halten es für falsch, dass zu früh, wenn sich Eltern und Kinder nicht einig sind, das Vormundschaftsgericht angerufen werden kann. Ich bin oft nicht einig mit meinen Kindern. Wenn die sagen: Ich will jetzt nicht mehr in die Schule gehen oder: Ich will nicht mehr Klavier spielen, dann läge es sicher nicht im Wohle des Kindes und der Familie, wenn ich das Vormundschaftsgericht jeweils anrufen müsste. Das gilt ebenso für den Fall, dass ich mit meiner Frau und meinem Kind darüber streite, was nun das Richtige ist. ... Die Eltern gehen doch heute mit ihren Kindern so tolerant und in manchen Dingen so liberal um, dass die Kinder sagen: Vater, für ein bisschen mehr starke Hand und ein bisschen mehr Anleitung wären wir eigentlich ganz dankbar."

(aus: Das Parlament, Nr. 18 vom 7.5.1973)

1. Diskutieren Sie den „Fall Barbara" (Material 5). Erläutern Sie dabei den Begriff „elterliche Gewalt".
2. Erörtern Sie die Argumente, welche die beiden Abgeordneten vorbringen (Material 6). Lesen Sie dazu die zitierten Bestimmungen des Grundgesetzes. Aus welchen Gründen war die Neuregelung notwendig?

MATERIAL 7 Wandel von Rechtsbestimmungen

Bürgerliches Gesetzbuch in der Fassung von 1896:

§ 1

Die Rechtsfähigkeit des Menschen beginnt mit der Vollendung seiner Geburt.

§ 2

Die Volljährigkeit tritt mit der Vollendung des einundzwanzigsten Lebensjahrs ein.

§ 1627

Der Vater hat kraft der elterlichen Gewalt das Recht und die Pflicht, für die Person und das Vermögen des Kindes zu sorgen.

§ 1631

(1) Die Sorge für die Person des Kindes umfasst das Recht und die Pflicht, das Kind zu erziehen, zu beaufsichtigen und seinen Aufenthalt zu bestimmen.

(2) Der Vater kann kraft des Erziehungsrechts angemessene Zuchtmittel gegen das Kind anwenden. Auf seinen Antrag hat das Vormundschaftsgericht ihn durch Anwendung geeigneter Zuchtmittel zu unterstützen.

§ 1666

(1) Wird das geistige oder leibliche Wohl des Kindes dadurch gefährdet, dass der Vater das Recht der Sorge für die Person des Kindes missbraucht, das Kind vernachlässigt oder sich eines ehrlosen oder unsittlichen Verhaltens schuldig macht, so hat das Vormundschaftgericht die zur Abwendung der Gefahr erforderlichen Maßregeln zu treffen ...

Bürgerliches Gesetzbuch in der Neufassung vom 1. Januar 1980:

§ 2

Die Volljährigkeit tritt mit der Vollendung des achtzehnten Lebensjahres ein.

§ 1626

(1) Der Vater und die Mutter haben das Recht und die Pflicht, für das minderjährige Kind zu sorgen ...

(2) Bei der Pflege und Erziehung berücksichtigen die Eltern die wachsende Fähigkeit und das wachsende Bedürfnis des Kindes zu selbstständigem verantwortungsbewusstem Handeln. Sie besprechen mit dem Kind, soweit es nach dessen Entwicklungsstand angezeigt ist, Fragen der elterlichen Sorge und streben Einvernehmen an.

§ 1631

(1) Die Personensorge umfasst insbesondere das Recht und die Pflicht, das Kind zu pflegen, zu erziehen, zu beaufsichtigen und seinen Aufenthalt zu bestimmen.

(2) Entwürdigende Erziehungsmaßnahmen sind unzulässig.

§ 1631 a (Ausbildung und Beruf)

(1) In Angelegenheiten der Ausbildung und des Berufes nehmen die Eltern insbesondere auf Eignung und Neigung des Kindes Rücksicht. Bestehen Zweifel, so soll der Rat eines Lehrers oder einer anderen geeigneten Person eingeholt werden.

(2) Nehmen die Eltern offensichtlich keine Rücksicht auf Eignung und Neigung des Kindes und wird dadurch die Besorgnis begründet, dass die Entwicklung des Kindes nachhaltig und schwer beeinträchtigt wird, so entscheidet das Vormundschaftsgericht. Das Gericht kann erforderliche Erklärungen der Eltern oder eines Elternteils ersetzen.

1. Vergleichen Sie die beiden Fassungen des BGB unter folgenden Gesichtspunkten: Inwiefern sind beide von den Wertvorstellungen und der Wortwahl her zeitgebunden? Welche Erklärungen gibt es für den hier ersichtlichen Rechtswandel?
2. Erörtern Sie den Fall Barbara erneut, und gehen Sie dabei von folgenden Annahmen aus: Barbara ist 17 Jahre alt, ihr 27-jähriger Freund ist tatsächlich drogenabhängig und Vater eines unehelichen Kindes. Warum ist ein ähnliches „Beugeurteil" gegen den Freund heute noch rechtlich möglich? Welche Maßnahmen halten Sie für angemessen?

MATERIAL 8 **Zwei Briefe an das Jugendamt**

An das
Jugendamt
Leipzig

Sehr geehrte Damen und Herren,

Ich bin in einer Notlage. Ein Kumpel von mir hat mir den Tip gegeben, dass ich an Sie schreiben soll, denn Sie sind für Probleme zuständig, wo Jugendliche mit ihren Eltern haben.

Ich bin 15 Jahre alt und bin in Klasse 9 des Gymnasiums, aber die Schule ist für mich ein einziger Frust. In Mathe und Englisch blicke ich rein gar nichts und Sitzenbleiben werde ich auch wieder. Am Liebsten würde ich was Praktisches tun, denn von Motoren verstehe ich eine ganze Menge. Mein Wunsch wäre es, eine Lehre als Kfz-Mechaniker zu machen. Vielleicht könnte ich da später Testfahrer werden oder sonst etwas machen, was mich interessiert.

Aber mein Vater hat kein Verständnis für mich. Er will unbedingt, dass ich Abitur mache und Medizin studiere und seine Praxis übernehme. Entweder brüllt er mich an und haut mir eine runter oder er redet tagelang kein Wort mit mir. Mein Mofa, was mir mein Onkel zur Konfirmation geschenkt hat, hat er mir weggenommen, und zu Motorsportveranstaltungen lässt er mich auch nicht gehen. Das Gesetz gibt ihm die elterliche Gewalt sagt er, und ich würde ihm später noch dankbar sein. Dabei habe ich gelesen, dass wir eine Akademikerschwemme haben, und es jetzt schon zuviel Ärzte gibt.

Ich will von der Schule runter. Bitte helfen Sie mir, denn ich bin verzweifelt!

Mit freundlichen Grüßen Richard Müller

An das
Jugendamt
Leipzig

Betr.: Schreiben meines Sohnes Richard

Gestern fand meine Frau beim Aufräumen im Zimmer unseres Sohnes zufällig einen Durchschlag seines Briefes an Sie. Wir beide sind über diesen Brief zutiefst empört.

Ich habe mich als Werkstudent mit viel Mühe hochgearbeitet, und jetzt verdiene ich als Arzt genügend Geld für unsere Familie und auch für unseren undankbaren Sohn, der später einmal meine Praxis übernehmen soll. Richard aber lässt jeglichen Fleiß vermissen, hat nur noch Motorsport im Kopf und hat Umgang mit schlechten Freunden, mit denen er sich dauernd auf seinem Mofa herumtreibt. Seine schulischen Leistungen lassen nach, und jetzt will er auch noch von der Schule abgehen, statt etwas Vernünftiges zu lernen. Da arbeitet man Tag und Nacht für die Familie und erntet von seinem Sohn nur Undank. Und kriminell wird er auch noch, indem er unzulässigerweise sein Mofa frisiert.

Ich wäre Ihnen sehr dankbar, wenn Sie unserem Sohn einmal kräftig die Meinung sagen und ihm den Unsinn ausreden würden.

Mit vorzüglicher Hochachtung Dr. H. Müller

1. Stellen Sie die Argumente von Vater und Sohn einander gegenüber, und bewerten Sie sie.
2. Untersuchen Sie die Rechtslage: Auf welche Bestimmungen kann sich Richard, auf welche sein Vater berufen?
3. Erarbeiten Sie für das Jugendamt einen Lösungsvorschlag.

1.3 Minderjährigkeit – ein Privileg?

Bürgerliches Gesetzbuch Zivilrecht

Die meisten Rechtsfragen des täglichen Lebens sind im Bürgerlichen Gesetzbuch (BGB) geregelt, welches für den gewöhnlichen Bürger der wichtigste Teil des Privatrechts oder Zivilrechts ist. In fünf Büchern mit mehr als 2000 Paragraphen enthält es zahlreiche Bestimmungen über die üblichen Rechtsgeschäfte wie Kauf oder Tausch, über die Haftung bei unerlaubten Handlungen, über Besitz und Eigentum sowie über das Familien- und Erbrecht.

„Dritte"

Das BGB regelt nicht nur die Rechtsbeziehungen zwischen Kindern und Eltern, sondern auch die Beziehungen zwischen Jugendlichen und Außenstehenden, die in der Sprache der Juristen als „Dritte" bezeichnet werden. Bis zum vollendeten siebten Lebensjahr befinden sich Kinder ganz in der Obhut ihrer Erziehungsberechtigten: Sie sind weder geschäftsfähig, noch können sie für Schäden verantwortlich gemacht werden, die sie einem anderen zufügen. Mit Vollendung des siebten Lebensjahres werden sie – sozusagen unter Vorbehalt – ins Leben entlassen. Deshalb sollten Jugendliche die wichtigsten Bestimmungen zur Geschäfts- und Deliktfähigkeit kennen.

Geschäftsfähigkeit

Vertrag

Kreditverträge

Mit Vollendung des siebten Lebensjahres wird der Jugendliche beschränkt geschäftsfähig. Geschäftsfähigkeit bedeutet, dass man rechtswirksam Verträge abschließen kann. Solche Verträge schließt man ständig ab, oft ohne sich dessen bewusst zu sein. Steigt man z.B. in eine Straßenbahn, schließt man stillschweigend einen Beförderungsvertrag ab und erkennt die aushängenden Beförderungsbedingungen an. Einen Kaufvertrag schließt ab, wer in einer Buchhandlung ein gerade nicht vorrätiges Lexikon „bestellt", denn ein Vertrag kommt in der Regel formlos durch zwei übereinstimmende Willenserklärungen – Angebot und Annahme – zustande. Verträge sind verbindlich, d.h. sie müssen eingehalten werden. Da der Jugendliche sich der Reichweite seiner Willenserklärung nicht immer bewusst ist und die Gefahr besteht, dass er von anderen übervorteilt wird, ist er in seiner Geschäftsfähigkeit beschränkt, d.h. er braucht – abgesehen von Taschengeldgeschäften – die Einwilligung des gesetzlichen Vertreters, nämlich des Vaters oder der Mutter. Bei Kreditverträgen ist sogar die Genehmigung des Vormundschaftsgerichts vorgeschrieben. Doch vielfach werden diese gesetzlichen Bestimmungen nicht beachtet, nehmen Jugendliche Überziehungskredite in Anspruch und müssen Eltern, wenn sie bei einem Kauf ihre Einwilligung versagen, mit der Einlassung des Verkäufers rechnen, sie hätten ihre Aufsichtspflicht verletzt, wenn sie den Jugendlichen über so viel Geld verfügen ließen; er habe nicht wissen können, dass die Eltern nicht einverstanden seien, bzw. er habe den Jugendlichen für volljährig gehalten.

Deliktfähigkeit

Haftpflichtversicherung

Deliktfähigkeit bedeutet, dass man für Schäden haftet, die man anderen zufügt, etwa durch Sachbeschädigung oder Körperverletzung, die sich schon bei einer Rangelei auf dem Pausenhof ereignen können. Eingeschränkte Deliktfähigkeit bedeutet, dass der Jugendliche nicht verantwortlich ist, wenn ihm die zur Erkenntnis der Verantwortlichkeit erforderliche Einsicht fehlt. In diesem Fall haftet der Aufsichtspflichtige, es sei denn, er habe seiner Aufsichtspflicht genügt oder der Schaden sei auch bei gehöriger Aufsichtsführung entstanden. Am besten schützt man sich durch den Abschluss einer Haftpflichtversicherung.

MATERIAL 9 Eine Pressemeldung

Junior kauft sich Süßes für 8000 Mark

KÖLN (AP). Mit 8000 Mark aus Vaters Nachtschrank hat ein neunjähriger Kölner Junge sich und seinen Freunden Spielzeug und Süßigkeiten gekauft. Als das Fehlen des Geldes auffiel, erzählte der Knirps seinem Vater und der Polizei, er sei Opfer eines Raubüberfalls geworden. Später sprach er von einer Erpressung. Wie die Polizei gestern mitteilte, gestand er, das Geld genommen zu haben. Mit dem eigentlich für ein neues Auto bestimmten Geld kaufte der Junge sich und mindestens vier Freunden Elektroautos, Computerzubehör und ein Fernglas. In einem Geschäft bezahlten die Kinder einen Kugelschreiber für 20 Mark mit einem 1000-Mark-Schein. Die Sachen wurden im Keller versteckt oder als Gewinn ausgegeben. Eine Uhr für 300 Mark gab der Junior den Eltern gegenüber als Geschenk des Opas aus. Dem Opa erzählte er, es sei ein Präsent der Eltern. Aktenkundig wurde die Sache nur, weil der Vater nach den Erzählungen des Sohnes Anzeige gegen Unbekannt erstatten wollte.

(aus: Badische Zeitung vom 8.12.1993)

MATERIAL 10 Rechtsbestimmungen

§ 104 (Geschäftsunfähigkeit)

Geschäftsunfähig ist:
1. wer nicht das siebente Lebensjahr vollendet hat; ...

§ 106 (Beschränkte Geschäftsfähigkeit Minderjähriger)

Ein Minderjähriger, der das siebente Lebensjahr vollendet hat, ist nach Maßgabe der §§ 107 bis 113 in der Geschäftsfähigkeit beschränkt.

§ 107 (Einwilligung des gesetzlichen Vertreters)

Der Minderjährige bedarf zu einer Willenserklärung, durch die er nicht lediglich einen rechtlichen Vorteil erlangt, der Einwilligung seines gesetzlichen Vertreters.

§ 108 (Vertragsabschluss ohne Einwilligung)

(1) Schließt der Minderjährige einen Vertrag ohne die erforderliche Einwilligung des gesetzlichen Vertreters, so hängt die Wirksamkeit des Vertrages von der Genehmigung des Vertreters ab ...

§ 110 („Taschengeldparagraph“)

Ein von dem Minderjährigen ohne Zustimmung des gesetzlichen Vertreters geschlossener Vertrag gilt als von Anfang an wirksam, wenn der Minderjährige die vertragsmäßige Leistung mit Mitteln bewirkt, die ihm zu diesem Zwecke oder zu freier Verfügung von dem Vertreter oder mit dessen Zustimmung von einem Dritten überlassen worden sind.

1. Stellen Sie mögliche Rechtsfragen zusammen, die sich für die verschiedenen an diesem Fall (Material 9) beteiligten Personen ergeben können.
2. Warum hat der Vater keine Chance, sein Geld wiederzubekommen?
3. Die achtjährige Petra hat sich von ihrem ersparten Geld einen Gameboy gekauft. Die Eltern hatten wegen der zu erwartenden Folgekosten den Kauf dieses Gerätes stets abgelehnt. Mit welchen Einlassungen müssen die Eltern rechnen, wenn sie vom Verkäufer die Rücknahme des Gameboy verlangen (Material 10)?
4. Der 16-jährige Peter kaufte von einem 17 Jahre alten Mitschüler ein gebrauchtes Moped für 350 DM. Einen Teil des Kaufpreises hatte er von seinem Opa erhalten, im übrigen überzog er sein Girokonto. Welche Rechtsvorschriften wurden nicht beachtet (Material 10)?
5. Vor dem Kauf unternahm Peter eine Probefahrt. Dabei überschätzte er sein Können und fuhr das Moped zu Schrott. Wer haftet für den Schaden? Wer würde haften, wenn Peter einen anderen Verkehrsteilnehmer angefahren hätte (Stichwort Deliktfähigkeit)?

MATERIAL 11 Konsumterrorist Kind

Im Kampf um die Vorherrschaft im Kinderzimmer kennen die Konzerne kein Halten mehr. Jeder will der Erste sein, jeder empfiehlt sich als des Kindes bester Freund. Die Vorlieben und Abneigungen der minderjährigen Verbraucher bewegen Millionenetats. Wer den Geschmack der Kids trifft, kann auch in der allgemeinen Rezession mit Umsatzzuwächsen rechnen. …

Um den Unternehmen Orientierung zu geben, durchleuchtet mittlerweile ein Heer von Werbepsychologen und Meinungsforschern die Wirtschaftsmacht Kind. Spezialinstitute vermessen das „Trendpotential“ der Kleinen, klassifizieren die Sehnsüchte, zerlegen die Lebensgewohnheiten und setzen die „kindlichen Merkmale“ zu handlichen Grafiken und Statistiken wieder zusammen.

Die Sammelwut der Firmenberater ist eine Reaktion auf die wachsende ökonomische Bedeutung der Minderjährigen. … Allein an Taschengeld stehen dem Nachwuchs im Jahr knapp zwei Milliarden Mark zur Verfügung. Hinzu kommen Geldgeschenke in Höhe von drei Milliarden, an Sparguthaben haben sich weitere 6,5 Milliarden Mark angesammelt. Und das ist noch nicht alles. Nach einer Schätzung des Münchner Instituts für Jugendforschung belaufen sich die jährlichen Familienausgaben, die direkt von Kindern beeinflusst werden, auf rund 23 Milliarden Mark. Alles eingerechnet, bewegen die unter 14-jährigen in der Bundesrepublik damit mehr Geld als die Bundesminister für Forschung, Wirtschaft, Umwelt, Post und Justiz zusammen.

Fasziniert beobachten Fachleute wie Volker Nickel vom Zentralverband der Deutschen Werbewirtschaft eine „Demokratisierung der Kaufentscheidung“, die das Konsumklima belebt. In vielen Familien übernehmen die Kinder längst die Einkaufsregie, wenn es um die Wahl des Joghurts oder eines Brotbelags geht. Solange der Wunsch nicht gegen die Ernährungsprinzipien des Familienoberhaupts verstößt, kommt auf den Tisch, was den Jüngsten schmeckt. … Ohne cleveres Marketing freilich ist auch die schönste Idee nur die Hälfte wert. Mindestens eine Milliarde Mark steckt die Industrie jedes Jahr in die Werbekanonen, die auf die Kinder gerichtet sind. Zwei Drittel dieser Summe verschießt allein das Fernsehen. Früh am Morgen um halb sieben, rechtzeitig vor Schulbeginn, wenn die Kleinen noch am Frühstückstisch sitzen und ihr Müsli mümmeln, feuern die Privatstationen ihre erste Salve ab. Die Mattel-Puppe zieht kleine Druckstempel aus den Schuhen, der Nesquik-Hase jubelt für Kakaopulver, der scheinbar unzerstörbare Radiorecorder von Fisher-Price besteht zum wiederholten Male einen Crash-Test, und Matchbox inszeniert einen schweren Verkehrsunfall. Ja, „das ist cool, das ist Spaß, das ist superstark“.

(aus: Der Spiegel Nr. 50/1993, S. 78)

1. Untersuchen Sie die abgebildeten „Taschengeldtarife“. Inwiefern trägt das Taschengeld dazu bei, Jugendliche zu selbstständigem verantwortlichen Tun (§ 1626) anzuleiten?
2. Warum benötigen viele Jugendliche Einnahmen aus Nebenverdiensten? Tragen diese zum Erlernen von Selbstständigkeit bei?
3. Untersuchen Sie den Bericht über den „Konsumterrorismus“ (Material 11). Erörtern Sie mögliche Konsequenzen, die sich aus dem Kaufverhalten der Kinder ergeben.

MATERIAL 12 „Ohne Knete keine Fete"

An Bargeld mangelte es Thorsten Waue nicht. Wann immer die Geldbörse leer zu werden drohte, besorgte sich der Telekom-Lehrling aus Witten an der Ruhr neue Scheine aus dem Geldautomaten. Um die Deckung auf seinem Girokonto bei der Sparkasse Witten, Zweigstelle Sonnenschein, brauchte sich Thorsten, 17, nicht zu sorgen: Weil regelmäßig seine Lehrlingsvergütung – er bekommt 600 Mark brutto – aufs Konto floss, räumten ihm die zuvorkommenden Banker einen Dispositionskredit über 1200 Mark ein.

Doch Thorsten hatte sein Limit schnell ausgeschöpft. „Das Geld", sagt er, „lief einfach so durch, für Discos oder für Spielhallen." Bald erhöhte die Sparkasse den Kredit, auf zuletzt 2000 Mark. Selbst diese Grenze hatte er schnell erreicht. Nun drohten die Banker mit Bargeldentzug, sie hatten jedoch einen Ausweg parat: einen Ratenkredit über 2500 Mark, zu jährlich 17,5 Prozent Zinsen plus 2 Prozent Bearbeitungsgebühr. So konnte der Teenager sein Girokonto ausgleichen, und er bekam noch 500 Mark in bar.

Erstmals hat die Verbraucher-Zentrale Nordrhein-Westfalen in einer großangelegten Studie untersucht, wie die Kreditinstitute Teenager umwerben. Das erschreckende Ergebnis: „Immer öfter verführen die Banken", so Beraterin Ulrike Pilz-Kusch, „Jugendliche zum Schuldenmachen." Sparbuch und Sparschwein haben längst ausgedient, an ihre Stelle ist das Taschengeld-Girokonto getreten, das vermeintlich finanziell unabhängig macht.

Knapp ein Drittel aller 14-jährigen hatten 1992 schon ein Girokonto, bei den 16-jährigen war es bereits die Hälfte. Ist das Konto leer, muss der Jugendliche nicht mehr in der Familie um Vorschuss bitten – die Bank hilft bereitwillig weiter. So wächst eine Generation der Schuldenmacher heran. Eckhart Pick, SPD-Abgeordneter in Bonn, stellt entsetzt fest: „Die Schuldner werden immer jünger."

Der allzu frühe Zugriff aufs Bankkonto ist besonders gefährlich. Schon die Jugendlichen gewöhnen sich an den sorglosen Umgang mit Geld, als junge Erwachsene geraten sie dann schnell in eine Spirale aus Krediten, Wucherzinsen und neuen Darlehen. Fünf Prozent der 18- bis 25-jährigen sind, so Pick, „hoffnungslos überschuldet".

Die Sparkasse Korschenbroich hilft Schülern sogar schon ab zwölf Jahren über kleine Engpässe („Ohne Knete keine Fete") hinweg: Dort dürfen Kinder „200 Mark Miese machen". …

Die Institute setzen darauf, dass ihre Klientel die einschlägigen Paragraphen nicht so genau kennen – oder sie wissen es selbst nicht besser. Eine Umfrage der Verbraucher-Zentrale zur Rechtslage bei elf überregionalen und sechs regionalen Kreditinstituten beantworteten nur zwei Häuser, die Deutsche Bank und die BfG, korrekt.

Das Risiko, bei den Jugendlichen Geld zu verlieren, ist trotz der strengen Gesetze gering. Die Institute verlassen sich einfach auf das Vermögen der älteren Generation. „Offiziell haften die Eltern nicht", sagt der Deutsche-Bank-Direktor Pfaff. „Wir gehen aber davon aus, dass sie einspringen, wenn das Konto des Nachwuchses ins Minus rutscht."

Die Schulden der Jugendlichen belaufen sich selten auf Beträge, die sich kaum tilgen lassen. Die Eltern zahlen häufig lieber, stellte Beraterin Pilz-Kusch fest, als dass sie Ärger mit der örtlichen Bank haben.

(aus: Der Spiegel Nr. 17/1993, S. 129)

1. Wer von Ihnen verfügt bereits über ein „Jugendkonto"? Waren bei der Eröffnung desselben irgendwelche Formalitäten zu beachten?
2. Besorgen Sie sich bei Banken und Sparkassen Informationsmaterial über Taschengeld-Girokonten. Untersuchen und vergleichen Sie die Geschäftsbedingungen.
3. Erörtern Sie anhand von Material 12 Probleme, die sich aus einem derartigen Konto ergeben können. Inwiefern wird das Erziehungsrecht der Eltern beeinträchtigt?

1.4 Volljährigkeit – die große Freiheit?

Rechtsfähigkeit

Pflichten

Über viele Altersstufen hinweg verläuft der Weg in die Volljährigkeit, wachsen zunächst dem Kind und dann dem Jugendlichen Rechte und Pflichten zu. Mit der Geburt beginnt seine Rechtsfähigkeit, stehen ihm die Grundrechte zu, hat er Anspruch auf Unterhalt und elterliche Sorge; auch erben kann er und Eigentum erwerben an Dingen, die man ihm schenkt. Mit sieben Jahren wird er beschränkt geschäftsfähig, mit 12 bzw. 14 Jahren religionsmündig, mit 16 Jahren kann er ein Testament abfassen und den Mopedführerschein erwerben. Zugleich wachsen aber auch die Pflichten. Mit sechs Jahren wird er schulpflichtig, mit sieben Jahren deliktfähig, mit 14 Jahren kann er nach den Vorschriften des Jugendstrafrechts für seine Taten belangt werden, mit 16 Jahren ist er ausweispflichtig und kann vor Gericht vereidigt werden. Das Ende dieses „Rechtsweges" beschreibt § 2 BGB mit einem Satz: Die Volljährigkeit tritt mit der Vollendung des achtzehnten Lebensjahres ein.

Volljährigkeit

Volle Geschäftsfähigkeit

Volljährigkeit bedeutet, dass der Jugendliche nun zum Erwachsenen wird. Neue Rechte wachsen ihm zu: die volle Geschäftsfähigkeit, die Ehemündigkeit, das aktive und passive Wahlrecht, das Recht zum Erwerb weiterer Führerscheine. Auf der anderen Seite entstehen ihm neue Pflichten: die volle Deliktfähigkeit und die Möglichkeit, nach Erwachsenenstrafrecht belangt zu werden. Die Schulpflicht erlischt, statt dessen beginnt für männliche Erwachsene die Wehr- bzw. die Zivildienstpflicht. Die Herabsetzung der Volljährigkeit war lange Zeit heftig umstritten, denn die damit verbundene volle Geschäftsfähigkeit bedeutet für junge Menschen ein hohes Risiko. Schließt z.B. jemand einen Ratenkaufvertrag ab und unterzeichnet die Klausel, dass die Ware bis zur vollen Bezahlung Eigentum des Verkäufers bleibt, dann kann er einen großen Verlust machen, wenn er etwa wegen Arbeitslosigkeit die Raten nicht mehr zahlen kann. Noch gefährlicher ist der Abschluss eines Kreditvertrags bei einer Bank oder gar einem „Kredithai", denn nicht jeder durchblickt die Vertragsklauseln und die verschiedenen Nebenkosten. Doch andererseits sind viele Ältere in derselben Lage, und irgendwann muss der Jugendliche volljährig werden.

Kreditverträge

Schuldnerberatungsstelle

Dass insbesondere die Kreditverträge eine große Gefahr bedeuten, ergibt sich daraus, dass immer mehr Menschen sich in einer Schuldenfalle befinden, manche sogar in einer Überschuldung, die für sie eine existentielle Gefährdung bedeutet, welche sich mit einer Schuldknechtschaft vergleichen lässt. Viele sind in dieser Lage auf die Hilfe einer Schuldnerberatungsstelle angewiesen, deren Aufgabe es ist, überschuldeten Menschen aus ihrer verfahrenen Situation zu helfen und sie bei der Sicherung des notwendigen Lebensunterhalts zu unterstützen. Denn selbst wenn der Einzelne sich zu Recht von einer Bank übervorteilt glaubt, ist ihm der Rechtsweg oft verschlossen. Denn bei einem zivilrechtlichen Verfahren muss man nicht nur einen Anwalt bezahlen, sondern auch die Gerichtskosten vorstrecken – für viele eine hohe Hürde, denn ihre Höhe hängt ebenso wie die Anwaltskosten vom Streitwert ab. Vor den im BGB enthaltenen Gefahren warnte schon 1896 der Rechtsdenker Otto von Gierke mit den Worten, es sei „eine furchtbare Waffe in der Hand des Starken, ein schwaches Werkzeug in der Hand des Schwachen" und ein „Mittel der Unterdrückung des einen durch den anderen".

MATERIAL 13 Der Weg zur Volljährigkeit

Alter	Rechte	Pflichten
0	**Geburt** Rechtsfähigkeit, Erbrecht, Recht an Eigentum	
6	Kinobesuch („freigegeben ab 6 Jahre")	Schulpflicht
7	beschränkte Geschäftsfähigkeit	beschränkte Haftpflicht
12	keine Religionsänderung ohne Zustimmung, Kinobesuch („freigegeben ab 12 Jahre")	
14	Entscheidung über Religionszugehörigkeit	Strafmündigkeit nach dem Jugendstrafrecht
15	Beschäftigungserlaubnis (Arbeitsstelle), Fahrerlaubnis für Mofa	
16	Kinobesuch („freigegeben ab 16 Jahre"), Gaststättenbesuch, Eidesfähigkeit, Testierfähigkeit, Fahrerlaubnis für Mokick, Moped und Leichtkraftrad	Ausweispflicht
18	Volljährigkeit, volle Geschäftsfähigkeit, Ehemündigkeit, aktives und passives Wahlrecht, Führerschein für PKW (bis 7,5 t) und Motorrad bis 27 PS	Ende der Schulpflicht, Schadenersatzpflicht, Wehrpflicht, Zivildienst, Bestrafung nach Erwachsenenstrafrecht möglich
20	(Stufen-)Führerschein für schwere Motorräder	
21		volle Strafmündigkeit

MATERIAL 14 Der Abgeordnete Rollmann (CDU/CSU) in der Bundestagssitzung am 4.12.1970

Wenn wir uns einstimmig für die Herabsetzung des Volljährigkeitsalters vom 21. auf das 18. Lebensjahr ausgesprochen haben, dann vornehmlich aus diesen Gründen:

1. Seit 1875 gilt im Deutschen Reich das Volljährigkeitsalter von 21 Jahren. Seitdem haben sich Staat, Wirtschaft, Gesellschaft und Familie in unserem Lande entscheidend gewandelt. Die junge Generation emanzipiert sich zunehmend. …

2. Unsere 18- bis 21-jährigen Mitbürger bestreiten zu mehr als 70 bis 80 Prozent ihren Lebensunterhalt aus eigener Erwerbstätigkeit überwiegend selbst und verfügen praktisch frei über ihre Arbeitseinkommen. Sie werden im Berufs- und Wirtschaftsleben als voll geschäftsfähig angesehen, ohne es rechtlich zu sein.

3. In unserer Lebens- und Rechtsordnung nehmen unsere 18- bis 21-jährigen Mitbürger bereits umfangreiche Pflichten wahr, z.B. im Beruf, in der Bundeswehr, bei Wahlen. Sie können zivil- und strafrechtlich voll zur Verantwortung gezogen werden.

Es ist nicht mehr einzusehen, warum ihnen nur noch die Volljährigkeit vorenthalten wird und sie nur eine genauso beschränkte Geschäftsfähigkeit haben wie die 7- bis 17-jährigen Kinder und Jugendlichen.

1. Beschreiben Sie anhand des Schaubildes die Stufen zur Volljährigkeit. Ordnen Sie die zunehmenden Rechte und Pflichten den Bereichen „Privatrecht" und „Öffentliches Recht" zu.
2. Untersuchen und erörtern Sie die Begründung des Abgeordneten Rollmann für die Herabsetzung des Volljährigkeitsalters auf 18 Jahre.

MATERIAL 15 Zwei Leserbriefe zur Volljährigkeit

Das Erkennen, dass die Welt nicht nur aus Vergnügen besteht, sondern auch aus Verantwortung und Arbeit, hängt nicht vom Alter ab, jedenfalls nicht von diesen drei Jahren, sondern von der Möglichkeit, diesen Sachverhalt zu erkennen. Werde ich mit 18 auf eigene Beine gestellt, so sehe ich bald, wie die Verhältnisse ‚draußen' sind, wo meine Möglichkeiten zum Handeln liegen, und ich habe drei wertvolle Jahre, die ich als Erwachsener selbstständig planen kann.
In den Jahren zwischen 18 und 21 ist der Mensch nicht entscheidungsunfähiger, unvernünftiger und pflichtscheuer als mit 50. Er besitzt seine Fähigkeiten in vollem Maße und sollte sie auch in vollem Maße gebrauchen dürfen.

Sylvia Brandt, Rosellerheide

Fühlen wir uns eigentlich ‚reif', nun plötzlich als Erwachsene behandelt zu werden, oder schleicht sich nicht ein etwas unbehagliches Gefühl ein bei dem Gedanken, schon mit 18 vom Jugendalter endgültig Abschied zu nehmen?
Doch der Start wird freigegeben, Dummheiten zu machen: Ob sich jeder 18-jährige darüber klar ist, wie sich eine frühe Heirat auf seine Unabhängigkeit, sein berufliches Fortkommen auswirkt? Wie verlockend, zur nächsten Bank zu marschieren und sich – dank unbeschränkter Geschäftsfähigkeit – einen bequemen Kredit geben zu lassen! Ob jeder ausgerechnet hat, was er für die anfallenden horrenden Zinskosten alles erstehen könnte, wenn er nur etwas Geduld aufgebracht hätte? Und wie günstig, in eigenem Namen Kaufverträge abschließen zu können!

Klaus Schneider, Lörrach

(aus: Die Zeit vom 11.5.1973)

MATERIAL 16 Die große Freiheit?

Anzeige einer Bank:

**Mit 18 Jahren
können SIE heiraten
können SIE wählen
können SIE einen Kredit
aufnehmen**

Ohne Wissen der Eltern lieh sich Angela Nowak Geld von der Bank. Im November 1992 räumte die Sparkasse Oberhausen der damals 17-jährigen eine Kreditlinie von 500 Mark ein. ...
Mutter Roswitha beschwerte sich bei der Sparkasse. Dort „wurde mir zu verstehen gegeben, ich solle mich nicht in ihr Geschäft einmischen", erinnert sie sich. Erst auf massiven Druck der Mutter strich das Institut den Kredit wieder – und räumte Tochter Angela im März, pünktlich zum 18. Geburtstag, den Dispo erneut ein.
Wohin die frühe Gewöhnung an geliehenes Geld führen kann, merkte Gerd Leyendecker, 30, erst, als es zu spät war. Mit 17 Jahren erfüllte er sich den langgehegten Traum vom eigenen Motorrad; gut 4000 Mark steuerte die Kreissparkasse Köln bei. Weitere Anschaffungen folgten; ein Kreditberg türmte sich auf. Heute hat der Kundendienstmonteur gut 30000 Mark Schulden; Gehaltspfändungen gehören zu seinem Alltag.

(aus: Der Spiegel Nr. 17/1993, S. 130f.)

1. Untersuchen Sie die Äußerungen der beiden Schüler zur Herabsetzung des Volljährigkeitsalters. Wem würden Sie Recht geben?
2. Welche Illusion erweckt die Werbeanzeige? Über welche Gefahren täuscht sie hinweg?
3. Untersuchen und diskutieren Sie die Erfahrungen, die Angela und Gerd mit ihrer Volljährigkeit machen durften.

MATERIAL 17 Die Schuldenfalle

Als Marion Klein aus dem schwäbischen Hechingen mit ihrem gleichaltrigen Freund zusammenzog, war sie 25 und hatte einen vierjährigen Sohn. Das frisch verliebte Paar wollte Möbel anschaffen. Der Mann beantragte einen Ratenkredit über 25000 Mark.
Die Bank übersandte dem Antragsteller ein vorbereitetes Vertragsformular, das den Hinweis enthielt, eine zusätzliche Sicherheit sei erforderlich. Marion Klein – eine ungelernte Kraft, die damals zwischen 1100 und 1400 Mark im Monat nach Hause brachte – unterschrieb als Mitschuldnerin.
Weil Geld borgen Geld kostet, haftete das Paar statt für 25000 Mark netto letztlich für 35250 Mark brutto. Ausgezahlt wurden weniger als 16000 Mark, denn Marions Freund stand bei der Bank bereits mit etwa 9000 Mark in der Kreide. Der Tilgungsplan sah 60 Monatsraten zu je 587 Mark vor.
Marion Klein und ihr Freund gerieten in eine Pechsträhne. Erst wurde sie arbeitslos, dann blieben beide mit den Zahlungen im Rückstand, schließlich ging auch noch ihre Partnerschaft in die Brüche. Die Bank kündigte den Vertrag und trat ihre Forderungen an die Frankfurter Inkasso-GmbH ab, die sich an die wieder berufstätige Marion Klein hielt. Nach Abzug der bereits gezahlten Raten betrug die Schuld immer noch mehr als 24000 Mark.
Es kam zum Prozess. Nur allmählich begriff Marion Klein ihre Lage – so richtig erst, als ihr ein Richter vorrechnete, dass sie bis an ihr Lebensende von den Schulden nicht herunterkommen werde.
Die Bilanz war bedrückend: Weil sie nur – ihren Höchstverdienst von 1400 Mark unterstellt – einen Hungerlohn zu erwarten hatte, konnten bestenfalls 154 Mark gepfändet werden. Bei ihrer Zinsbelastung, die zu diesem Zeitpunkt 364 Mark betrug, vergrößerten sich die Rückstände Monat für Monat um 210 Mark. Die Schulden wurden mithin nicht abgetragen, sondern wuchsen unaufhaltsam an.
Wenn nichts Unvorhergesehenes dazwischenkommt, wird die junge Frau die Zinsrückstände erst 43 Jahre nach der Kreditnahme getilgt haben – dann ist sie 67 Jahre alt – und kann damit beginnen, die eigentlichen Schulden (nebst weiter anfallenden Zinsen) zu bezahlen.
Marion Kleins Schicksal teilen, wie Experten wissen, Hunderttausende von Bundesbürgern. Im Fall Klein standen die Richter vor der kniffligen Frage, wer die Misere zu verantworten hat – der Habenichts, der leichtfertig für fremde Schulden mithaftet, oder die Bank, die sich mit einer eigentlich wertlosen Unterschrift begnügt und später daraus fatale Forderungen herleitet.
Just im Fall Marion Klein hatten Richter Bender und seine Senatskollegen für die Zeit bis zum Jahr 1995, neben der eigentlichen Schuld von 24000 Mark, Zinsrückstände von 30000 Mark errechnet, bei Monatseinkünften von maximal 1400 Mark.

(aus: Der Spiegel Nr. 17/1993)

1. Untersuchen Sie anhand des Berichtes den Weg der Marion Klein in die Schuldenfalle. Was hat sie falsch gemacht?
2. Informieren Sie sich bei der Gemeinde, wo es die nächste Beratungsstelle für Schuldner gibt.
3. Untersuchen Sie Prospektmaterial von verschiedenen Rechtsschutzversicherungen. Auf welche weiteren Gefahren wird dort hingewiesen? Verschweigen auch die Prospekte etwas?
4. Erörtern Sie den Anspruch des Rechtsdenkers Otto von Gierke, das BGB sei eine furchtbare Waffe in der Hand des Starken und ein schwaches Werkzeug in der Hand des Schwachen. Informieren Sie sich beim Amtsgericht über Rechtshilfen für sozial Schwache.

2. Rechtsprechung durch Gerichte

2.1 Folgen einer „bösen Tat"?

Unerlaubte Handlung
Deliktfähigkeit
Straftaten
Strafmündigkeit

Eine kleine Unaufmerksamkeit im Straßenverkehr, ein leichtfertiger Wurf mit einem Schneeball, ein mutwilliger Streich in der „Walpurgisnacht" zum 1. Mai – und schon kommen wir mit dem Gesetz in Konflikt. Jede Tat kann zwei Folgen haben: eine zivilrechtliche und eine strafrechtliche. Zivilrechtlich spricht man von einer unerlaubten Handlung, wenn jemand das Leben oder ein sonstiges Recht eines anderen verletzt und damit schadensersatzpflichtig wird. Diese als Deliktfähigkeit bezeichnete Haftbarkeit beginnt eingeschränkt mit Vollendung des 7. Lebensjahres, wenn das Kind oder der Jugendliche bei der Begehung der Tat die erforderliche Einsicht hatte; sie gilt uneingeschränkt mit Eintritt der Volljährigkeit. Zivilrechtlich geht es um Schadensersatz, etwa bei einer Sachbeschädigung oder einer Körperverletzung. Sachbeschädigung und Körperverletzung sind zugleich auch Straftaten, d.h. man kann außerdem nach den Bestimmungen des Strafgesetzbuchs (StGB) belangt werden. Denn um die Menschen in ihren Rechten zu schützen und die öffentliche Ordnung zu gewährleisten, hat der Gesetzgeber eine Reihe von sozial schädlichen Handlungen unter Strafe gestellt. Da die Strafe den Täter ungleich schwerer trifft, indem sie ihn auch moralisch verurteilt und ihn zum Vorbestraften macht, beginnt die Strafmündigkeit erst mit Vollendung des 14. Lebensjahres. Für Jugendliche zwischen 14 und 18 Jahren gilt das Jugendstrafrecht, d.h. sie werden noch nicht wie Erwachsene bestraft. Auch auf Heranwachsende zwischen 18 und 20 Jahren kann noch das Jugendstrafrecht angewandt werden. Man geht davon aus, dass Erziehungsmaßnahmen oder Freizeitarrest mehr Erfolg haben können als Strafen, deren abschreckende Wirkung ohnehin fraglich ist.

Kriminalität

Denn ständig berichten die Medien über ein Ansteigen der Kriminalität, über Wohnungseinbrüche, Fahrraddiebstähle, Drogendelikte oder Übergriffe gegen Ausländer. Wachstum der Kriminalität bedeutet, dass die Gesamtzahl der angezeigten Straftaten zunimmt, wobei man davon ausgeht, dass auch die Zahl der Straftäter ansteigt. Die Ursachen hierfür sind vielfältig: die zunehmende Anonymität der Lebensverhältnisse, das Nachlassen familiärer Bindungen, die Unfähigkeit, mit der Freizeit umzugehen. So spielt etwa Anonymität eine Rolle, wenn ein Jugendlicher nicht mehr eine ihm bekannte „Tante Emma" bestiehlt, sondern einen Kaufhauskonzern, der die Diebstähle bereits vorweg in die Preise einkalkuliert hat. Die Unwirtlichkeit mancher Großstadtviertel und die Langeweile können zur Bildung von Banden beitragen, die sich nicht mehr mit harmlosen Streichen begnügen. Auch der Drogenmissbrauch nimmt zu und zugleich die sogenannte Beschaffungskriminalität, nämlich Diebstähle und Raub. Wachstum der Kriminalität ist jedoch mehr als nur die Zunahme der Straftaten; sie weist hin auf eine wachsende Gewaltbereitschaft und auf ein Schwinden der Achtung vor den Rechten anderer.

Kriminologie

Die Kriminologie befasst sich nicht nur mit den Ursachen der Kriminalität, sondern auch mit ihrer Bekämpfung. Hierzu dient nicht nur das Strafrecht, sondern auch vorbeugende Maßnahmen, etwa eine bessere Betreuung von Jugendlichen durch Sozialarbeiter. Dazu gehört auch das Eingreifen der Jugendämter bei auffällig gewordenen Kindern, die noch nicht strafmündig sind.

MATERIAL 18 Ein Jugendstreich?

(dpa). Aus Rache haben ein deutscher und ein türkischer Junge den Brand im Turm der Nürnberger Christuskirche verursacht. Der Zwölf- und der 13-jährige gestanden, aus Wut über einen Rausschmiss aus dem Jugendtreff der Kirche das Mobiliar eines im ersten Stock des Turms gelegenen Gemeinschaftsraumes in Brand gesteckt zu haben, teilte die Polizei am Montag mit. Das Feuer hatte in der Nacht zum Freitag den 99 Jahre alten Turm zerstört und Millionenschaden angerichtet. ... Die zwei Jungen waren an einem für Renovierungsarbeiten an dem 64 Meter hohen Turm aufgestellten Gerüst hochgeklettert und dann durch ein eingeschlagenes Fenster eingestiegen. ... Sie hätten den Jugendtreff „abfackeln“ wollen, sagten die Jungen. ... Der Fall wurde an die Jugendbehörde der Stadt weitergeleitet.

(aus: Badische Zeitung vom 8.6.1993)

MATERIAL 19 Rechtsbestimmungen

Unerlaubte Handlungen

§ 823 BGB (Schadensersatzpflicht)

(1) Wer vorsätzlich oder fahrlässig das Leben, den Körper, die Gesundheit, die Freiheit, das Eigentum oder ein sonstiges Recht eines anderen widerrechtlich verletzt, ist dem anderen zum Ersatz des daraus entstehenden Schadens verpflichtet.

Gemeingefährliche Straftaten

§ 306 StGB (Schwere Brandstiftung)

Mit Freiheitsstrafe nicht unter einem Jahr wird bestraft, wer in Brand setzt

1. ein zu gottesdienstlichen Versammlungen bestimmtes Gebäude,
2. ein Gebäude, ein Schiff oder eine Hütte, welche zur Wohnung von Menschen dienen. ...

1. Mit welchen Konsequenzen müssen die beiden noch nicht strafmündigen Täter rechnen (Mat. 18)?
2. Erarbeiten Sie anhand der Rechtsbestimmungen die Unterschiede zwischen Privatrecht und öffentlichem Recht. Warum werden bestimmte Handlungen bestraft? Welche Rechtsfolgen können Handlungen über die Strafe hinaus haben?
3. Erörtern Sie mögliche Ursachen für die zunehmende Gewaltbereitschaft unter Jugendlichen. Ist sie ein Hinweis auf wachsende Kriminalität?

MATERIAL 20 Ein SPIEGEL-Bild

Ein Schüler, 16, radelt nach Hause. „Bleib mal stehen", ruft ein etwa Gleichaltriger. Der schmächtige Gymnasiast hält an. „Gib mir deine Brieftasche", verlangt der Stärkere. Als der Radfahrer sich weigert, schlägt ihm der andere ins Gesicht, durchsucht ihn und nimmt ihm 50 Mark ab.

Ein Mädchen kann bei einem Hip-Hop-Konzert die Bühne nicht sehen und bittet die vorne Stehenden, ein wenig zur Seite zu gehen. „Leck mich, Schlampe", raunzt einer zurück. Die Clique des beleidigten Mädchens, kaum einer ist volljährig, fordert den Pöbler und seine Freunde auf, sich draußen zu prügeln. Auf einer Wiese treten und boxen sie sich, zehn gegen zehn – bis die Ersten Messer ziehen. Sie verletzen zwei mit Bauchstichen so stark, dass die Gedärme austreten. Ein Rettungshubschrauber fliegt die beiden ins Krankenhaus.

Zwei Jugendliche schlendern abends an einem Parkplatz vorbei. Der eine bemerkt, dass sich jemand mit einem Messer an den Reifen eines Wagens zu schaffen macht. „Was soll das?" ruft er. Der Reifenstecher zieht eine Pistole und erschießt den Jungen.

Die drei Straftaten ereigneten sich in den vergangenen Monaten nicht in der New Yorker Bronx, sondern in der niedersächsischen Landeshauptstadt Hannover: Der Radfahrer wurde im Stadtteil Groß-Buchholz überfallen, die Massenstecherei fand vor den Toren der Haushaltsmesse „Infa" statt, der tödliche Schuss fiel in Vahrenheide.

Die Opfer der zunehmenden Jugendkriminalität halten meist still: aus Angst vor Rache – und weil sie bei Eltern oder Polizei sowieso keine Hilfe suchen. Wer selber gelegentlich hascht oder Graffiti sprüht, will mit Ordnungshütern lieber nichts zu tun haben. Und bei den Eltern beobachtet der hannoversche Streetworker Peter Eisler, 47, „eine Haftpflicht-Mentalität": Niemand fühle sich persönlich verantwortlich. Staat und Gesetz sollen die lieben Kleinen in Schach halten.

Die jüngsten Teufel und Krieger sind zwischen zehn und elf Jahre alt, aber sie lernen schnell: dass ihr Gebiet ihnen gehört, dass Fremde Prügel bekommen und dass „Abziehen" eine gute Methode ist, um das Taschengeld aufzubessern. Abziehen nennen die Kids, was die Strafjustiz als Raub verfolgt – anderen Geld wegnehmen, die Swatch-Uhr oder die teure Chevignon-Jacke.

„Zwei Drittel der Jugendlichen geht es heute sehr gut", sagt Streetworker Eisler, „für die kommt es darauf an, die richtige Jacke zu tragen und keine Party zu verpassen." Der Rest könne sich dagegen, entsprechend der Erwachsenen-Statistik, immer weniger leisten: „Was die haben wollen, nehmen sie den Reicheren einfach ab."

Die Erfolgsquote der seit Oktober 1994 arbeitenden Sondergruppe verrät die Grenzen der Ermittler: 10 jugendliche Täter wurden ertappt, 50 Straftaten aufgeklärt. Die Dunkelziffer schätzen Beamte um das 20- bis 40-fache höher. Mit den beschlagnahmten Waffen ließe sich ein Killer-Thriller ausstatten: rasiermesserscharfe Macheten, Totschläger, Pistolen. An einer Berufsschule nahmen Beamte einem Jugendlichen einen sogenannten Morgenstern ab – eine Eisenkugel mit spitzen Zacken, die an einer Kette hängt.

(aus: Der Spiegel Nr. 3/1996, S. 106)

MATERIAL 21 Ein Volk von Dieben?

Frage: „Vielfach ist es ja üblich, dass sich jemand, der in einem Büro angestellt ist, von dort Schreibpapier, Bleistifte oder anderes kleineres Büromaterial für seinen privaten Gebrauch mit nach Hause nimmt."

Antworten in %	1959	1977	1980	1985
Kann er ruhig tun	5	13	13	15
Nur ausnahmsweise	18	29	33	41
Auf keinen Fall	73	52	49	38
Unentschieden	4	6	5	6

(danach nicht mehr erhoben)

(aus: Institut für Demoskopie, Allensbach)

1. Wie hat sich laut Umfrage die Einstellung der Bevölkerung zum Eigentum geändert? Wie lässt sich diese Änderung erklären?
2. Auf welche Entwicklung weist der Bericht hin? Welche Ursachen werden genannt? Kann man diese Entwicklung aufhalten?
3. Wurden Sie schon einmal durch kriminelle Handlungen betroffen? Diskutieren Sie, was unter Kriminalität zu verstehen ist.

2.2 Die Hauptverhandlung – ein Verfahren mit fairen Regeln

Die Hauptverhandlung ist das Ende eines oft langwierigen, von der Öffentlichkeit meist unbeachteten Verfahrens. Straftaten müssen zunächst angezeigt oder von der Polizei gemeldet werden. Zuständig für die Bearbeitung ist die Staatsanwaltschaft, ein zur Objektivität verpflichtetes Organ der Rechtspflege, welche zunächst einmal den Sachverhalt ermittelt. Liegen keine hinreichenden Beweise für eine Straftat vor, wird das Verfahren eingestellt. Handelt es sich um eine geringfügige Straftat, dann kann sie beim Amtsgericht einen Strafbefehl beantragen, z.B. eine Geldstrafe, gegen die der Beschuldigte Einspruch erheben kann. In diesem Falle muss eine Hauptverhandlung stattfinden. Erhebt aber die Staatsanwaltschaft Anklage, dann prüft das zuständige Gericht in einem sogenannten Zwischenverfahren nochmals den Sachverhalt und entscheidet erst dann über die Eröffnung der Hauptverhandlung. Dies hat zur Folge, dass weniger als 10% aller Strafanzeigen zu einer Gerichtsverhandlung führen.

Staatsanwaltschaft

Strafbefehl

Um den Gang einer Hauptverhandlung zu verstehen, muss man die grundlegenden Prozessregeln kennen, die genau eingehalten werden müssen, soll das Urteil nicht wegen irgendwelcher Formfehler aufgehoben werden. Denn es handelt sich um ein Anklageverfahren, in welchem die Staatsanwaltschaft die Anklage vor einem unabhängigen Gericht beweisen muss. Gelingt ihr dies nicht, dann ist der Angeklagte nach dem Grundsatz „in dubio pro reo" freizusprechen. Der Angeklagte hat das Recht, zu den ihm gegenüber erhobenen Vorwürfen zu schweigen, sie zu leugnen oder sich auf plausibel klingende Aussagen zu berufen, etwa zu behaupten, er habe das Auto nicht aufgebrochen, um zu stehlen, sondern um sich vor einem Gewitter zu schützen. Es ist Sache der Staatsanwaltschaft, das Gegenteil zu beweisen. Um eine faire und sachliche Prozessführung zu gewährleisten, gilt der Grundsatz der Öffentlichkeit, d.h. alle Bürger müssen die Möglichkeit haben, an der Hauptverhandlung teilzunehmen. Ein Ausschluss der Öffentlichkeit ist nur in gesetzlich geregelten Ausnahmefällen möglich, wenn es etwa um Geschäftsgeheimnisse oder um die Gefährdung der Staatssicherheit geht, ferner bei Jugendstrafverfahren. Aus der Öffentlichkeit des Verfahrens ergibt sich auch der Grundsatz der Mündlichkeit: Es ist z.B. unzulässig, sich auf schriftlich vorliegendes Beweismaterial zu berufen. Zur Urteilsfindung darf nur verwendet werden, was in der Hauptverhandlung mündlich vorgetragen wurde. Die Öffentlichkeit des Verfahrens, zu der auch Presseberichte beitragen, soll gewährleisten, dass Urteile wirklich „im Namen des Volkes" gefällt werden. Zu den Regeln eines fairen Verfahrens gehört auch, dass der Angeklagte die Möglichkeit hat, sich zu seiner Verteidigung der Hilfe eines Anwalts zu bedienen. Strenge Regeln gelten auch für Zeugen und Sachverständige: Sie müssen nach bestem Wissen und Gewissen aussagen, Falschaussagen sind strafbar.

Anklageverfahren

„In dubio pro reo"

Öffentlichkeit

Mündlichkeit

Verteidigung

Gesetzlicher Richter ist das für den Tatort zuständige Gericht, welches je nach Schwere der Tat in erster Instanz aus einem Berufsrichter besteht oder sich aus einem bis drei Berufsrichtern und zwei Schöffen zusammensetzt. Die Zuständigkeit der Richter für bestimmte Buchstaben des Alphabets ergibt sich aus einem u.U. schon lange vor der Tat erstellten Geschäftsverteilungsplan; die für

Gesetzlicher Richter

Schöffen

den betreffenden Tag zuständigen Schöffen werden ausgelost. Schöffen sind den Berufsrichtern gleichgestellte Laienrichter, die nach einem komplizierten Wahl- und Auslosungsverfahren ausgewählt werden. Jeder Bürger kann zum Schöffen bestimmt werden; nur in wenigen begründeten Fällen kann man sich dieser staatsbürgerlichen Pflicht entziehen.

Hauptverhandlung
Zeugen
Beweisaufnahme
Rechtsmittelbelehrung
Ermessensspielraum
Berufung
Revision

Die Hauptverhandlung verläuft nach einem strengen Zeremoniell: Aufruf der Sache und Feststellung, dass der Angeklagte, sein Verteidiger, die Zeugen und gegebenenfalls die Sachverständigen erschienen sind. Die Zeugen werden über ihre Pflicht belehrt, auf die Folgen falscher Aussagen hingewiesen und müssen sodann den Saal verlassen. Es folgen die Vernehmung des Angeklagten zur Person, die Verlesung der Anklageschrift durch den Staatsanwalt und die Vernehmung des Angeklagten zur Sache. Bei der anschließenden Beweisaufnahme werden Zeugen und Sachverständige vernommen, Protokolle verlesen, Fotos vom Tatort untersucht. Der Richter hat das Recht und die Pflicht, jederzeit in die Vernehmung einzugreifen. Es folgen die Plädoyers des Staatsanwalts und des Verteidigers, dann hat der Angeklagte die Gelegenheit zu einem letzten Wort, danach zieht sich das Gericht zur Beratung zurück. Das Urteil wird „im Namen des Volkes" verkündet, wobei sich das Publikum erhebt; anschließend wird das Urteil in den wesentlichen Punkten begründet; es folgt die Rechtsmittelbelehrung, d.h. der Angeklagte wird auf sein Recht hingewiesen, Berufung oder Revision einzulegen. Bei der Urteilsfindung hat der Richter einen nicht unerheblichen Ermessensspielraum, was die Beweiswürdigung, die Schwere der Tat und die zu verhängende Strafe anbetrifft. Daraus erklärt sich, dass immer wieder der Angeklagte, der Staatsanwalt oder gar beide die nächsthöhere Instanz anrufen. Bei einer Berufung wird der gesamte Fall nochmals vor einer Strafkammer verhandelt, die mit drei Berufsrichtern besetzt ist. Bei einer Revision wird nicht mehr das gesamte Verfahren aufgerollt, sondern lediglich überprüft, ob die Rechtsvorschriften beachtet wurden.

MATERIAL 22 Eine Anklageschrift

Anklageschrift

Der am 15.5.1949 in Karlsruhe geborene, in E., Schillerplatz 18 wohnhafte, verheiratete Bundesbahnsekretär

Hans Seidl

– Verteidiger: Rechtsanwalt K. Binder, Karlsruhe –

wird angeschuldigt,

er habe in seiner Eigenschaft als Beamter der Bahnpolizei am 15.1.1986 die Bahnhofsgaststätte des Hauptbahnhofs in Karlsruhe betreten und dort dem leicht angetrunkenen Hilfsarbeiter Herbert Weiss, der andere Gäste belästigt habe, ohne rechtfertigenden Grund zwei Schläge ins Gesicht versetzt.

Er habe somit als Amtsträger während der Ausübung seines Dienstes einen anderen körperlich misshandelt.

Vergehen, strafbar nach §§ 340, 223 Strafgesetzbuch.

Es wird beantragt, die Anklage zuzulassen und das Hauptverfahren vor dem Strafrichter zu eröffnen.

Wesentliches Ergebnis der Ermittlungen

Der Angeschuldigte gibt an, dass er der Meinung gewesen sei, Weiss wolle ihn angreifen. Deshalb habe er mit seiner linken Hand den Arm des Angreifers weggeschlagen. Dabei habe er ihn mit der flachen Hand unbeabsichtigt auf der Wange getroffen. Nach den Angaben des Verletzten und denen der unbeteiligten Zeugen B. und D. ist Weiss indessen zweimal geschlagen worden. Zumindest der zweite Schlag ist weder gerechtfertigt noch entschuldigt.

Rechberg, Staatsanwalt

MATERIAL 23 **Ermittlungs- und Zwischenverfahren**

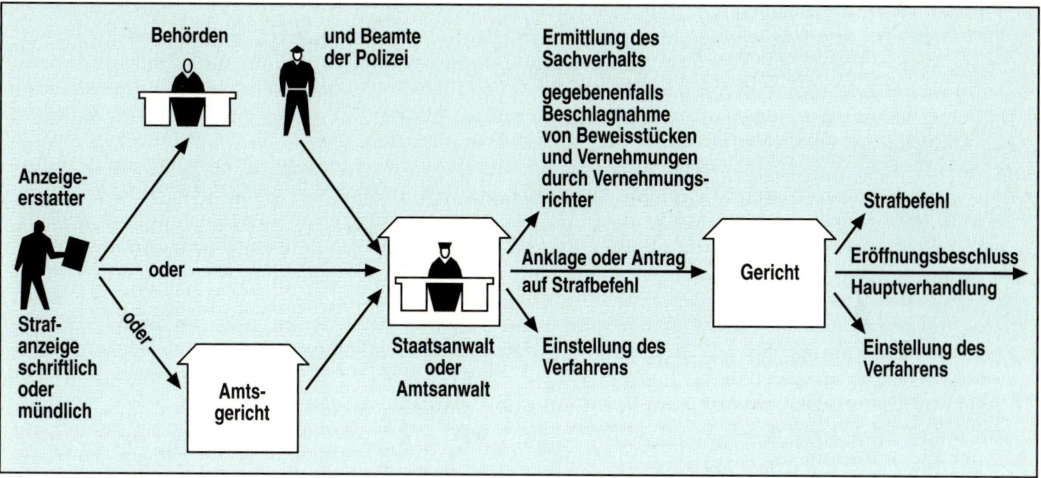

1. Untersuchen Sie anhand des Schaubildes, welchen Weg das Verfahren gegen Hans Seidl bereits zurückgelegt hat. Was hat die Staatsanwaltschaft bereits ermittelt?
2. Soll das Gericht aufgrund der Anklageschrift die Hauptverhandlung eröffnen oder das Verfahren wegen Geringfügigkeit einstellen?
3. Welche Möglichkeit hat Hans Seidl, sollte das Gericht gegen ihn einen Strafbefehl verhängen?

MATERIAL 24 **Vor Gericht**

MATERIAL 25 Aus dem Plädoyer des Verteidigers

„Wie wir erst in der Hauptverhandlung von dem Zeugen Kaler erfahren haben, handelt es sich bei den Zeugen Becker und Dinkel nicht um „unbeteiligte Zeugen“. Sie waren, was im Ermittlungsverfahren nicht bekannt geworden war, mit dem Zeugen Weiss vor längerer Zeit in nähere Beziehung gekommen. Und zwar waren sie in den Verdacht geraten, gemeinsam mit dem Zeugen Weiss auf dessen Arbeitsstelle Baumaterial entwendet zu haben. Das Verfahren ist allerdings gegen alle Zeugen mangels anstehenden Beweises eingestellt worden. Bereits diese Verbindung lässt Zweifel an der Objektivität ihrer Aussage aufkommen. Weiter ist zu berücksichtigen, dass ihre Angaben in der Hauptverhandlung über die von ihnen angeblich beobachteten zwei Schläge wesentlich unsicherer waren, als die Aussagen in dem Ermittlungsverfahren. Die eindringliche Frage des Gerichts an den Zeugen Becker, ob er den zweiten Schlag mit absoluter Sicherheit beobachtet hat, ist von ihm mit den Erklärungen beantwortet worden, er sei sich „einigermaßen sicher“ und er „glaube richtig gesehen zu haben“. Auch der Zeuge Dinkel hat seine ehedem sehr bestimmte Schilderung in der Hauptverhandlung dahin eingeschränkt, dass er nunmehr sagte, „soweit mir aus der Entfernung eine Beobachtung möglich war, meine ich, auch den zweiten Schlag gesehen zu haben“.
Diesen unsicheren Bekundungen steht nicht nur die Einlassung des Angeklagten gegenüber, sondern auch die Aussage des Zeugen Mittnang. Dieser konnte zwar nicht ausschließen, dass ein zweiter Schlag erfolgt ist, weil er an der weiteren Beobachtung durch die Beaufsichtigung seines Kindes gehindert war, doch hat er die Darstellung des Angeklagten über das Geschehen, das zu dem ersten Schlag geführt hat, voll bestätigt. Hiernach konnte der Angeklagte die Geste des Weiss als den Beginn eines tätlichen Angriffs ansehen.
Es ergibt sich somit folgendes: Der erste Schlag, der unzweifelhaft die Wange des Zeugen Weiss berührte, war eine Abwehrhandlung, die durch Notwehr gerechtfertigt oder durch Putativnotwehr entschuldigt war. Der angeblich zweite Schlag ist nicht erwiesen. Wie von mir bereits ausgeführt worden ist, kann im Hinblick auf das Bestreiten des Angeklagten auf die Aussagen der Zeugen Becker und Dinkel ein Schuldbeweis nicht gestützt werden. Dabei kann nicht außer Betracht bleiben, dass dem Angeklagten auch nach seiner Persönlichkeit das unbegründete Schlagen nicht zuzutrauen ist. Nach den Angaben des Vorgesetzten des Angeklagten, des Polizeirats Wellner, gehört der Angeklagte zu den sehr besonnenen Beamten. Er habe gerade bei Einsätzen beobachten können, dass der Angeklagte mit großer Zurückhaltung und Ruhe vorgegangen sei.
Die Staatsanwaltschaft misst jeglicher Ausschreitung von Polizeibeamten im Dienst – insbesondere der Körperverletzung im Amt – große Bedeutung bei. Der nachdrücklichen Verfolgung derartiger Taten steht aber auch die Verpflichtung gegenüber, im Hinblick auf die Schwere des Unrechts und die sich daraus für den Beamten ergebenden Folgen strenge Anforderungen an den Schuldbeweis zu stellen.
Da dieser – wie dargelegt – nicht als erbracht anzusehen ist, beantrage ich, den Angeklagten freizusprechen.“

(aus: Dietrich Rahn, Mustertexte zum Strafprozess, 4. Auflage, C.H. Beck, München 1987, S. 162f.)

1. Erarbeiten Sie, welche Folgen eine Verurteilung in einem Strafprozess für einen Bürger haben kann. Welche Anforderungen müssen an ein rechtsstaatliches Strafverfahren gestellt werden?
2. Untersuchen Sie Anklageschrift und Plädoyer des Verteidigers zum Fall Hans Seidl (Material 22 und 25) und stellen Sie in Gruppenarbeit Argumente für und gegen eine Verurteilung zusammen. Lassen Sie die Argumente nochmals in zwei Plädoyers vortragen, und stimmen Sie ab.
3. Der Strafrahmen für Körperverletzung im Amt (§ 340 StGB) beträgt drei Monate bis fünf Jahre, in minder schweren Fällen bis zu drei Jahre oder Geldstrafe. Warum lässt der Gesetzgeber dem Richter diesen Ermessensspielraum?
4. Stellen Sie anhand dieses Falles die Verantwortung des Richters bei der Wahrheitsfindung und bei der Strafzumessung dar. Warum ist es notwendig, dass dem Verurteilten die Rechtsmittel der Berufung und der Revision zustehen?

2.3 Strafe muss sein! – Muss Strafe sein?

> *Gerechtigkeitsgefühl*
> Herrn K.s Gastgeber hatten einen Hund, und eines Tages kam dieser mit allen Anzeichen des Schuldgefühls angekrochen. „Er hat etwas angestellt, reden Sie sofort streng und traurig mit ihm", riet Herr K. „Aber ich weiß doch nicht, was er angestellt hat", wehrte sich der Gastgeber. „Das kann der Hund nicht wissen", sagte Herr K. dringlich. „Zeigen Sie schnell Ihre betroffene Missbilligung, sonst leidet sein Gerechtigkeitsgefühl."

(aus: Bert Brecht, Gesammelte Werke in 20 Bänden, Frankfurt, Suhrkamp, 1967, Bd. 2, S. 399)

„Strafe muss sein!" – sagt Volkes Stimme, denn: „Wer nicht hören will, muss fühlen." So unumstritten diese Sätze sein mögen, so sehr gingen und gehen die Meinungen auseinander über Sinn und Zweck, über Angemessenheit und Grenzen der Strafe. Wozu muss Strafe sein? Wann ist Strafe gerecht?

Ein altes Strafprinzip ist der schon in der Bibel (Exodus 21,24) formulierte Grundsatz „Auge um Auge, Zahn um Zahn, Hand um Hand, Fuß um Fuß". Doch geht es hier nicht um blinde Rache, sondern um eine dem Grundsatz der Verhältnismäßigkeit entsprechende Vergeltung nach Maß: Gleiches soll mit Gleichem vergolten werden, damit das Recht wiederhergestellt wird. Um die Wiederherstellung des Rechtes geht es auch den Vertretern des Gedankens der Sühne, nämlich der Versöhnung des Täters mit seinen Mitmenschen. Durch die Sühne soll Schuld ausgeglichen werden, die der Täter durch seine Tat auf sich geladen hat – ein Prinzip, das auch in unserem Strafrecht eine Rolle spielt. Denn § 46 Abs. 1 StGB lautet: „Die Schuld des Täters ist Grundlage für die Zumessung der Strafe. Die Wirkungen, die von der Strafe für das künftige Leben des Täters in der Gesellschaft zu erwarten sind, sind zu berücksichtigen."

Grundsatz der Verhältnismäßigkeit

Schuld

Denn neben diesen eher absoluten Prinzipien der Vergeltung und der Sühne verfolgt unser Strafrecht noch andere Strafzwecke. Ein wichtiger Gesichtspunkt ist die Abschreckung: Durch einen „Denkzettel" soll der Täter davor bewahrt werden, in Zukunft eine gleichartige oder eine andere Straftat zu begehen – eine Maßnahme, die bei Rückfalltätern offensichtlich nicht wirkt. Dadurch, dass sozial schädliche Handlungen wie Trunkenheit am Steuer unter Strafe gestellt werden, soll die Allgemeinheit abgeschreckt werden. Ein für die Strafzumessung wichtiger Gesichtspunkt ist die Resozialisierung, nämlich die Wiedereingliederung des Täters in die Gesellschaft. Aus diesem Grunde wird bei Ersttätern Freiheitsstrafe oft zur Bewährung ausgesetzt, um ihnen noch einmal eine Chance zu geben. Nicht zuletzt gilt der Grundsatz der Sicherung der Gesellschaft, der – etwa bei Sicherungsverwahrung – weit über das eigentliche Strafmaß hinausgehen kann.

Strafzwecke

Den Strafzwecken entsprechen die unterschiedlichen Strafmaßnahmen. Als Denkzettel genügt vielleicht eine Geldstrafe von mindestens fünf, höchstens 360 Tagessätzen. Um den unterschiedlichen Einkommensverhältnissen gerecht zu werden, betragen die Tagessätze mindestens zwei und höchstens

Strafmaßnahmen

10000 DM. Als Denkzettel und Abschreckung der Allgemeinheit gilt auch die Freiheitsstrafe. Doch um den Täter vor schädlichen Einflüssen in der Strafanstalt zu bewahren, sollen Freiheitsstrafen unter sechs Monaten möglichst nicht verhängt werden. Als sinnvoller erachtet man die Strafaussetzung auf Bewährung, d.h. der Täter bleibt straffrei, wenn er sich während der Bewährungszeit keiner Straftat schuldig macht.

Jugendgerichtsgesetz

Bei Jugendlichen besteht wegen ihrer noch nicht abgeschlossenen persönlichen Entwicklung eher als bei Erwachsenen eine begründete Hoffnung auf Besserung. Aus diesem Grund hat man die gegen Verfehlungen Jugendlicher zu ergreifenden Maßnahmen in einem besonderen Gesetz festgelegt, nämlich dem Jugendgerichtsgesetz (JGG). Es gilt für Jugendliche, die zur Zeit der Tat noch nicht 18, sowie für Heranwachsende, die zur Zeit der Tat noch nicht 21 Jahre alt waren. Ähnlich wie das Erwachsenenstrafrecht versucht es, Freiheitsstrafen zu vermeiden, und beschränkt sich daher zunächst auf Erziehungsmaßregeln und Zuchtmittel. Es bietet den Rahmen für eine Reihe von Versuchen, Jugendliche – zumindest bei leichten Verfehlungen – in die Gesellschaft einzugliedern, Schäden wiedergutzumachen und die Täter mit den Opfern ihrer Fehltaten auszusöhnen. Doch gibt es auch immer wieder Stimmen, die angesichts der zunehmenden Jugendkriminalität härtere Maßnahmen fordern: zwar nicht gerade den im Mittelalter üblichen Pranger, aber doch die Prügelstrafe, die in manchen nichteuropäischen Ländern angewandt wird.

MATERIAL 26 Strafe muss sein?

Drehbarer Pranger (Trülle)

MATERIAL 27 „Makaberer Jux“ jetzt vor Gericht

(dpa). Wegen gemeinschaftlicher Nötigung und gefährlicher Körperverletzung ist in Saarbrücken der Prozess gegen zwei Schüler im Alter von 14 und 15 Jahren eröffnet worden, die im Februar 1993 „aus Jux“ einen Klassenkameraden aufhängen wollten. Das Verfahren gegen einen mitverdächtigen 13-Jährigen wurde wegen Strafunmündigkeit eingestellt. Die Staatsanwaltschaft wirft dem 15-Jährigen vor, einen zwölfjährigen Mitschüler im Polizeigriff zu einem Kartenständer geführt zu haben. Mit den Worten „Jetzt hängen wir dich!“ habe er seinen Klassenkameraden auf einen Stuhl gezogen. Dann soll er ihm mithilfe des 14-jährigen Mitangeklagten eine am Kartenständer befestigte Schlinge um den Hals gelegt und ihn vom Stuhl gestoßen haben. Der zwölfjährige Schüler erlitt dabei eine blutende Kehlkopfprellung. Auslöser des gefährlichen Streits soll eine Auseinandersetzung wegen einer Deutscharbeit gewesen sein.

(aus: Badische Zeitung vom 9.8.1994)

1. Was halten Sie von der Anwendung der in Material 26 dargestellten Strafmaßnahme gegen jugendliche Gewalttäter oder Kaufhausdiebe? Was steht diesen Strafen in der Bundesrepublik entgegen?
2. Erarbeiten Sie anhand der Bestimmungen des JGG (Material 28), welche Maßnahmen gegenüber den beiden Übeltätern (Material 27)angebracht sind. Was soll durch diese Maßnahmen erreicht werden?

MATERIAL 28 Aus dem Jugendgerichtsgesetz in der Fassung vom 11.12.1974

§ 3: Ein Jugendlicher ist strafrechtlich verantwortlich, wenn er zur Zeit der Tat nach seiner sittlichen und geistigen Entwicklung reif genug ist, das Unrecht der Tat einzusehen und nach dieser Einsicht zu handeln. Zur Erziehung eines Jugendlichen, der mangels Reife strafrechtlich nicht verantwortlich ist, kann der Richter dieselben Maßnahmen anordnen wie der Vormundschaftsrichter.

§ 5: (1) Aus Anlass der Straftat eines Jugendlichen können Erziehungsmaßregeln angeordnet werden. (2) Die Straftat eines Jugendlichen wird mit Zuchtmitteln oder mit Jugendstrafe geahndet, wenn Erziehungsmaßregeln nicht ausreichen.

(3) Von Zuchtmitteln und Jugendstrafe wird abgesehen, wenn die Unterbringung in einem psychiatrischen Krankenhaus oder einer Erziehungsanstalt die Ahndung durch den Richter entbehrlich macht.

Erziehungsmaßregeln im Sinne der §§ **9 ff JGG** = Der Richter kann Weisungen erteilen, etwa die Annahme einer Lehr- oder Arbeitsstelle, die Erbringung von Arbeitsleistungen bei einer gemeinnützigen Einrichtung, das Verbot des Umgangs mit bestimmten Personen oder des Besuchs von Gast- und Vergnügungsstätten, die Teilnahme an einem Verkehrsunterricht.

Er kann außerdem die Bestellung eines Erziehungsbeistandes oder Fürsorgeerziehung anordnen.

Zuchtmittel im Sinne der §§ **13 ff JGG** = Der Richter kann den Jugendlichen verwarnen. Er kann ihm Auflagen erteilen, etwa nach Kräften den durch die Tat verursachten Schaden wiedergutzumachen, sich persönlich bei dem Verletzten zu entschuldigen oder einen Geldbetrag bei einer gemeinnützigen Einrichtung zu zahlen. Er kann den Jugendlichen zu Freizeitarrest, zu Kurzarrest von höchstens sechs Tagen oder zu Dauerarrest von höchstens vier Wochen verurteilen. Der Jugendarrest hat nicht die rechtlichen Wirkungen einer Strafe.

Jugendstrafe im Sinne der §§ **17 ff JGG** = Wenn wegen der schädlichen Neigungen des Jugendlichen Erziehungsmaßregeln oder Zuchtmittel nicht ausreichen oder wenn die Schwere der Schuld es erfordert, kann der Richter zu einer Jugendstrafe von unbestimmter Dauer verurteilen, d.h. von mindestens sechs Monaten und höchstens vier Jahren. Bei besonders schweren Verbrechen ist eine Jugendstrafe von bis zu zehn Jahren möglich. Die Jugendstrafe ist Freiheitsentzug in einer Jugendstrafanstalt.

Wenden Sie die Bestimmungen des JGG auf folgende Fälle an:

a) Die 16-jährige Petra wird in einem Kaufhaus bei dem Versuch erwischt, mehrere CDs im Wert von 180 DM mitgehen zu lassen.

b) Der 17-jährige Peter nimmt einem PKW-Fahrer die Vorfahrt. Beim Versuch auszuweichen, prallt dieser gegen eine Mauer und muss für mehrere Monate in eine Klinik. Er hat als Witwer zu Hause einen achtjährigen Sohn zu versorgen.

c) Mehrere alkoholisierte Jugendliche im Alter von 16 bis 18 Jahren übergießen einen schlafenden Obdachlosen mit Benzin und zünden ihn an. Der Mann stirbt einen qualvollen Tod.

MATERIAL 29 Strafen im Mittelalter

Strafen im Mittelalter. Darstellungen im Vordergrund: Stäupen, Enthauptungen, Rädern, Hand abschlagen
Im Hintergrund: Ohr abschneiden, Ertränken, Vierteln, Verbrennen, Hängen, Blenden

MATERIAL 30 „Knast" – Schule fürs Leben?

1. Warum waren die Strafen im Mittelalter so grausam? Welche Strafzwecke sollten mit den hier abgebildeten Maßnahmen erreicht werden?
2. Interpretieren Sie die Darstellungsabsicht des Karikaturisten. Welche negativen Folgen kann der Strafvollzug im „Knast" haben?

MATERIAL 31 Versöhnung statt Strafe?

Karin Heßler (Name von der Redaktion geändert) kam mit einer „Stinkewut“ auf die beiden „jungen Herren“, die da sitzen, als ob jemand ihren Blick an die Tischkante genagelt hat. Am liebsten wären sie ja gar nicht hier. „Irgendwie peinlich“ ist ihm das, druckst Steffen, und „dass man sich verdammt blöd fühlt, wenn man Mist gebaut hat“, brummelt Jochen. Den Mist haben die beiden Potsdamer Schüler zu nächtlicher Stunde auf dem Grundstück der Familie gebaut. Irgendwer in der Clique hatte das Gerücht aufgebracht, die Heßlersche Garage diene als Vorratslager für polnische Zigarettenschmuggler. Also die Tür aufgebrochen und nikotinschwere Beute gemacht! Der große Coup geriet zur Blamage. Statt Zigarettenstapel fanden sie nur rostige Gartengeräte vor. Ihre Wut über den Reinfall ließen Steffen und Jochen gleich tatkräftig aus. Garagenwände wurden mit Farbe besprüht, Regale wahllos durch die Gegend geworfen. Als Karin Heßler die Eindringlinge auf frischer Tat ertappte, sah ihre Garage wie ein Schlachtfeld aus. „Rotzfrech“ seien die „Bengel“ ihr gekommen, als sie sie zur Rede stellte. Da hat sie aus Wut über so viel Dreistigkeit die Polizei geholt, „obwohl man das auch anders hätte regeln können“.
Der Fall landete beim Staatsanwalt. Normalerweise hätten die Heßlers die beiden jugendlichen Delinquenten vor Gericht wiedergesehen. Jetzt aber sitzen sie sich an einem Tisch gegenüber, an dem schon viele mühevolle Dialoge geführt wurden. Der Tisch steht in der Vermittlungsstelle für Opfer und Täter in der Potsdamer Heinrich-Mann-Allee. Seit mehr als einem Jahr probt man hier ein Experiment, das in ganz Brandenburg Schule machen soll. „Täter-Opfer-Ausgleich“ (TOA) lautet die fachliche Bezeichnung – persönliche Konfliktbereinigung zwischen Opfer und Täter einer Straftat, die Herstellung des „Rechtsfriedens“ ohne Einschaltung der komplizierten Justizmaschinerie. …
Seit Jahren schon praktizieren Modellprojekte, freie Träger und Jugendgerichtshilfen diese außergerichtliche Konfliktlösung.
Mehr als 160mal haben Sozialarbeiter Jürgen Gernentz und seine Kollegen im vergangenen Jahr als Vermittler fungiert. Nur in 18 Fällen scheiterte der Versuch, Täter und Opfer an einen Tisch zu bringen und einen von beiden Seiten akzeptierten Ausgleich zu erzielen. Der Garageneinbruch von Jochen und Steffen gehört da in die leichtere Kategorie. An der Spitze der Delikte, wo es zur persönlichen Konfliktbereinigung kam, standen Körperverletzungen. Jürgen Gernentz hat in einjähriger Erfahrung „überraschend viele harte Sachen geschlichtet, wo anfangs keiner geglaubt hat, dass das klappt. Entscheidend ist nicht die Schwere der Tat oder das drohende Strafmaß“, meint Gernentz. „Entscheidend ist, dass etwas in den Köpfen von Tätern und Opfern passiert.“
Grundgedanke des Täter-Opfer-Ausgleichs ist die Suche nach anderen Formen der strafrechtlichen Ahndung – eine Ahndung, die dem Opfer eher gerecht wird als ein Gerichtsverfahren, in dem es als Zeuge zu Sachfragen Auskunft gibt, nicht aber als Person zu Gefühlen und Ängsten. Eine Ahndung aber auch mit vorrangig erzieherischem Aspekt: Der Täter soll nicht büßen, sondern wiedergutmachen. „Die Leute müssen andere Konfliktbewältigungsmechanismen lernen“, meint Sozialarbeiter Gernentz. …
Steffen und Jochen fühlen sich „irgendwie fröhlich“ und „unheimlich erleichtert“. Sie haben es hinter sich gebracht. Wenn sie die vereinbarten Bedingungen erfüllen, wird die Staatsanwaltschaft das Verfahren einstellen. Auch Karin Heßler ist zufrieden. Anfangs war sie „ziemlich misstrauisch, ob die jungen Herren auch wirklich bereuen, was sie da angerichtet haben“ in ihrer Garage. Nach dem Gespräch glaubt sie ihnen die Entschuldigung – „aber sagt eurer Clique weiter, dass das einfach Mist ist, was ihr da macht. Und hört auf, dort immer den großen Macker zu markieren.“ Steffen und Jochen grinsen verlegen. In vierzehn Tagen wird man sie in Heßlers Garage wiedersehen – zum Aufräumen und Wändestreichen.

(aus: Die Zeit vom 7.10.1994, Autorin: Vera Gaserow)

Optimisten schätzen, dass in 30 bis 40% der Fälle dieses Verfahren eine Alternative zum Strafprozess sein kann.

1. Welche Vorteile verspricht man sich davon?
2. Wo liegen die Grenzen des Täter-Opfer-Ausgleichs?

3. Staatliches Gewaltmonopol und Rechte des Einzelnen

3.1 Recht als Grundlage innerstaatlichen Handelns

Überall, wo Menschen zusammenleben, sind sie auf Ordnungen und Gewohnheiten, auf Gebote und Verbote angewiesen, die das Zusammenleben regeln. Diese Ordnungen und Gebote sind von unterschiedlicher Verbindlichkeit.

Moral

Das Gute zu tun und den Nächsten zu lieben wie sich selbst, ist ein Gebot der Moral – eine sittliche Pflicht, die nicht erzwungen werden kann.

Sitten

Anders verhält es sich mit den Sitten, welche als Gewohnheiten oder Bräuche das äußere Verhalten des Menschen regeln. Zwar ist es dem Einzelnen überlassen, ob er den Sitten folgen will, doch muss er bei einem Verstoß oder gar bei „unmoralischem" Verhalten mit öffentlicher Missbilligung rechnen, unter Umständen auch mit rechtlichen Konsequenzen, wenn dieses Missverhalten gegen rechtliche Bestimmungen verstößt.

Recht

Denn von Moral und Sitte unterscheidet sich das Recht dadurch, dass seine Einhaltung durch die staatliche Gewalt erzwungen werden kann.

Subjektives Recht

Für den Einzelnen ist Recht zunächst einmal sein subjektives Recht, z. B. sein Recht auf freie Entfaltung seiner Person oder sein Recht auf Eigentum. Diese eigenen subjektiven Rechtsansprüche stoßen jedoch immer wieder mit den Rechtsansprüchen unserer Mitmenschen zusammen, woraus sich die Notwendigkeit einer allgemeinen Rechtsordnung ergibt,

Objektives Recht

eines objektiven Rechts, welches die gegensätzlichen Interessen ausgleicht und den Einzelnen nach dem Grundsatz der Gerechtigkeit ihre Rechte zuerkennt.

Aufgaben des Rechts

Die Aufgaben des Rechts sind vielfältig. Das Recht gewährleistet zunächst die Ordnung der Gesellschaft, indem es ein gewaltfreies Zusammenleben anstrebt. Zugleich dient das Recht dem Schutz des Einzelnen, indem es etwa die Verletzung von Rechtsgütern bestraft oder den sozial Unterlegenen gegenüber dem wirtschaftlich Mächtigen unterstützt. Indem das Recht bestimmte Verhaltensweisen verbietet und andere gebietet oder empfiehlt, dient es auch der Steuerung menschlichen Zusammenlebens, indem es nicht nur Rechtsverletzungen unter Strafe stellt, sondern z. B. auch durch Vergünstigungen wie den Finderlohn die Bürger zu einem sozial erwünschten Verhalten anregt.

Rechtsfrieden

Vor allem dient das Recht der Sicherung des Rechtsfriedens. Es ist nicht dem Einzelnen überlassen, „sein" Recht gewaltsam durchzusetzen, wie es in früheren Zeiten der Fall war, als noch Blutrache und Fehde herrschten, oder wie es auch heute noch bei kriegerischen Auseinandersetzungen zwischen Völkern der Fall sein kann, weil ein erzwingbares überstaatliches Völkerrecht fehlt.

Staatliches Gewaltmonopol

Grundlage unserer Rechtsordnung ist das Verbot der Eigenmacht (Selbstjustiz). An ihrer Stelle besteht das staatliche Gewaltmonopol: Der Einzelne muss sich an staatliche Gerichte wenden, um sein Recht zu finden.

MATERIAL 32 Verfolgungsjagd endete im Main

(dpa) Frankfurt. Nach einer wilden Verfolgungsjagd durch Taxifahrer stürzte in den frühen Morgenstunden des Mittwochs ein Sportwagen am Frankfurter Westhafen in den Main. Zwei Frauen und ein Mann ertranken. Der Fahrer konnte sich ans Ufer retten.

Ursache der Verfolgungsjagd quer durch die Main-Metropole war ein Streit zwischen einem Taxifahrer und dem Fahrer eines Sportwagens. Dieser soll das Taxi geschnitten haben. Daraufhin verfolgte der Taxifahrer den mit vier Personen besetzten Sportwagen aus Kehl und stellte ihn wenig später. Bei der folgenden Auseinandersetzung wurde der Taxifahrer zusammengeschlagen.
Trotz erheblicher Verletzungen konnte er sich zu seinem Fahrzeug schleppen und über Funk seine Kollegen informieren. Bei der Jagd durch die Taxen verirrte sich der ortsunkundige Sportwagenfahrer, raste durch eine Schranke und flog dann mindestens acht Meter durch die Luft über ein am Kai liegendes Binnenschiff.

(aus: Badische Zeitung vom 21. 1. 1971)

MATERIAL 33 Bestimmungen des Strafgesetzbuches

§ 32 (Notwehr)

(1) Wer eine Tat begeht, die durch Notwehr geboten ist, handelt nicht rechtswidrig.
(2) Notwehr ist die Verteidigung, die erforderlich ist, um einen gegenwärtigen rechtswidrigen Angriff von sich oder einem anderen abzuwenden.

§ 33 (Überschreitung der Notwehr)

Überschreitet der Täter die Grenzen der Notwehr aus Verwirrung, Furcht oder Schrecken, so wird er nicht bestraft.

1. Untersuchen Sie anhand des Zeitungsberichtes, ob sich einer der an der Auseinandersetzung Beteiligten auf Notwehr berufen kann.
2. Welche Maßnahmen der Taxifahrer wären angebracht und berechtigt gewesen?
3. Wie lässt sich an diesem Beispiel erklären, dass es dem Rechtsfrieden dient, wenn nur der Staat durch unabhängige Gerichte die Durchsetzung des Rechts erzwingen kann?

MATERIAL 34 Michael Kohlhaas

Im Jahre 1495 wurde im Heiligen Römischen Reich Deutscher Nation der Ewige Landfriede verkündet, welcher die altüberkommene Einrichtung der Fehde, d. h. der bewaffneten Selbsthilfe für alle verbot. Jeder sollte künftig sein Recht nur noch auf friedliche Weise suchen und sich an ein Gericht wenden. Als oberstes Gericht über den landesherrlichen Gerichten sowie zuständig für Landfriedensbruch und Rechtsverweigerung wurde ein Reichskammergericht eingesetzt, dem jedoch genügend Geld für die Besoldung der Richter fehlte, so dass die meisten Prozesse unerledigt blieben. So kam es, dass der brandenburgische Kaufmann Hans Kohlhase 1535 wegen Rechtsverweigerung mit dem Kurfürsten von Sachsen in Fehde geriet und 1540 hingerichtet wurde. Diese Begebenheit hat – Dichtung mit Wahrheit vermischend – Heinrich von Kleist in seiner Erzählung „Aus einer alten Chronik" aufgegriffen.

Mit einer Koppel Pferde unterwegs, wird der in Brandenburg ansässige Rosshändler Michael Kohlhaas bei der Burg des Junkers Wenzel von Tronka widerrechtlich aufgehalten. Unter dem Vorwand, er habe keinen richtigen Pass, nötigt der Burgvogt Kohlhaas auf Befehl seines Herrn, zwei Rappen als Pfand zurückzulassen. In Dresden erfährt Kohlhaas, dass Tronkas →

Forderung reine Willkür sei. Zurück auf der Tronkenburg muss Kohlhaas feststellen, dass die Pferde durch Feldarbeit und schlechte Unterbringung völlig heruntergekommen sind. Auch sein treuer Knecht ist übel zugerichtet worden. Seine Beschwerde wird vom Burgherrn höhnisch abgewiesen. Kohlhaas verklagt den Junker beim Gericht in Dresden auf Wiederauffütterung der Rappen. Nahezu ein Jahr vergeht, ehe er erfährt, dass die Klage niedergeschlagen sei, da zwei einflussreiche Verwandte des Junkers, die Herren Hinz und Kunz von Tronka, hohe Ämter am sächsischen Hof bekleiden und gegen ihn intrigierten. Kohlhaas lässt nichts unversucht, um auf ordentlichem Wege sein Recht zu bekommen, doch es gelingt ihm nicht, Gerechtigkeit zu erlangen. Als seine Frau Lisbeth – beim Versuch, dem Kurfürsten von Brandenburg eine Bittschrift zu überreichen – von einem Wachsoldaten niedergestoßen wird und an den Folgen der Verletzung stirbt, zögert Kohlhaas nicht länger. Mit sieben Knechten überfällt er die Tronkenburg, brennt sie nieder und tötet alles, was ihm hier in den Weg tritt. Kohlhaas zieht mit einem ständig anwachsenden Kriegshaufen vor die Stadt und verlangt die Auslieferung seines Feindes. Mehrmals fällt er brandschatzend in Wittenberg ein, um seiner Forderung Nachdruck zu verleihen. Indessen verfasst Luther einen flammenden Aufruf an Kohlhaas. Es kommt zu einem heimlichen Gespräch zwischen Luther und Kohlhaas mit dem Ergebnis, dass Luther beim Kurfürsten von Sachsen eine Amnestie erwirkt. Kohlhaas entlässt seine Spießgesellen und begibt sich nach Dresden, um endlich sein Recht zu finden. Doch wieder triumphieren die Tronkas und ihre einflussreichen Freunde: Kohlhaas geht in eine ihm gestellte Falle, wird in den Kerker geworfen und zu Rad und Galgen verurteilt.

Da setzt der Kurfürst von Brandenburg, sein Landesherr, seine Auslieferung durch, doch inzwischen hat der Kaiser bereits ein Verfahren wegen Landfriedensbruch eröffnet. Kohlhaas wird zum Tode verurteilt, doch zuvor erhält er sein Recht. So spricht der Kurfürst von Brandenburg: „Nun, Kohlhaas, heute ist der Tag, an dem dir dein Recht geschieht! Schau her, hier liefere ich dir alles, was du auf der Tronkenburg gewaltsamer Weise eingebüßt ... Nun Kohlhaas, der Rosshändler, du, dem solchergestalt Genugtuung geworden, mache dich bereit, kaiserlicher Majestät, deren Anwalt hier steht, wegen des Bruchs ihres Landfriedens deinerseits Genugtuung zu geben!"

(nach: Heinrich von Kleist, Michael Kohlhaas, Stuttgart, 1982 [Reclam Heft Nr. 218], S. 217)

MATERIAL 35 Zwei Meinungen über Kohlhaas

1 Martin Luther in einem Flugblatt gegen Kohlhaas:

» Kohlhaas, der du dich gesandt zu sein vorgibst, das Schwert der Gerechtigkeit zu handhaben, was unterfängst du dich, Vermessener, im Wahnsinn stockblinder Leidenschaft, du, den Ungerechtigkeit selbst, vom Wirbel bis zur Sohle erfüllt? Weil der Landesherr dir, dem du untertan bist, dein Recht verweigert hat, dein Recht in dem Streit um ein nichtiges Gut, erhebst du dich, Heilloser, mit Feuer und Schwert, und brichst, wie der Wolf der Wüste, in die friedliche Gemeinheit, die er beschirmt. Du, der die Menschen, mit dieser Angabe, voll Unwahrhaftigkeit und Arglist verführt: meinst du, Sünder, vor Gott dereinst, an dem Tag, der in die Falten aller Herzen scheinen wird, damit auszukommen? Wie kannst du sagen, dass dir dein Recht verweigert worden ist, du, dessen grimmige Brust, vom Kitzel schnöder Selbstrache gereizt, nach den ersten leichtfertigen Bemühungen gänzlich aufgegeben hast, es dir zu verschaffen? ... Das Schwert, wisse, das du führst, ist das Schwert des Raubes und der Mordlust, ein Rebell bist du und kein Krieger des gerechten Gottes, und dein Ziel auf Erden ist Rad und Galgen, und jenseits die Verdammnis, die über die Missetat und die Gottlosigkeit verhängt ist. «

2 Der deutsche Rechtsgelehrte Rudolf von Jhering (1818-1892) über Michael Kohlhaas

Welche Betrachtungen knüpfen sich an dieses Rechtsdrama? Ein Mann, rechtschaffen, streng rechtlich, voller Liebe für seine Familie, von kindlich frommem Sinn wird zu einem Attila, der mit Feuer und Schwert die Städte vernichtet, in die sein Gegner sich geflüchtet hat. Und wodurch wird er es? Gerade durch diejenige Eigenschaft, welche ihn sittlich so hoch über alle seine Gegner stellt, die schließlich über ihn triumphieren: durch seine hohe Achtung vor dem Recht, seinen Glauben an die Heiligkeit desselben, die Thatkraft seines ächten, gesunden Rechtsgefühls. Und gerade darauf beruht die tief erschütternde Tragik seines Schicksals, dass eben das, was den Vorzug und den Adel seiner Natur ausmacht: der ideale Schwung seines Rechtsgefühls, seine heroische, Alles vergessende und Alles opfernde Dahingabe an die Idee des Rechts im Contact mit der elenden damaligen Welt: dem Übermuth der Grossen und Mächtigen und der Pflichtvergessenheit und Feigheit der Richter zu seinem Verderben ausschlägt. Was er verbrach, fällt mit verdoppelter und verdreifachter Wucht auf den Fürsten, seine Beamten und Richter zurück, die ihn gewaltsam aus der Bahn des Rechts in die der Gesetzlosigkeit drängten. Denn kein Unrecht, das der Mensch zu erdulden hat, und wiege es noch so schwer, reicht – wenigstens für das unbefangene sittliche Gefühl – von Weitem an das heran, welches die von Gott gesetzte Obrigkeit verübt, indem sie selber das Recht bricht ...

Für die Justiz, welche das Recht gebrochen, gibt es keinen vernichtenderen Ankläger als die dunkle vorwurfsvolle Gestalt des Verbrechers aus verletztem Rechtsgefühl – es ist ihr eigener blutiger Schatten. Das Opfer einer käuflichen oder parteiischen Justiz wird fast gewaltsam aus der Bahn des Rechts herausgestossen, wird Rächer und Vollstrecker seines Rechts auf eigene Hand und nicht selten, indem er über das nächste Ziel hinausschiesst, ein geschworener Feind der Gesellschaft, Räuber und Mörder. Aber auch derjenige, den seine edle, sittliche Natur gegen diesen Abweg schützt, wie Michael Kohlhaas, wird Verbrecher, und indem er die Strafe desselben erleidet, Märtyrer seines Rechtsgefühls. Man sagt, dass das Blut der Märtyrer nicht umsonst fliesse, und es mag sich das bei ihm bewahrheitet und sein mahnender Schatten noch auf lange ausgereicht haben, um eine solche Vergewaltigung des Rechts, wie sie ihn getroffen hatte, unmöglich zu machen.

(aus: Rudolf von Jhering, Der Kampf ums Recht, unveränderter Nachdruck der 4. Auflage [Wien 1874], herausgegeben von der Wissenschaftlichen Buchgesellschaft, Darmstadt, 1963, S. 62f.)

1. Diskutieren Sie den Fall Michael Kohlhaas. Warum greift Kohlhaas trotz des inzwischen verkündeten Ewigen Landfriedens zu dem verbotenen „Rechtsmittel" der Fehde?
2. Stellen Sie die Ausdrücke zusammen, mit denen Luther und Jhering das Verhalten des Michael Kohlhaas bewerten. Welche unterschiedlichen Vorstellungen im Hinblick auf Selbstjustiz, Widerstandsrecht, staatliches Gewaltmonopol und Verhältnismäßigkeit der Mittel werden ersichtlich?
3. Vergleichen Sie die Handlungsweise des Michael Kohlhaas mit der der Taxifahrer (Material 32). Berücksichtigen Sie dabei die unterschiedlichen politischen Verhältnisse und Rechtsordnungen.
4. Erörtern Sie die These, dass der auf die Spitze getriebene Rechtsanspruch das höchste Unrecht sein kann (summum ius summa iniuria).

3.2 Rechtsfriede und Strafgesetz

Eine Dame nimmt einen ihr nicht gehörenden Mantel vom Garderobenhaken und verlässt ein Lokal. Eine Frau schneidet mit einem Messer einem älteren Herrn den Bauch auf. Ein Theologe setzt sich auf eine Straße, um für den Frieden zu demonstrieren. Handelt es sich hierbei um Straftaten?

Sozial schädliche Handlungen

Um den Einzelnen in seinen Rechten zu schützen und den gesellschaftlichen Frieden zu gewährleisten, hat der Gesetzgeber eine Reihe von sozial schädlichen Handlungen unter Strafe gestellt. Dies betrifft Diebstahl, Körperverletzung und Nötigung ebenso wie das Fahren ohne Führerschein, die Steuerhinterziehung und die Urkundenfälschung. Die meisten strafrechtlichen Tatbestände sind im Strafgesetzbuch (StGB) geregelt, andere finden sich in sonstigen Gesetzen, z. B. im Straßenverkehrsgesetz, in der Gewerbeordnung, im Lebensmittelgesetz.

Verbrechen Vergehen

Je nach Schwere und Verwerflichkeit der Tat wird zwischen Verbrechen und Vergehen unterschieden. Verbrechen sind rechtswidrige Taten, die mindestens mit einer Freiheitsstrafe von einem Jahr oder darüber bedroht sind, z. B. Mord, Raub, Brandstiftung, Meineid. Vergehen sind rechtswidrige Taten, die im Mindestmaß mit einer geringeren Freiheitsstrafe oder einer Geldstrafe bedroht sind, z. B. einfacher Diebstahl, Unterschlagung, Körperverletzung, falsche uneidliche Aussage. Bei Verbrechen ist der Versuch stets strafbar, bei Vergehen nur dann, wenn das Gesetz dies ausdrücklich bestimmt. Daneben gab es früher die Übertretungen als minder schwere Form der Straftat, doch wurden diese 1969 entkriminalisiert, d. h. aus dem StGB herausgenommen und im Gesetz über die Ordnungswidrigkeiten (OWiG) nach ähnlichen Vorschriften wie im Strafgesetzbuch neu geregelt. Für die Verfolgung sind die jeweils durch Gesetz bestimmten Verwaltungsbehörden – z. B. Polizei bei Verkehrsordnungswidrigkeiten – zuständig. Ordnungswidrigkeiten werden nicht mit Strafe, sondern mit Geldbuße geahndet, in der Regel zwischen fünf und 1000 DM. Der Täter gilt nach Begleichung der Geldbuße nicht als vorbestraft.

Ordnungswidrigkeit

Da eine Strafe tief in das Leben eines Menschen eingreifen und ihn unter Umständen lebenslang sozial ächten kann, werden nicht nur an das Strafverfahren, sondern auch an die Strafbarkeit einer Tat bestimmte rechtsstaatliche Anforderungen gestellt. Jede Tat muss unter drei Gesichtspunkten überprüft werden, um festzustellen, ob es sich um eine strafbare Tat handelt, nämlich unter den Gesichtspunkten der Tatbestandsmäßigkeit, der Rechtswidrigkeit und der Schuld. Die Dame, die versehentlich einen fremden Mantel statt ihres eigenen an sich nimmt, erfüllt den Strafbestand des § 242 StGB nicht, da ihr die Absicht fehlt, sich diesen Mantel rechtswidrig anzueignen. Tatbestandsmäßigkeit bedeutet, dass alle im Gesetz beschriebenen Tatbestandsmerkmale erfüllt sein müssen. So musste im vergangenen Jahrhundert nach einem Urteil des Reichsgerichtshofes ein technisch begabter Bürger freigesprochen werden, der eine elektrische Leitung angezapft hatte, um sich kostenlos mit Strom zu versorgen. Strom sei keine „bewegliche Sache" befand der Reichsgerichtshof, ein Analogieschluss sei unzulässig, und so musste der Gesetzgeber das StGB nachbessern und den § 248c (Entziehung elektrischer Energie) einfügen. Die Rechts-

Tatbestandsmäßigkeit

Rechtswidrigkeit

widrigkeit ergibt sich in der Regel daraus, dass ein durch das Strafgesetz geschütztes Rechtsgut verletzt wird, was nicht nur durch aktives Tun, sondern auch durch Unterlassung möglich ist, z.B. unterlassene Hilfeleistung oder Nichtanzeige geplanter Straftaten. Es kann aber sein, dass ein Rechtfertigungsgrund vorliegt, so dass die Strafbarkeit einer Tat entfällt. Eine Frau, die mit einem Messer einem älteren Herrn den Bauch aufschneidet, begeht eine Körperverletzung – es sei denn, es handelt sich um eine Chirurgin, die einen entzündeten Blinddarm entfernt, nachdem sie ihren Patienten über eventuelle Operationsrisiken aufgeklärt und dieser seine Einwilligung schriftlich erklärt hat. Rechtfertigungsgründe sind auch die Notwehr und der rechtfertigende Notstand, auf den sich vielleicht – zu Unrecht – der Theologe beruft, der zusammen mit anderen die Zufahrt zu einem Raketendepot blockiert; zu Unrecht, weil dieser Rechtfertigungsgrund nur bei einer gegenwärtigen, nicht anders abwendbaren Gefahr gilt. Schuld schließlich bedeutet die Vorwerfbarkeit des mit Strafe bedrohten Verhaltens. Schuldhaftes Verhalten setzt den Vorsatz voraus, der auch dann vorliegt, wenn der absehbare Erfolg einer Handlung als möglich in Kauf genommen wird. Fahrlässiges Handeln ist hingegen nur strafbar, wenn es ausdrücklich in der betreffenden Strafbestimmung mit Strafe bedroht wird: Wer z. B. irrtümlich eine Falschaussage beschwört, wird nicht wegen Meineids bestraft, möglicherweise aber wegen eines fahrlässigen Falscheides.

Schuld

MATERIAL 36 Sitzblockade: Geldstrafe für Gollwitzer

Schwäbisch Gmünd (lsw). Der 79jährige Berliner Theologieprofessor Helmut Gollwitzer ist, weil er die Zufahrt zum amerikanischen Pershing-II-Depot in Mutlangen blockiert hatte, zu einer Geldstrafe von 3000 Mark verurteilt worden. Das Amtsgericht Schwäbisch Gmünd sprach ihn am Donnerstagabend der gemeinschaftlich begangenen Nötigung schuldig. Es gelte nicht nur sein eigenes Gewissen zu achten, sondern auch das Recht, sagte Richter Werner Offenloch in der Urteilsbegründung.

Gollwitzer hatte sich am 31. August 1985 bei einer „Antikriegsblockade“ zusammen mit 42 weiteren Demonstranten gegen die Atomrüstung auf die Zufahrtsstraße vor das Depot gesetzt und einen US-Soldaten nach den Feststellungen des Gerichts für eine Viertelstunde an der Durchfahrt gehindert. Die Polizei hatte die Zufahrt wieder freigemacht. Gollwitzer begründete seine Teilnahme an der Blockade mit seinem christlichen Glauben. Ein Christ sei verpflichtet, in dieser „rüstungswahnsinnigen Welt“ sein Nein deutlich zu sagen. Er wolle nicht „ein zweites Mal mit meiner Kirche ein Schuldbekenntnis sprechen“. Die Blockade sei eine „zeichenhafte Handlung“ gewesen, um die Menschen vor den Gefahren der Atomrüstung aufzurütteln. Seine Handlung habe niemand geschadet und niemand gefährdet.

Die von Gollwitzer beklagte Gefährdung der Menschheit wurde vom Richter in der Urteilsbegründung bestätigt. Dies sei jedoch „mit oder ohne Mutlangen“ der Fall. Es sei rechtswidrig, mit Blockaden Druck ausüben zu wollen.

(aus: Badische Zeitung vom 5. 6. 1987)

1. Wie begründete Helmut Gollwitzer sein Handeln? Welche Chancen räumen Sie ihm ein, durch eine Sitzblockade die Raketenstationierung zu verhindern?
2. Untersuchen Sie die in den Artikeln 5, 8, 9, 17 und 19 GG enthaltenen Möglichkeiten, auf eine Änderung einer politischen Entscheidung hinzuwirken.
3. Vergleichen Sie diesen Fall mit der auf S. 111 dargestellten Selbstjustiz der Taxifahrer im Hinblick auf Übereinstimmungen und Unterschiede. Erörtern Sie, ob auch Sitzblockaden eine Gefährdung des gesellschaftlichen Friedens zur Folge haben können.

MATERIAL 37 Rechtsbestimmungen des Strafgesetzbuches

§ 240 Nötigung

(1) Wer einen anderen rechtswidrig mit Gewalt oder durch Drohung mit einem empfindlichen Übel zu einer Handlung, Duldung oder Unterlassung nötigt, wird mit Freiheitsstrafe bis zu drei Jahren oder mit Geldstrafe, in besonders schweren Fällen mit Freiheitsstrafe von sechs Monaten bis zu fünf Jahren bestraft.

(2) Rechtswidrig ist die Tat, wenn die Anwendung der Gewalt oder die Androhung des Übels zu dem angestrebten Zweck als verwerflich anzusehen ist.

(3) Der Versuch ist strafbar.

§ 34 Rechtfertigender Notstand

Wer in einer gegenwärtigen, nicht anders abwendbaren Gefahr für Leben, Leib, Freiheit, Ehre, Eigentum oder ein anderes Rechtsgut eine Tat begeht, um die Gefahr von sich oder einem anderen abzuwenden, handelt nicht rechtswidrig, wenn bei Abwägung der widerstreitenden Interessen, namentlich der betroffenen Rechtsgüter und des Grades der ihnen drohenden Gefahren, das geschützte Interesse das beeinträchtigte wesentlich überwiegt. Dies gilt jedoch nur, soweit die Tat ein angemessenes Mittel ist, die Gefahr abzuwenden.

MATERIAL 38 Urteil des Bundesverfassungsgerichts

Sitzblockade ist keine Gewalt

KARLSRUHE (ukn/dpa/AP). Friedliche Sitzblockaden sind keine Gewalt und dürfen nicht mehr als Nötigung bestraft werden. Mit dieser am Mittwoch veröffentlichten Entscheidung erklärte das Bundesverfassungsgericht die bisherige Spruchpraxis der Strafgerichte für verfassungswidrig. Tausende Mitglieder der Friedensbewegung, die wegen Sitzblockaden in den 80er Jahren verurteilt worden waren, können die Wiederaufnahme ihrer Verfahren beantragen. (AZ: 1 BvR 718/89 u. a.)

In der Begründung heißt es, die Strafgerichte hätten den Gewaltbegriff so stark ausgedehnt, dass für den Einzelnen nicht mehr vorhersehbar sei, welches Verhalten verboten ist. Damit werde das Bestimmtheitsgebot des Grundgesetzes verletzt. Die Entscheidung erging mit fünf zu drei Stimmen. Umstritten war vor allem die Auslegung des Gewaltbegriffs. Bislang konnten Sitzblockaden schon dann als gewaltsame Nötigung bestraft werden, wenn sich die Teilnehmer widerstandslos wegtragen ließen. Allerdings sind auch nach der Mehrheitsentscheidung friedlich verlaufende Sitzblockaden nicht unbedingt erlaubt, sie können nach versammlungs- oder verkehrsrechtlichen Vorschriften belangt werden.

1. Wenden Sie den § 240 StGB auf folgende Fälle an: a) Eine Dame hindert einen Autofahrer am Einparken, weil sie die Parklücke für ihren Mann freihalten will; b) Studenten protestieren gegen eine Fahrpreiserhöhung und bringen den Verkehr völlig zum Erliegen, indem sie sich auf die Straßenbahnschienen setzen.
2. Pazifisten wollen durch eine „Antikriegsblockade" ein Zeichen setzen. Untersuchen Sie, warum § 34 StGB auf diesen Fall nicht zutrifft. Erörtern Sie, ob § 240 Abs. 2 StGB eine Rechtfertigung zulassen könnte.
3. Untersuchen Sie das Urteil des BVerfG. Mit welcher Begründung wird die Strafbarkeit von Sitzblockaden abgelehnt?
4. Mit welchen Maßnahmen muss man bei Sitzblockaden weiterhin rechnen? Was ist der Unterschied zwischen diesen Maßnahmen und einer Strafe?

4. Grundrechte und Rechtsstaat

4.1 Recht und Gesetz

Nein, eine Grenze hat Tyrannenmacht;
Wenn der Gedrückte nirgends Recht kann finden,
Wenn unerträglich wird die Last – greift er
Hinauf getrosten Mutes in den Himmel
Und holt herunter seine ew'gen Rechte,
Die droben hangen unveräußerlich
Und unzerbrechlich, wie die Sterne selbst.

Mit diesen Worten weist Friedrich Schiller in seinem Drama „Wilhelm Tell" auf die Existenz ewiger und unveräußerlicher Rechte hin, auf die sich der Einzelne gegen jede Form der Unterdrückung berufen kann, auch wenn diese in Gesetzesform gekleidet ist. Dass Recht und Gesetz nicht unbedingt identisch sind, zeigt sich bei den auf die Unterdrückung der Juden hinzielenden „Nürnberger Gesetzen" des Dritten Reiches.

Was aber ist Recht? Schon seit der Antike hat man die Frage nach dem „richtigen" Recht aufgeworfen. So vertrat Augustinus die Auffassung, dass es ohne wahre Gerechtigkeit kein Recht geben könne. Aus seiner theologisch begründeten Deutung der Rechtsordnung galt ihm diese als Teil und Abglanz des ewigen göttlichen Gesetzes im Rahmen der Schöpfung. Das von den Menschen gesetzte, das positive Recht also, habe sich an diesem überzeitlichen göttlichen Recht als Richtschnur zu orientieren. Verfehle das positive Recht dieses von Gott vorgegebene Recht, dann sei es kein Recht. Eine ähnliche Auffassung hatten zur Zeit der Aufklärung die Vertreter des Naturrechts. Die Existenz eines vorstaatlichen und überzeitlichen Rechts wird bei ihnen aber nicht aus der göttlichen Seinsordnung hergeleitet, sondern aus dem Glauben an die Vernünftigkeit der menschlichen Natur. So spricht Locke von den von Natur aus unveräußerlichen Rechten des Menschen, die jede politische Ordnung als unantastbar zu achten habe.

Positives Recht
Göttliches Recht
Naturrecht

Die Lehre vom Naturrecht hat aber in den letzten beiden Jahrhunderten auch Kritiker gefunden. Sie lassen im Sinne des Rechtspositivismus nur das vorfindliche Recht gelten, denn nur das vom Gesetzgeber gesetzte positive Recht gewährleiste die Rechtssicherheit; ein Naturrecht hingegen sei nirgendwo fixiert, könne also nicht Grundlage der Rechtsprechung sein. Das Naturrecht wurde aber auch durch die rein funktionale Rechtsauffassung des Marxismus und des Nationalsozialismus abgelehnt, welche Gesetz und Recht als Ausdruck und Mittel des Kampfes der Klassen bzw. der Rassen bezeichneten. Mit dieser Abkopplung des Rechts vom alten Naturrecht wurden zugleich die Voraussetzungen für die Menschenrechtsverletzungen der jüngsten Vergangenheit geschaffen.

Rechtspositivismus

Funktionale Rechtsauffassung

Das Grundgesetz für die Bundesrepublik Deutschland hat bewusst an die alte naturrechtliche Tradition angeknüpft, insbesondere hat es die Anerkennung

Menschenrechte

der Würde des Menchen und das Bekenntnis zu den unverletzlichen und unveräußerlichen Menschenrechten als Grundlage unserer staatlichen Gemeinschaft an den Anfang der Verfassung gestellt. Ferner bindet es alle staatliche Gewalt an Gesetz und Recht und bestimmt, dass die Grundrechte Gesetzgebung, vollziehende Gewalt und Rechtsprechung als unmittelbar geltendes Recht binden.

„nulla poena sine lege"

Analogieverbot

Grundsatz der Verhältnismäßigkeit

Gewaltenteilung

Woran aber läßt sich erkennen, dass „Recht" wirklich Recht ist, und nicht ein Instrument der Unterdrückung? Prüfstein der Rechtsstaatlichkeit ist vor allem das Strafrecht, denn es bedeutet den stärksten Eingriff in die Freiheiten und Rechte des Einzelnen. Deshalb regelt das Grundgesetz in den Artikeln 97-104 genau die Grundsätze für ein rechtsstaatliches strafrechtliches Verfahren. Ein wichtiger Grundsatz lautet „nulla poena sine lege" (keine Strafe ohne Gesetz). Er besagt, dass eine Tat nur dann bestraft werden kann, wenn die Strafe gesetzlich bestimmt war, bevor die Tat begangen wurde. Aus diesem Grundsatz ergibt sich auch das Analogieverbot, nämlich das Verbot, zu Lasten des Angeklagten Rechtssätze auf einen vom Gesetzgeber nicht geregelten Tatbestand sinnentsprechend anzuwenden. Ein anderes – aus der Vorstellung der Gerechtigkeit sich ergebendes Prinzip ist der Grundsatz der Verhältnismäßigkeit: Tat und Strafe müssen in einem angemessenen Verhältnis zueinander stehen, übertriebene Strafen sind unzulässig. So schließt das Grundgesetz zum Beispiel die Todesstrafe aus. Nicht zuletzt beruht unsere rechtsstaatliche Ordnung auf dem Grundsatz der Gewaltenteilung: Die Gesetzgebung ist an die verfassungsmäßige Ordnung der vollziehenden Gewalt und die Rechtsprechung ist an Gesetz und Recht gebunden. Für die Gesetzgebung gelten strenge Regeln, die verhindern sollen, dass das Gesetz zum Herrschaftsmittel *einer* Partei wird. Schließlich ist auch die richterliche Unabhängigkeit ein wesentlicher Bestandteil unserer rechtsstaatlichen Ordnung: Der Richter muss unparteiisch sein, Richter können wegen Befangenheit vom Angeklagten abgelehnt werden.

MATERIAL 39 Ein Todesurteil

Im Namen des Deutschen Volkes

In der Strafsache gegen den Regierungsrat Dr. jur. Theodor Korselt aus Rostock, geboren am 24. November 1891 in Buchholz, Erzgeb., zur Zeit in dieser Sache in gerichtlicher Untersuchungshaft, wegen Wehrkraftzersetzung,
hat der Volksgerichtshof, 1. Senat, auf Grund der Hauptverhandlung vom 23. August 1943, an welcher teilgenommen haben

als Richter: Präsident des Volksgerichtshofs Dr. Freisler, Vorsitzer, Landgerichtsdirektor Storbeck, Generalleutnant Cabanis, SA-Gruppenführer Aumüller, Oberbereichsleiter Bodinus,

als Vertreter des Oberreichsanwalts: Landgerichtsdirektor Dr. Schultze,

für Recht erkannt:

Theodor Korselt hat in Rostock in der Straßenbahn kurz nach der Regierungsumbildung in Italien gesagt, so müsse es hier auch kommen, der Führer müsse zurücktreten, denn siegen könnten wir ja nicht mehr und alle wollten wir doch nicht bei lebendigem Leibe verbrennen.
Als Mann in führender Stellung mit besonderer Verantwortung hat er dadurch seinen Treueid gebrochen, unsere nationalsozialistische Bereitschaft zu mannhafter Wehr beeinträchtigt und damit unserem Kriegsfeind geholfen. Er hat seine Ehre für immer eingebüßt und wird mit dem Tode bestraft ...

(aus: Walter Hofer, Der Nationalsozialismus – Dokumente 1933–1945, Frankfurt/M., Fischer, 1957, S. 322)

MATERIAL 40 § 2 Reichsstrafgesetzbuch

Fassung vom 15. 5. 1871: „Eine Handlung kann nur dann mit einer Strafe belegt werden, wenn diese Strafe gesetzlich bestimmt war, bevor die Handlung begangen wurde."
Fassung vom 28. 6. 1935: „Die Reichsregierung hat das folgende Gesetz beschlossen, das hiermit verkündet wird. § 2 des Reichsstrafgesetzbuches vom 15. 5. 1871 wird folgendermaßen geändert: Bestraft wird, wer eine Tat begeht, die das Gesetz für strafbar erklärt oder die nach dem Grundgedanken eines Strafgesetzes und nach gesundem Volksempfinden Strafe verdient. Findet auf die Tat kein bestimmtes Gesetz unmittelbar Anwendung, so wird die Tat nach dem Gesetz bestraft, dessen Grundgedanke auf sie am besten zutrifft."

MATERIAL 41 Der während des „Dritten Reiches" aus dem Universitätsdienst entlassene Rechtsphilosoph und Strafrechtler Gustav Radbruch

vor 1933: Für den Richter ist es Berufspflicht, den Geltungswillen des Gesetzes zur Geltung zu bringen, das eigene Rechtsgefühl dem autoritativen Gesetzesbefehl zu opfern, nur zu fragen, was Rechtens ist, und niemals, ob es auch gerecht sei. Man möchte freilich fragen, ob diese Richterpflicht selbst, ... diese Blankohingabe der eigenen Persönlichkeit an eine Rechtsordnung, deren künftige Wandlungen man nicht einmal ahnen kann, sittlich möglich sei. Aber wie ungerecht immer das Recht seinem Inhalt nach sich gestalten möge – es hat sich gezeigt, dass es einen Zweck stets, schon durch sein Dasein, erfüllt, den der Rechtssicherheit. Der Richter, indem er sich dem Gesetz ohne Rücksicht auf seine Gerechtigkeit dienstbar macht, wird also trotzdem nicht bloß zufälligen Zwecken der Willkür dienstbar. Auch wenn er, weil das Gesetz es so will, aufhört, Diener der Gerechtigkeit zu sein, bleibt er noch immer Diener der Rechtssicherheit.

(aus: Gustav Radbruch, Rechtsphilosophie, 3. Auflage von 1932, S. 38; 8. Auflage, hrsg. von Erik Wolf, Stuttgart, Koehler, 1973, S. 178)

nach 1945: Unserer Zeit bleibt es vorbehalten, den Richter auch zur Abweichung vom staatlichen Gesetz zu ermächtigen. Wir haben es erleben müssen, wie verbrecherische Machthaber ... das Unrecht zum „Recht" erhoben. Der überkommene Positivismus war solchen Gesetzen gegenüber zur Ohnmacht verdammt. Seit einem Jahrhundert hatte er die Juristen im Sinne des strengen Satzes „Gesetz ist Gesetz" erzogen, hatte er sie gewöhnt, das Gesetz nur auf seine formale Geltung zu prüfen und das geltende Recht ohne Rücksicht auf seine Gerechtigkeit oder Ungerechtigkeit anzuwenden. Aber welchen echten Mann des Rechts ... hätte es auf die Dauer erträglich scheinen können, Schandgesetze, wie etwa die Nürnberger Rassengesetze ..., als Recht anzuerkennen? So erhob sich die Erkenntnis, dass Unrecht sich auch in der Form des Gesetzes verbergen könne – Unrecht, gemessen an einem Recht, das höher ist als das staatliche Gesetz – und damit der Gedanke eines „gesetzlichen Unrechts" als Gegenstück zu dem seit langem anerkannten „übergesetzlichen Recht". In Gestalt dieses „übergesetzlichen Rechts" erlebte der alte Gedanke des „Naturrechts" nach hundertjährigem Scheintode seine Wiederauferstehung.

(aus: Gustav Radbruch, Eine Feuerbach-Gedenkrede sowie drei Aufsätze aus dem wissenschaftlichen Nachlass, Tübingen, J. C. B. Mohr, 1952 [Recht und Staat, Heft 172], S. 32)

1. Stellen Sie dar, wie das Urteil des Volksgerichtshofs nach rechtsstaatlichen Grundsätzen zu beurteilen ist. Welcher Strafzweck wurde mit diesem Urteil beabsichtigt?
2. Vergleichen Sie die beiden Fassungen des § 2 RStGB. Inwiefern verstößt die Fassung von 1935 gegen rechtsstaatliche Grundsätze?
3. Untersuchen Sie Radbruchs Meinungswandel. Nehmen Sie Stellung zu der Aussage eines wegen seiner Urteile angegriffenen ehemaligen Richters an einem Kriegsgericht: „Was gestern Recht war, kann heute nicht Unrecht sein." Gibt es Maßstäbe dafür, ob Recht auch Recht ist?

4.2 Die Grundrechte als Grundlage unserer Staatsordnung

Menschenwürde Fundamentalnorm Verfassungskern

Die Erfahrungen mit dem Unrechtsstaat des Dritten Reiches bewogen die Mütter und Väter des Grundgesetzes, die Grundrechte zur Grundlage unserer staatlichen Ordnung zu machen. Antwort auf die Gewaltherrschaft der Nationalsozialisten war die Erhebung der Menschwürde in den Rang einer Fundamentalnorm. „Die Würde des Menschen ist unantastbar. Sie zu achten und zu schützen ist Verpflichtung aller staatlichen Gewalt." – diese Sätze wurden nicht nur bewusst an den Anfang unserer Verfassung gestellt, sie gehören auch zum unverzichtbaren Verfassungskern. Denn nach Art. 79 Abs. 3 GG ist jede Verfassungsänderung unzulässig, durch welche die in den Artikeln 1 und 20 niedergelegten Grundsätze berührt werden. Nie wieder – auch dies eine Erkenntnis aus der deutschen Geschichte – soll der Eindruck entstehen können, dass die Aufhebung fundamentaler Rechtsgrundsätze in legaler Form möglich sei: Ihre Aufhebung soll für jeden als Verfassungsbruch erkennbar sein und ihn zum Widerstand ermächtigen, wenn andere Abhilfe nicht möglich ist.

Menschen- und Bürgerrechte

Die in den Artikeln 1–19 und 97–104 enthaltenen Grundrechte sind nicht das Ergebnis einer systematischen Ableitung aus dem Naturrecht, sondern eher Resultat eines jahrhundertelangen und immer noch nicht abgeschlossenen Ringens um eine gerechte, der Würde des Menschen entsprechende Gesellschaft. Dennoch lassen sich die Grundrechte nach unterschiedlichen Gesichtspunkten klassifizieren. So wird im Grundgesetz zwischen Menschen- und Bürgerrechten unterschieden. Unter Menschenrechten versteht man die dem Menschen angeborenen unveräußerlichen Rechte auf Leben, Freiheit und körperlicher Unversehrtheit – Rechte, die vorstaatlichen Ursprungs sind. Die Bürgerrechte dagegen sind denen vorbehalten, die nach Art. 116 GG als Deutsche im Sinne des Grundgesetzes gelten. Nur ihnen ist z. B. das Wahlrecht vorbehalten, obgleich hier z. B. beim Kommunalwahlrecht für EU-Bürger eine Änderung vorgenommen wurde.

Abwehr- und Beteiligungsrechte

Eine andere Unterscheidung ist die zwischen Abwehr- und Beteiligungsrechten. Ursprüngliche Funktion der Grundrechte war es, möglichst weite Bereiche des privaten Lebens dem staatlichen Zugriff zu entziehen, nicht nur gegenüber dem Obrigkeitsstaat, sondern auch gegenüber der demokratisch legitimierten Staatsgewalt, um die Rechte von Minderheiten gegen die Mehrheit durchzusetzen. Da aber Minderheiten das Recht haben müssen, ihre Interessen zu artikulieren, um eventuell mehrheitsfähig zu werden, brauchen sie über die Abwehrrechte hinaus Beteiligungsrechte, z. B. die Meinungs- und Vereinigungsfreiheit – politische Grundrechte also.

Freiheits- und Gleichheitsrechte

Grundrechte lassen sich auch nach den zu schützenden Werten unterscheiden, etwa nach Freiheits- und Gleichheitsrechten, zwischen denen ein Spannungszustand besteht. Denn Freiheit beinhaltet die Vorstellung, dass jeder sich entsprechend seiner Individualität frei entfalten kann, setzt also in gewissem Maße die Ungleichheit voraus. Die Herstellung einer radikalen Gleichheit hingegen muss die Freiheit beeinträchtigen. Aufgabe der Politik ist es, ein angemessenes Gleichgewicht zwischen beiden Prinzipien herzustellen und zugleich ihre immanenten Schranken zu berücksichtigen. So ist die freie Entfaltung der

Persönlichkeit dadurch beschränkt, dass sie nicht die Rechte anderer verletzen darf. Andrerseits wird die Gleichheit vor dem Gesetz durch den bösen Satz des französischen Dichters Anatole France relativiert, das Gesetz in seiner erhabenen Gleichheit verbiete es den Reichen wie den Armen, unter den Brücken zu schlafen, auf den Straßen zu betteln und Brot zu stehlen. Viele Grundrechte bedürfen zu ihrer Entfaltung gewisser materieller Voraussetzungen. Doch soziale Grundrechte kennt unser Grundgesetz nicht, denn was nützt angesichts der derzeitigen Situation ein einklagbares Grundrecht auf Arbeit oder auf Wohnung? Das Grundgesetz enthält in den Artikeln 20 und 28 lediglich ein Sozialstaatspostulat, nämlich die Verpflichtung des Staates zu einer Politik der sozialen Gerechtigkeit.

Sozialstaatspostulat

Für viele Grundrechte gilt ein Gesetzesvorbehalt, etwa der einschränkende Satz: „Das Nähere regelt ein Bundesgesetz", doch muss ein solches Gesetz allgemein sein und darf nicht nur für den Einzelfall gelten. Außerdem muss die Wesensgehaltsgarantie beachtet werden, d. h. es darf kein Grundrecht in seinem Wesensgehalt angetastet werden. Und nicht zuletzt gilt die Rechtsweggarantie, d. h. es steht jedem der Rechtsweg offen, der durch die öffentliche Gewalt in seinen Rechten verletzt wird. Wie kompliziert die Dinge im einzelnen sind, zeigt die vergangene und auch für die nähere Zukunft andauernde Diskussion um das Asylrecht. Das Asyl (griech. = unverletzlich) bedeutete in der Antike den göttlichen Schutz der Verfolgten an gewissen Kultstätten. Im Mittelalter gewährte es Schutz in sakralen Räumen vor Blutrache oder Fehde. In der Allgemeinen Erklärung der Menschenrechte der UNO von 1948 heißt es: „Jeder Mensch hat das Recht, in anderen Ländern vor Verfolgung Asyl zu suchen und zu genießen" – also keine Aufnahmeverpflichtung für andere Länder. Das Grundgesetz gewährt darüber hinaus in Art. 16 GG politisch Verfolgten Asyl – eine Dankesschuld für die Aufnahme der durch das Dritte Reich Verfolgten in anderen Ländern.

Wesensgehaltsgarantie

Asylrecht

MATERIAL 42 Bedeutung der Grundrechte

In der freiheitlichen Demokratie ist die Würde des Menschen der oberste Wert. Sie ist unantastbar, vom Staate zu achten und zu schützen. Der Mensch ist danach eine mit der Fähigkeit zu eigenverantwortlicher Lebensgestaltung begabte „Persönlichkeit". Sein Verhalten und sein Denken können daher durch seine Klassenlage nicht eindeutig determiniert sein. Er wird vielmehr als fähig angesehen, und es wird ihm demgemäß abgefordert, seine Interessen und Ideen mit denen der anderen auszugleichen. Um seiner Würde willen muss ihm eine möglichst weitgehende Entfaltung seiner Persönlichkeit gesichert werden. Für den politisch-sozialen Bereich bedeutet das, dass es nicht genügt, wenn eine Obrigkeit sich bemüht, noch so gut für das Wohl von „Untertanen" zu sorgen; der Einzelne soll vielmehr in möglichst weitem Umfange verantwortlich auch an den Entscheidungen für die Gesamtheit mitwirken. Der Staat hat ihm dazu den Weg zu öffnen; das geschieht in erster Linie dadurch, dass der geistige Kampf, die Auseinandersetzung der Ideen frei ist, dass mit anderen Worten geistige Freiheit gewährleistet wird. Die Geistesfreiheit ist für das System der freiheitlichen Demokratie entscheidend wichtig, sie ist geradezu eine Voraussetzung für das Funktionieren dieser Ordnung; sie bewahrt es insbesondere vor Erstarrung und zeigt die Fülle der Lösungsmöglichkeiten für die Sachprobleme auf. Da Menschenwürde und Freiheit jedem Menschen zukommen, die Menschen insoweit gleich sind, ist das Prinzip der Gleichbehandlung aller für die freiheitliche Demokratie ein selbstverständliches Postulat. →

Das Recht auf Freiheit und Gleichbehandlung durch den Staat schließt jede wirkliche Unterdrückung des Bürgers durch den Staat aus, weil alle staatliche Entscheidung den Eigenwert der Person achten und die Spannung zwischen Person und Gemeinschaft im Rahmen des auch dem Einzelnen Zumutbaren ausgleichen soll ... Darüber hinaus entnimmt die freiheitliche demokraktische Grundordnung dem Gedanken der Würde und Freiheit des Menschen die Aufgabe, auch im Verhältnis der Bürger untereinander für Gerechtigkeit und Menschlichkeit zu sorgen. Dazu gehört, dass eine Ausnutzung des einen durch den anderen verhindert wird ...

(aus: Urteil des Bundesverfassungsgerichts gegen die KPD vom 17. 8. 1956, BVerfGE 5, 204ff.)

1. Begründen Sie anhand des Urteils die These, die Grundrechte seien die Grundlage unserer Verfassung.
2. Ordnen Sie die in den Artikeln 1–19 und 97–104 enthaltenen Grundrechte nach Menschen- und Bürgerrechten, Abwehr- und Beteiligungsrechten sowie Freiheits- und Gleichheitsrechten. Untersuchen Sie Überschneidungen und mögliche Spannungen.
3. Wie ist das Asylrecht einzuordnen?

MATERIAL 43 Asylanten in Deutschland

Nach Schätzung des Bundesamtes für die Anerkennung ausländischer Flüchtlinge leben derzeit in Deutschland, neben einer unbekannten Zahl illegal Eingereister oder Untergetauchter,

- rund 430 000 Asylbewerber, die noch auf die Entscheidung über ihre Anträge warten und von denen nahezu 400000 mit Ablehnung rechnen müssen,
- etwa 150 000 bereits abgewiesene Bewerber, die aber vor den Verwaltungsgerichten weiter um Anerkennung streiten, sowie
- rund 500 000 abgelehnte Asylbewerber, die, beispielsweise weil sie aus einem Bürgerkriegsland stammen, ein vorübergehendes Bleiberecht genießen.

Alles in allem halten sich in Deutschland also über eine Million nicht anerkannte Asylanten auf (bei insgesamt rund sechs Millionen Ausländern in der Bundesrepublik).

Dass nun plötzlich allenthalben der Abschiebung das Wort geredet wird, liegt auch daran, dass mittlerweile mehr als 90 Prozent der Zuwanderer aus Ländern kommen, aus denen jeweils weniger als 2 Prozent der Asylbewerber als politisch Verfolgte anerkannt werden wie: Jugoslawien (1,8 Prozent), Rumänien (0,2 Prozent), Bulgarien (0,1 Prozent) oder Nigeria (0,1 Prozent). Vor allem aber ist die Abschiebedebatte dadurch belebt worden, dass Länder und Gemeinden ... für die Asylanten kaum noch Geld und Quartier bereitstellen können (oder wollen).

Dabei haben die Deutschen noch in allerjüngster Zeit ganz beachtliche Integrationsleistungen vollbracht. Nach einer Studie der Organisation für wirtschaftliche Zusammenarbeit und Entwicklung (OECD) hat die Bundesrepublik seit 1986 Jahr für Jahr mehr Ausländer aufgenommen als jeder andere OECD-Staat. 60 bis 70 Prozent aller Asylanten in der EG zieht es nach wie vor nach Deutschland, wo ihnen ein weltweit einzigartiges Asylrecht und vergleichsweise hohe Sozialhilfesätze winken.

Allein seit Januar 1989 sind rund drei Millionen Menschen in die alten Bundesländer geströmt – Aussiedler, DDR-Übersiedler und ausländische Zuwanderer. Nach Berechnungen des Instituts der deutschen Wirtschaft war die Zuzugsquote fast doppelt so hoch wie in den riesigen USA zur Zeit der Masseneinwanderung während der zwanziger Jahre.

(aus: Der Spiegel Nr. 46/1992, S. 43 und 45)

MATERIAL 44 Aus einer Bundestagsdebatte

Dr. Wolfgang Schäuble (CDU/CSU):
Das Asylrecht wird nicht abgeschafft
Die Entscheidung, die wir zu treffen haben, ist wichtig für den inneren Frieden in unserem Land, für das friedliche, gute Miteinander von deutschen und ausländischen Mitbürgern und für unsere Fähigkeit, auch in Zukunft Verfolgten Schutz, Zuflucht, Aufnahme zu bieten. ... Wer davon redet, die Bundesrepublik Deutschland solle abgeschottet werden, redet gegen besseres Wissen... Wir müssen der Tatsache ins Auge sehen, dass Monat für Monat in diesem Jahr 1993 50 000 unter Berufung auf das Recht auf Asyl, obwohl sie ganz überwiegend nicht politisch verfolgt sind, Aufnahme in der Bundesrepublik Deutschland suchen und für einen zu langen Zeitraum finden. ...

Wenn nur ein einziges Land, die Bundesrepublik Deutschland, in einer verfassungsrechtlichen Schutzgewähr über die Schutzgewähr der Genfer Konvention hinausgeht – es gibt keine zweite Verfassung auf dieser Erde, die dies tut –, dann braucht man sich hinterher nicht zu wundern, wenn zwei Drittel aller Asylbewerber in Europa nach Deutschland kommen.

Konrad Weiß (Bündnis 90/Die Grünen):
Pflichten des wiedervereinigten Deutschland
Die Allgemeine Erklärung der Menschenrechte garantiert jedem Menschen das Recht, in anderen Ländern vor Verfolgung Asyl zu suchen und zu genießen. Die Genfer Flüchtlingskonvention geht weiter und gesteht Flüchtlingen Rechte gegenüber Staaten zu. Aber sie räumt keinen Rechtsschutz zur Überprüfung von Verwaltungshandlungen des Staates ein. Dieses Recht gewährt der Art. 16 Abs. 2 unseres Grundgesetzes. Seine Perspektive ist die des Individuums, nicht des Staates. Diese neue Sicht, dieser großartige Fortschritt im europäischen Rechtssystem, ist erlitten und erstritten worden von denen, die als Flüchtlinge Rettung gesucht hatten vor deutschem Egoismus und Nationalismus. Sie alle würden wir verraten, wenn wir die Verstümmelung des Art. 16 Abs. 2 dulden würden. ... Wie das Beispiel anderer europäischer Staaten zeigt, wird die illegale Zuwanderung zunehmen. Menschen, die heute noch als Asylbewerber wenigsten eine Zeitlang geduldet werden, werden morgen im Untergrund dahinvegetieren – in einer nicht mehr kontrollierbaren Grauzone von illegaler Arbeit und Kriminalität.

(aus: Das Parlament Nr. 24/1993)

MATERIAL 45 Der Asylkompromiss: Schwerer Weg nach Deutschland

Einreise über EG-Land oder sicheres Drittland:
Bewerber kann sich nicht auf das Asyl-Grundrecht berufen. Zurückschiebung über die Grenze; Klage ist nur aus dem Ausland möglich.

Direkte Einreise per Flugzeug:
Wenn der Bewerber aus einem Staat stammt, in dem politische Verfolgung möglich ist:
Ordentliches Asylverfahren, bei Nachweis politischer Verfolgung. Verkürztes Verfahren nur bei offensichtlich unbegründetem Antrag.

Direkte Einreise per Flugzeug:
Wenn der Bewerber aus einem Nichtverfolgerstaat stammt:
Er muss in einem verkürzten Verfahren nachweisen, dass er dennoch verfolgt wurde.
Bei Ablehnung wird er ins Heimatland abgeschoben.

Illegale Einreise: Verkürztes Verfahren im Sammellager. Gibt der Bewerber zu, über ein sicheres Drittland eingereist zu sein, wird er dorthin zurückgeschickt. Will er sich an seinen Fluchtweg nicht erinnern, gilt er mangels Mitwirkung im verkürzten Verfahren als unglaubwürdig.

(aus: Der Spiegel Nr. 22/1993)

1. Erarbeiten Sie anhand von Material 43 die Situation im Jahre 1993.
2. Stellen Sie anhand von Material 44 die Argumente für und gegen die Einschränkung von Asylbewerbern zusammen. Erörtern Sie, welchem der beiden Redner zuzustimmen ist.
3. Untersuchen Sie anhand von Material 45 sowie der Neufassung des Art. 16 GG die vom Verfassungsgeber getroffenen Maßnahmen. Wie hat sich die Situation seitdem entwickelt?

5. Rechtsordnung im Rechtsstaat

5.1 Unsere Rechtsordnung – ein Labyrinth?

In der ehemaligen DDR gab es eine einheitliche, für alle Rechtsangelegenheiten zuständige Gerichtsbarkeit, die von den Kreis- und Bezirksgerichten bis hin zum Obersten Gericht reichte. Nach der Herstellung der deutschen Einheit ist die Gerichtsbarkeit nach dem Vorbild der alten Bundesländer neu organisiert worden. Jetzt beschränkt sich die ordentliche Gerichtsbarkeit von den Amtsgerichten bis hin zum Bundesgerichtshof auf Zivil- und Strafverfahren. Daneben bestehen weitere Zweige der Gerichtsbarkeit, die sich z. B. ausschließlich mit arbeits- und verwaltungsrechtlichen Fragen befassen. Grund dafür ist eine ständige Komplizierung unserer Rechtsordnung. Um zuverlässig Recht sprechen zu können, müssen sich die Gerichte auf bestimmte Rechtsbereiche spezialisieren. Diese lassen sich dem privaten und dem öffentlichen Recht zuordnen.

Ordentliche Gerichtsbarkeit

Weitere Zweige der Gerichtsbarkeit

Wichtigster Teil des Privatrechts ist das Bürgerliche Gesetzbuch (BGB). Es regelt in einem allgemeinen Teil grundsätzliche Fragen wie z. B. die Geschäftsfähigkeit oder die Grundsätze des Vertragsrechts. Im Schuldrecht, dem zweiten Buch des BGB, werden die verschiedenen Rechtsgeschäfte wie Kauf, Miete, Pacht geregelt, ebenso der Schadensersatz bei unerlaubten Handlungen. Die weiteren Bücher des BGB behandeln das Sachenrecht (Besitz, Eigentum), das Familienrecht und das Erbrecht. Einige Bereiche des Privatrechts sind in besonderen Gesetzen geregelt, so das Handelsrecht und das Arbeitsrecht. Der Ausdruck Privatrecht mag für den Laien missverständlich sein, denn es handelt sich um staatliches Recht, welches die Beziehungen zwischen Bürgern regelt. Diesen sind die juristischen Personen (z. B. GmbH, AG) gleichgestellt.

Bürgerliches Gesetzbuch

Privatrecht

Das erste wichtige Prinzip des Privatrechts ist die Gleichrangigkeit: Es besteht also kein rechtliches Über- und Unterordnungsverhältnis z. B. zwischen Käufer und Verkäufer oder zwischen Arbeitnehmer und Arbeitgeber. Das zweite wichtige Prinzip ist die Privatautonomie: Alle können ihre Beziehungen untereinander autonom (selbstständig) gestalten, können Verträge schließen, Grundstücke erwerben, Vereinen beitreten oder Gesellschaften gründen. Das Recht legt nur verbindliche Regelungen für den Fall fest, dass es zu Streitigkeiten kommt, wenn etwa der Käufer nachträglich merkt, dass der erworbene Gebrauchtwagen Schäden aufweist, der Verkäufer hingegen behauptet, er habe das Auto in einwandfreiem Zustand übergeben. Es schließt z. B. auch die Möglichkeit aus, dass man die Notlage oder die wirtschaftliche Unterlegenheit eines anderen Menschen ausnutzt. Solche Verträge sind wegen Verstoßes gegen die guten Sitten nichtig. Wichtiger Grundsatz des Privatrechts ist ferner, dass jeder sich selbst um sein Recht bemühen und Beweise für seine Forderungen erbringen muss. Zivilgerichte werden nur auf Antrag privater Kläger tätig.

Gleichrangigkeit

Privatautonomie

Der zweite große Rechtsbereich ist das öffentliche Recht. Schon die Bezeichnung besagt, dass hier die Beziehungen zwischen den einzelnen Rechtssubjek-

Öffentliches Recht

ten (privaten und juristischen Personen) und der Allgemeinheit geregelt werden, die durch Bund, Länder und Gemeinden und deren Organe vertreten werden. Der umfangreichste Teil ist das Verwaltungsrecht, das unter anderem das Polizeirecht, das Baurecht und das Verkehrsrecht umfasst. Weitere wichtige Bereiche sind das Steuerrecht und das Sozialrecht. Das Strafrecht macht nur einen geringen Teil des öffentlichen Rechts aus. Wichtiges Merkmal des öffentlichen Rechts ist das Prinzip von Über- und Unterordnung: Der Einzelne kann durch Zwangsmittel dazu gebracht werden, die Gesetze zu befolgen. Dies gilt für den säumigen Steuerzahler ebenso wie für den Gewalttäter, welcher den Rechtsfrieden bedroht. Aber auch der Bürger hat die Möglichkeit und das Recht, sich vor Gericht gegen staatliche Maßnahmen zur Wehr zu setzen, wenn er etwa einen Steuerbescheid anficht oder sich wegen Nichterteilung einer Baugenehmigung an das Verwaltungsgericht wendet.

Verwaltungsrecht

Zwangsmittel

Diese Einteilung unserer Rechtsordnung ist wichtig für die Zuweisung von Rechtsstreitigkeiten an die zuständigen Gerichte. Schon bei einem Verkehrsunfall geht es sowohl um privatrechtliche Belange (Schadensersatz) als auch um öffentliche Interessen (Schutz der Allgemeinheit). Darüber hinaus gelten vor den verschiedenen Gerichten unterschiedliche Verfahrensregeln. So muss ein Bürger, wenn er vor einem Zivilgericht klagt, nicht nur seinen Rechtsanspruch beweisen, sondern auch einen Anwalt bezahlen und die Gerichtskosten vorschießen, denn – so ein Juristenspruch – „ohne ‚Schuss' kein Jus"! Viele Bürger werden dadurch veranlasst, Rechtsstreitigkeiten auf andere Weise zu lösen, indem sie etwa durch eine Anzeige bei der Baubehörde diese dazu bewegen, von Amts wegen gegen einen Mieter vorzugehen, der nach Meinung des Vermieters durch eine Solaranlage das Aussehen des Hauses verunstaltet.

Zuständige Gerichte

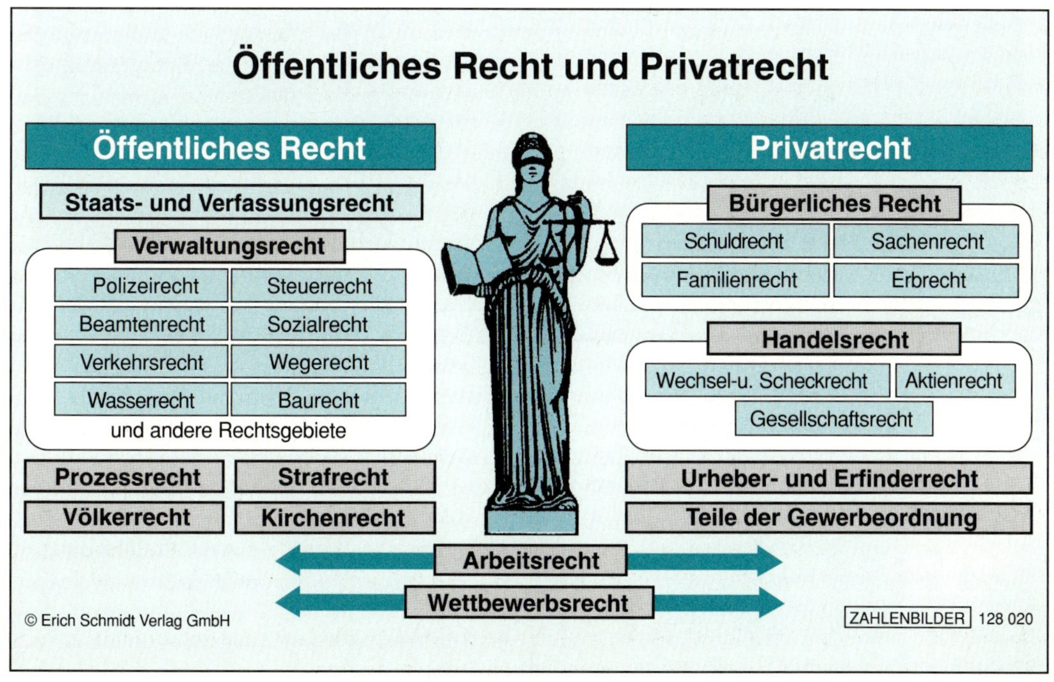

MATERIAL 46 Strom vom Balkon

Auch Irmhild Kopfermann stellt ihre Milch in den Kühlschrank und hört gern Radio. Und einen Staubsauger hat sie ebenfalls. Nur fühlt sie sich wohler ohne Atomstrom und ist deshalb nicht gern auf die Lieferung der Hamburger Elektrizitätswerke (HEW) angewiesen.
Der Balkon ihrer Eimsbütteler Wohnung hat eine sonnige Südwestlage, und so kam die Musiktherapeutin auf die Idee, dort einen Sonnenkollektor anzubringen, der immerhin ihren Kühlschrank mit Strom versorgen konnte. Vom Erfolg ermutigt, vergrößerte sie die Anlage und installierte aus Solarmodulen, Akkus und Wechselrichtern ein komplettes Sonnenkraftwerk, das mittlerweile ihren gesamten Haushalt mit Strom versorgt. Sie kündigte den Vertrag mit den HEW, und ein Schalttag, der 29. Februar 1988, wurde für Irmhild Kopfermann zum „Abschalttag"...
In diesen Tagen befasst sich das Hamburger Verwaltungsgericht mit der Solaranlage. Nach Ansicht der Bauordnungsbehörde ist das Kraftwerk auf dem Balkon nämlich genehmigungspflichtig, und auch der Vermieter muss einverstanden sein. Der war nicht einverstanden, die Mieterin baute trotzdem, das Amt begann zu handeln. Nach einem Ortstermin und sechs Monaten der Prüfung und Bewertung verfügte es die Beseitigung der Anlage. Frau Kopfermann legte Widerspruch ein, der im Frühjahr dieses Jahres mit einer sorgsam formulierten Begründung abgelehnt wurde: „... Da keinerlei Gewähr dafür besteht, dass die Solaranlage und ihre Befestigung jeglichen Witterungseinflüssen und sonstigen äußeren Einwirkungen standhält und zudem das Glas zersplittern kann, und hierdurch Passanten zu Schaden kommen, ist die Anordnung der sofortigen Vollziehung zur Abwehr von Gefahren ... geboten ... Hinzu kommt, dass die blaue Solaranlage oberhalb des kleinen weißen Balkons die Fassade des Mehrfamilienhauses verunstaltet und damit gegen Paragraph 12 Abs. 1 der Hamburger Bauordnung verstößt..." Vom Gericht erhofft sich die Mieterin nun eine Grundsatzentscheidung zugunsten privater Solarkraftwerke. Ihr Anwalt ist ohnehin davon überzeugt, dass die Baufreistellungsverordnung (Verordnung über genehmigungspflichtige Baumaßnahmen) Sonnenkollektoren nur deshalb nicht nennt, weil der Gesetzgeber die technische Entwicklung noch nicht nachvollzogen habe ... .

„... und wirkt auf den Betrachter mehr als störend", schrieb das Bauamt

(aus: Michael Conrad, Strom vom Balkon, in: Die Zeit vom 9. 6. 1989)

MATERIAL 47 Rechtsbestimmungen

§ 903 BGB Befugnisse des Eigentümers	§ 303 StGB Sachbeschädigung
Der Eigentümer einer Sache kann, soweit nicht das Gesetz oder Rechte Dritter entgegenstehen, mit der Sache nach Belieben verfahren und andere von jeder Einwirkung ausschließen.	(1) Wer rechtswidrig eine fremde Sache beschädigt oder zerstört, wird mit Freiheitsstrafe bis zu zwei Jahren oder mit Geldstrafe bestraft ... (3) Die Tat wird nur auf Antrag verfolgt.

MATERIAL 48 Aufbau der Gerichtsbarkeit

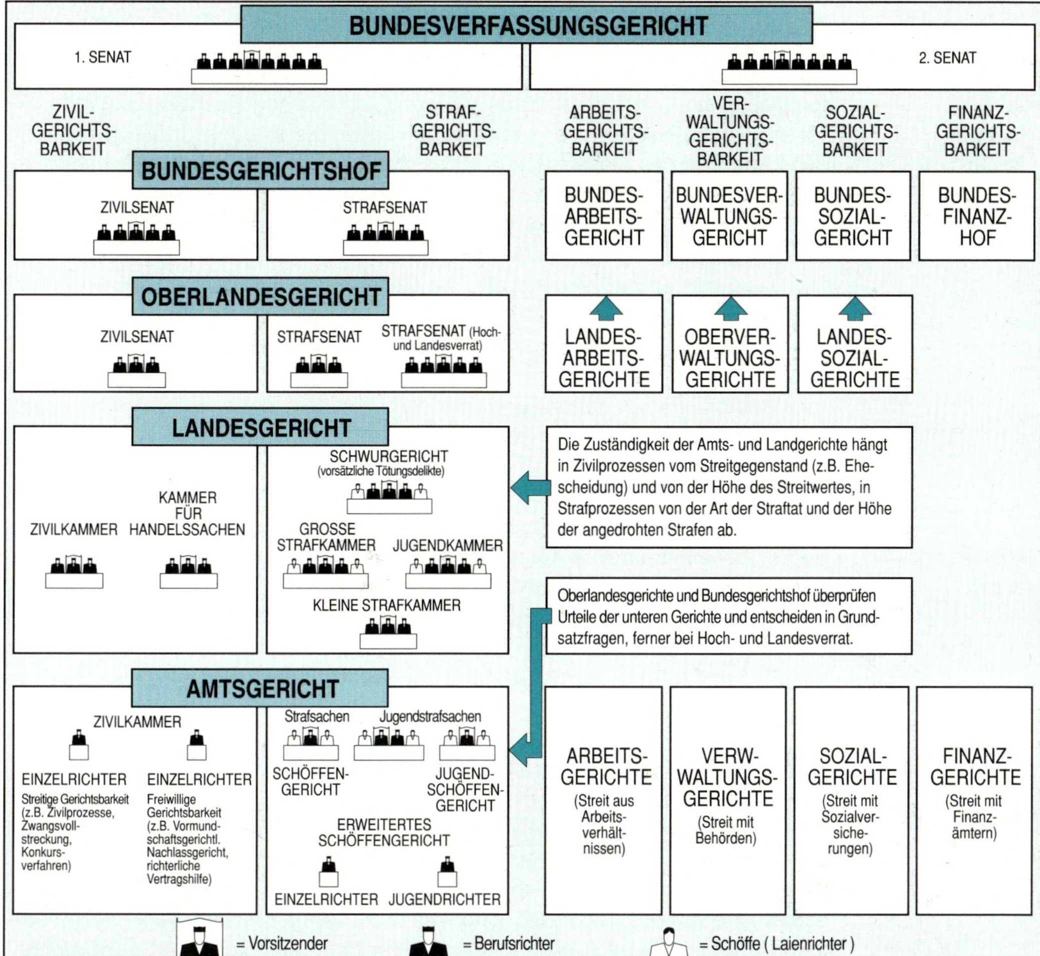

In unserem Fallbeispiel hat der Vermieter im Prinzip folgende Möglichkeiten, gegen die Mieterin vorzugehen: Er kann ihr kündigen; er kann auf Wiederherstellung des ursprünglichen Zustands klagen; er kann einen Antrag auf strafrechtliche Verfolgung stellen; er kann Anzeige bei der Baubehörde erstatten in der Erwartung, dass diese von Amts wegen einschreitet.

1. Untersuchen Sie anhand des Falles, welche Belange (Mieter, Vermieter, HEW, Öffentlichkeit) berührt werden. Welche sind dem privaten, welche dem öffentlichen Recht zuzuordnen?
2. Welche Rechtswege kommen nach Material 47 bzw. 48 für den Fall in Frage?
3. Untersuchen Sie anhand des Schaubildes die möglichen Wege durch die Instanzen im Falle einer Zivilklage, einer Strafanzeige oder eines Verwaltungsgerichtsverfahrens. Warum dürften eine Kündigung bzw. eine Strafanzeige nicht in Betracht kommen?
4. Das Verfahren wurde am 3. 4. 1990 durch einen Vergleich entschieden: Die Anlage darf bleiben, kann aber bei begründetem Anlass auf Standfestigkeit überprüft werden. Aus welchen Gründen dürften die Behörden dem Vergleich zugestimmt haben?

5.2 Gesetz und richterliche Auslegung

Rechtstatbestand

Wichtiges Prinzip der Gerechtigkeit ist, dass Gleiches gleich behandelt wird. Für einen Rechtsstaat muss also der Grundsatz gelten, dass Gesetze eindeutig formuliert sind und dass durch genau umschriebene Rechtstatbestände gewährleistet ist, dass in allen gleichartigen Fällen gleichartige Urteile gefällt werden. Aufgabe des Gesetzgebers ist es daher, gewisse typische Sachverhalte, über die es immer wieder zu Streitigkeiten kommt, so zu fassen, dass sie auf eine Vielzahl von gleichartigen Fällen zutreffen. Einen solchen Tatbestand beschreibt etwa der § 823 BGB (Schadensersatzpflicht): „Wer vorsätzlich oder fahrlässig das Leben, den Körper, die Gesundheit, die Freiheit, das Eigentum oder ein sonstiges Recht eines anderen widerrechtlich verletzt, ist dem anderen zum Ersatz des daraus entstandenen Schadens verpflichtet." Ein solcher Rechtstatbestand muss, da er auf eine Vielzahl gleichartiger Fälle zutreffen muss, einerseits weitgehend abstrakt formuliert sein, doch andererseits konkret genug, um Rechtssicherheit zu gewährleisten. Würde der Gesetzgeber nämlich versuchen, alle Einzelfragen zu regeln, dann würde das Recht unübersichtlich, und es bestünde zugleich die Gefahr, dass ein Gesichtspunkt übersehen wird. Daher muss der Gesetzgeber sich mit Formulierungen wie „oder ein sonstiges Recht" behelfen, oder er muss Generalklauseln anwenden, also offene Formulierungen, die der Rechtsanwendung einen gewissen Spielraum lassen. Solche Formulierungen finden sich etwa in § 242 BGB. Dieser Paragraph legt fest, dass Leistungen so zu bewirken sind, „wie Treu und Glauben mit Rücksicht auf die Verkehrssitte es erfordern". Aufgabe der Rechtsprechung ist es, diese Generalklauseln auszufüllen und zu klären, ob etwa im Einzelfall ein Verstoß gegen die guten Sitten vorliegt – eine Frage, die je nach den Besonderheiten des Falles und dem Rechtsbewusstsein der Zeit unterschiedlich beantwortet wird.

Generalklausel

Dies zeigt, dass Richter Gesetze nicht schematisch anwenden können, sondern dass sie durch ihre Rechtsprechung ständig an der Rechtsschöpfung mitwirken. Aber ist dies nicht in gewisser Weise ein Verstoß gegen den Grundsatz der Gesetzesbindung des Richters? Und wie wird gewährleistet, dass Rechtsauslegung nicht willkürlich erfolgt, sondern für den gesamten Staat nach einheitlichen Regeln geschieht? Dies garantieren die für einen jeden Rechtsstaat unentbehrlichen Rechtsmittel, nämlich Berufung und Revision. Berufung bedeutet, dass die nächsthöhere Instanz sowohl den Sachverhalt als auch die Rechtsauslegung überprüft, d. h. den gesamten Fall neu verhandelt. So kann es etwa bei einem Strafprozess wegen Diebstahls nicht nur zu Meinungsverschiedenheiten darüber kommen, ob der Richter in der Frage „schuldig" oder „nicht schuldig" richtig entschieden hat, sondern auch über die Höhe der verhängten Strafe. Denn der § 242 StGB (Diebstahl) räumt dem Richter einen gewissen Strafrahmen ein, welcher von einer Geldstrafe bis zu einer Freiheitsstrafe von fünf Jahren reicht, damit er entsprechend der Schwere des Falles ein gerechtes Urteil fällen kann. Revision hingegen bedeutet, dass lediglich geprüft wird, ob das untergeordnete Gericht das Recht richtig angewandt, d. h. Verfahrensregeln eingehalten und Rechtsbestimmungen in Übereinstimmung mit der bisherigen Rechtsprechung ausgelegt hat. Revisionsgerichte sind die Oberlandesgerichte bzw. der Bundesgerichtshof. Dieser entscheidet auch dann, wenn ein Oberlandesgericht in seiner Rechtsauffassung von einem anderen Oberlandes-

Rechtsmittel
Berufung

Revision

gericht abweicht und die Sache dem Bundesgerichtshof vorlegt. Durch diese Regelung wird die Einheitlichkeit der Rechtsprechung gewährleistet.

Einheitlichkeit der Rechtsprechung

MATERIAL 49 Shylock

In Shakespeares Schauspiel „Der Kaufmann von Venedig" spielt sich unter anderem auch ein Rechtsdrama ab. Obwohl vielfach beleidigt, gibt der Jude Shylock dem Kaufmann Antonio ein zinsloses Darlehen von dreitausend Dukaten – freilich unter einer besonderen Bedingung.

Shylock: *„Und diese Güte will ich Euch erweisen.*
Kommt mit mir zum Notar und stellt mir einfach
'nen Schuldschein aus von Euch; und, nur zum Spaß,
Sofern Ihr nicht an dem bestimmten Tag,
An dem bestimmten Ort die und die Summe
An mich zurückzahlt laut Vertrag, dann soll
Genau ein Pfund von Eurem edlen Fleisch
Die Buße sein, zu schneiden und zu nehmen
Von dem Teil Eures Körpers, wo ich will."

Antonio: *„So sei's aufs Wort: ich unterschreib den Schein*
und sage, große Güte steckt im Juden."
(1. Akt, 3. Szene)

Antonio wird vom Unglück verfolgt. All seine Schiffe mit ihrer wertvollen Fracht gehen unter, er steht vor dem Ruin, die Frist verstreicht. Shylock fordert sein Pfand; lieber will er Antonios Fleisch als die geschuldete Summe, die ein Freund Antonios nachträglich aufbringen will – zu groß waren die ihm von Antonio zugefügten Demütigungen. Er klagt vor Gericht.

Shylock: *„Sag ich nur: Das Pfund Fleisch, das ich verlange,*
Ist hoch bezahlt, ist mein, und ich will's haben;
Wenn Ihr mir's abschlagt, pfui auf Euer Recht,
Dann sind die Satzungen Venedigs kraftlos.
Ich kämpf um Recht: Gebt Antwort, soll ich's haben?

Der Richter: *„Ich bitt Euch, lasst den Schein mich überlesen ...*
Nun, dieser Schuldschein ist nicht eingelöst,
und Rechtens steht dem Juden daraus zu,
Dem Kaufmann ein Stück Fleisch herauszuschneiden,
Unmittelbar am Herzen. Sei barmherzig ...
Ein Pfund von dieses Kaufmanns Fleisch ist dein:
Der Hof erkennt darauf, das Recht gewährt es ...
Haltet noch ein – es ist noch etwas andres.
Der Schein hier gibt Euch keinen Tropfen Blut,
Der Wortlaut ist ausdrücklich: ein Pfund Fleisch.
So nimm dein Pfund nun, nimm du dein Pfund Fleisch;
Doch wenn du schneidest und vergießt dabei
nur einen Tropfen Christenblut, so ist
Dein Hab und Gut nach dem Gesetz Venedigs
Der Republik Venedig heimgefallen ...
Drum rüste dich, das Fleisch herauszuschneiden.
Vergieß kein Blut; schneid auch nicht mehr noch wen'ger
Als grad' ein Pfund: wenn mehr du oder wen'ger
Als ganz genau ein Pfund du nimmst – magst du nun
Den Ausschnitt kleiner oder größer treffen ... –
Dann stirbst du, und verfall'n ist all dein Gut."
(4. Akt, 1. Szene)

(aus: William Shakespeare, Die großen Dramen, Siebter Band, herausgegeben von R. Schaller, Frankfurt, Insel, 1981)

MATERIAL 50 § 138 BGB

Sittenwidriges Rechtsgeschäft; Wucher

(1) Ein Rechtsgeschäft, das gegen die guten Sitten verstößt, ist nichtig.
(2) Nichtig ist insbesondere ein Rechtsgeschäft, durch das jemand unter Ausbeutung der Zwangslage, der Unerfahrenheit, des Mangels an Urteilsvermögen oder der erheblichen Willensschwäche eines anderen sich oder einem Dritten für eine Leistung Vermögensvorteile versprechen oder gewähren lässt, die in einem auffälligen Missverhältnis zu der Leistung stehen.

1. Erörtern Sie das Urteil im Fall „Shylock gegen Antonio" aufgrund der damaligen Rechtslage. Hat der Richter weise oder spitzfindig und parteiisch geurteilt?
2. Wie würde der Fall nach der heutigen Rechtslage entschieden werden?
3. Halten Sie den „Fall Shylock" für absurd, oder kommt er in gewisser Weise auch der heutigen Rechtswirklichkeit nahe?

MATERIAL 51 Zwei Karikaturen

„Nur hier unterschreiben und schon sind Sie stolze Besitzerin einer Taucherausrüstung. Die Rücktrittsklauseln studiert bei Gelegenheit der Herr Gemahl."

... ausgenommen sind lediglich a) Bisse von männlichen Hunden, b) Bisse von weiblichen Hunden. Kastrierte Hunde fallen nicht unter den Begriff Hund

MATERIAL 52 Verstoß gegen die guten Sitten

Was sich am 23. Juni 1983 in der Bahnhofstraße 18 zu Königslutter in den Geschäftsräumen der dortigen Volksbank abspielte, passiert in der Bundesrepublik täglich viele tausend Mal: Martin Maas, 20, und Frank-Otto Maas, 21, unterschrieben ein Formular – ein Routine-Vorgang. In diesem Fall glaubten die beiden Brüder, einer Sohnespflicht genügen zu müssen. Sie bürgten für ihren Vater, den Architekten Otto Maas. Ohne diese Sicherheit hätte der Senior einen Kredit über 350 000 Mark, den er für Geschäftszwecke brauchte, nicht erhalten. Der Architekt hatte die Absicht, ein Grundstück zu erwerben, das Gebäude zu renovieren und gewinnbringend in Wohneigentum zu verwandeln.

Doch das Projekt platzte. Die Volksbank kündigte den Darlehensvertrag und ließ das Grundstück zwangsversteigern. Es blieb eine Schuld von 243410 Mark, für die jährlich rund 24000 Mark allein an Zinsen zu zahlen sind. Otto Maas war pleite. Deshalb griff die Bank auf die Söhne zurück ...

Die Brüder verloren in der ersten Instanz, hatten aber dann vor dem Oberlandesgericht (OLG) Braunschweig Glück: Die Richter hielten den Bürgschaftsvertrag für „nichtig" – „wegen Verstoßes gegen die guten Sitten". Angesichts der Höhe des Kredits und der anfallenden Zinsen sei von vornherein klar gewesen, dass die jungen Bürgen „eine solche Forderung nur bei besonders positiver Entwicklung ihrer persönlichen Verhältnisse jemals würden abzahlen können" – eine Hypothese, so das OLG, „für die aber nichts sprach". ... Der Hausbank des Architekten seien dessen wirtschaftliche Verhältnisse entweder „sämtlich bekannt" gewesen oder sie habe sich dieser Einsicht „leichtfertig verschlossen". Ein Sittenverstoß liege deshalb vor, weil die Söhne „unter Ausnutzung ihrer geschäftlichen Unerfahrenheit und ihrer familiären Bindungen zu einer besonders riskanten Bürgschaft veranlasst wurden."

Die Revision der Volksbank gegen dieses Urteil stand letzten Monat auf dem Terminzettel des Bundesgerichtshofs (BGH). In der mündlichen Verhandlung vor dem formstrengen 8. Zivilsenat wurden rechtspolitische Dimensionen erkennbar, die weit über den Einzelfall hinausreichen – die Frage etwa: Darf die Rechtsordnung, wenn sie von der Fiktion des „mündigen Bürgers" ausgeht, Unterschiede machen zwischen Erfahrenen und Unerfahrenen, Gebildeten und Ungebildeten, Jungen und Alten?

Der Vorsitzende des Senats, Franz Merz, 62, gab für seinen Teil bereits im Termin eine Antwort. Er habe die Herabsetzung der Volljährigkeit nie für sinnvoll gehalten. Doch nachdem der Gesetzgeber so entschieden habe, müssten sich die Gerichte daran halten. Der 18-jährige sei vor Gesetz und Recht mündig ... Ausnahmsweise dürfte dieses Urteil nicht das letzte Wort aus Karlsruhe sein.

(aus: Der Spiegel, Nr. 6, 1989, S. 59ff.)

1. Beschreiben Sie das in den Karikaturen dargestellte Problem.
2. Nehmen Sie Stellung zum Urteil des BGH. Inwiefern ist die Stellung der Richter des BGH anders als die ihres venezianischen „Kollegen"?
3. Untersuchen Sie anhand von Material 48, ob der Rechtsweg ausgeschöpft ist.

5.3 Das Bundesverfassungsgericht – Garant unseres Rechtsstaates

Unsere Rechtsordnung sieht zwar für jeden Zweig der Rechtsprechung eine oberste Instanz vor, welche die Einheitlichkeit der Rechtsprechung gewährleistet, doch sind diese Bundesgerichte bzw. der Bundesfinanzhof an das geltende Recht gebunden und können es lediglich verbindlich auslegen. Was ist aber, wenn ein Gesetz gegen das Grundgesetz verstößt oder wenn bestritten wird, dass es auf verfassungsmäßigem Wege zustande gekommen sei? Es muss also eine oberste Instanz geben, welche diese verfassungsrechtlichen Fragen überprüft, nämlich das Bundesverfassungsgericht in Karlsruhe. Es ist – so § 1 des Bundesverfassungsgerichtsgesetzes – ein allen übrigen Verfassungsorganen gegenüber selbständiger und unabhängiger Gerichtshof des Bundes.

Bundesgerichte

Bundesverfassungsgericht

Gesetze sind zwar Ausdruck des Bemühens, umstrittene Fragen für alle verbindlich nach dem Grundsatz der Gerechtigkeit zu regeln, doch sind sie politisch nicht immer unumstritten, insbesondere bei der Frage, ob sie mit dem Grundgesetz vereinbar seien. Das Bundesverfassungsgericht muss also nicht nur grundsätzliche politische Fragen überprüfen, sondern auch im Einzelfall zahlreiche verfassungsrechtliche Entscheidungen einer verfassungsrechtlichen Überprüfung unterziehen – ob es sich nun um die Neugestaltung des § 218 StGB (Abtreibung) handelt oder um die Neuregelung der Kriegsdienstverweigerung oder um die Vereinbarkeit des Volkszählungsgesetzes mit dem Grundgesetz.

Die Zuständigkeiten des Bundesverfassungsgerichts sind vielfältig:

- Bei Organstreitigkeiten entscheidet es über Zuständigkeitskonflikte, z.B. über die Frage, ob zur Verabschiedung eines Gesetzes die Entscheidung des Bundestages genügt oder ob auch die Zustimmung des Bundesrats erforderlich ist, weil das betreffende Gesetz die Interessen der Länder berührt. Hierzu gehören auch Streitigkeiten zwischen Bund und Ländern um die Zuständigkeit für die Regelung politischer Fragen, z. B. bei der Kernenergie.

Organstreitigkeiten

- Bei der konkreten Normenkontrolle muss das Bundesverfassungsgericht auf Antrag eines Gerichts darüber entscheiden, ob ein Gesetz mit dem Grundgesetz vereinbar sei. So hielt etwa 1976 das Landgericht Verden die lebenslange Freiheitsstrafe für einen Mörder für verfassungswidrig. Das Bundesverfassungsgericht entschied zwar, dass „lebenslänglich" mit dem Grundgesetz vereinbar sei, dass man aber dem Verurteilten eine Chance einräumen solle. Darauf beschloß der Bundestag, dass nach 15 Jahren überprüft werden müsse, ob eine Entlassung auf Bewährung vertretbar sei.

Konkrete Normenkontrolle

- Abstrakte Normenkontrolle hingegen bedeutet, dass das Bundesverfassungsgericht auf Antrag der Bundesregierung, einer Landesregierung oder eines Drittels der Mitglieder des Bundestages über die Vereinbarkeit eines Gesetzes mit dem Grundgesetz entscheiden muss, ohne dass ein konkreter Rechtsfall vorliegt. Dies war z. B. 1978 der Fall beim Streit über die Neuregelung der Kriegsdienstverweigerung: Ist die Entscheidung für den Zivildienst als „alternative Form der Erfüllung der Wehrpflicht" gedacht, oder ist die Kriegsdienstverweigerung nur denen vorbehalten, die tatsächlich Gewissensgründe haben?

Abstrakte Normenkontrolle

Erster Senat des Bundesverfassungsgerichts 1986

Verfassungsbeschwerde

- Nicht zuletzt gibt es die Verfassungsbeschwerde. So erreichte 1993 eine Frau die Aufhebung eines BGH-Urteils, welches sie zur Zahlung von mehr als 100 000 DM an eine Bank verurteilt hatte, weil sie mit 21 Jahren bei einem monatlichen Nettoeinkommen von 1 150 DM eine Bürgschaftserklärung zugunsten ihres Vaters unterschrieben hatte – ein Fall von „struktureller Ungleichheit" nach Ansicht des Gerichts. Nur bedingt gilt die Juristenweisheit, eine Verfassungsbeschwerde sei mühelos, aussichtslos und kostenlos: Zunächst müssen alle Rechtsmittel ausgeschöpft sein. Die erst dann zulässigen Verfassungsbeschwerden werden in von mit je drei Richtern besetzten Kammern geprüft und wurden bisher in etwa 98,5 von 100 Fällen nicht zur Entscheidung angenommen, „weil sie keine hinreichende Aussicht auf Erfolg haben" – wie die Begründung lautete.

Die zunehmende Zahl der Beschwerden nach der deutschen Einigung führte 1993 zu einer Gesetzesänderung. Künftig werden Beschwerden nur noch angenommen, wenn ihnen grundlegende verfassungsrechtliche Bedeutung zukommt. Die Ablehnung ist unanfechtbar und bedarf keiner Begründung. Außerdem werden für die Bearbeitung Gebühren verlangt: bis zu 1000 DM bei Nichtannahme, bis zu 5000 DM bei „missbräuchlicher" Inanspruchnahme des Gerichts. Von den übrigen Zuständigkeiten des Bundesverfassungsgerichts spielten bisher die Verwirkung von Grundrechten (Art. 18 GG) sowie die Anklage gegen Bundesrichter (Art. 98 GG) und gegen den Bundespräsidenten (Art. 61 GG) noch keine Rolle. Von Bedeutung waren jedoch Beschwerden im Wahlprüfungsverfahren (Art. 41 GG) und die Entscheidung über die Verfassungswidrigkeit von Parteien (Art. 21 GG). So wurden auf Antrag der Bundesregierung 1952 die rechtsradikale Sozialistische Reichspartei und 1956 die KPD verboten.

Parteienverbot

Protestaktion der Bürgerinitiative „Bundschuh" gegen die damals geplante Teststrecke von Daimler-Benz bei Boxberg 1986

MATERIAL 53 Eigentum an Grund und Boden – Grenzen für einen Weltkonzern

Karlsruhe (AP). Mit erheblichen rechtlichen Problemen, die hinter einem Millionenprojekt von Daimler-Benz stehen, hat sich das Bundesverfassungsgericht am Dienstag befasst. Die Karlsruher Richter müssen urteilen, ob Flurbereinigungen für ein privates Vorhaben wie den Bau einer Autoteststrecke im nördlichen Baden-Württemberg einer Enteignung gleichkommen und ob eine solche Enteignung zur Verbesserung der regionalen Wirtschaftsstruktur zulässig ist ...

„Wir betreten ja mit diesem Vorhaben Neuland", sagte Richter Helmut Simon in der Verhandlung über die Verfassungsbeschwerden von 15 Landwirten aus dem Raum Boxberg im Main-Tauber-Kreis. Die Kläger wehren sich gegen eine Flurbereinigung, bei der sie Land abgeben und dafür an anderer Stelle entschädigt werden sollen...

Im Mittelpunkt des umfangreichen Flurbereinigungsverfahrens stehen die 614 Hektar, auf denen das rund fünf Kilometer lange und etwa eineinhalb Kilometer breite Teststreckenoval von Daimler-Benz gebaut werden soll. Gegen das Verfahren lehnen sich mehr als 60 Betroffene mit Klagen auf ...

Nun wollen die Projektgegner, deren Bürgerinitiative sich in Erinnerung an den Bauernkrieg „Bundschuh" nennt, eine endgültige Entscheidung der Richter einholen. Die baden-württembergische Landesregierung und die betroffenen Gemeinden Boxberg und Assamstadt befürworten dagegen das Firmenvorhaben in dieser besonders strukturschwachen Region ...

Auf die erwarteten erheblichen Vorteile für die Region verwies auch der baden-württembergische Umweltminister: „Die Landesregierung unterstützt das Vorhaben, weil es dem Wohl und Nutzen der Bevölkerung dient." Die Stadt Boxberg und die Gemeinde Assamstadt hätten sich von Anfang an unter dem Gesichtspunkt der Strukturverbesserung für das Projekt eingesetzt, die Befürworter des Vorhabens hätten dort bei allen Wahlen weit über 80 Prozent der Stimmen erhalten ... Im übrigen werde „kein Landwirt auch nur einen Quadratmeter Eigentum verlieren", denn es stünden 707 Hektar „zum Austausch in der Flurbereinigung zur Verfügung" und damit mehr Land als erforderlich.

Im weiteren Verlauf der Verhandlung sagte der Freiburger Rechtsanwalt Siegfried de Witt als Vertreter der Kläger, sicherlich sei die geplante Anlage für das Stuttgarter Unternehmen sehr nützlich. Es erhebe sich aber doch die Frage, „ob das auch eine Enteignung rechtfertigt."

Der Anwalt betonte, auch in einem Industriestaat stehe „der Raum nicht grenzenlos für industrielle Zwecke zur Verfügung." Die Kläger machen in ihrer Verfassungsbeschwerde vor allem eine Verletzung ihres Eigentumsrechts geltend und argumentieren, es gebe kein geeignetes rechtliches Instrumentarium, das eine Enteignung zum Zwecke der Verbesserung der Wirtschaftsstruktur und zur Schaffung von Arbeitsplätzen im ländlichen Raum zulasse. Sie bestreiten generell, dass die geplante Teststrecke zum Wohl der Allgemeinheit dient.

(aus: Badische Zeitung vom 17. 12. 1986)

1. Erarbeiten Sie die gegensätzlichen Interessen der Beteiligten. Was könnte die Verwaltungsgerichte veranlasst haben, die Klagen der betroffenen Landwirte abzulehnen?
2. Untersuchen Sie Art. 14 GG. Erörtern Sie, wie Sie in dieser Lage entscheiden würden.

MATERIAL 54 Grenzen für den Gesetzgeber

Das Bundesverfassungsgericht ist dem größten Steuerzahler der Bundesrepublik in den Arm gefallen: Daimler-Benz darf die im Main-Tauber-Kreis bei Boxberg geplante Automobil-Teststrecke – jedenfalls vorerst – nicht bauen. Die zugunsten des Unternehmens vom Land Baden-Württemberg vorgenommene Enteignung von 200 Hektar Bauernland verstieß gegen die Verfassung und war deshalb unwirksam.

Der Erste Karlsruher Senat hat sein Verdikt vordergründig nur auf einen formalen Mangel gestützt: Für die Enteignung fehle es an einer gesetzlichen Grundlage; das dafür von den Behörden herangezogene Bundesbaugesetz gebe sie nicht her, weil der Bau eines Test-Parcours beim besten Willen kein Städtebau sei. Könnte also der Gesetzgeber das Versäumte einfach nachholen?

Im Zeichen der Marktwirtschaft und des Grundgesetzes genießt das Eigentum in der Bundesrepublik doppelten Schutz. Es ist zwar kein unantastbares, aber ein gleichsam privilegiertes Recht. Eine Enteignung ist „nur zum Wohle der Allgemeinheit zulässig“. Dieser Vorbehalt allein macht den zwangsweisen Entzug von Privateigentum zugunsten eines anderen Privateigentümers höchst problematisch.

Unternehmer wirtschaften eigennützig; sie müssen es tun, weil sie anders sich am Markt nicht behaupten können. Deshalb wurden Enteignungen zu ihren Gunsten bislang nur erlaubt, wo ihnen durch Gesetz die Erfüllung einer dem Gemeinwohl dienenden Aufgabe übertragen war. Typische Beispiele: Stromversorgung, Verkehrsbetriebe. Das allgemeine Wohl in Gestalt von zusätzlichen Arbeitsplätzen in einer wirtschaftlich schwachen Region als Folge privaten Wirtschaftens – eben des Betriebs einer Automobil-Teststrecke – stand bei der Boxberg-Entscheidung des Bundesverfassungsgerichts erstmals zur Diskussion.

(aus: Die Zeit vom 27. 3. 1987)

Aus dem Urteil: (Schlusssätze)

„Es mag zwar nicht unerhebliche Schwierigkeiten bereiten, in einem Strukturverbesserungs- und Industrieansiedlungsgesetz abstrakt-generelle Regelungen zu schaffen, unter die sich das umstrittene Vorhaben subsumieren lässt und die zugleich den Anforderungen der verfassungsrechtlichen Eigentumsgarantie genügen. Dem Gesetzgeber bleibt jedoch – hält er ein solches Großprojekt für durchsetzungsbedürftig, den Weg über ein allgemeines Enteignungsgesetz aber nicht für gangbar – die Möglichkeit eines auf dieses Projekt beschränkten Gesetzes. Ein entsprechendes Gesetzgebungsverfahren vermag durch seinen Gang mit Beratungen in den zuständigen Ausschüssen, mit – regelmäßig öffentlichen – Anhörungen und der zu erwartenden Augenscheineinnahme eine unvoreingenommene Prüfung der Frage zu gewährleisten, ob der Enteignungszweck dem allgemeinen Wohl nach Art. 14 Abs. 3 Satz 1 GG entspricht und eine Enteignung zu diesem Zweck erforderlich macht.

(aus: BVerfGE, Bd. 74, S. 297)

1. Untersuchen Sie anhand von Material 54, wie das Urteil begründet wird und welche Grenzen dem Gesetzgeber gesetzt werden. Lesen Sie dazu auch Art. 19, Abs. 1 GG.
2. Nehmen Sie Stellung zu der in der Öffentlichkeit erhobenen Urteilsschelte, dies sei kein Urteil, sondern ein Orakel. Auf was mussten die Richter Rücksicht nehmen?

5.4 Recht und sozialer Wandel

Ständig wird die Rechtsordnung umgestaltet und neuen Erfordernissen angepaßt. Die Gründe dafür sind vielfältig. So erfordert der technische Fortschritt ständig neue rechtliche Regelungen: Ob Kernenergie oder Gentechnologie – stets ist der Gesetzgeber gefordert, die vom technologischen Wandel ausgehenden Gefährdungen zu kontrollieren und zu begrenzen. Ein weiterer Grund ist der ständige Wandel der Gesellschaftsstruktur von der Agrargesellschaft früherer Jahrhunderte zur modernen Industrie- und Dienstleistungsgesellschaft. Nicht nur das Wirtschafts- und Arbeitsrecht bedarf einer ständigen Weitergestaltung, sondern auch die Berufsausbildung und das Sozialversicherungsrecht müssen immer wieder an die sich ändernden sozialen Gegebenheiten angepasst werden. Auch die Konzentration der Bevölkerung in städtischen Ballungszentren, die Verknappung von preiswertem Wohnraum, der Bedarf an öffentlichen Einrichtungen wie Nahverkehrsverbindungen, Erholungsgebieten und Fortbildungsmöglichkeiten zwingen den Gesetzgeber ständig, regulierend einzugreifen. Und nicht zuletzt gilt es, die deutsche Einheit zu gestalten, das Zusammenwachsen zweier unterschiedlicher Gesellschafts-, Wirtschafts- und Rechtsordnungen, die sich in mehr als vierzig Jahren nach völlig konträren politischen Ordnungsvorstellungen herausgebildet hatten.

Wandel der Gesellschaftsstruktur

Der Strukturwandel in Staat und Gesellschaft führte auch zu einem Wandel der Wertvorstellungen, wie es sich am deutlichsten bei der Familie und im Strafrecht zeigt. So setzte sich nicht nur in der Gesellschaft, sondern auch in der Familie immer stärker das Gleichheitsprinzip und der Gedanke der Partnerschaft durch, nicht nur im Verhältnis der Ehegatten untereinander, sondern auch in den Beziehungen zwischen Eltern und Kindern. Bei der Reform des Strafgesetzbuchs war auch ein Wandel religiöser Vorstellungen von Bedeutung, etwa bei der Frage, ob „Unzucht" zwischen Homosexuellen weiterhin zu bestrafen sei oder ob man sich auf sozial schädliche Handlungen beschränken solle. Auch eine Diskussion um die Frage der Zweckmäßigkeit wird geführt: Ist das Strafrecht wirklich das geeignete Mittel, einen Schwangerschaftsabbruch zu verhindern, oder wären materielle Hilfen – etwa genügend Kindergartenplätze für alleinerziehende Mütter – nicht sinnvoller. Mit diesen Fragen bewegen wir uns an einer Nahtstelle zwischen Politik und Recht.

Wandel der Wertvorstellungen

Bei politischen Entscheidungen geht es nicht nur um Fragen der Zweckmäßigkeit und der sozialen Akzeptanz, sondern auch darum, ob nicht die Werteordnung des Grundgesetzes und insbesondere der dort niedergelegten Grundrechte die Gesetzgebungsbefugnis der Legislative einschränkt, so dass die Rechtswidrigkeit der Tötung des bisher als Rechtsgut geschützten Embryos nicht aufgehoben werden kann. In einem in der Öffentlichkeit umstrittenen Urteil hat das Bundesverfassungsgericht entschieden, den Schwangerschaftsabbruch außer in den gesetzlich erlaubten Fällen zwar für rechtswidrig zu erklären, ihn jedoch nicht strafrechtlich zu verfolgen. Diese Entscheidung hat erneut die Frage nach der Gewaltenteilung in unserem Staat aufgeworfen. Schon früher war vorgeschlagen worden, dass das Bundesverfassungsgericht in Zweifelsfällen nach dem Vorbild des amerikanischen Supreme Court politische Selbstbeschränkung üben solle.

Politische Selbstbeschränkung

MATERIAL 55 Wo lässt eine Schülerin ihr Baby?

Den 29. Dezember 1989 werde ich nie vergessen. An diesem Tag kam meine Tochter zur Welt und veränderte mein Leben von Grund auf. Ich war ein Vierteljahr mit meinem ersten richtigen Freund zusammengewesen, als es passierte. Er hatte von einem Coitus interruptus gesprochen, und ich war, gerade fünfzehn Jahre alt, naiv genug gewesen, meinem Freund zu vertrauen.

Einen Monat lang wusste ich, dass es passiert war, aber ich verdrängte diesen Gedanken und unternahm erst einmal nichts – auch nicht, als meine Periode aussetzte. Nach zwei Wochen über der Zeit wurde mir jedoch angst und bange. Mein Freund und ich entschieden uns, seine große Schwester um Rat zu fragen. Sie empfahl uns einen B-Test. Wir bekamen aber kein genaues Ergebnis und weihten daher schließlich meine Mutter ein. „Das ist eine Sache, die ihr allein für euch entscheiden müsst: Von mir könnt ihr keine Hilfe erwarten", sagte sie in ihrem ersten Schrecken. (Erst später stellte sich heraus, dass sie das so strikt nicht gemeint hatte.)

Mein damaliger Freund und ich waren hin und her gerissen. Anfangs war er sogar mehr für das Kind als ich. Wir führten viele Gespräche, und ich entschied mich dagegen. Darüber war meine Mutter nun auch wieder total geschockt. Sie brach in Tränen aus, weil sie für etwas Verantwortung übernehmen musste, wofür sie sich nicht zuständig fühlte: Sie musste ihr Einverständnis mit dem Abbruch erklären, weil ich noch nicht sechzehn war, und sie hatte selbst schon abgetrieben und wusste daher, wie weh das tut.

Mein Freund machte mit mir alle Gänge zu Pro familia und zum Arzt (mein erster Besuch bei einem Frauenarzt). Er hatte auch vor, mich zur Abtreibung zu begleiten. Am Abend vor dem geplanten Abbruch erhielt ich Besuch von meiner besten Freundin: Sie war Leiterin der Nachkonfirmandengruppe, an deren Zusammenkünften ich regelmäßig teilnahm. Sie sprach für das Kind, bot mir ihre Hilfe an und hatte dabei mit den Tränen zu kämpfen. Das brachte mich in einen Gewissenskonflikt: Doch blieb ich bei meinem Entschluss, dass ich meine Freiheit nicht für das Kind aufgeben wollte.

Am schwersten Morgen meines Lebens machte ich mich auf den Weg zu meinem Freund. Aber ich hatte mein Köfferchen mit den für die Abtreibung nötigen Dingen vergessen. Meine Mutter, die mich begleitete, nahm das als Zeichen dafür, dass ich meine Meinung geändert hätte. In diesem Augenblick erkannte ich, dass ich mich der ganzen Prozedur nicht „entziehen" konnte. War es nicht besser, erst einmal etwas seelisch und körperlich Schmerzhaftes von mir wegzuschieben?

Mit einem Lächeln trat ich ins Haus meines Freundes, was seine Mutter natürlich irritierte. Auf dem Weg zum Auto fragte ich ihn, was er davon hielte, wenn ich das Kind doch bekäme. Mit diesem Entschluss setzte ich ihn vor vollendete Tatsachen. Er fühlte sich wohl wie vor den Kopf gestoßen. Im Auto führten wir vor der Arztpraxis noch ein langes Gespräch mit meiner Mutter. Als wir unseren Entschluss den Sprechstundenhilfen mitteilten, lächelten sie und gratulierten uns.

Die Schwangerschaft war eine schwierige Zeit. Im September zog ich aus Platzgründen zu meinem Freund in dessen Elternhaus. Dort sollte ich mich auf die Aufgaben einer Hausfrau vorbereiten. Mit der Schule setzte ich für ein Jahr aus, um mich auf das sich in meinem Leib schon bemerkbar machende Kind einstellen zu können. Ich verlor dadurch viele Kontakte und lebte hauptsächlich mit mir allein. Meine Tochter habe ich erst richtig angenommen, als ich sie das erste Mal in meinen Armen hielt. Es tat mir sogar in der Seele weh, sie in den ersten Nächten in das Kinderzimmer des Krankenhauses geben zu müssen. Aber ich war noch so geschwächt von der Geburt (Kaiserschnitt), dass ich meine Ruhe brauchte.

Ein Vierteljahr nach der Geburt meines Kindes beendete ich die Beziehung mit dessen Vater. Wir hatten ein Problem, mit dem wir nicht zurechtkamen und bei dem uns seine Mutter nicht helfen wollte. Plötzlich drehte sich nur noch alles um den Termin meines Auszugs. Ich fühlte mich wie das fünfte Rad am Wagen: Die wollten mich loswerden, und bei meiner Mutter war kein Platz. Und wer gibt einer siebzehn Jahre alten Schülerin schon eine Wohnung? Zum Glück nahm mich ein Freund meiner Mutter in einem seiner zwei Zimmer mietfrei auf.

Nachdem ich ein Jahr mit der Schule ausgesetzt hatte, kehrte ich in meine alte Penne zurück. ...

Ich habe jetzt seit mehr als zwei Jahren eine feste Beziehung. Mein neuer Freund und ich leben seit einem halben Jahr in einer gemeinsamen Wohnung. Alles in allem fühle ich mich oft überfordert, obwohl ich stolz auf meinen Schutz bin. Ich habe kaum Zeit, alles zu erledigen. Von Freizeit ohne Kind darf ich nur träumen. Ich bin oft so müde, dass ich mich nur noch vor den Fernseher setzen kann. ...

Anonym

(aus: Frankfurter Allgemeine Zeitung, 7.2.1994, S. 29)

Beschreiben Sie die Situation des schwangeren Mädchens, und beurteilen Sie ihre Entscheidung vor dem Hintergrund des familiären und sozialen Umfeldes.

MATERIAL 56 Das Urteil des Bundesverfassungsgerichts zu § 218

KARLSRUHE. Das Bundesverfassungsgericht (BVG) in Karlsruhe hat ... die Fristenregelung im Abtreibungsrecht teilweise für verfassungswidrig und nichtig erklärt. Danach sind Abbrüche in den ersten drei Schwangerschaftsmonaten nach vorheriger Beratung straffrei, aber rechtswidrig. Abbrüche dürfen in der Regel nicht mehr von den Krankenkassen finanziert und nicht mehr in staatlichen Krankenhäusern vorgenommen werden.

Bei mittellosen Frauen werden die Kosten jedoch von den Sozialämtern übernommen. Liegt eine medizinische (Gefahr für Leib und Leben der Mutter), eugenische (Gefahr einer nicht behebbaren Schädigung des Kindes) oder kriminologische (Schwangerschaft durch Vergewaltigung) Indikation vor, werden Abbrüche auch weiterhin in staatlichen Kliniken und auf Krankenschein vorgenommen. ... Für nichtig erklärt wurde die geltende Pflichtberatung. Hier macht das Urteil detaillierte Vorgaben, wonach die Beratung dem Lebensschutz dienen muss. Organisatorisch müssen Beratungsstellen und Abbrucheinrichtungen getrennt werden. Die Tätigkeit der Beratungsstellen unterliegt der staatlichen Überwachung. Das Urteil schlägt hierzu Protokolle vor, die die Situation der Schwangeren, die ihr angebotenen Hilfen und die Dauer des Gesprächs festhalten. Auch die Gründe für den gewünschten Abbruch kommen in das Protokoll. Die betroffene Frau bleibt auf ihren Wunsch hin anonym. Weiterhin muss der Staat die Zulassung der Beratungsstellen regelmäßig prüfen ...

Das BVG hat bestimmt, dass die alten Gesetze (Indikationsregelung im Westen, Fristenregelung ohne Beratung im Osten) nur noch bis zum 15. Juni 1993 gelten. Danach hat das Gericht eine Übergangsregelung für Gesamtdeutschland angeordnet. Die Übergangsregelung, die die Vorgaben des Urteils enthält und damit als das neue Schwangerschaftsrecht angesehen werden kann, soll gelten, bis das Bonner Parlament die notwendigen Nachbesserungen des Gesetzes beschlossen hat.

(aus: Badische Zeitung vom 1. 6. 1993)

MATERIAL 57 Zwei Meinungen

Sigrun Löwisch, Freiburger CDU-Bundestagsabgeordnete: „Das Richtige an diesem Richterspruch ist, dass die Tötung ungeborenen Lebens als Unrecht eingeräumt wird. Wichtig ist auch, dass Solidargemeinschaften – wie etwa Krankenversicherungen – jetzt nicht mehr gezwungen werden können, das eine oder andere zu unterstützen. Das Urteil ist eine Grundlage, auf der man jetzt eine befriedigende Regelung suchen muss."

Wilhelm Hennis, emeritierter Professor der Politikwissenschaft: „Gesetzgeberische Entscheidungen fallen im Bundestag, und man hatte sie im neuen Paragraphen 218 gefunden. Sicher soll das Gericht am Maßstab des Grundgesetzes kontrollieren. Mit seinem Bandwurmurteil maßt es sich aber die Kompetenz des Gesetzgebers an. Damit legt es die Axt an die Wurzeln seiner Stellung. Ein Urteil von Blindheit geschlagen, so dumm wie arrogant."

(aus: Badische Zeitung vom 1. 6. 1993)

1. Fassen Sie die in Material 57 vertretenen Stellungnahmen in zwei Thesen zusammen.
2. Erarbeiten Sie anhand des Presseberichts (Mat. 56) die vom Gericht zu regelnden Fragen. Diskutieren Sie, welche der in Material 57 vertretenen Stellungnahmen eher zutrifft.
3. Erörtern Sie in der Klasse das Urteil des Bundesverfassungsgerichts.

MATERIAL 58 Chronik zur Geschichte des § 218 StGB

Mai 1871: Der Paragraph 218 wird im Reichsstrafgesetzbuch festgeschrieben: „Eine Schwangere, welche vorsätzlich abtreibt oder im Mutterleib tötet, wird mit Zuchthaus bis zu 5 Jahren bestraft..."
Weimarer Republik: Im Kampf gegen den „Klassenparagraphen" fordern Sozialdemokraten und Kommunisten die Fristenlösung beziehungsweise Streichung des Paragraphen 218. Vermutlich eine Million illegale Abtreibungen bei Arbeiterfrauen, dabei Zehntausende von toten Frauen pro Jahr; verurteilt werden nur arme Frauen.
1927: Die medizinische Indikation wird legalisiert.
1933/35: Die Nationalsozialisten verbieten *und* erzwingen die Abtreibung. Zur Zwangssterilisation zur Verhütung von „erbkrankem Nachwuchs" kommt medizinische und eugenische Indikation.
Nach Kriegsende: Der alte Paragraph 218 gilt im Westen wieder. Abtreibungen in der DDR sind nur noch nach medizinischer und eugenischer Indikation erlaubt.
1972: In der DDR gilt die Fristenregelung.
1974: Der Bundestag beschließt die Fristenregelung.
1975: Das Bundesverfassungsgericht erklärt die Fristenregelung für verfassungswidrig.
1976: Die Indikationsregelung tritt in Kraft.
1993: Der Bundestag beschließt eine Fristenregelung mit Beratungsregelung; erneutes Veto aus Karlsruhe.
1995: Das neue Schwangerschaftsrecht tritt in Kraft: Fristenregelung mit Pflichtberatung.

MATERIAL 59 Grundrechtsbindung des Gesetzgebers

Geistes- und rechtsgeschichtlich ist die Grundrechtsbindung auch der Parlamente eine eindeutige Absage an den positivistischen Glauben an die Allmacht des staatlichen Gesetzgebers ... . Psychologisch liegt dieser Absage fraglos weitgehend ein Misstrauen gegenüber den modernen Parlamenten und ihren Werken (Gesetzen) zugrunde – ein Misstrauen, das verfassungsorganisatorisch in einer bisher unbekannten Überhöhung der rechtsprechenden Gewalt seinen Niederschlag fand. Es wäre jedoch zu flach angesetzt, wenn man die Grundrechtsbindung des Gesetzgebers nur empirisch aus dem „Misstrauen schlechter Erfahrungen wegen" begründen würde. Letztlich wird hier ein ... Auffassungswandel von Gesetz und Recht erkennbar, demzufolge neuerdings schon von Verfassungs wegen eingestanden wird, dass der Staat und sein Gesetzgeber zwar „Gesetze" erlassen können, dass dieser Staat und seine Gesetze aber noch unter dem „Recht" stehen.
Es bestand in der Frühzeit des Grundgesetzes die Gefahr, dass im Zeichen dieser Legislativbindung überhaupt die Maßgeblichkeit des Parlamentswillens in Frage gestellt werden würde. Erkennbar wurde dies in den Forderungen an das Bundesverfassungsgericht, Gesetze auch auf ihre (politische oder ökonomische) Zweckmäßigkeit hin zu überprüfen. Die Gefahr, dass ein Gericht sein Ermessen schlechthin an die Stelle des Ermessens der Volksvertretung setzen würde, drohte naturgemäß vor allem bei der Anwendung des Gleichheitssatzes (Art. 3). Die Rechtsprechung des Bundesverfassungsgerichtes ist in weiser Selbstbeschränkung dieser Gefahr nicht erlegen.

(aus: Günter Dürig, in: Maunz-Dürig, Kommentar zum Grundgesetz, München 1986, Artikel 1, Rdnr. 103ff.)

1. Erarbeiten Sie anhand der Chronik die Entwicklungsgeschichte des § 218 StGB und die rechtlichen bzw. politischen Gründe für die jeweils unterschiedliche Regelung.
2. Erarbeiten Sie anhand von Material 59 Argumente für die Grundrechtsbindung des Gesetzgebers. Welche geschichtlichen Erfahrungen flossen in diesen Grundrechtskommentar ein?

Die Bundeswehr in Verfassungsordnung und internationaler Politik

Künftiges Gelöbnis der wehrpflichtigen Soldaten (?):
„Ich schwöre/gelobe, der Bundesrepublik Deutschland treu zu dienen und das Recht und die Freiheit des deutschen Volkes tapfer zu verteidigen.
Ich schwöre, das Recht und die Freiheit anderer Völker dort zu verteidigen, wo sie in Gefahr sind."

Feierliches Gelöbnis der wehrpflichtigen Soldaten heute:
„Ich gelobe, der Bundesrepublik Deutschland treu zu dienen und das Recht und die Freiheit des deutschen Volkes tapfer zu verteidigen."

1. Bundeswehr und internationale Politik

1.1 Nach dem Ende des Kalten Krieges – mehr Sicherheit oder neue Gefahren?

„The one world"

Mit der Niederwerfung der nationalsozialistischen Herrschaft, so glaubte der amerikanische Präsident Roosevelt, würde ein friedliches Zusammenleben aller Völker („The one world") beginnen. Eine mögliche Bedrohung durch die UdSSR zog er nicht ernsthaft in Betracht. Aber als kommunistische Untergrundkämpfer mit Unterstützung der Sowjetunion 1946/47 in der Türkei und in Griechenland Umsturzversuche unternahmen, erwies sich Roosevelts Hoffnung als trügerisch. Die USA versuchten zunächst, mit wirtschaftlicher Hilfe die Gefahr einer weiteren Ausbreitung des Kommunismus zu verhindern. Der neue amerikanische Präsident Truman schätzte die UdSSR aufgrund dieser Ereignisse als bedrohlich wachsende Gefahr ein und verkündete seine neue Politik der Eindämmung des kommunistischen Expansionsstrebens. Lag die Betonung anfangs auf wirtschaftlicher Hilfe, so führte dann der offene Ausbruch des Ost-West-Konflikts – insbesondere die Berlin-Blockade und die kommunistische Machtübernahme in der Tschechoslowakei im Jahre 1948 – zur Wiederaufrüstung und Bündnisintegration.

Politik der Eindämmung

Nordatlantikpakt

Im April 1949 gründeten zehn europäische Länder sowie Kanada und die USA den Nordatlantikpakt (NATO-Vertrag). Die Bundesrepublik Deutschland, die zu diesem Zeitpunkt noch nicht existierte, trat diesem Vertrag erst später bei. Der Vertrag sieht eine enge Zusammenarbeit im politischen und wirtschaftlichen Bereich, vor allem aber bei der Verteidigung vor. In Artikel 5 des NATO-Vertrages ist die gegenseitige Beistandsverpflichtung festgeschrieben: „Die Parteien vereinbaren, dass ein bewaffneter Angriff gegen einen von ihnen in Europa oder Nordamerika als ein Angriff gegen sie alle angesehen wird." Die DDR war bis 1990 Mitglied des östlichen Verteidigungspaktes, des Warschauer Vertrages, unter Führung der UdSSR.

Warschauer Vertrag

Merkmale des westlichen Verteidigungsbündnisses sind ein gemeinsamer Oberbefehl und die Vereinheitlichung der Planung für Strategie (Kriegsführung auf höchster Ebene) und Rüstung. Oberstes Organ ist der ständig tagende NATO-Rat, der von eigens hierfür zuständigen NATO-Botschaftern gebildet wird. Zweimal im Jahr finden Ratstagungen auf Ministerebene statt, die der außen- und verteidigungspolitischen Absprache der Mitgliedstaaten dienen und von den jeweiligen Fachministern besucht werden.

Kalter Krieg/ Wiederbewaffnung

Der Koreakrieg (1950–53) verschärfte auch in Europa die Auseinandersetzung zwischen Ost und West, ohne dass die Schwelle kriegerischer Handlungen überschritten wurde; der Kalte Krieg wurde noch „frostiger". Erste Stimmen wurden laut, welche die Wiederbewaffnung der Bundesrepublik Deutschland verlangten. Diese Forderung war innenpolitisch sehr umstritten. Nach langen Verhandlungen erklärte sich die Bundesrepublik Deutschland schließlich in den Pariser Verträgen von 1955 bereit, Streitkräfte bis zu einer Stärke von 500 000 Mann aufzustellen und sie ganz dem Kommando der NATO zu unterstellen. Die Bundeswehr trug zusammen mit den NATO-Partnern in der Zeit des Kalten Krieges zur Sicherheit und politischen Stabilisierung Westeuropas bei.

Ab Mitte der Achtzigerjahre erwärmte sich das politische Klima zwischen den beiden Supermächten USA und UdSSR. Gründe für diese Klimaverbesserung waren u.a. das von Präsident Gorbatschow eingeleitete „neue Denken" in der Außenpolitik und die wirtschaftlichen Schwierigkeiten in der Sowjetunion sowie das größere Entgegenkommen der USA wegen des kaum noch zu finanzierenden Rüstungswettlaufes.

Als wichtige Wegbereiter einer Politik der Zusammenarbeit erwiesen sich die Konferenzen über Sicherheit und Zusammenarbeit in Europa (KSZE), an denen die USA und Kanada sowie alle Staaten Europas außer (bis 1991) Albanien teilnahmen. Beginnend mit der Schlussakte von Helsinki (1975), haben die Ergebnisse dieser Konferenz dazu geführt, dass in den bis dahin nach außen abgeschlossenen Staaten Osteuropas eine Diskussion um Freiheit, Menschenrechte und Selbstbestimmung einsetzte, die nicht mehr einzudämmen war.

KSZE-Schlussakte von Helsinki

Endgültige Wendemarke des west-östlichen Mächtegegensatzes wurde die im November 1990 auf einer KSZE-Gipfelkonferenz verabschiedete „Charta von Paris", welche die Teilung Europas und die Konfrontation in Europa für beendet erklärte. Auswirkungen der grundlegend veränderten Ost-West-Beziehungen waren z.B.

Charta von Paris

- die Vereinigung der beiden deutschen Staaten am 3. Oktober 1990,
- die Auflösung des Warschauer Paktes 1991,
- Vereinbarungen über Rüstungsbegrenzung und Truppenreduzierung (z.B. Abbau von Mittelstreckenraketen, Abzug der russischen Truppen aus den neuen Bundesländern bis 1994, Verringerung der Bundeswehr von 495 000 auf maximal 370 000 Soldaten),
- die Entstehung neuer Staaten in Osteuropa durch die Auflösung der UdSSR, Jugoslawiens und der ČSSR,
- die Aufhebung der Konfrontation der „Supermächte" USA und UdSSR in den Staaten der sogenannten „Dritten Welt",
- der Krieg im ehemaligen Jugoslawien und in einigen Nachfolgestaaten der UdSSR.

Nach dem Ende des Kalten Krieges verschiebt sich die politische Gefahrenachse zunehmend von der Ost-West- in die Nord-Süd-Richtung. Auch stehen nicht mehr so sehr die militärischen Aspekte bei der Frage nach der Sicherheit und Stabilität Europas im Vordergrund. Vielmehr rücken die wirtschaftlichen, sozialen und ökologischen Probleme Osteuropas sowie der Dritten Welt wieder verstärkt ins Blickfeld der Öffentlichkeit. Anlass sind z.B. anhaltende ethnische Auseinandersetzungen und religiöse Rivalitäten in den ehemaligen „Vielvölkerstaaten" Sowjetunion und Jugoslawien sowie in den uns benachbarten Gebieten Nordafrikas und des Nahen Ostens.

MATERIAL 1 Die Blockbildung in Europa nach dem Krieg

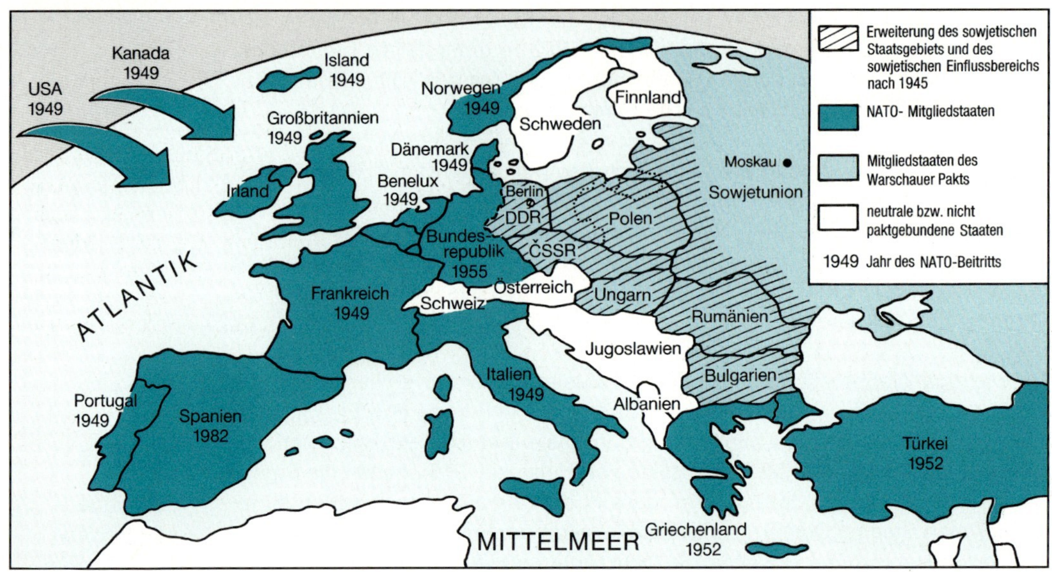

MATERIAL 2 Auf dem Trockenen

MATERIAL 3 Ewiger Frieden in Europa?

Das auch von uns Soldaten Ungedachte ist geschehen: Die Sowjetunion und der von ihr beherrschte Warschauer Pakt haben aufgehört zu existieren. ... Mit dem Scheitern des sowjetischen Kommunismus konnte die Teilung Europas und auch Deutschlands überwunden werden; die eindimensionale Bedrohung der jahrzehntelang militärisch geprägten Ost-West-Konfrontation gehört der Vergangenheit an, damit aber auch eine vordergründig eingängige Begründung für unsere Streitkräfte. ...
Dennoch ist nach der ersten Euphorie über den unvermutet angebrochenen „ewigen Frieden" schnell und brutal deutlich geworden, dass Europa keine Insel der Friedfertigen geworden ist. Territoriale Streitigkeiten, nationale und ethnische Rivalitäten sowie kulturelle und insbesondere auch religiöse Spannungen, die jahrzehntelang unter dem Eis kommunistischer Diktaturen eingefroren waren, entladen sich heute in blutigen Konflikten, die uns Friedensverwöhnten geradezu archaisch erscheinen. Diese Konfliktpotentiale, u.a. durch den Zerfallsprozess der Sowjetunion freigesetzt, werden die Welt noch lange beschäftigen.

(aus: Ulrich A. Hundt, Innere Führung – gut für das Jahr 2000?, in: Der Mittler-Brief Nr. 4/1992, S. 1)

MATERIAL 4 Die Krisenherde dieser Welt 1994

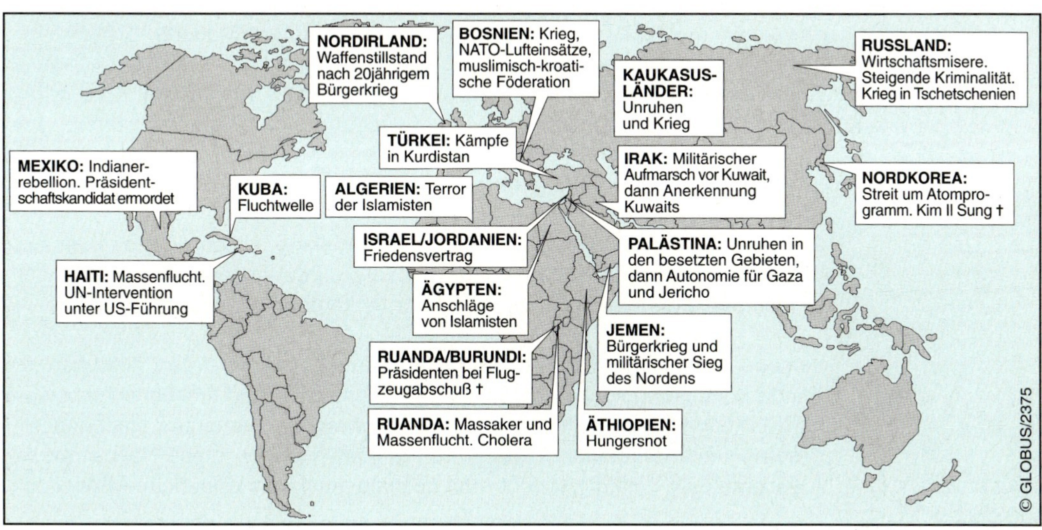

1. Erläutern Sie die Aussage der Karikatur. Auf welche geopolitischen Veränderungen gegenüber der Karte in Material 1 hat der Karikaturist reagiert?
2. Untersuchen Sie die Karte (Mat. 4) auf regionale Schwerpunkte.
3. Fertigen Sie eine eigene aktuelle Textcollage über die Krisenherde dieser Welt an. Werten Sie dazu die Schlagzeilen und Berichte in Tageszeitungen aus. Vergleichen Sie Material 4 und Ihre Collage auf Konfliktschwerpunkte, -ursachen und -dauer. Erörtern Sie, inwiefern diese Krisen auch uns betreffen.
4. Überprüfen Sie mit Hilfe der Karte die Einschätzung in Material 3: „Diese Konfliktpotentiale werden die Welt noch lange beschäftigen."

1.2 Die Bundeswehr in einer sich wandelnden Welt – „Landesverteidigungsarmee" oder „internationale Friedenstruppe"?

Vereinte Nationen

Weltsicherheitsrat

In vielen Teilen der Welt lodern Konflikte, bei denen täglich Tausende sterben. Große Hoffnungen zur Überwindung dieser gewaltsamen Auseinandersetzungen wurden nach dem Zerfall des Sowjetkommunismus auf die Vereinten Nationen (UNO) gesetzt. Die UNO ist durch das Ende der Ost-West-Konfrontation von ihren Fesseln befreit worden, die sie seit ihrer Gründung im Jahre 1945 lähmten: Das Abstimmungsverhalten im Weltsicherheitsrat wird nicht mehr durch die Orientierung am jeweiligen politischen Lager – hier der Westen, dort der Osten – bestimmt. Infolgedessen wird der Sicherheitsrat längst nicht mehr so häufig durch das Veto eines seiner „fünf ständigen Mitglieder" (USA, Russland, Großbritannien, Frankreich und China) bei Resolutionen und Entscheidungen blockiert. Ihm gehören zusätzlich noch zehn – wechselnde – Mitgliedstaaten an, die allerdings kein Veto-Recht besitzen. Der Weltsicherheitsrat befindet nach der UN-Charta darüber, ob „der Weltfrieden oder die internationale Sicherheit gefährdet sind"; er entscheidet also über UN-Friedenseinsätze in Krisengebieten.

UN-Friedenseinsätze

Es werden mehrere Formen von UNO-Einsätzen unterschieden:
1. humanitäre Unterstützung oder Katastrophenhilfe;
2. friedenssichernde Maßnahmen („peace-keeping") wie z.B. die Entsendung von UN-Friedenstruppen zur Überwachung von Waffenstillstands- und Friedensvereinbarungen oder zur Sicherung humanitärer Maßnahmen. Ein Waffeneinsatz von UN-Truppen ist in diesen Fällen nur zur Selbstverteidigung vorgesehen.
3. Friedensschaffende Maßnahmen („peace-making") nach dem offenen Ausbruch eines Konflikts. Dazu gehören z.B. Vermittlungsgespräche oder gewaltlose Sanktionen (z.B. Wirtschafts- oder Verkehrsblockaden).

Versagen die nicht-militärischen Mittel, können die Vereinten Nationen zur Wiederherstellung von Frieden und internationaler Sicherheit aber auch bewaffnete UNO-Verbände entsenden. Die im Auftrag der Vereinten Nationen eingesetzten internationalen militärischen Einheiten tragen blaue Helme mit der Aufschrift „UN". Häufig spricht man deshalb auch von „Blauhelm-Missionen".

„Blauhelm-Missionen"

Noch eine reine Illusion ist die weit verbreitete Vorstellung, am Sitz der Vereinten Nationen in New York befinde sich eine Art „Weltpolizei", deren „Globo-Cops" überall in der Welt Ruhe und Ordnung durchsetzen könnten, wenn sie nur wollten. Die UN sind nur so handlungsfähig wie es die Interessen ihrer Mitgliedsstaaten zulassen. Sie verfügen weder über ausreichend Personal noch über genügend Finanzmittel, um Blauhelm-Missionen in dem gewünschten Umfang durchführen zu können. Immer wieder muss der Generalsekretär der UN Geld „zusammenkratzen" und Mitgliedsländer finden, die Truppen und Material zur Verfügung stellen und den Transport organisieren. Deshalb verstärkte sich Anfang der 90er-Jahre der Druck von UNO und NATO auf die Bundesregierung, sich endlich auch an der Vorbereitung und Durchführung von Blauhelm-Aktionen zu beteiligen.

Verfassungsrechtlich war ein Einsatz deutscher Truppen, der über die reine Landes- und Bündnisverteidigung hinausgeht, sehr umstritten. Darf – so lautete z.B. eine Frage – die Bundeswehr außerhalb des im Nordatlantikpakt (NATO) festgelegten Verteidigungsraumes („out of area") überhaupt tätig werden? Das Bundesverfassungsgericht hat am 12. Juli 1994 entschieden: Das Grundgesetz steht Auslandseinsätzen der Bundeswehr jenseits der Landes- und Bündnisgrenzen nicht im Wege, wenn diese „im Rahmen von Aktionen der NATO ... zur Umsetzung von Beschlüssen des Sicherheitsrates der Vereinten Nationen" stattfinden. Dies gilt auch für die Beteiligung an UN-Kampfeinsätzen. Allerdings verlangt das Bundesverfassungsgericht in jedem einzelnen Fall die vorherige Zustimmung des Bundestages; dabei genügt die einfache Mehrheit.

„Out of area"

Welche Aufgaben stellen sich nach diesem Urteil für die Bundeswehr? Sie
- hilft bei Katastrophen, Notlagen und humanitären Aktionen,
- verteidigt Deutschland und seine NATO-Verbündeten gegen einen – nach dem Zerfall des Warschauer Paktes eher unwahrscheinlichen – militärischen Angriff,
- schützt Deutschland gegen politische Erpressung,
- fördert die militärische Stabilität und die Integration Europas durch Beteiligung an multinationalen Einheiten,
- dient dem Weltfrieden und der internationalen Stabilität, indem sie sich im Auftrag der UNO zusammen mit Verbündeten an der Bewältigung internationaler Krisen und Konflikte beteiligt.

Aufgaben der Bundeswehr

Um die zuletzt genannte Aufgabe bewältigen zu können, hat die Bundeswehr den Aufbau eines ca. 50 000 Personen starken Kontingents, sog. Krisenreaktionskräfte vorgesehen. Sie werden aus speziell für diesen Auftrag ausgebildeten und ausgerüsteten Berufssoldaten und freiwillig länger als 12 Monate dienenden Wehrpflichtigen bestehen. Daneben gibt es weiterhin die sog. Hauptverteidigungsstreitkräfte für die Landes- und Bündnis-Verteidigung, in denen die Wehrpflichtigen ihren Dienst ableisten. Dieser Teil der Bundeswehr wird ca. 290 000 Soldaten umfassen.

Krisenreaktionskräfte

Hauptverteidigungsstreitkräfte

MATERIAL 5 Aus der Charta der Vereinten Nationen

Artikel 41: Der Sicherheitsrat (der Vereinten Nationen) kann beschließen, welche Maßnahmen – unter Ausschluss von Waffengewalt – zu ergreifen sind, um seinen Beschlüssen Wirksamkeit zu verleihen; er kann die Mitglieder der Vereinten Nationen auffordern, diese Maßnahmen durchzuführen. Sie können die vollständige oder teilweise Unterbrechung der Wirtschaftsbeziehungen, des Eisenbahn-, See- und Luftverkehrs, der Post-, Telegrafen- und Funkverbindungen sowie sonstiger Verkehrsmöglichkeiten und den Abbruch der diplomatischen Beziehungen einschließen.

Artikel 42: Ist der Sicherheitsrat der Auffassung, dass die in Artikel 41 vorgesehenen Maßnahmen unzulänglich sein würden oder sich als unzulänglich erwiesen haben, so kann er mit Luft-, See- oder Landstreitkräften, die zur Wahrung oder Wiederherstellung des Weltfriedens und der internationalen Sicherheit erforderlichen Maßnahmen durchführen. Sie können Demonstrationen, Blockaden und sonstige Einsätze der Luft-, See- oder Landstreitkräfte von Mitgliedern der Vereinten Nationen einschließen.

MATERIAL 6 Aus einer Werbekampagne des Bundesministeriums der Verteidigung

Die Soldaten der Bundeswehr erfüllen ihren Auftrag, auch unter persönlicher Gefährdung.

Ja, Tapferkeit.

In Somalia Menschen in Not und Gefahr zu helfen, im Arabischen Golf scharfe Minen zu räumen oder aus einem Flugzeug der Bundeswehr in tiefster Dunkelheit Lebensmittel über Bosnien abzuwerfen und zu wissen, dass die Flugabwehr auf einen gerichtet ist – das erfordert Tapferkeit, eine Haltung, die von Soldaten erwartet wird. Sie versprechen es in ihrem Eid und in ihrem Gelöbnis.
Was von den Soldaten der Bundeswehr täglich gefordert wird, hat nichts mit Verwegenheit zu tun, aber sehr viel mit sorgfältiger Ausbildung, mit Professionalität und der Überzeugung, das Richtige zu tun – für unser Land, unser Bündnis und für Menschen in Not.
Von Deutschland erwartet die Völkergemeinschaft Unterstützung bei gemeinsamen Friedensmissionen. Unsere Soldaten stellen sich dieser Herausforderung.
Tapferkeit ist auch heute eine Tugend unserer Soldaten.

Wir sind da.

Seit vier Jahrzehnten dient die Bundeswehr dem Frieden. Das bleibt auch so.

Ja, Sicherheit.

Die Welt hat sich verändert. Ein neues Kapitel der Geschichte ist aufgeschlagen. Unsere Sicherheitslage hat sich verbessert, doch niemand kann die Zukunft vorhersagen. In Gebieten, in denen es heute noch friedlich ist, können schon morgen Risiken für unser Land und die Gemeinschaft der Völker entstehen. Wie schnell das gehen kann, erleben wir gerade in Europa, sozusagen vor unserer Haustür.
Nicht nur dort – in vielen Teilen der Welt leben Menschen in Unsicherheit und Not. Die Völkergemeinschaft erwartet einen angemessenen Beitrag der Deutschen. Friedenssicherung und Sicherheitsvorsorge sind und bleiben unverzichtbar. Das hat seinen Preis.
Wenn es um Frieden, Sicherheit und Menschlichkeit geht – auf die Bundeswehr ist Verlass.

Wir sind da.

1. Welches Selbstverständnis spricht aus den beiden Werbeanzeigen der Bundeswehr?
2. Setzen Sie sich mit möglichen Ursachen für die Werbekampagne, der Gestaltung der Werbeanzeigen und ihren Aussagen auseinander (Material 6).
3. Würden Sie weltweiten Bundeswehreinsätzen zustimmen? Führen Sie eine Umfrage in Ihrer Klasse durch.

MATERIAL 7 Eine amerikanische Stimme: „Na endlich!“

Herzlich willkommen, Deutschland, in der wirklichen Welt! Nach Jahren, in denen sich Europas stärkste Wirtschaft und größte Armee hinter den Ausreden und Entschuldigungen des Grundgesetzes versteckt und ihrer breiteren Verantwortung entzogen hat, ist jetzt mit dem jüngsten Urteil des Bundesverfassungsgerichts der Weg frei für Deutschland, eine starke und seinem Sicherheitspotential entsprechende Rolle zu spielen. ... Diese Entscheidung bedeutet längst nicht, dass die Bundeswehr sich gleich im Ausland an zig Einsätzen beteiligen wird. ... Es obliegt der deutschen Regierung und dem Volk zu entscheiden, wie und wo diese neue Entscheidungsfreiheit ausgespielt wird. Dieses Urteil tut nicht mehr und nicht weniger, als die Lage Deutschlands unter den Nationen der Welt einigermaßen zu normalisieren. Das heißt, dass Regierung und Parlament Deutschlands von Fall zu Fall entscheiden werden müssen, wo und wann Deutschland sich an internationalen Einsätzen beteiligt. Der Bundeskanzler hat richtig festgestellt: Als Mitglied der Vereinten Nationen hat Deutschland Rechte, aber auch Pflichten. Und das bedeutet Beteiligung an der Erhaltung des Friedens, je nachdem wo.

Das Urteil des Gerichts setzt klare Bedingungen für einen solchen deutschen Einsatz – Grenzen übrigens, die denen entsprechen, die Regierungen fast überall in der Welt einhalten müssen. Die Beteiligung muss im Rahmen einer international befürworteten Aktion stattfinden und bedarf im Voraus der Bestätigung durch die Mehrheit des Parlaments. Zu diesen formellen Voraussetzungen gehört für Bonn, wie für jede andere Regierung der Welt, dass ein solcher Einsatz im nationalen Interesse liegt. ...

Deutschlands Alliierte, vor allem die USA, können diese Entwicklung nur begrüßen. Die Bemerkung: „Na endlich!“ scheint aus ihrer Warte durchaus angebracht.

(aus: Frankfurter Rundschau vom 15.7.1994, S. 6, Autor: Bruce van Hoorst)

MATERIAL 8 Ein General a.D. nimmt Stellung

Es heißt, alle Welt dränge uns, endlich deutsche Tapferkeit unter UNO-Flagge zu demonstrieren. ... Die UNO kann (aber) militärisch seriös gar nicht führen. Ihr fehlt ein modernes, weltweites Führungssystem. ... Bislang haben nur die USA ein solches System. Es zu verwirklichen, kostete Jahrzehnte und enorme Geldmittel. ... Bonn müsste sich heute schon fragen, was eigentlich geschähe, wenn Boutros Ghalis[1] Nachfolger weniger militärsüchtig sein sollten als der gegenwärtige Generalsekretär. Sie könnten ja andere UNO-Aufgaben vorziehen: Weltwirtschafts- und Welternährungsprobleme, weltweite Drogenbekämpfung und anderes mehr. ... Vielleicht mucken auch Bevölkerungen auf, wenn ihre Söhne für fremde Querelen Leib und Leben riskieren sollen. Heute sind UNO-Militärinterventionen in Mode.

Doch wie lange noch? ... Es wäre weitsichtig, Bundeswehrtätigkeiten außerhalb der NATO schon heute vorzusehen für:

- Ausbau eines militärischen Sanitätsdienstes für Einsätze in Notgebieten: nicht mit Luxus-, sondern mit gediegener Feldausstattung.
- Bereithalten vieler Ausbildungsteams für Minenräumungen. Sie sollen Soldaten von Ländern, die von der „Volksseuche Minen“ betroffen sind, ausbilden.
- Ausbildung und Ausrüstung von bewaffneten Begleitteams zum Schutz von Hilfskonvois. Wer wagt, Hilfszüge zu blockieren – meist Wegelagerer – müsste wissen, dass diese Begleitteams die Konvois notfalls im scharfen Schuss zu den Notleidenden durchbringen. Kampfhubschrauber wären, wo nötig, als Luftbegleiter vorzusehen.

Mit einer solchen Beschränkung auf wenige Spezialgebiete könnte Deutschland – auch in Nichtkriegsgebieten – vielen Menschen eine wirkungsvollere UNO-Hilfe bringen, als mit Militäreinsätzen.

[1] Boutros Ghali: Generalsekretär der Vereinten Nationen

(aus: Badische Zeitung vom 20.4.1994, Autor: Gerd Schmückle)

1. Warum begrüßen Deutschlands Alliierte die Entscheidung des Bundesverfassungsgerichts (Material 7)?
2. Erläutern Sie die Haltung von General a.D. Schmückle (Material 8).
3. Gibt es einen aktuellen Konflikt, der zur Diskussion über einen internationalen Einsatz der Bundeswehr geführt hat? Informieren Sie sich über die unterschiedlichen Positionen. Diskutieren Sie im Stile einer Parlamentsdebatte.

2. Die Bundeswehr als Teil der demokratischen Gesellschaft

2.1 Berufs- oder Wehrpflichtarmee?

Kontrolle der Streitkräfte

Reibungen und Konflikte zwischen Militär und demokratischer Gesellschaft können insbesondere in zwei Bereichen entstehen. Erstens verfügen Soldaten über Waffen, mit denen sie in der Lage sind, Gewalt und Macht über andere auszuüben. Daher ist es auch notwendig, die Streitkräfte einer ständigen politischen Kontrolle zu unterwerfen. Dies soll dadurch erreicht werden, dass an der Spitze der Bundeswehr Politiker stehen, die dem Wähler verantwortlich sind. Im Frieden hat der Bundesminister der Verteidigung die Befehls- und Kommandogewalt. Im Verteidigungsfall übernimmt der Bundeskanzler selbst den Oberbefehl. Mit dieser Regelung soll der Primat (Vorrang) der Politik betont werden.

Befehl und Gehorsam

Das zweite Problem erwächst aus dem militärischen Grundsatz von Befehl und Gehorsam. Dieses für militärische Einheiten unverzichtbare Prinzip lässt sich nur bedingt mit demokratischen Grundsätzen wie Kompromissbereitschaft oder freier Meinungs- und Willensbildung von unten nach oben in Einklang bringen. Außerdem kann mit der militärischen Befehlsgewalt auch Missbrauch getrieben werden. Es hat in der Bundeswehr immer wieder Fälle gegeben, in denen Vorgesetzte ihre dienstliche Stellung z.B. dazu benutzten, Untergebene zu schikanieren.

Staatsbürger in Uniform

Um der notwendigen Befehls- und Gehorsamsstruktur etwas Wirkungsvolles an die Seite zu stellen, prägte man das Leitbild vom Staatsbürger in Uniform. Damit soll zum Ausdruck gebracht werden, dass auch der Soldat zunächst einmal als Staatsbürger mit allen dazugehörigen Rechten anzusehen ist. Nur in solchen Fällen, in denen es mit seinen soldatischen Aufgaben nicht vereinbar ist, werden seine Grundrechte eingeschränkt. Dazu gehört z.B. die Pflicht, in einer Gemeinschaftsunterkunft zu wohnen. Zusätzlich richtete der Deutsche Bundestag das Amt des Wehrbeauftragten ein. Jeder Soldat kann sich mit Bitten und Beschwerden direkt an den Wehrbeauftragten wenden. Einmal jährlich berichtet der Wehrbeauftragte dem Deutschen Bundestag über Vorgänge in der Bundeswehr. Er ist somit ein Hilfsorgan des Parlaments zur politischen Kontrolle der Bundeswehr. Die öffentliche Diskussion über Probleme und Missstände soll dazu beitragen, dass Abhilfe geschaffen wird.

Wehrbeauftragter

Allgemeine Wehrpflicht

Bis zur Vereinigung der beiden deutschen Staaten 1990 war für die Landesverteidigung jeweils eine große Armee notwendig. Diese konnte nur durch die allgemeine Wehrpflicht gewährleistet werden. Nach dem Wegfall der Bedrohung in der Mitte Europas werden erheblich weniger Soldaten zur reinen Landesverteidigung benötigt. Es kam zu einer öffentlichen Diskussion darüber, ob nicht eine ausschließlich aus Berufssoldaten und freiwillig dienenden Zeitsoldaten zusammengesetzte Armee ausreichen würde. Eine solche Armee wäre auch besser geeignet für internationale Kriseneinsätze, denn die neuen Aufgaben der Bundeswehr verlangen nach einem Soldaten, der das höhere Risiko seines Berufes bewusst auf sich nimmt.

Berufsarmee

Gegen solche Bestrebungen, eine Berufsarmee einzurichten, werden jedoch vor allem geschichtlich begründete Bedenken erhoben. In der Weimarer Republik war die Reichswehr eine reine Berufsarmee. Sie entwickelte sich zu einem „Staat im Staate". Die Bundeswehr dagegen sollte kein Fremdkörper in der demokratischen Gesellschaft, sondern eng mit ihr verbunden sein. Durch die allgemeine Wehrpflicht findet in der Bundesrepublik Deutschland eine direkte personelle Verbindung zwischen Bundeswehr und Gesellschaft statt.

MATERIAL 9 Wehrpflichtige über ihre Einstellung zur Bundeswehr

Heiko Strelow, 20, Elektrotechnik-Student aus Leverkusen, Gefreiter in Hohenlockstedt:

Was mir völlig fehlt beim Bund, ist gesellschaftspolitischer Unterricht und die Diskussion aktueller Probleme. ... Dass Soldaten bei einer Erweiterung des Bundeswehrauftrags von einem neuen Golfkrieg auch mal tot im Plastiksack nach Hause kommen könnten, darüber wird überhaupt nicht diskutiert. ... Mehr als zwei Drittel aus meinem Abiturjahrgang haben verweigert. ... Freunde von mir machen Zivildienst in der Altenpflege, das ist eine sinnvollere Arbeit.

Mario Simecki, 22, angelernter Bäcker aus Remscheid, Heeresflieger in Celle:

Meine Freundin war dagegen, die hat was gegen Waffen. Aber ich bin dann doch zum Bund gegangen, weil ich da eine richtige Ausbildung machen kann. Nach acht Stunden ist Schluss – das ist eigentlich ein Job wie jeder andere. Klar bin ich dafür, dass man versucht, Kriege zu vermeiden. Aber die Bundeswehr kann man doch nicht abschaffen, nur weil es im Osten keinen Feind mehr gibt.

Heinrich Hubert, 24, Volkswirtschaftsstudent aus Haltern, Schütze in Lüneburg:

Bei uns wird viel gemeckert, seit wir gelesen haben, dass die Hälfte der Wehrpflichtigen nicht eingezogen wird. Ich bin eigentlich nur zum Bund gegangen, weil ich drei Monate eher wieder ins Studium kann, als wenn ich Zivildienst gemacht hätte. ... Ich bin gegen die Out-of-area-Diskussion, eine deutsche Armee hat im Ausland nichts zu suchen. Bevor ich in einem so ungerechten Krieg wie dem Golfkrieg eingesetzt werden würde, würde ich verweigern.

Stephan Wüstenberg, 19, aus Bergisch Gladbach, gelernter Maler und Lackierer, stationiert in Koblenz:

Meine Freundin hat sich von mir getrennt, als klar war, dass ich mich für vier Jahre verpflichten wollte. Aber Maler und Lackierer, das war nichts für mich, ich sehe meine Zukunft beim Bund. Das Essen könnte besser sein, aber der geregelte Lebenslauf, die Ordnung und 1771 Mark netto, das gefällt mir. Ich will den Unteroffizier-Lehrgang machen, wenn ich dann Feldwebel werden könnte, wäre das schon 'ne tolle Sache. Ich hab' nur Angst, dass ich weniger Chancen hab', weil die die Bundeswehr verkleinern. Dass deutsche Soldaten auch außerhalb der Nato eingesetzt werden könnten, finde ich richtig. Die Amis und die anderen haben uns geholfen nach dem Zweiten Weltkrieg .... Aber es wäre fairer, wenn die Wehrpflicht abgeschafft wird und nur Freiwillige solche Aktionen machen.

André Graf, 17, aus Düsseldorf, Fallschirmjäger in Calw:

Ich wollte schon immer zum Bund, bin gleich nach dem Realschulabschluss hin und will da auch bleiben. Der Drill ist nicht zu doll, ein bisschen Drill muss beim Bund auch sein. Was mir nicht gefällt, ist das Thema, dass manche sagen, die Bundeswehr sollte sich mit Einsätzen in aller Welt wegen der deutschen Vergangenheit zurückhalten. Das sind Ausreden von Politikern, die Sache mit dem Zweiten Weltkrieg ist gegessen, ich habe damit nichts zu tun. Ich hätte auch nichts daran schlimm gefunden, wenn die Bundeswehr im Golfkrieg mitgemischt hätte. Wenn's darauf ankommt, würde ich nicht kneifen, sondern dabeisein.

(aus: Der Spiegel Nr. 20/1992, S. 66)

1. Diskutieren Sie die in den Interviews geäußerten Einstellungen, Erwartungen und Kritikpunkte.
2. Debattieren Sie die Frage: „Wehrpflicht- oder Berufsarmee?" Stimmen Sie darüber ab.

MATERIAL 10 Argumente und Meinungen zur Frage „Wehrpflicht- oder Berufsarmee?“

Vera Wollenberger (Bündnis 90/Grüne):

Die gängige Befürchtung, eine Armee wie die Bundeswehr könne sich ohne Wehrpflichtige zu einem Staat im Staate verselbstständigen, ist historisch überholt. ... Der Gefahr einer Verselbstständigung der Armee kann durch intensive politische Kontrolle der militärischen Führung, kurze Verpflichtungszeiten der Mannschaften und eine Stärkung der inneren Führung entgegengewirkt und damit das Primat der Politik über eine Freiwilligenarmee sichergestellt werden. Auch die entschiedensten Befürworter der Wehrpflicht müssen heute einräumen, dass sie bei einer weiteren Senkung der Präsenzstärke der Bundeswehr nicht mehr zu halten ist. ... Vorschläge, den Militärdienst auf eine Dauer von sechs Monaten zu reduzieren, werden von den Experten mit Recht als untauglich befunden. Doch schon jetzt ist die Wehrpflicht nicht zu halten. Von Wehrgerechtigkeit kann schlechthin keine Rede mehr sein, wenn von Jahrgängen mit durchschnittlich 320 000 tauglichen Wehrpflichtigen nicht einmal mehr als 100 000 zur Bundeswehr eingezogen werden. ...

(aus: Badische Zeitung vom 25. 1. 1994)

Wolfram Wette, Historiker am Militärgeschichtlichen Forschungsamt der Bundeswehr:

Demokratie ist ihrem Wesen nach Selbstbestimmung und Eigenverantwortung. Das Gesetz des Militärs aber ist der Gehorsam in einem Verband, der durch Befehl regiert wird. Demokratie ist Aufteilung der Macht und Gleichgewicht durch gegenseitige Kontrolle. Militär ist Zusammenballung der Macht und Unterordnung. Mit einem möglichen Verzicht auf die Wehrpflicht würde also keineswegs ein Verlust an demokratischer Substanz verbunden sein. Im Gegenteil. Der Verzicht auf den ... Kasernendrill bietet die historisch einmalige Chance, dass sich ganze Generationen junger Männer künftig in verstärktem Maße in demokratischem Verhalten üben können. ... Auch wäre die Abschaffung der Wehrpflicht ein wichtiger Schritt auf dem Wege zu einer weiteren Zivilisierung unserer Gesellschaft. Die zivile Gesellschaft arbeitet daran, das gewaltfreie Spielregelsystem in den inneren wie den äußeren Beziehungen zu fördern. ...

(aus: Die Zeit vom 19. 2. 1993, S. 5)

Ulrich A. Hundt, Flottenadmiral:

Im Verteidigungsfall kann der Unterhalt präsenter Verbände einschließlich weiterer personeller Reserven sowie die Erfüllung der Verteidigungsaufgaben nur durch die Wehrpflicht sichergestellt werden. ... Ein weiterer, für die Bundeswehr ganz wesentlicher Aspekt ist die gesicherte Erkenntnis, dass grundwehrdienstleistende Soldaten ein unersetzliches Reservoir bilden, aus dem große Anteile an Längerdienenden gewonnen werden.

(aus: Innere Führung – gut für das Jahr 2000?)

Ulrich de Maizière, General a. D.:

Die Wehrpflicht steht ... nicht im Widerspruch zur Demokratie; im Gegenteil ..., Theodor Heuss bezeichnete die Wehrpflicht als das „legitime Kind der Demokratie“. Haben doch in einer Wehrpflichtarmee alle männlichen Staatsbürger, unabhängig von ihrem Stand und ihrer Bildung, für eine von der Politik bestimmte Zeit einen gleichen Dienst für das Gemeinwohl zu leisten. ...

Die Bundeswehr wechselt Jahr für Jahr etwa die Hälfte ihres Personalbestandes aus. ... Diese ungewöhnlich starke personelle Fluktuation ... hält die Truppe in enger Verbindung mit dem Denken und Fühlen unserer Gesellschaft. ... Sie verhindert damit eine politische und geistige Isolierung, der eine Freiwilligenarmee nur zu leicht unterliegt. Die Truppe ist und bleibt Teil des Volkes, nicht aber eine abgeschottete Institution, die Gefahr läuft, in elitäres Denken zu verfallen oder gar eigenen politischen Ehrgeiz zu entwickeln. ... Schließlich verhindert die Wehrpflicht, dass einer Stimmung Vorschub geleistet wird, in der sich die Masse der Staatsbürger von der Verantwortung und Anteilnahme für die Landesverteidigung distanzieren kann, weil sie glaubt, sich dafür gut bezahlte „Profis“ halten zu können.

(aus: Dieter Wellershoff (Hg.), Frieden ohne Macht?, Bonn 1991)

Überprüfen Sie Ihren Standpunkt zur Bundeswehr als Berufs- oder Freiwilligenarmee, indem Sie in Gruppenarbeit mithilfe von Material 10 die Vor- und Nachteile gegenüberstellen. Berücksichtigen Sie dabei z.B. Kriterien wie demokratische Einbindung, Wehrgerechtigkeit, Funktionsfähigkeit der Armee, Akzeptanz in der Bevölkerung.

2.2 Freiwilligenarmee und Soziales Jahr für alle?

Die Bundeswehr beruft nicht alle jungen Männer eines Jahrgangs zum Wehrdienst ein, da sie im Rahmen der NATO-Verpflichtung nur einen Teil benötigt und ausbilden kann. Das Ungleichgewicht zwischen benötigten und zur Verfügung stehenden Männern eines Musterungsjahrganges wird im Laufe der 90er Jahre erheblich zunehmen. Zum einen hat die Bundesrepublik Deutschland bis Ende 1994 die Truppenstärke der Bundeswehr von 500 000 auf 370 000 Soldaten reduziert. Damit wollte man der sowjetischen Regierung den Abzug ihrer Truppen aus den Ländern des ehemaligen Warschauer Paktes annehmbar machen. Zum anderen kommen die Wehrpflichtigen aus den neuen Bundesländern hinzu. Schon in wenigen Jahren wird die kleinere Bundeswehr im größeren Deutschland vielleicht nur zwei Drittel aller Tauglichen einberufen können; der Rest muss weder zur Bundeswehr noch zum Zivildienst. Es besteht die Gefahr, dass diese besondere Form der Zwei-Drittel-Gesellschaft – „Wer dient ist dumm, wer nicht dient verdient“ – die ohnehin schon niedrige Akzeptanz der Armee bei der jungen Generation noch mehr schrumpfen lassen wird. Die Frage der Wehrgerechtigkeit wird deshalb an Bedeutung zunehmen. Würde die Bundeswehr allerdings einmal in eine Berufsarmee umgewandelt, dann würde sich die Frage der Wehrgerechtigkeit nicht mehr stellen.

Wehrgerechtigkeit

So wird schon jetzt von einigen eine allgemeine Dienstpflicht für diejenigen Männer gefordert, die weder Wehr- noch Ersatzdienst leisten. Die zusätzlichen Dienste könnten im sozialen, vor allem im Pflegebereich, in der Entwicklungshilfe, im Katastrophenschutz oder auch im Umweltschutz liegen. Auch wird immer wieder die Frage erörtert, ob ebenso wie die jungen Männer nicht auch die jungen Frauen zu einem Dienst an der Gemeinschaft, z.B. einem Sozialen Pflichtjahr für alle, herangezogen werden sollen. In der Diskussion um mehr Wehrgerechtigkeit wird häufig auch eine Wehrsteuer vorgeschlagen. Sie soll von denjenigen entrichtet werden, die keinen Wehr- oder Zivildienst leisten.

Allgemeine Dienstpflicht

Soziales Pflichtjahr für alle

Ein weiteres Problem betrifft die Kriegsdienstverweigerer. Soll es dem Einzelnen überlassen werden, sich für Wehrdienst oder für Zivildienst zu entscheiden? Nach Artikel 12a des Grundgesetzes besteht die allgemeine Wehrpflicht für junge Männer. Das Grundgesetz gewährt in Artikel 4, Absatz 3 dennoch dem Einzelnen das Recht, aus Gewissensgründen den Dienst mit der Waffe zu verweigern. Allerdings: Wie überprüft man eine Gewissensentscheidung? Zur Zeit ist das Recht auf Kriegsdienstverweigerung folgendermaßen geregelt: Der Zivildienst dauert grundsätzlich länger als der Grundwehrdienst; bei derzeit (1998) 10 Monaten Wehrdienst beträgt der Ersatzdienst 13 Monate. Die mündliche Prüfung wird durch ein schriftliches Verfahren ersetzt. Der Antragssteller muss seine persönlichen Beweggründe für die Kriegsdienstverweigerung dem Bundesamt für Zivildienst umfassend schriftlich darlegen. Der schriftliche Antrag muss außerdem einen Lebenslauf und ein polizeiliches Führungszeugnis beinhalten. Die Entscheidung des Bundesamtes für Zivildienst fällt dann allein aufgrund dieser schriftlichen Unterlagen. Die Zahl der Zivildienstleistenden ist in den letzten Jahren sehr stark gestiegen. Ende 1994 leisteten 144 760 junge Männer in der Bundesrepublik Deutschland Zivildienst, davon ca. 20 000 in Mobilen Sozialen Hilfsdiensten für alte und behinderte Menschen, ca. 80 000 im Bereich Pflege und Betreuung.

Kriegsdienstverweigerung

MATERIAL 11 Interview der Schulbuchautoren mit Enno Freiberg, Oberleutnant zur See

Was hat Sie bewogen, zur Bundeswehr zu gehen?

E. Freiberg: Da kamen mehrere Dinge zusammen. Materielle und immaterielle Gründe hielten sich die Waage. Ich bin in Wilhelmshaven geboren, da ist einem das Interesse an der See und an Schiffen in die Wiege gelegt. Die Marine bot mir die Möglichkeit, zur See zu fahren. Die Verpflichtung auf zwölf Jahre ermöglichte mir ein Studium auf Kosten der Bundeswehr. Ein bisschen hat auch eine Rolle gespielt, dass ich mich beruflich noch nicht endgültig festlegen konnte und wollte. Dies alles hätte aber ganz sicher nicht ausgereicht, mich für die Bundeswehr zu entscheiden. Dahinter steckte auch die Überzeugung, dass es sich lohnt, für Freiheit und Demokratie hier in der Bundesrepublik einzutreten. Die Bundeswehr ist Garant für den Frieden, sie sichert Freiheit und Demokratie nach außen. Dafür bin ich. Und deshalb bin ich Soldat.

Welche Erfahrungen bei der Bundeswehr sind für Sie persönlich besonders wichtig?

E. Freiberg: An erster Stelle möchte ich hier den Umgang mit Menschen nennen, aber auch die Vielfalt der Tätigkeiten. Außer meinem 3 1/2jährigen Studium der Wirtschafts- und Organisationswissenschaften an der Universität der Bundeswehr in Hamburg habe ich z. B. eine Schlosser-, Navigations- und Technikausbildung gehabt. Ebenso bin ich im Versorgungswesen und in der Menschenführung ausgebildet worden. Die Offiziersanwärterausbildung auf der Gorch Fock war sicher kein Zuckerschlecken, wurde aber durch Aufenthalte z.B. in Südamerika und in der Karibik versüßt. Jetzt werde ich voraussichtlich bis zum Ende meiner Dienstzeit als Jugendoffizier in Südbaden tätig sein und hoffe, dass sich mir danach aufgrund meiner vierjährigen Tätigkeit in der Öffentlichkeitsarbeit und aufgrund meines Studiums ebensolche guten beruflichen Perspektiven eröffnen werden, wie ich es aus den Berichten meiner ehemaligen Kameraden vernommen habe, die keine Probleme hatten, nach ihrer Dienstzeit bei der Bundeswehr in zivilen Berufen schnell noch weiter nach oben zu klettern.

MATERIAL 12 Offizierslaufbahn

Offiziersanwärter SaZ 12 – 15, Berufsoffizieranwärter (Studium nach 39 Monaten)

SaZ = Soldat auf Zeit

IM ANSCHLUSS AN DIE MILITÄRISCHE GRUNDAUSBILDUNG:

Grundpraktikum Technik
Dauer? 2 Monate
Wo? Bremerhaven
Was? Erwerb einfacher handwerklicher Kenntnisse und Fertigkeiten metallverarbeitender und elektrotechnischer Berufe

Seemännische Ausbildung
Dauer? 2 Monate
Wo? Segelschulschiff „Gorch Fock“
Was? Erwerb seemännischer Grundkenntnisse und Fertigkeiten, Vertrautwerden mit dem Leben an Bord

Offizierlehrgang
Dauer? 7 Monate
Wo? Marineschule Flensburg-Mürwik
Was? Schwerpunkt in der Ausbildung zum Vorgesetzten, militärfachliche Anteile, sofern sie im folgenden Ausbildungsabschnitt geübt werden können
Abschluss? Offizierprüfung

Praktikum Flotte
Dauer? 3 Monate
Wo? auf schwimmenden Einheiten
Was? Vertiefung der militärfachlichen Anteile aus dem Offizierlehrgang

Militärfachliche Ausbildung (Offizierlehrgänge – A –/Spezialausbildung)
Dauer? ca. 10 Monate
Wo? an Schulen der Marine in Schleswig-Holstein und Bremerhaven
Was? Militärfachliche Ausbildung zum Abschnittsleiter auf Schiffen, Hauptabschnittsleiter auf Booten
Anschließend 1-monatige Einweisungs- und Übergabezeit

Truppenverwendung
Dauer? 12 Monate
Wo? auf Schiffen und Booten

Hochschul-/Fachhochschulstudium
Dauer? höchstens 4 Jahre
Wo? UniBw Hamburg oder München (Hochschulstudiengänge)
UniBw München (Fachhochschulstudiengänge)
Abschluss? Diplomprüfung bzw. vergleichbarer Abschluss
Anschließend Verwendung in der Truppe

(Quelle: Laufbahnen der Offiziere, hrsg. vom Bundesministerium der Verteidigung, Bonn o. J.)

1. Aus welchen Gründen ging der Abiturient Enno Freiberg zur Bundeswehr? Welche Erfahrungen hat er gemacht?
2. Beurteilen Sie seine Motive.

MATERIAL 13 Ein harter Job für Einzelkämpfer

Mannheim – Zwanzig Zentimeter sind ein langer Weg für Dirk. Mit der verbliebenen Kraft zieht er die Hand von der Rollstuhllehne auf die Computer-Tastatur, mühsam arbeiten sich die Finger vorwärts, denn der Arm ist schwer. Dirk ist behindert. Seit seinem siebten Lebensjahr leidet er an Muskelschwund, die Kraft lässt nach, das Muskelgewebe bildet sich zurück. Im Rehabilitationszentrum in Neckargemünd hat er Abitur gemacht, seit acht Semestern studiert er Geschichte und Germanistik an der Universität Mannheim. Jetzt ist er 24, wohnt in einem Appartement über den Dächern der Stadt und ist fast nie allein. Magnus Bastian ist diese Woche bei ihm. Magnus ist 20 Jahre alt, wirkt aber eher jünger.

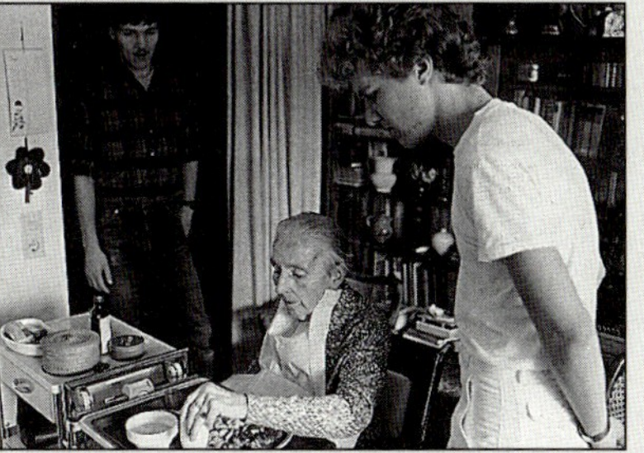

Zivildienstleistende bei der Arbeit

Magnus ist der achte Zivildienstleistende, der Dirk zur Hand geht (und das kann man ziemlich wörtlich nehmen). Mit eineinhalb Kollegen – so viele Zivildienststellen stehen Dirk zu – wechselt er sich ab. Bisher dauerte der Dienst fünf Tage, dann kam die Ablösung, und der Verweigerer hatte eine Woche frei – der größte Anreiz bei diesem Dienst. Jetzt wird das geändert; künftig muss der Behinderte im Schichtdienst betreut werden – falls dann überhaupt noch genügend Zivildienstleistende den Job machen wollen.

Im Verwaltungsdeutsch heißt dieser Dienst Individuelle Schwerbehinderten-Betreuung (ISB), zu der sich 3 800 Zivildienstleistende freiwillig gemeldet haben. Freiwillig deshalb, weil die ISB die härtesten Anforderungen an die Verweigerer stellt. Essen auf Rädern auszufahren gilt als Abseilerjob, genauso der Bürodienst, Hausmeisterei in Jugendheimen, die Arbeit im Naturschutzbereich. Bei der ISB aber findet man die Einzelkämpfer im Zivildienst, und das alles für durchschnittlich 660 Mark im Monat. Die Arbeit geht an die Grenzen psychischer Belastbarkeit, und nicht wenige Verweigerer stellen nach ein paar Wochen fest, dass sie dem einfach nicht gewachsen sind. Zivildienstleistende und Behinderte sind auf Gedeih und Verderb einander ausgeliefert; da kann man nicht rauslaufen und die Tür hinter sich zuschlagen. Eine Gemeinschaft auf Zeit, ohne dass sich die beiden mögen müssen. Der Betreuer ist morgens beim Aufwachen dabei, wäscht den Behinderten, hilft bei der Notdurft, er macht ihm das Frühstück, wäscht, kocht, kauft ein und ist auch in der Nacht für den Behinderten da.

(aus: Süddeutsche Zeitung vom 16.9.1988, Autor: Stefan Kornelius)

MATERIAL 14 General a.D. Schmückle zur Wehrgerechtigkeit

Wir sollten, meine ich, Wehrpflicht und Zivildienst in eine „Allgemeine Dienstpflicht" umformulieren. Es wird sofort heißen, der Staat wolle nur billige Arbeitskräfte gewinnen. Man sollte widersprechen. Es ist schwer einzusehen, weshalb junge Mädchen nicht ebenfalls in Krankenhäusern und in der Altenpflege dienstverpflichtet arbeiten sollen. Natürlich können sie das Fachpersonal nicht ersetzen, wohl aber erheblich entlasten.

Für junge Männer ist es immer schwer verständlich gewesen, weshalb sie zu dienen haben, während ihre Schulfreundinnen studieren, ihre Ausbildung beginnen oder in der Welt herumreisen konnten. Diese Verwunderung entsprach keiner Macho-Haltung, sondern dem Wunsch nach Gleichberechtigung. Nicht wenige Frauen denken seit langem ähnlich.

(aus: Der Spiegel, Nr. 52/1990)

MATERIAL 15 Solidarität – neu buchstabiert

Die Debatte über die Zukunft der Bundeswehr belebt eine alte Idee: die allgemeine Soziale Dienstpflicht, ... denn die gesellschaftlichen und demographischen Umbrüche erzwingen ein neues Denken über den Sozialstaat und das Engagement seiner Bürger. Nicht als Auffangbecken für all jene, die die Bundeswehr nicht mehr braucht, noch weniger als Billiglösung für den Sozialstaat braucht es den Sozialen Dienst, sondern als Beitrag, die soziale und humanitäre „Produktivität" der Gesellschaft zu steigern.

Konkret bedeutet dies: Die Wehrpflicht (Artikel 12a des Grundgesetzes) wird durch eine Soziale Dienstleistungspflicht ersetzt, und jeder kann wählen, ob er sie in der Bundeswehr oder in sozialen, ökologischen oder Entwicklungsdiensten erfüllen möchte. Für junge Männer wäre der Soziale Dienst, wie bisher Wehr- oder Zivildienst, obligatorisch, für junge Frauen, anders als bisher, ein offenes Angebot, und zwar außerhalb und innerhalb der Bundeswehr.

Drei Aspekte machen einen Sozialen Dienst sinnvoll: die veränderten Lebensverhältnisse von Kindern und Jugendlichen; der Versuch, in einer erfolgreichen Wirtschaftsgesellschaft auch der praktizierten Solidarität eine Chance zu geben – und dies alles in der Hoffnung, durch ein soziales Training für junge Männer die geschlechtsspezifische Arbeitsteilung (Der Mann „verdient", die Frau „dient", was immer sie sonst noch tun mag) wenigstens einmal konsequent und mit einiger Aussicht auf Erfolg zu durchbrechen. Kinder und Jugendliche wachsen heute nicht mehr ... mit Geschwistern und Großeltern, auf Straßen, Bolzplätzen und in lebendigen Nachbarschaften auf. Sie verbringen die meiste Zeit ihrer jungen Jahre, vom Kindergarten über die Schule bis hin zur Universität, in mehr oder weniger geschlossenen Institutionen. ... Um junge Menschen auf die Welt der Erwachsenen vorzubereiten, schotten wir sie, in einer Welt der Gleichaltrigen, erst einmal von dieser Welt ab. ... Der Markt der Jugendkulturen und der Freizeitangebote ist reich, die Gesellschaft aber ist arm an sozialen Angeboten für junge Menschen, gemeinsam mit anderen etwas Sinnvolles zu tun. ... Diese Entwicklung kommt fast einem organisierten Glücksverbot gleich: Menschen, die ihr Leben als Aufgabe betrachten, ... sind glücklicher und aktiver; depressive Stimmungen aber wuchern, wo sich das Gefühl breitmacht, nicht gebraucht zu werden. Eine Gesellschaft, die ihrer Jugend keine Angebote macht, Energien und Engagement konstruktiv auszuleben, braucht sich nicht zu wundern, wenn sich diese destruktiv entladen. Wer nie im Umgang mit anderen, mit Stärkeren und mit Schwächeren, positive soziale Erfahrungen machen konnte, kann dann immer noch sein gebrochenes Selbstwertgefühl mit Gewalt gegen Asylbewerber, Behinderte, Ausländer wieder zusammenflicken. ... Wer junge Menschen persönlich und sozial unterfordert, tut ihnen keinen Gefallen, denn sie sind immer auch moralische Wesen. ... Sie genießen den Konsum, wollen ihm aber nicht alles unterordnen. ... Die „unerfüllten Moralsehnsüchte" junger Menschen aber vagabundieren wie herrenlose Hunde.

Der Soziale Dienst ist natürlich kein Allheilmittel, aber er könnte doch eine Chance sein, das Leben durch neue Erfahrungen zu bereichern. Ganz ähnlich, wie einst in Preußen die allgemeine Wehrpflicht ... die Soldaten auch lesen und schreiben lehrte, so könnte jetzt der Soziale Dienst zu einer sozialen Alphabetisierung der jungen Männer führen. Denn neue Männer braucht das Land: ... Rund achtzig Prozent der Pflege und der sozialen Hilfen werden in der Familie erbracht – und zwar zu achtzig Prozent von Frauen. ... Haus-, Familien- und Pflegearbeit sind zwischen den Geschlechtern extrem ungleich verteilt. Frauen haben keinen Nachholbedarf. Wer sie, im allgemeinen Sozialen Dienst etwa, den Männern gleich behandelt, behandelt sie ungleich.

(aus: Die Zeit vom 5.4.1993, Autor: Warnfried Dettling)

1. Diskutieren Sie die Frage, ob Zivildienstleistende „Abseiler" und „Drückeberger" sind. Wie beurteilen Sie den Wert der Arbeit, den die Zivildienstleistenden verrichten (Material 13)?
2. Was versteht man unter „Wehrgerechtigkeit"? Arbeiten Sie Gemeinsamkeiten und Unterschiede bei der Lösung dieses Problems in Material 14 und 15 heraus.
3. Diskutieren Sie die Vorschläge und ihre Begründungen in Material 14 und 15. Nehmen Sie Stellung zum „sozialen Jahr für alle".

Die Bundesrepublik Deutschland und Europa

1. Was ist Europa?

MATERIAL 1 **Eine unmögliche Reise?**

Der Mann aus Copenhagen war unterwegs von London nach Paris. Kein Grenzbeamter stoppte seine Fahrt. Kein Zöllner fragte nach mitgeführten Waren. Der Mann musste kein Schiff besteigen und nicht von der linken auf die rechte Fahrbahn wechseln, als er im Wagen über die Grenze fuhr.

In Paris bezahlte der Mann aus Copenhagen Hotel und Einkäufe in derselben Währung wie in London. Kein Kellner, kein Portier und keine Verkäuferin hatten etwas umzurechnen, denn hier wie dort galt das gleiche Geld. Der Mann fuhr weiter nach Rotterdam, von dort nach Amsterdam und schließlich nach Hamburg. Und nirgendwo stieß er auf eine Grenzkontrolle ... In Hamburg fand der Mann Arbeit in seinem Beruf. Seine Schulzeugnisse aus Copenhagen galten auch hier ohne Einschränkung, sein Gesellenbrief aus Rom, sein Meisterbrief aus London wurden anerkannt. Seine Sozialversicherung lief ohne Unterbrechung weiter, obwohl der Mann bisher schon in vier verschiedenen Staaten gearbeitet hatte. Er bekam den gleichen Lohn, den er in Rom, in London, in Straßburg und in Heidelberg verdient hatte, und er bekam das Geld immer in derselben Währung. Es gab keine andere weit und breit.

Auch seine Freunde und Verwandten erlebten Ähnliches. Sein Schulfreund hatte als Architekt schon in Rotterdam, Rom und London gearbeitet; sein Hausarzt hatte in Amsterdam studiert, war an einem Krankenhaus in Copenhagen zum Facharzt für Inneres ausgebildet worden und nun niedergelassener Arzt in Hamburg. ...

Am Wahltag hatten sie alle zwischen den gleichen Präsidentschaftskandidaten zu entscheiden, wählten sie Abgeordnete ins gleiche Bundesparlament.

Ein Zukunftsbericht aus dem Europa des Jahres 2010? Es ist die Beschreibung einer Reise an einem Tag wie heute – in den Vereinigten Staaten von Amerika. Copenhagen ist ein kleines Nest und liegt im Staat New York, ebenso Rotterdam, Amsterdam und Rom. London liegt im Staat Ohio, Paris in Illinois, Hamburg in Iowa ...

(nach: Claus D. Grupp, Aus Neun mach Eins, Köln 1978, S. 1)

MATERIAL 2 **Heinekens „Europa der Regionen“**

Mir scheint das zentrale Regieren eines Kontinents mit 350 Millionen Einwohnern eine unmögliche Aufgabe zu sein. Die Lösung des Problems könnte von einem Prozess der Dezentralisierung des Kontinents ausgehen. Jeder Staat hätte fünf bis zehn Millionen Einwohner. Der Mensch möchte in einem „Territorium“ leben, das für ihn überschaubar ist und in dem er sich zu Hause fühlen kann. Eine neue Teilung Europas würde den Kontinent in einen natürlichen Zustand zurückversetzen, in dem jede Gruppe ihre eigene Identität bewahren könnte. Die Albaner könnten endlich mit ihren Brüdern im Kosovo vereint leben, und auch die Siebenbürger, ob Ungarn, Rumänen, Deutsche oder Zigeuner, könnten ihre eigene multikulturelle Region haben. Eine bessere Zukunft liegt in überschaubaren Einheiten.

(aus: Die Welt vom 17.10.1992 und Der Spiegel Nr. 3/1993, S. 147)

1. Könnte Material 1 ein Zeitungsbericht aus dem Europa des Jahres 2010 sein?
2. Diskutieren Sie die Frage, ob die Vereinigten Staaten von Amerika oder das „Europa der Regionen“ ein Modell für die Europäische Einigung sein können.
4. Beschreiben Sie mit Hilfe einer Text-/Bild-Collage Ihre „Vision Europa 2010“. Sammeln Sie zu diesem Zweck aktuelle Text- und Bildmaterialien, z.B. aus Zeitungen und Zeitschriften.
Nehmen Sie Material 1 als Themengrundlage.

Wenn man heutzutage von der Einigung Europas spricht, ist die Europäische Union (EU) gemeint. Und das hat seinen Grund: Diese Gemeinschaft von mittel-, west- und südeuropäischen Staaten hat es bisher in der politischen und wirtschaftlichen Einigung am weitesten gebracht. Dennoch – die Europäische Union vereint nur einen Teil der europäischen Staaten. Denn im geografischen Sinn umfasst der Begriff „Europa" nicht nur die westliche Hälfte des europäischen Kontinents – das geografische Europa erstreckt sich vom Atlantik bis zum Ural und vom Mittelmeer bis zum Nordkap. Umstritten ist aber, ob z.B. die Türkei, deren Territorium sich zum größeren Teil im asiatischen Raum befindet, noch voll zu Europa gehört.

Europäische Union

Geografisches Europa

Frankreich, Italien, die Bundesrepublik Deutschland und die Benelux-Staaten hatten schon in den 50er Jahren beschlossen, vor allem auf wirtschaftlichem Gebiet enger zusammenzuarbeiten. Diese sechs Staaten hatten für ihre ersten Einigungsbemühungen einen gemeinsamen Beweggrund: Sie sahen sich durch den Ost-West-Gegensatz bedroht und waren gezwungen, den wirtschaftlichen Wiederaufbau – mit Hilfe der USA – gemeinsam zu bewältigen.

Neben den gemeinsamen Gründen gab es jedoch von Anfang an ganz speziell national gefärbte Motive für eine Zusammenarbeit in Europa. Die Bundesrepublik wollte in den 50-er Jahren die durch die Kapitulation des Deutschen Reiches verlorene Souveränität zurückgewinnen. Das war ihr nur möglich in einem Bündnis mit den demokratischen Nachbarn, vor allem mit Frankreich. Zugleich hatte sie ein Interesse daran, in ein europäisch-atlantisches Sicherheitsbündnis eingebettet zu werden. Auch war ihr an einem großen europäischen Markt gelegen, der den Export erleichterte. Frankreich andererseits wollte die Bundesrepublik in gemeinsame Einrichtungen binden, um eine neuerliche deutsche Aggression auszuschließen. Seine wirtschaftlichen Interessen waren jedoch, der Struktur des Landes entsprechend, nicht allein auf den Absatz von Industriegütern ausgerichtet. Deshalb forderte es auch einen gemeinsamen Agrarmarkt. Italien dagegen hoffte vor allem, sein enormes wirtschaftliches Nord-Süd-Gefälle mit Hilfe der europäischen Partner beseitigen zu können.

Nationale Beweggründe

Die Gründerstaaten der EU, die sich bis 1992 Europäische Gemeinschaft (EG) nannte, strebten neben der wirtschaftlichen Zusammenarbeit auch die politische Einigung an. Sie betrachteten sich als Kern eines Vereinten Europas und forderten andere Staaten auf, sich ihnen anzuschließen. Im Jahre 1973 traten – nach langen innenpolitischen Diskussionen – Dänemark, Großbritannien und Irland der EG bei. Diese Länder versprachen sich von ihrem Beitritt vor allem wirtschaftliche Vorteile. Aus diesem Grund schlossen sich auch Griechenland (1981) sowie Spanien und Portugal (1986) der EG an. Diese Staaten hatten aber auch noch ein anderes wichtiges Motiv: Sie erhofften sich durch den EG-Beitritt die Stabilisierung ihrer neugewonnenen Demokratie. Der Beitritt Österreichs, Schwedens und Finnlands im Jahre 1995 wurde als weiterer Beleg für die wirtschaftliche Anziehungskraft der EU angesehen. Einige osteuropäische Länder haben Assoziierungsabkommen mit der Europäischen Union abgeschlossen, um leichteren Zugang zu den Märkten der EU zu bekommen. Ihr langfristiges Ziel ist die volle Mitgliedschaft in der Europäischen Union. Einem weitergehenden Zusammenschluss stehen aber immer noch historisch bedingte Rivalitäten,

Politische Einigung

gegensätzliche politische Auffassungen sowie unterschiedliche Sprachen und Mentalitäten entgegen. Mehr noch: Mit dem Zusammenbruch der von kommunistischen Parteien beherrschten Länder Osteuropas und dem Auseinanderbrechen der UdSSR wurden überwunden geglaubte nationale Ideen und Bewegungen neu belebt. Diese führten zur Wiederausrufung alter Nationalstaaten: So lösten sich die baltischen Staaten Estland, Lettland und Litauen ebenso aus dem Verband der ehemaligen Sowjetunion wie z.B. Weißrussland und die Ukraine. Jugoslawien zerfiel; dasselbe Schicksal ereilte die Tschechoslowakei. Die Geburt der Tschechischen und der Slowakischen Republik war aber nicht – wie im Fall Jugoslawiens – mit kriegerischen Auseinandersetzungen verbunden, sondern erfolgte durch freie Vereinbarung.

Auch im westlichen Europa ist die europafreundliche Einstellung großer Teile der Bevölkerung nicht mehr unangefochten. Dies zeigen aktuelle Umfragen und die Ergebnisse der Volksabstimmungen über die Vertiefung der politischen und wirtschaftlichen Zusammenarbeit innerhalb der EU in Dänemark und Frankreich. Erst nachdem den Dänen etliche Ausnahmeregelungen zugestanden worden waren, stimmte die dänische Bevölkerung 1992 dem Vertrag von Maastricht zu; in Frankreich gab es nur eine knappe Mehrheit für den Vertrag.

In all diesen Entwicklungen kommen nationale Vorbehalte und Unsicherheiten, ja bei einem Teil der Bevölkerung sogar Feindseligkeiten und Ängste voreinander zum Ausdruck. Diese zu überwinden setzt voraus, dass Millionen Bürger lernen, Verständnis für die Nöte der anderen aufzubringen und Solidarität mit den Fremden zu empfinden – kurz: umzudenken. Aber ein Bewusstseinswandel kommt nicht von heute auf morgen. Schule und Bildung haben unser Weltbild national eingeprägt. Uns fehlt das europäische „Wir-Gefühl". Ein weitblickender Europäer warnte 1966 vor Ungeduld: „Warum vergessen wir so leicht, wie lange es gedauert hat, bis wir Deutschland hatten? Es sind nur 100 Jahre her, dass Bayern auf Preußen schossen." Viele Probleme Europas (z.B. die Umwelt- oder Asylpolitik) können nur gemeinsam von allen Europäern gelöst werden. Deshalb geht manchen nicht nur die Entwicklung der EU, sondern auch die gesamteuropäische Einigung zu langsam voran.

Europäisches „Wir-Gefühl"

MATERIAL 3 Nationale oder europäische Identität?

In Wahrheit haben nicht die Bürokraten der EG Hand an die Eigenarten der Nationen gelegt, vielmehr haben technische Zivilisation, Massenkultur und US-Import die europäischen Völker nahezu gleichermaßen überrollt und ihre traditionellen Eigenarten, die noch in der Zwischenkriegszeit enorm waren, planiert. Die Menschen zu Zwiesel im Bayerischen Wald leben heute kaum anders als jene zu Paray-le-Monial in Burgund, sieht man davon ab, dass die einen eher dem Bier, die anderen eher dem Wein zuneigen. Doch die Lebensqualität der Städte, in denen sie wohnen, ist fast die gleiche, und die künstlerische Qualität der Fernsehfilme, die sie sehen, ebenfalls. Hier wie dort suchen sie Entspannung vom Alltagsstress durch die immer gleichen Ausflüge in die immer gleiche Konsumwelt und realisieren ihre Ferienträume in den Blechlawinen der Autostraßen. Die Katastrophe des europäischen Nationalstaats in zwei Weltkriegen und die alles verschlingende Industrialisierung haben Angleichungsprozesse ausgelöst, die noch um die Jahrhundertwende undenkbar waren.

Gegenüber diesem Angleichungsprozess, ... mutet die angebliche Gleichschaltung durch die europäische Integration läppisch an: Die Staaten der EG verloren Kompetenzen und Teile ihrer Souveränität, aber nicht Teile ihrer Identität, und eine solche Gefahr droht auch nicht. Denn die wirklich identitätsbestimmenden Unterschiede wie Sprache, Geschichte und Kultur – keine EG raubt sie den Völkern. Sollten die Deutschen aber ihr exklusives Ladenschlussgesetz oder die Franzosen ihre gelben Autoscheinwerfer preisgeben müssen – welchen Verlust würde ihre Identität wohl erleiden? Nicht einmal die Deutsche Mark, so teuer sie uns ist, gehört zur deutschen Identität. Sonst hätte Bayern beispielsweise ein Stück seiner selbst verloren, als es mit dem Eintritt in das Deutsche Reich seinen Gulden der Mark opferte. Doch man weiß nur zu gut: Bayern blieb Bayern, ohne Gulden und schließlich sogar ohne König.

(aus: Der Spiegel Nr. 44/1992, S. 36f., Autor: Dieter Wild, gekürzt)

MATERIAL 4 Die EU – das Kraftzentrum Europas

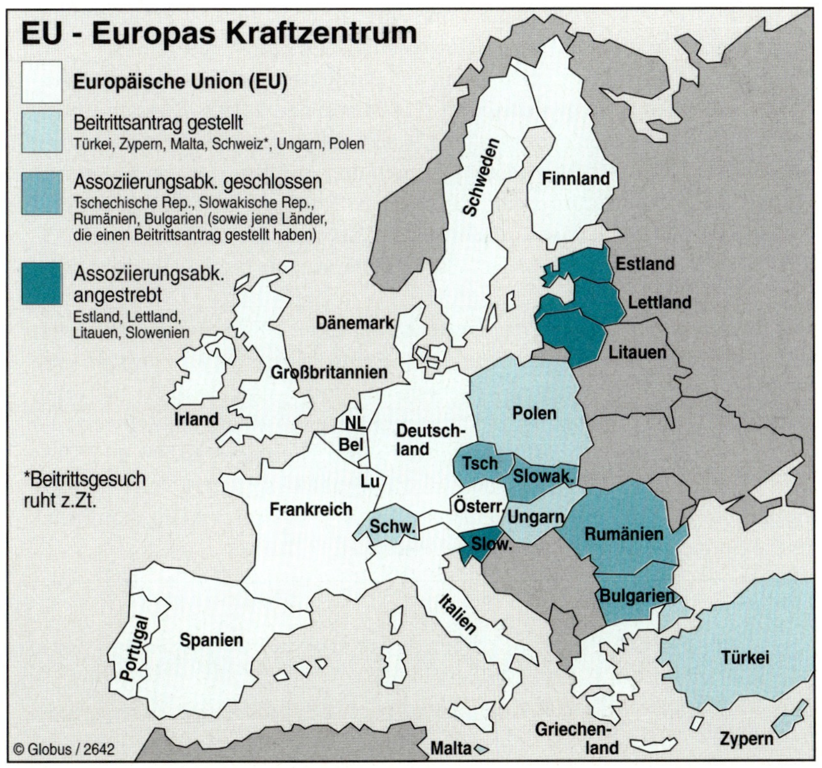

1. Interpretieren Sie die Karikatur (S. 158).
2. Erörtern Sie die Frage „Europa – Schmelztiegel oder Vielvölker-Vaterland"? Berücksichtigen Sie dabei Material 3 und 4.

MATERIAL 5 Wichtige europäische Institutionen, Organisationen und Zusammenschlüsse

Schon 1946 hatte der ehemalige britische Premierminister Winston Churchill (1874–1965) die Europäer zur Zusammenarbeit aufgerufen. Als ersten Schritt forderte er die Bildung eines **Europarates**, der dann drei Jahre später in Straßburg gegründet wurde. Heute gehören ihm 39 Länder an, darunter seit 1951 die Bundesrepublik Deutschland. Die parlamentarische Versammlung des Europarates mit über 170 von den nationalen Parlamenten entsandten Abgeordneten versteht sich als Institution zur Sicherung der Grund- und Menschenrechte.
Im Rahmen des Europarates wird der **Europäische Gerichtshof für Menschenrechte** auf Initiative der europäischen Kommission für Menschenrechte tätig. Er entscheidet, ob durch einen Mitgliedstaat eine Verletzung der europäischen Menschenrechtskonvention (von 1950) vorliegt und verurteilt gegebenenfalls den verklagten Staat zur Entschädigung.
Die Konferenz bzw. (seit 1995) Organisation über Sicherheit und Zusammenarbeit in Europa **(KSZE/OSZE)** wurde 1975 auf Initiative Finnlands von 35 Staaten gegründet. Ihr gehören auch alle osteuropäischen Staaten an, dazu die USA und Kanada. Die KSZE hat wichtige Anstöße zur Durchsetzung von Menschen- und Minderheitenrechten und zur Demokratisierung in Osteuropa gegeben. Darüber hinaus hat sie die beiden Militärblöcke NATO und Warschauer Pakt in sicherheitspolitischen Fragen nähergebracht. So war z.B. vereinbart worden, Manöver vorher anzukündigen und eine gegenseitige Beobachtung zuzulassen. Die OSZE engagiert sich heute u.a. als Vermittler in militärischen Konflikten in den Nachfolgestaaten der UdSSR (Kaukasus-Region).
Die **Europäische Gemeinschaft für Kohle und Stahl** (EGKS, auch: Montanunion) war die erste supranationale Organisation in der Geschichte der (west-)europäischen Integration. Belgien, Frankreich, Italien, Luxemburg, die Niederlande und die Bundesrepublik Deutschland schlossen ihre Kohle- und Stahlindustrie 1951 zu einem gemeinsamen Markt zusammen.
Am 25.3.1957 wurden in Rom die Verträge zur Gründung der **Europäischen Wirtschaftsgemeinschaft** (EWG) und der **Europäischen Atomgemeinschaft** (EAG) von den EGKS-Staaten unterzeichnet. Die Vertragspartner wollten einen gemeinsamen Markt in Europa und den Abbau aller Wirtschaftsschranken erreichen. **EG** ist die Sammelbezeichnung für die drei europäischen Gemeinschaften EGKS, EAG und EWG. Durch die Einheitliche Europäische Akte (1987) und durch den Vertrag über die Europäische Union („Maastrichter Vertrag" von 1992) ist der EWG-Vertrag reformiert und erheblich erweitert worden. Seither nennt sich die EG **Europäische Union (EU)**.
Die Europäische Freihandelszone (European Free Trade Association: **EFTA**) wurde 1959 von Dänemark, Großbritannien, Norwegen, Schweden und der Schweiz gegründet. Sie war eine Reaktion auf die EWG, der diese Länder aus verschiedenen Gründen damals nicht beitreten wollten. Heute umfasst die EFTA nur noch Island, Liechtenstein, Norwegen und die Schweiz; die übrigen Mitglieder gehören der EU an. Island, Liechtenstein und Norwegen haben sich dem EU-Binnenmarkt angeschlossen und bilden mit den 15 EU-Staaten seit dem 1.1.1994 den Europäischen Wirtschaftsraum **(EWR)**, einen Binnenmarkt für 371 Millionen Menschen. Ausgenommen sind jedoch die Bereiche Landwirtschaft und Fischerei.

Verfolgen Sie die Arbeit der in Material 5 vorgestellten Institutionen mit Hilfe der Zeitschriften *EU-Informationen* und EUROP-NEWS, die Sie kostenlos bei der Vertretung der EU-Kommission in der Bundesrepublik Deutschland erhalten.

MATERIAL 6 Strukturdaten der Mitgliedsländer der EU 1995

Land	Fläche in 1000 km²	Bevölkerung in Mio.	Brutto-inlands-produkt (BIP)	durchschnittl. Wachstums-rate des BIP 1991–94 (%)	Arbeits-losenquote (1994)	Erwerbs-tätige in Mio. (1994)	Anteil (%) d. Handels mit EU-Ländern Einfuhr/ Ausfuhr
Deutschland	357	81,6	3320	1,3	8,4	35,8	51/49
Belgien	31	10,1	420	0,8	10,0	3,7	68/72
Dänemark	43	5,2	218	2,2	8,2	2,5	52/51
Finnland	338	5,1	169	– 0,5	18,4	2,0	44/47
Frankreich	544	58,0	2444	0,9	12,3	21,7	65/61
Griechenland	132	10,4	173	1,0	8,9	3,8	64/54
Großbritan.	244	58,3	2272	1,8	9,6	25,7	50/54
Irland	70	3,6	113	5,0	14,7	1,2	63/70
Italien	301	57,2	2300	0,7	11,4	20,0	56/53
Luxemburg	3	0,4	25	1,5	3,5	0,2	68/72
Niederlande	41	15,4	601	1,4	7,0	6,7	55/75
Österreich	84	8,0	331	1,5	6,5	3,8	66/63
Portugal	92	9,9	233	0,4	7,0	4,4	68/71
Schweden	450	8,8	326	– 0,6	9,8	3,9	55/53
Spanien	506	39,2	1151	0,5	24,3	11,7	64/65
EU insgesamt	3236	371,3	14095	1,1	11,2	147,3	57/58

(aus: Statistisches Bundesamt: Die EU in Zahlen 1996, Wiesbaden o.J., Faltblatt)

MATERIAL 7 Die EU im internationalen Vergleich

	EU	USA	Japan
Bevölkerung 1995 in Mill.	371,3	263,3	125,1
Preisindex für die Lebenshaltung 1994 (1985 = 100)	143,5[1)]	137,8	114,6
Bruttoinlandsprodukt 1994 in Mrd. US-$	7 313	6 650	4 582
je Einwohner in US-$	19 700	25 500	36 800
Geleistete öffentliche Entwicklungshilfe 1993 in Mill. US-$	32 817	9 861	15 101
Index der industriellen Produktion 1994 (1990 = 100)	99,8[2)]	111,4	93,1
Einfuhr 1994 in Mill. US-$	1 558 358	689 215	275 548
Ausfuhr 1994 in Mill. US-$	1 607 580	512 521	397 373

1) Nur einschl. früheres Bundesgebiet; ohne Angaben für Finnland, Österreich und Schweden.

2) Nur einschl. früheres Bundesgebiet.

Quelle: Statistisches Bundesamt

1. Erstellen Sie zu Material 6 in Gruppenarbeit Ranglisten für Fläche, Bevölkerung, BIP etc.
2. Erörtern Sie die den Ranglisten zu Grunde liegende Ursachen und die sich daraus ergebenden Auswirkungen. Berücksichtigen Sie bei Ihren Überlegungen auch Material 7.

2. Von der Europäischen Gemeinschaft zur Europäischen Union

2.1 Wie funktioniert die EU?

Kommission

Die fünf wichtigsten politischen Institutionen der EU sind der Europäische Rat, der Ministerrat, die Kommission, das Europäische Parlament und der Europäische Gerichtshof. Die Kommission sollte dabei nach dem Willen der Gründer der Gemeinschaft der Motor des Einigungsprozesses sein, als überstaatliches Organ allein die Interessen der Gemeinschaft im Auge haben. Die Kommissare der EU werden zwar von den Regierungen der Mitgliedsstaaten für vier Jahre ernannt, sind aber dann unabhängig und an nationale Weisungen nicht gebunden. Die Kommission entscheidet in vielen Einzelfragen selbstständig, erlässt z.B. für alle Mitgliedsländer verbindliche Verordnungen über Sicherheits- und Produktnormen, Etikettierungen etc., setzt Grenzabgaben fest oder verbietet den Zusammenschluss großer marktbeherrschender Unternehmen (Kartellverbot).

Ministerrat

Wichtige politische Entscheidungen, die dann durch den Ministerrat getroffen werden, bereitet die Kommission mit Hilfe der fast 15 000 EU-Beamten vor und führt sie durch. Hier zeigt sich, dass in wesentlichen Fragen der Ministerrat sich als das politische Entscheidungszentrum gegen die Kommission behauptet hat. Der Ministerrat, der je nach anstehendem Thema als Rat der Außen-, Agrar-, Wirtschafts-, Umweltminister etc. tagt, ist daher der eigentliche Gesetzgeber der EU, zumindest in politisch bedeutsamen Fragen. Seine Verordnungen gelten in den Partnerstaaten wie Gesetze. Deshalb wurde früher bei allen strittigen Fragen in der Regel so lange verhandelt, bis Einstimmigkeit hergestellt war. Das hat sich mit dem Inkrafttreten der „Einheitlichen Europäischen Akte" (1987) geändert, in der die Weichen für Mehrheitsentscheidungen im Ministerrat gestellt worden sind. Bei wichtigen („qualifizierten") Mehrheitsentscheidungen sind mindestens 62 von 87 Stimmen erforderlich. Dabei haben die vier großen Staaten Bundesrepublik Deutschland, Frankreich, Großbritannien und Italien je 10 Stimmen, Spanien 8, Belgien, Griechenland, die Niederlande und Portugal je 5, Österreich und Schweden je 4, Dänemark, Finnland und Irland je 3 und Luxemburg 2 Stimmen. Wenn für einen Beschluss des Rates dagegen die einfache Mehrheit genügt, so müssen wenigstens acht von 15 Mitgliedern zustimmen.

Europäischer Rat

Grundsätzliche Entscheidungen zur Weiterentwicklung der europäischen Einigung werden vom Europäischen Rat getroffen. So nennt sich das „Gipfeltreffen" der Staats- und Regierungschefs der EU-Staaten und des Präsidenten der EU-Kommission, das mindestens zweimal im Jahr stattfindet.

Europäisches Parlament

Das Europäische Parlament, das im Gegensatz zum Bundestag keine umfassende Gesetzgebungskompetenz besitzt, hat bisher im wesentlichen eine beratende und kontrollierende Funktion. Mit der seit 1979 alle fünf Jahre stattfindenden Direktwahl des Europa-Parlaments ist jedoch die Entschlossenheit vieler Parlamentarier gestiegen, ihren politischen Handlungsspielraum auszuweiten.

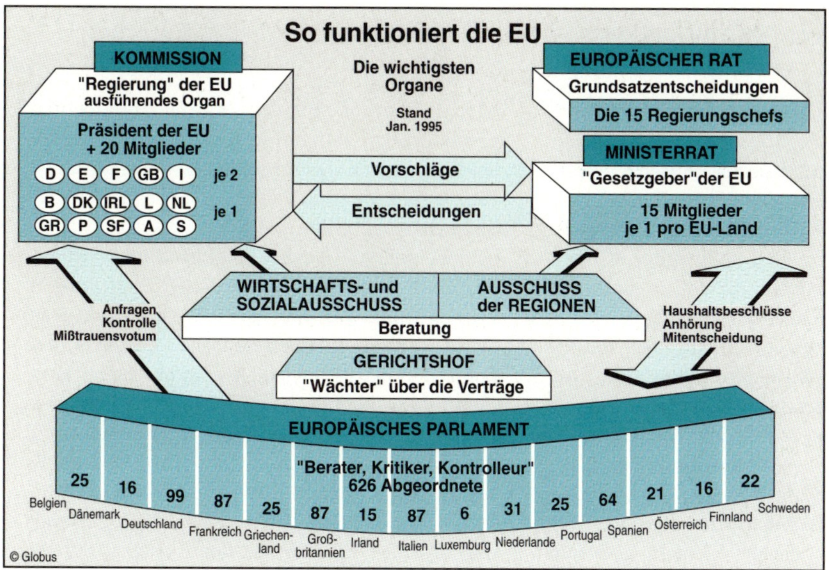

So hat das Parlament z.B. Mitwirkungsrechte bei Gesetzesvorhaben zur Herstellung des Binnenmarktes erhalten; zu allen anderen Gesetzesvorschlägen der Kommission ist seine Stellungnahme erforderlich. In der wichtigen Finanz- und Haushaltspolitik hat es sich noch weitergehende Mitspracherechte erstritten. Das Parlament besitzt damit zwar ein Machtmittel, auf Sachentscheidungen des Ministerrates einzuwirken, doch ein weiterreichendes Kontrollrecht gegenüber den Mitgliedern des Ministerrates hat es nicht. Diese sind nur ihren nationalen Parlamenten verantwortlich, nicht aber dem Europäischen Parlament.

Europäischer Gerichtshof

Der Europäische Gerichtshof ist ein überstaatliches Gericht, dessen Entscheidungen für Organe und Mitgliedsstaaten der EU verbindlich sind. Er setzt sich aus Richtern zusammen, die von den nationalen Regierungen im gegenseitigen Einvernehmen auf sechs Jahre ernannt werden. Sie können aber nach Ablauf dieser Zeit erneut berufen werden. Der Europäische Gerichtshof kontrolliert und korrigiert gegebenenfalls die politischen Organe der Gemeinschaft und der Mitgliedsländer, entscheidet über Streitigkeiten zwischen EU-Organen und gewährt den EU-Bürgern Rechtsschutz. Es ist eine Art europäisches Verfassungsgericht und zugleich in allen übrigen Sparten der Gerichtsbarkeit als Rechtsprechungsorgan tätig, z.B. im Arbeits-, Sozial- oder Wettbewerbsrecht. Juristen vergleichen etwas abschätzig das europäische Recht mit einer Krake, die sich auf allen Rechtsgebieten festsauge.

Der Europäische Gerichtshof ist eine europäische Macht, die im Verborgenen wirkt und im öffentlichen Bewusstsein kaum eine Rolle spielt. Allenfalls wenn er ein nationales Reinheitsgebot für italienische Spaghetti oder deutsches Bier vom Tische wischt, indem er es den Konsumenten überlässt, sich für eine bestimmte Sorte Spaghetti oder Bier zu entscheiden, taucht sein Name in den Medien auf. Dabei ist die Entscheidung des Europäischen Gerichtshofes, dass alles, was in einem der EU-Mitgliedsländer zugelassen sei, auch in allen anderen EU-Staaten angeboten werden könne, nur eine von vielen Grundsatzentscheidungen.

MATERIAL 8 Politisches Spiel mit dem kleinen Kamel

Das kleine Kamel schaut so niedlich drein wie jene jungen Seehunde, für die Brigitte Bardot seit Jahren kämpft, und es ist auch mindestens genauso bedroht. Denn das kleine Kamel steht unter einem bösen Verdacht. Es gilt als Hauptverdächtiger in einem Fall schwerster Kindesverführung mit Todesfolge und soll deshalb verbrannt werden. Nach einem Vorschlag der Kommission der Europäischen Gemeinschaft soll das Kamel aus der Camel-Zigarettenwerbung aus der Öffentlichkeit verschwinden. Nicht nur das Kamel müsste gehen: Nach dem Vorschlag der EG-Kommission für eine Richtlinie des Rates betreffend die Werbung für Tabakerzeugnisse soll die Reklame verbannt werden. Das Europäische Parlament hat diesem Vorschlag bereits zugestimmt, jetzt liegt er dem Rat der Minister der EU-Staaten zur Entscheidung vor.

Das Verbot gehört eigentlich zu einem Packet von Richtlinien, die den freien Warenverkehr im Europäischen Binnenmarkt erst möglich machen sollen. Es geht um die Freiheit von Zeitschriften und anderen Werbeträgern. Bisher bestehen in den Mitgliedsländern der Gemeinschaft extrem unterschiedliche Vorschriften für die Tabakwerbung, worin die Europäische Kommission eine Gefahr erkannte: Schließlich verböten Zigarettenanzeigen in einem Modemagazin aus Deutschland den Verkauf des Hefts am Hauptbahnhof in Rom – in Italien ist Werbung für Tabakprodukte strikt verboten, ohne dass allerdings bisher Zeitschriften wirklich konfisziert würden.

Dieses Handelshemmnis sollte ausgeräumt werden, und so geriet die Tabakwerbung in den Gesetzgebungsprozess für den Europäischen Binnenmarkt. Am Streit um die Harmonisierung der Tabakwerbung beteiligt sich unter dem Einsatz enormer Geldsummen und Bergen von Akten und Statistiken eine endlose Reihe von Gremien und Organisationen: Die EU-Kommission, das Parlament und auch der Ministerrat sind von Amts wegen dazu verpflichtet. Die europäische Tabaklobby und die Verbände der Werbeträger versuchen, die Gesetzgebung genauso in ihrem Sinne zu beeinflussen wie auf der anderen Seite Gesundheitsverbände. Dabei wird der Kampf an vielen Fronten ausgefochten: einmal in Brüssel, und jeweils in den Mitgliedsländern, denn in jedem einzelnen Land muss sich die Regierung eine Meinung über den Richtlinienentwurf bilden, bevor im Ministerrat – dem entscheidenden Gremium – abgestimmt wird.

Die erste Runde im europäischen Ping-Pong in Sachen Tabakwerbung wurde weniger in Brüssel als in Europas Krankenhäusern und auf seinen Friedhöfen ausgetragen. Als immer mehr Menschen an Lungenkrebs erkrankten und starben, und die Verbindung zwischen Tabakkonsum und Karzinomen immer deutlicher wurde, beschlossen die Regierungschefs im Juni 1985 in Mailand, dass etwas gegen das Rauchen unternommen werden solle. Im Rahmen des Aktionsprogrammes „Europa gegen den Krebs" wurden auch Einschränkungen für die Tabakwerbung erwogen. ... Da in den einzelnen Mitgliedsländern der Gemeinschaft sehr unterschiedliche Regelungen gelten, vom generellen Werbeverbot wie in Italien bis hin zu einfachen Beschränkungen wie in Deutschland, musste die EG-Kommission tätig werden. Im Mai 1989 legte sie dem Straßburger Parlament einen Entwurf vor, der nur noch die Werbung über das Produkt selbst gestatten sollte. Die Imagewerbung für Zigaretten wollten die EU-Beamten vollends ausschließen: Wenn junge, schicke und moderne Frauen und Männer im 30-Sekunden-Spot einen cabriolet-sonnigen Lebensstil vorspielen und nur am Rande die Zigarettenmarke eingeblendet wird, ist das nach Auffassung von Gesundheitspolitikern besonders gefährlich. Generell zielt die Werbung nach ihrer Einschätzung immer mehr darauf ab, Jugendliche zum Rauchen zu animieren. Über 80 Prozent aller Raucher entwickelten ihre Rauchgewohnheiten und eine gewisse Markentreue bereits vor dem 18. Geburtstag; ein Verbot der Imagewerbung sollte zu einem Rückgang der Erstraucher führen. In ihrer Werbung hätten die Tabakkonzerne nur noch das Produkt selbst, bestenfalls auch noch die Packung zeigen dürfen.

Als der Entwurf der Kommission veröffentlicht wurde, stellten einige Produzenten ihre Werbung um. ... Der Abenteurer, der Hedonist oder die extrem selbstbewusste Frau (allesamt natürlich Raucher) hatten abgedankt; die Komik und Originaliät der neuen Werbung ließ nur noch einen Schluss zu: Raucher sind neuerdings Witzbolde. Doch die Umstellung der Werbung half wenig, das europäische Parlament wies den Kommissionsvorschlag zurück: Er ging den europäischen Parlamentariern nicht weit genug. Die Kommission reagierte mit einem drastisch verschärften neuen Entwurf, der bis heute aktuell ist. Grundsätzlich soll jegliche Tabakwerbung außerhalb von Verkaufsstellen verboten werden, auch indirekte Werbung. So soll unter Umständen auch nicht mehr für Produkte geworben werden dürfen, die nur den gleichen Namen tragen wie bestimmte Zigarettenmarken. Im konkreten Fall hieße dies: Nicht nur das kleine Kamel müsste abdanken, auch die Camel-Boots hätten zu verschwinden. Diese strikte Harmonisierung begründete die Kommission damit, dass laut Artikel 100a des EWG-Vertrags ein hohes Schutzniveau erforderlich ist, wenn etwa Fragen der Gesundheit betroffen sind. Kritiker des Entwurfs ... zweifeln ... an der Rechtmäßigkeit des Verfahrens: Weil die EU für die Gesundheitspolitik keine Kompetenzen besitzt, begründet sie die Richtlinie damit, dass die unterschiedlichen Regelungen innerhalb der EU ein Handelshemmnis bedeuten, obwohl das Ergebnis der Wirtschaft eher schaden dürfte.

Die folgende Abstimmung im Europäischen Parlament über diesen Entwurf geriet fast zu einem Eklat – allerdings fast unter Ausschluss der Öffentlichkeit. Da warnten die Lobbyisten der Tabakkonzerne vor der Rückkehr des Sozialismus über die EU, der alles, was Spaß mache, verbieten wolle, Verbots-Befürworter agierten mit gesundheitspolitischem Eifer, Beschlüsse wurden etwa mit dem Satz „Wir verabschieden diese Resolution unseren Kindern zuliebe" beendet. Öffentlich beschwerten sich die Parlamentarier über einen massiven Lobbyismus der Tabakkonzerne. „Ich habe Dutzende von teuren Hochglanzbroschüren erhalten und bin zu einer endlosen Zahl von teuren Mittagessen eingeladen worden. Stets wollten die Lobbyisten mich überzeugen, dass es nicht um die Tabakwerbung, sondern viel genereller um das Recht der freien Meinungsäußerung gehe", schilderte ein britischer Abgeordneter die Tage vor der Abstimmung. „Ich denke, sie haben sich damit mehr Feinde als Freunde gemacht." ... Mit 150 zu 123 Stimmen nahm das Parlament den Entwurf an. Kritiker ... sehen darin einen Versuch der Parteipolitiker im Parlament, auf europäischer Ebene eine strenge Gesundheitspolitik durchzusetzen, die sie auf nationaler Ebene nie erreichen könnten. „Nicht immer sind es die Politiker; ähnlich häufig versuchen auch Industrieverbände, die Harmonisierung zu instrumentalisieren" sagt ein hoher EU-Beamter. Nach seiner Meinung hätte man die ungleichen Regelungen in den einzelnen EU-Ländern im Prinzip weiter tolerieren können.

Das EU-Parlament hat zwar in Europa heute weitaus mehr Macht, als viele immer noch glauben wollen, die endgültige Entscheidung obliegt aber weiter dem Ministerrat. Einige Entscheidungen dort müssen einstimmig gefällt werden, die große Zahl aber mit qualifizierter Mehrheit: Dabei haben die einzelnen Mitgliedstaaten ihrer Größe entsprechend unterschiedlich viele Stimmen, bei Uneinigkeit ist es beispielsweise möglich, einen Beschluss gegen maximal zwei größere oder auch mehrere kleine Länder durchzusetzen. Bisher aber sprechen sich zwei große Länder, Großbritannien und Deutschland, und die Niederlande gegen das Werbeverbot aus; bleibt es dabei, hat der Vorschlag keine Chance.

(aus: Süddeutsche Zeitung Nr. 190/1992, Autor: Jens Schneider. 1998 stimmten die Abgeordneten des Europäischen Parlaments einer Richtlinie zu, die ein Totalverbot für Tabakwerbung ab 2006 vorsieht.)

1. Warum sollen die Richtlinien für die Werbung von Tabakprodukten „ harmonisiert" werden?
2. Welche EU-Institutionen sind an diesem EU-Gesetzgebungsprogramm beteiligt? Welche Bedeutung haben die einzelnen Institutionen? Ziehen Sie dazu S. 162 f. zu Rate.
3. Wie würden Sie in dieser Frage entscheiden?
4. Wie sähe der nationale Gesetzgebungsprozess in der Bundesrepublik Deutschland in diesem Fall aus?

MATERIAL 9 Die EU und das „Demokratie-Defizit“

Der Verlust der nationalen Souveränität ... hat längst stattgefunden, im Juli 1987. Damals setzten die Parlamente der EU-Länder die „Einheitliche Europäische Akte" in Kraft und verschafften ihren Regierungen die Möglichkeit, die Binnenmarktgesetze nach Gutdünken unter sich auszuhandeln. Schon damals lieferten die Euro-Strategen von Athen bis Dublin ihre Länder damit einer Gesetzgebungsmaschinerie aus, die auf breiter Front die demokratischen Verfassungen aushebelt und kaum Spielräume für die politische Gestaltung lässt. Unvorstellbar wäre im Deutschland der Nachkriegszeit, dass

- alle Gesetze nur von den Abgesandten der Länderregierungen unter Ausschluss der Öffentlichkeit verabschiedet werden;
- die Minister nicht gewählt, sondern von den Landesregierungen nach Proporz ernannt werden;
- diese Minister und ihr Apparat das alleinige Recht haben, Gesetzesvorschläge zu machen und das Parlament sie dabei nur berät.

Eine solche Verwaltungsdiktatur wäre undemokratisch und sicher nur per Staatsstreich durchzusetzen. Und doch wird ein erheblicher Teil der deutschen Gesetzgebung seit Jahren nach eben diesem Prinzip geformt – in Brüssel. Dort, in einem schmucklosen Hochhaus an der Rue de la Loi, versammeln sich beinahe täglich Vertreter der Regierungen, häufig tagen 10 bis 20 Ausschüsse gleichzeitig. Hinter der Glastür und den Eingangskontrollen beginnt eine phantastische Welt, die für die meisten EU-Bürger so fremd ist wie einst die Vorgänge hinter den Kreml-Mauern. Sobald Minister, Staatssekretäre, Botschafter oder ihre Vertreter das Gebäude betreten, erhalten sie verfassungsrechtlich eine zweite Identität: Aus den Mitgliedern einer nationalen Verwaltung werden die Mandatsträger des einflussreichsten Gesetzgebungsorgans in Europa, des Ministerrats. Sie verabschieden die Vorschläge der Zentralbehörde („Kommission der EU") als EU-Richtlinien oder Verordnungen, schaffen also geltendes Recht in allen EU-Ländern. ...

Kein europäischer Staat, der so verfasst wäre wie die EU, könnte deren Mitglied werden. ... Die faktische Aufhebung der Gewaltenteilung zugunsten der Brüsseler Räteherrschaft trägt jedoch erheblich dazu bei, die (west)europäischen Demokratien bei den Bürgern in Misskredit zu bringen. Schon die Wahlen zum sogenannten Parlament in Straßburg sind eine wiederkehrende massive Missachtung der Wähler. Egal für welche Parteien sie votieren, keiner der Mächtigen auf dem Brüsseler Parkett muss hernach seinen Sessel räumen.

Ganze gesellschaftliche Interessengruppen bleiben systematisch von der Entscheidungsfindung auf EU-Ebene ausgeschlossen. Gegen die international organisierte Industrie mit ihren rund 5 000 bezahlten Lobbyisten in Brüssel können Gewerkschaften, Umwelt- und Verbraucherschützer nicht einmal auf die Öffentlichkeit hoffen. Eine kritische Presse ist für die Eurokraten allenfalls so unangenehm wie schlechtes Wetter.

Zugleich verzichten die wenigen namhaft zu machenden Verantwortlichen – die Minister – immer häufiger auf die eigene Glaubwürdigkeit, indem sie sich selbst für inkompetent erklären und auf die Zuständigkeit des EU-Apparats verweisen. ... Im Niemandsland geschlossener Brüsseler Gremien geht daher schleichend einer der wichtigsten Bestandteile funktionierender Demokratien verloren: die einklagbare politische Verantwortung.

Weil alle Regierungen gemeinsam entscheiden, ist für die verschleuderten EU-Milliarden, die chaotisch organisierte Kommissionsverwaltung oder schlecht formulierte Gesetze am Ende niemand verantwortlich.

(aus: Der Spiegel Nr. 11/1993, S. 143f.)

1. Welche Ursachen werden in Material 9 für das „Demokratie-Defizit" angeführt?
2. Diskutieren Sie die Stellung des Europäischen Rates bzw. des Ministerrates im Geflecht der EU-Institutionen. Kann man hier von einer demokratischen Legitimation sprechen oder nicht?
3. Entwerfen Sie ein Verfassungsschema für die EU, welches das „demokratische Defizit" beseitigt.

2.2 Der EU-Binnenmarkt – das grenzenlose Abenteuer?

Die Gründerväter des Gemeinsamen Marktes träumten von einem Europa ohne Grenzen mit freiem und ungehindertem Waren-, Personen-, Dienstleistungs- und Kapitalverkehr („Die vier großen Freiheiten"). Doch trotz großer Fortschritte blieb dieses Ziel jahrzehntelang nur ein Traum, der an den Realitäten der nationalen Interessen scheiterte. Erst als andauernde Arbeitslosigkeit und wachsender Konkurrenzdruck aus Ostasien und Nordamerika in den 80er Jahren eine dringende Antwort erforderten, rückte die Idee vom großen europäischen Markt ohne Grenzen wieder in den Mittelpunkt der Europa-Politik.

Einheitliche Europäische Akte

Ein wichtiger Schritt zur europäischen Einigung war die Verabschiedung der Einheitlichen Europäischen Akte (EEA), die am 1. Juli 1987 in Kraft trat. In ihr wurde vereinbart, bis Ende 1992 einen einheitlichen europäischen Binnenmarkt zu schaffen. Industrie- und Dienstleistungsunternehmen (z.B. Versicherungen, Transportunternehmen) müssen sich heute in der EU nicht mehr mit unterschiedlichen nationalen Steuern und Vorschriften herumschlagen, sondern können kostengünstig in hohen Stückzahlen für einen einzigen großen Markt ohne innere Grenzen produzieren. Sie dürfen sich frei bewegen, ohne im anderen Mitgliedstaat gegenüber der heimischen Konkurrenz benachteiligt zu sein. Die Freizügigkeit der Personen umfasst z.B. das Recht, ohne Aufenthaltserlaubnis überall in der Gemeinschaft den Beruf ausüben zu können.

Wettbewerbsverzerrungen

Damit im Binnenmarkt keine zu großen Wettbewerbsverzerrungen entstehen, waren zwei Bündel von Maßnahmen durchzuführen:

- Die Mindestanforderungen für Sicherheit und Gesundheit der Arbeitnehmer sowie für den Verbraucher- und Umweltschutz wurden mit Hilfe von knapp 300 Verordnungen aus Brüssel festgelegt. Danach kann jedes Produkt, das in einem Mitgliedstaat hergestellt und verkauft wird, auch in den anderen Ländern zum Verkauf angeboten werden.
- Die Mehrwertsteuersätze und die Verbrauchssteuern (z.B. auf Alkohol, Tabak und Benzin) sollen so weit wie möglich einander angeglichen werden. Eine völlige Übereinstimmung der indirekten Steuern ist aber für das Funktionieren des Binnenmarktes nicht notwendig, wie das Beispiel der USA zeigt, in denen es regional unterschiedliche Steuerbelastungen gibt.

Kritik am Binnenmarkt

Kritiker des Binnenmarktes sprechen von einem Markt, der den Bedürfnissen großer Konzerne nach hohen Stückzahlen entspreche, kleine und mittlere Unternehmen aber überfordere. Sie befürchten zudem, dass infolge des sich verschärfenden Wettbewerbs z.B. der hohe Stand der sozialen Sicherheit und das Lohnniveau in der Bundesrepublik Deutschland sich nicht halten lassen. Die Kosten für den Binnenmarkt zahle deshalb vor allem der Arbeitnehmer. In der Umweltpolitik bestehe die Gefahr der Nivellierung auf dem kleinsten gemeinsamen Nenner, da z.B. Großbritannien sich in Fragen des Umweltschutzes häufig nicht sehr aufgeschlossen gezeigt habe. Schließlich würden die wirtschaftlich unterentwickelten Staaten der EU durch den sich verschärfenden Konkurrenzkampf noch mehr ins wirtschaftliche Abseits geraten.

Vorteile des Binnenmarktes

Die Befürworter verweisen demgegenüber auf die Vorteile eines Marktes von über 350 Millionen Verbrauchern. Er erlaube wegen seiner Größe eine kostengünstigere Produktion. Andererseits erzwinge er durch den schärferen Wettbewerb, dass Kostenvorteile, die durch den Wegfall von Zollformalitäten und sonstiger Handelshemmnisse entstehen, auch an die Verbraucher weitergegeben werden. Nutznießer des Binnenmarktes sei daher letztlich der Verbraucher. Darüber hinaus werde die weltweite Konkurrenzfähigkeit der EU gestärkt. Ein „Sozial- oder Lohndumping" werde es nicht geben. Dies sei auch deshalb unwahrscheinlich, da für die Standortwahl der Unternehmen neben Lohnhöhe und Sozialkosten auch noch andere Faktoren, wie z.B. die Qualität der Infrastruktur oder das Ausbildungsniveau der Arbeitskräfte, eine entscheidende Rolle spielten. Im Umweltschutz sei ein mittleres Niveau im europäischen Rahmen einer isolierten nationalen Umweltpolitik mit optimalen Grenzwerten vorzuziehen.

Konkurrenzfähigkeit der EU

Regionalpolitik

Und schließlich: Die EU verfolge seit 1975 eine Regionalpolitik, die den wirtschaftsschwachen Regionen den Anschluss an die wirtschaftstärkeren Gebiete erleichtern soll. Der finanzielle Umfang dieser Wirtschaftshilfe sei in den letzten Jahren stark gewachsen und solle durch die Begrenzung der Agrarausgaben einen noch größeren Anteil am Gesamthaushalt der EU einnehmen.

Bislang betrug der Anteil der Agrarausgaben am EU-Haushalt stets weit mehr als 50 Prozent. Die Agrar- und Fischereipolitik ist nämlich als erster Politikbereich voll in die Verantwortung der EU-Organe übergegangen. Alle landwirtschaftlichen Produkte können – wie die industriellen Erzeugnisse auch – frei von Zöllen in der ganzen EU gehandelt werden. Im Gegensatz zum Markt für Industriegüter, der möglichst ohne Reglementierungen sich frei entfalten soll, legt die Gemeinschaft jedoch für die wichtigsten Agrargüter einen Mindestpreis fest und bietet so den Landwirten Garantien gegen einen extremen Preisverfall.

Agrarpolitik

Die Agrarpolitik der EU hat dazu geführt, dass

- die Nahrungsversorgung ihrer Bevölkerung gesichert ist – was bei der Gründung der Gemeinschaft nicht der Fall war –, wenn auch zu verhältnismäßig hohen Preisen und Kosten, welche die EU in finanzielle Engpässe brachten;
- die Produktivität der Landwirtschaft erheblich gestiegen ist, allerdings verbunden mit teilweise enormen Überschüssen bei manchen Agrarprodukten sowie dem zunehmenden Einsatz umweltbelastender chemischer Hilfsmittel und „fabrikmäßiger" Produktion von tierischen Erzeugnissen;
- die Landwirtschaft an der allgemeinen Einkommensentwicklung teilgenommen hat, aber regionale und strukturelle Unterschiede (z.B. zwischen Großagrariern und Bergbauern) nicht abgebaut werden konnten.

Reform der Agrarpolitik

Die EU ist daher gezwungen gewesen, ihre Agrarpolitik zu reformieren, d.h. die Landwirtschaft dazu anzuhalten, ihre Produktion nach den Absatzmöglichkeiten auszurichten. So werden z.B. die garantierten Mindestpreise für Getreide gesenkt und Prämien für die Stilllegung bisher landwirtschaftlich genutzter Flächen gezahlt. Darüber hinaus können die Landwirte z.B. durch extensive, umweltschonende Bewirtschaftungsmethoden, die von der EU finanziell unterstützt werden, ihr Einkommen deutlich erhöhen.

MATERIAL 10 Schlagzeilen in Deutschland zum EU-Binnenmarkt

Ohne Grenzkontrolle von Dresden nach Barcelona

DGB warnt vor „Sozialdumping"

Offene Grenzen – Anstieg der Kriminalität?

Billig-Brummis überrollen Europa

EU verstärkt Kontrolle an den Außengrenzen

Inflationsrate sinkt

Umweltschützer befürchten „schmutziges Wachstum": Produktionsverlagerungen in Länder mit niedrigen Umweltstandards

Arbeitslosigkeit steigt

EU fördert Ausbildung von Jugendlichen in anderen EU-Ländern

EU-Binnenmarkt – ein Wohlstands- und Friedensmodell

Kartellamt befürchtet Zunahme der Unternehmenskonzentration

Banken begrüßen Binnenmarkt

Positive Wirtschaftsentwicklung für Südeuropa erwartet

Kleine und mittlere Unternehmen fühlen sich benachteiligt

MATERIAL 11 Die Ziele des EU-Binnemarktes

1. Welche Aussage macht die Karikatur zum EU-Binnenmarkt?
2. Erläutern Sie die Schlagzeilen. Berücksichtigen Sie dabei Material 11.
3. Erörtern Sie mögliche Vor- und Nachteile des EU-Binnenmarktes aus der Sicht eines
   a) Unternehmers,
   b) Verbrauchers,
   c) Arbeitnehmers,
   d) Jugendlichen,
   e) Umweltschützers.

MATERIAL 12 „Schengenland“ nimmt Gestalt an

Nach einer langen Anlaufzeit einigten sich die Benelux-Länder, Frankreich und die Bundesrepublik Deutschland auf das Schengener Abkommen. Der Kernsatz des Abkommens lautet: „Die Binnengrenzen dürfen an jeder Stelle ohne Personenkontrolle überschritten werden.“ Weitere EU-Staaten haben sich inzwischen dem Abkommen angeschlossen oder wollen zu einem noch nicht genannten Zeitpunkt beitreten. Großbritannien, Dänemark und Irland bleiben indes abseits, da sie im Gegensatz zu den Partnerstaaten auf dem Standpunkt stehen, der Binnenmarkt verpflichte nicht dazu, die Personenkontrollen abzuschaffen.
Kernpunkt des Abkommens ist die gemeinsame Visapolitik. Die Vertragspartner haben sich auf ein gemeinsames Visum für Reisende aus 125 Drittländern verständigt. Bürger aus 25 Drittstaaten benötigen keinen Sichtvermerk in ihrem Pass. Mit den oft peinlichen Prozeduren an den Grenzen wird es damit ein Ende haben. „Schengen“ wird auch auf den Flughäfen gelten. Wer in Frankfurt das Flugzeug aus Paris oder Amsterdam verlässt, muss nicht mehr durch die Passkontrolle. Passagiere aus Amerika und anderen Drittländern werden in getrennten Ankunftshallen abgefertigt. Die Kehrseite des freien Personenverkehrs in „Schengenland“ sind verschärfte Personenkontrollen an den Außengrenzen. Allerdings wollen die Grenzbehörden Drittländer wie die Schweiz von den strengen Grenzkontrollen ausnehmen. Anders sieht es an den Grenzen zu Osteuropa aus. Deutschland wird zusätzlich 2 600 Polizeibeamte und 1 700 Verwaltungsangestellte an die Grenze zu Polen sowie der Tschechischen Republik beordern, zumal das neue Bonner Asylrecht es erlaubt, Ausländer, die aus einem „sicheren Drittstaat“ unerlaubt einreisen wollen, „ohne vorherige gerichtliche Überprüfung dorthin zurückzuschieben“. Das neue Asylrecht und der Schengen-Vertrag sind zwei Seiten derselben Medaille.
Ein zentraler Fahndungscomputer in Straßburg soll in Zukunft garantieren, dass der Wegfall der Kontrollen an den Binnengrenzen der Polizei die Fahndung nicht erschwert. Der Computer gibt Suchmeldungen binnen fünf Minuten an alle polizeilichen Außenposten weiter. In Brüssel ist man davon überzeugt, dass Kriminelle dank dieses Systems künftig leichter gefasst werden können als in der heutigen EU. ...

(aus: Süddeutsche Zeitung vom 3./4. 7. 1993, aktualisiert)

Diskutieren Sie die Folgen, die sich aus der Abschaffung der Personenkontrollen an den Binnengrenzen der EU ergeben.

MATERIAL 13 „Sozialdumping“ im Binnenmarkt

In Spanien zahlt ein Arbeitgeber auf einen Bruttolohn von 2 000 DM ein Drittel an Sozial- und Arbeitslosenversicherung drauf. In der Bundesrepublik betragen die Lohnnebenkosten 80 Prozent des Bruttolohns. Nicht nur die großen Automobilkonzerne disponieren europaweit. Alle Großfirmen rechnen sich in Gegenden, in denen die Arbeitslosigkeit zwischen 25 und 30 Prozent pendelt, gute Chancen auf billige Arbeitskräfte aus. In Spanien, Süditalien, Portugal gibt es arme und ärmste Regionen, die um jede Ansiedlung froh sind. Und wenn schon Automobilwerke vorhanden sind – wie etwa SEAT in Spanien –, ist es dort kein Problem, eine zweite Nachtschicht, Sonntags- und Wochenendarbeit durchzusetzen.
Für Pamplona ein Segen – für Wolfsburg ein Fluch: Betriebsräte sehen sich vor der Situation, sich unter der Drohung, die Produktion auszulagern, Zugeständnisse abtrotzen lassen zu müssen ... Obwohl der EGB (Europäischer Gewerkschaftsbund) den einzigen Ausweg aus der Misere gezeigt hat, nämlich die Vereinbarung von Mindeststandards auf europäischer Ebene, grassiert bei den deutschen Betriebsräten die Furcht ... Doch nicht der Binnenmarkt ist schuld an der Situation. Gerd Walter, Mitglied des Europäischen Parlaments: „Ich warne vor der Fehleinschätzung, der Binnenmarkt sei die Ursache für Sozialdumping.“ Seit Jahr und Tag „verschwinden deutsche Arbeitsplätze im Bermudadreieck der Weltwirtschaft“. Walter sieht – im Gegenteil – im Binnenmarkt eine Chance, „durch eine verbindliche europäische Gesetzgebung den Sozialstaat festzuschreiben und zu entwickeln. Damit hat die Politik die Chance, ihre Gestaltungsfähigkeit gegenüber internationalen Märkten zurückzugewinnen. Die Frage ist nur, ob wir diese Chance nutzen.“ ... Die EU bietet wenigstens die Chance, dass die Arbeitnehmer, wenn sie sich einig sind, nicht auf Dauer ... gegeneinander ausgespielt werden können.

(aus: PZ, Dezember 1988, S. 21)

MATERIAL 14 Braucht der Bau einen Mindestlohn?

„Stoppt Sklavenlöhne auf Baustellen“ oder „Billiglohn macht arbeitslos“ – mit solchen Plakaten machten Leipziger Bauarbeiter im April 1996 vor einer Großbaustelle im Stadtzentrum auf die ungleiche Bezahlung aufmerksam und forderten eine Mindestvergütung sowohl für deutsche als auch für ausländische Bauleute. Hintergrund dieser Aktion: Während Billigarbeiter aus Portugal oder Irland manchmal schon für fünf Mark pro Stunde arbeiten, beträgt der deutsche Tariflohn weit über 20 DM. Die Folge: Von 1,5 Millionen Bauarbeitern sind nach Gewerkschaftsangaben rund 150 000 arbeitslos. Nach Aussage des deutschen Baugewerbes sind gleichzeitig etwa 300 000 ausländische Arbeitskräfte bei Subunternehmen aus dem EU-Ausland und 100 000 Illegale auf deutschen Baustellen tätig. Die Aktion gehe auf keinen Fall gegen Ausländer, sondern gegen deren Ausbeutung, stellte ein Teilnehmer der Leipziger Mahnwache klar und gab zu bedenken, dass ohne Mindestlöhne auch diejenigen Betriebe, die derzeit noch seriös bezahlen, gezwungen seien, beim „Lohndumping“ mitzumischen. Sie seien sonst nicht mehr wettbewerbsfähig und müssten Konkurs anmelden.

(aus: Leipziger Volkszeitung vom 29.5.1996)

MATERIAL 15 Klaus Wiesehügel, Vorsitzender der IG Bau: Für einen Mindestlohn

Es war immer das Anliegen der Industriegewerkschaft Bauen-Agrar-Umwelt (IG Bau), alle in Deutschland tätigen Arbeitnehmer zu den hier geltenden arbeits- und sozialrechtlichen Bedingungen zu beschäftigen. Durch die Verwirklichung dieses gewerkschafts-politischen Grundanliegens werden sowohl die heimischen Arbeitnehmer als auch die vorübergehend in Deutschland beschäftigten Arbeitnehmer und ihre Familien sozial abgesichert. ...

Deshalb hat sich die IG Bau auch für eine europäische Entsenderichtlinie gegen Lohn- und Sozialdumping eingesetzt, deren Hauptziel es sein sollte: Es gilt der Lohn vor Ort. ... Denn wie heißt es doch im EG-Vertrag: Nimmt ein Arbeitnehmer in einem anderen Land die Arbeit auf, so darf er dort nicht als Ausländer diskriminiert werden. Er hat Anspruch auf die gleichen Arbeitsbedingungen wie seine inländischen Kollegen.

Diese Mindestlohnregelung soll nicht nur die heimischen Stammarbeitnehmer, sondern auch die entsandten Bauarbeiter aus den Ländern der Europäischen Union absichern, die größtenteils unter menschenunwürdigen Bedingungen auf den Baustellen in Deutschland malochen müssen.

Zugleich dient diese Mindestlohnregelung auch dem Schutz der überwiegenden Zahl der heimischen Bauunternehmen, die zum größten Teil aus mittelständischen Kleinbetrieben bestehen. Der Mindestlohn ist unverzichtbar, weil er die Voraussetzung für den Erhalt von Tausenden von Baubetrieben und damit Zigtausenden von Arbeitsplätzen ist.

(aus: Leipziger Volkszeitung vom 24.5.1996, S. 5)

MATERIAL 16 Kajo Schommer, Wirtschaftsminister des Freistaates Sachsen: Gegen einen Mindestlohn

Die Höhe der Löhne ist Sache der Tarifpartner. Nur Unternehmen, bei denen Umsatz und Kosten im Einklang stehen, wo die Löhne auch tatsächlich erwirtschaftet werden, können im Wettbewerb bestehen. Verlangen tarifliche Festlegungen höhere Löhne, muss der Unternehmer reagieren. Seine einzige Chance, die Umsatz- und Kostenseite schnell auszugleichen, ist oft nur der Abbau von Arbeitsplätzen. Das „Mehr“ für den einen wird also bezahlt mit dem „Aus“ für den anderen.

Obwohl die Produktivität in Sachsen seit 1990 stark ansteigt, ist sie im Durchschnitt erst halb so hoch wie in den alten Bundesländern. Das heißt, einer der wichtigsten Standortvorteile, die wir hier haben, sind die niedrigeren Löhne. Schon allein der Unterschied in der Produktivität zeigt deutlich, dass es bei so großen Differenzen keinen einheitlichen Mindestlohn geben kann.

Offenbar haben die ostdeutschen Bau-Verbände die Gefahr erkannt, die in der Gleichmacherei liegt. Sie haben gegen die Festlegung eines Mindestlohnes gestimmt. Der Mindestlohn schadet den westdeutschen Großunternehmen nicht, da sie praktisch selbst keine Bauarbeiter mehr beschäftigen, sondern die Aufträge an kleine Firmen weiterreichen. Der Wettbewerb wird auf dem Rücken der Kleinen ausgetragen. ...

Es gibt nicht nur einen Unterschied zwischen den Löhnen in- und ausländischer Bauunternehmen, sondern ebenso einen, wenn auch wesentlich geringeren, zwischen den west- und ostdeutschen Betrieben. Ostdeutsche Unternehmen verfügen nach wie vor nur in sehr geringem Ausmaß über eine vergleichbare Kapital- und Technikausstattung wie alteingesessene westdeutsche Bauunternehmen. Dadurch sind sie bereits jetzt einem besonderen Konkurrenzdruck ausgesetzt. Die oftmals geringere Produktivität gleichen sie durch niedrigere Löhne aus.

Müssen sie einen für den Osten viel zu hohen Mindestlohn zahlen, wären sie nicht mehr wettbewerbsfähig und würden aus dem Markt verdrängt. Eine große Zahl ostdeutscher Bauarbeiter würde damit ihren Arbeitsplatz verlieren. Der Erhalt des Arbeitsplatzes ist aber für viele Ostdeutsche wichtiger als höhere Löhne. Das haben sie in den vergangenen Jahren immer wieder bewiesen. Durch ihren teilweisen Lohnverzicht haben sie einen wesentlichen Beitrag zum Aufbau der Wirtschaft geleistet. Nach dem Dominoprinzip führt die Beschränkung der Wettbewerber mittelfristig zu höheren Baukosten. Die Folge: Es wird weniger gebaut. Weitere Unternehmen müssen schließen. Die ohnehin höhere Arbeitslosigkeit im Osten steigt.

(aus: Leipziger Volkszeitung vom 24.5.1996, S. 5)

MATERIAL 17 EU verabschiedet Entsende-Richtlinie

Luxemburg (dpa/Reuter) – Während der Streit um das deutsche Entsendegesetz gegen Billiglohn-Konkurrenz auf dem Bau andauert, haben die Arbeits- und Sozialminister der Europäischen Union in Luxemburg ein umfassendes Entsendegesetz für alle Wirtschaftsbereiche verabschiedet. Bundesarbeitsminister Blüm begrüßte die Einigung, die nun auch eine Lösung in Deutschland erleichtern könne: „Wir brauchen eine Grundregel für fairen Wettbewerb auf dem Arbeitsmarkt nach der Formel gleicher Lohn für gleiche Arbeit am gleichen Ort.“ Die EU-Richtlinie sieht vor, dass aus dem Ausland entsandte Arbeitnehmer den Mindestlohn des Landes erhalten, in dem sie beschäftigt werden. Damit soll eine Benachteiligung inländischer Unternehmen gegenüber ausländischen Konkurrenten verhindert werden. Das Lohndumping dürfe nicht wieder auferstehen, sagte Blüm.

Großbritannien und Portugal stimmten dagegen, konnten die Entscheidung damit aber nicht aufhalten. Sie gilt auch für ihre Länder. Die Richtlinie muss noch vom Europäischen Parlament gebilligt werden. Die Mitgliedstaaten haben dann eine Umsetzungsfrist von drei Jahren. ... Blüm appellierte noch einmal an die Tarifpartner, sich über den Mindestlohn zu einigen, und warnte, dass sonst der Staat in die Lohnfrage hineingezogen werde. Er sei aber entschieden dagegen. Die Tarifautonomie dürfe nicht gefährdet werden.

(aus: Süddeutsche Zeitung vom 4.6.1996, S. 2)

Diskutieren Sie in Form einer politischen Debatte über die Festlegung eines Mindestlohnes in der Baubranche (Mat. 14–17). Berücksichtigen Sie dabei auch Material 13.

2.3 Die Europäische Union – ein Meilenstein auf dem Weg zu den Vereinigten Staaten von Europa?

Wohl kaum eine europäische Vereinbarung hat in den vergangenen Jahrzehnten soviel Emotionen geweckt und Diskussionen ausgelöst wie der im Dezember 1991 in Maastricht verabschiedete und am 1.11.1993 in Kraft getretene „Vertrag über die Europäische Union". Der Deutsche Bundestag und der Bundesrat billigten den Vertrag von Maastricht zwar fast einstimmig. Doch so ungeteilt, wie es die überwältigenden Mehrheiten in den beiden Kammern vermuten lassen, war die Zustimmung zu Maastricht auch in der Bundesrepublik nicht. Beim Bundesverfassungsgericht in Karlsruhe gingen mehrere Verfassungsbeschwerden gegen den Vertrag von Maastricht ein – wenn auch aus unterschiedlichen Motiven. Einerseits gab es unter den Beschwerdeführern überzeugte Europäer, die die Demokratie-Defizite der EU anprangerten und z.B. die kümmerliche Rolle des Europaparlaments oder die unkontrollierte Macht der EU-Bürokratie in Brüssel beklagten. Auf der anderen Seite standen die Nationalstaatler und Anti-Europäer, die grundsätzlich die europäische Einigung ablehnen.

Europäische Union

Der Vertrag von Maastricht – so behaupten seine Gegner – bringe das Ende der deutschen Souveränität und Staatlichkeit, da er das Grundgesetz als neue, europäische Verfassung ablösen werde. Nach Artikel 79, Absatz 3 GG sei jedoch die Existenz Deutschlands als souveräner und demokratischer Staat auf „ewig" verbürgt und ein Beitritt zu einem anderen Staat verboten – auch wenn dieser Staat Europa heiße. Die Fülle der Staatsgewalt dürfe, solange das Grundgesetz gilt, nicht auf ein anderes Staatsgebilde übertragen werden. Würde das Grundgesetz allerdings von einer neuen Verfassung abgelöst – z.B. einer Europa-Verfassung –, dann gilt auch die Ewigkeitsgarantie des Artikels 79 nicht mehr. Vielmehr schreibt der Artikel 146 in einem solchen Fall vor: Die neue Verfassung muss „vom deutschen Volk in freier Entscheidung beschlossen" werden. Die Schlussfolgerung der Gegner von Maastricht aus diesem Sachverhalt spitzt sich auf die Frage zu: Warum durften die Franzosen oder die Dänen über den Maastrichter Vertrag abstimmen – nicht aber die Deutschen? Die Antwort der Bundesregierung lautet ganz einfach: Weil die Europäische Union kein Staat, sondern nur eine zwischenstaatliche Einrichtung sei. Außerdem verweisen die Befürworter auf das in der Präambel des Grundgesetzes formulierte Ziel, Deutschland zu einem „Glied in einem vereinten Europa" zu machen. Zudem regele der neue Europaartikel 23 des Grundgesetzes die Beziehungen zur Europäischen Union. Außerdem bleibe der Bundesrepublik immer noch eine Fülle an Hoheitsgewalt.

Das Bundesverfassungsgericht hat in seinem Urteil vom Oktober 1993 den Vertrag von Maastricht gebilligt. Dem Urteil des Gerichts zufolge werde kein europäischer Bundesstaat gegründet. Deutschland bleibe demnach ein souveräner Staat im „Staatenverbund der Völker Europas". Der Vertrag beinhalte keine zwangsläufige Währungsunion, so dass Deutschland ausreichend Kontrolle über die Deutsche Mark behalte. Der neue Art. 23 GG sichere die nötige demokratische Mitwirkung an EU-Entscheidungen durch Bundestag und Bundesrat.

Staatenverbund der Völker Europas

Integrationsschub

Warum kam es Anfang der 90er Jahre zu einem „Integrationsschub" in Europa?

- Nach dem Wegfall der Binnengrenzen und dem Inkrafttreten der „Vier großen Freiheiten" innerhalb der EG muss zwangsläufig ein immer größerer Teil staatlicher Aufgaben im Einvernehmen aller Staaten erledigt werden. Es ist eine Art europäische Innenpolitik entstanden.
  Über Wechselkurse, Förderung benachteiligter Regionen, Außenhandel, Umwelt- oder Verkehrspolitik wird entweder gemeinsam in Brüssel entschieden oder gar nicht.
- Die Veränderungen in Mittel- und Osteuropa seit 1985, der Golf-Krieg 1991 sowie die Nationalitätenkonflikte und Kriege im ehemaligen Jugoslawien seit Ende der 80-er Jahre hatten deutlich gezeigt, dass die EU den gewachsenen außenpolitischen Erwartungen und Anforderungen mit dem vorhandenen Instrumentarium nur bedingt gerecht werden konnte.
- Schließlich war es das besondere Anliegen der Deutschen, ihren Partnern zu zeigen, dass sie auch nach der deutschen Einigung unbeirrt am Ziel der Europäischen Union festhalten und auf deutsche Sonderwege und nationale Alleingänge verzichten wollen. Die europäische Integration sollte so ausgebaut werden, dass sie nicht mehr rückgängig gemacht werden kann.

Was enthält der Vertrag über die Europäische Union im Einzelnen?

Wirtschafts- und Währungsunion

- Wirtschafts- und Währungsunion (WWU): Bis 1999 soll in mehreren Stufen der Übergang zu einer Wirtschafts- und Währungsunion mit einer einheitlichen Währung erfolgen – allerdings nur für die Staaten, die bestimmte stabilitätspolitische Kriterien erfüllen.

Innenpolitische Union

- Innenpolitische Union: Neben der nationalen Staatsbürgerschaft erhalten alle EU-Bürger eine europäische Unionsbürgerschaft. Damit verbunden ist das Recht von Staatsangehörigen eines EU-Landes, in dem Mitgliedsstaat, in dem sie ihren ständigen Wohnsitz haben, bei Kommunalwahlen das aktive und passive Wahlrecht auszuüben. Daneben ist eine engere Zusammenarbeit bei Justiz und Polizei vorgesehen, um internationale Wirtschaftskriminalität, Drogenschmuggel oder illegale Einwanderung besser bekämpfen zu können. Ferner bekommt die EU neue Zuständigkeiten für Bildung und Kultur, Gesundheit und Umweltschutz sowie grenzüberschreitenden Verkehr und Verbraucherschutz.

Außen- und sicherheitspolitische Union

- Außen- und Sicherheitspolitische Union: Vorgesehen ist eine gemeinsame Außen- und Sicherheitspolitik (GASP) der EU-Staaten.

Soziale Union

- Soziale Union: Das Soziale Protokoll soll für alle Arbeitnehmer der EU einen Sockel gemeinsamer sozialer Mindestrechte schaffen. Dazu gehören z.B. Mindestvorschriften zum Schutz der Gesundheit und Sicherheit am Arbeitsplatz, zum sozialen Schutz von Arbeitnehmern und zur Mitbestimmung in den Unternehmen. Ausgenommen von der Sozialunion sind die Tarifautonomie sowie das Koalitions- und Streikrecht.

Demokratische Union

- Demokratische Union: Nach wie vor werden „Gesetze" (Verordnungen und Richtlinien) der EU nicht vom Europäischen Parlament, sondern – auf Vorschlag der Europäischen Kommission – vom Ministerrat beschlossen. Auf einigen Gebieten hat aber das Europäische Parlament jetzt das Recht auf Mitentscheidung, so u. a. bei der Einsetzung der EU-Kommission und vielen Binnenmarktfragen. Können sich Parlament und Rat nicht einigen, müssen sie einen Vermittlungsausschuss anrufen. Wird kein Kompromiss gefunden, hat das Parlament ein Vetorecht.

MATERIAL 18 Aus der Ratifizierungsdebatte des Maastricht-Vertrages im Deutschen Bundestag (Dezember 1992)

Helmut Kohl (CDU):

Wir vergessen allzu leicht, was es bedeutet, dass wir heute in Westeuropa in der längsten Friedensperiode seit Mitte des 19. Jahrhunderts leben. Nur 21 Jahre nach dem Ende des Ersten begann der Zweite Weltkrieg. 43 Jahre nach der Reichsgründung 1871 brach der Erste Weltkrieg aus. Heute leben wir schon 47 Jahre in Frieden – und mit der Gewissheit, dass dies auch weiterhin so bleibt.

Dies ist nicht zuletzt auch ein Verdienst der Europäischen Gemeinschaft. Sie hat mit dazu beigetragen, alte Feindschaften zu überwinden und nationale Rivalitäten in Freundschaften und immer engere wirtschaftliche und politische Zusammenarbeit zu verwandeln. Ohne die feste Einbettung der Bundesrepublik Deutschland in die europäische Integration wäre auch die friedliche Vereinigung unseres Vaterlandes so schnell und problemlos nicht zu verwirklichen gewesen. Deshalb sind deutsche Einheit und europäische Einigung für uns zwei Seiten ein und derselben Medaille. Europa ist für Deutschland eine Schicksalsfrage. Aufgrund unserer geografischen Lage ist unsere Zukunft mehr als die jedes anderen europäischen Landes mit der Entwicklung unseres ganzen Kontinents verbunden, ja von ihr abhängig.

Maastricht steht nicht für ein zentralistisches Europa – Maastricht steht für ein demokratisches und bürgernahes Europa, das die nationale Identität und Kultur aller Mitgliedstaaten und ihrer Regionen achtet. Wir haben in Maastricht eben nicht den Grundstein zu einem europäischen Überstaat gelegt, der alles einebnet und verwischt. Im vereinten Europa werden wir auch in Zukunft fest in unserer Heimatregion verwurzelt bleiben, wir werden Briten, Deutsche, Belgier und Franzosen bleiben – und zugleich sind wir Europäer.

Heidemarie Wieczorek-Zeul (SPD):

Als am 9. November 1989 junge Leute die Mauer stürmten und statt des Deutschland-Liedes sangen: „So ein Tag, so wunderschön wie heute ...“, da war ich überzeugt, vor diesen jungen Deutschen brauchte in Europa niemand wieder Angst zu haben. Vielleicht sind es nicht dieselben jungen Deutschen, die heute mit Sieg-Heil-Rufen durch die Straßen marschieren, Ausländer verprügeln und Heime für Asylbewerber in Brand setzen. Aber vielleicht doch? Der Nationalismus, den manche von uns nach der deutschen Einheit befürchteten, hat sich nicht nach außen gewandt. Er wendet sich nach innen. Ich bin mir ziemlich sicher, sollte die europäische Integration zurückfallen oder gar scheitern und Deutschland sich selbst überlassen bleiben, würde der alte Ungeist wieder in großem Umfang gesellschafts- und politikfähig werden. Das ist der Hauptgrund, warum viele in meiner Fraktion, die „Maastricht“ durchaus kritisch sehen, dem Vertrag und den notwendigen Verfassungsänderungen dennoch zustimmen. ...
Wir haben den Artikel 23 im Grundgesetz eingefügt. Er legt fest, dass die künftige Europäische Union demokratischen, rechtsstaatlichen, sozialen und föderativen Grundsätzen entsprechen muss. Gleichzeitig wird festgelegt, dass Hoheitsübertragungen zukünftig nur noch mit einer Zweidrittel-Mehrheit im Bundestag und Bundesrat möglich sein werden. Damit ist der bisherigen undemokratischen Praxis ein Ende gesetzt, mit der nach dem Artikel 24 und mit einfacher Mehrheit zentrale Kompetenzen auf die EG übertragen wurden, ohne dass dort gleichzeitig eine ausreichende parlamentarische Kontrolle und Entscheidung beim Europäischen Parlament vorhanden gewesen wäre. ... Für uns ist klar: Wenn die Demokratisierung auf EG-Ebene, d. h. vor allem mehr Rechte für das Europäische Parlament, nicht vorankommt, dann ist auch eine weitere Übertragung von Hoheitsrechten aus der Bundesrepublik auf die EG nicht mehr zu akzeptieren.

(aus: EG-Informationen 8/1992)

1. Mit welchen Argumenten werben die Redner für die Annahme des Maastrichter Vertrages?
2. Leiten Sie aus den Reden ein politisches Programm für die Europa-Politik der Bundesrepublik Deutschland ab. Bedenken Sie dabei Chancen und Risiken auf dem Weg zu einer immer engeren politischen Union. Überprüfen Sie das Programm anhand aktueller Streitfragen zwischen den EU-Staaten.

3. Die weitere Entwicklung der Europäischen Union

3.1 Die Wirtschafts- und Währungsunion – Kernstück oder Spaltpilz der Europäischen Union?

Die Bank für Internationalen Zahlungsausgleich (BIZ) in Basel hat im April 1992 gemeinsam mit 26 nationalen Notenbanken das Geschehen auf den internationalen Devisenmärkten verfolgt und kam zu dem Ergebnis, dass täglich Gelder in der Größenordnung von rund tausend Milliarden Dollar in andere Währungen getauscht werden. Gegenüber 1980 ist das vermutlich – genaue Zahlen für diesen Zeitraum hat man nicht – eine Verzehnfachung der Umsätze.

Europäisches Währungssystem

Angesichts dieser Situation suchten die Europa-Politiker nach Wegen, die Entwicklung an den Devisenmärkten wieder besser unter Kontrolle zu bringen – und das hieß vor allem Eindämmung der Spekulationsgewinne bei der Auf- und Abwertung von Wechselkursen. Dies erschien um so dringlicher, da auch das damalige Europäische Währungssystem (EWS) seinen engen Wechselkursverbund von nur 2,25 Prozent nach oben und unten gegen die Kräfte des Devisenmarktes nicht halten konnte. Zudem mussten Großbritannien und Italien vorübergehend aus dem EWS-Verbund ausscheiden. Die Staats- und Regierungschefs des Europäischen Rates fassten den Beschluss, in einem „großen Sprung nach vorn" eine einheitliche europäische Währung bis spätestens 1999 einzuführen. Wesentliche Voraussetzungen für eine gemeinsame Währung ist die Übereinstimmung der Beteiligten in den wirtschaftspolitischen Zielen. Die EU-Staaten müssen deshalb vier stabilitätspolitische Bedingungen, die sog. Konvergenzkriterien, erfüllen, damit sie an der Endstufe der Wirtschafts- und Währungsunion (WWU) teilnehmen können. Oberste Richtschnur ist die Sicherung der Geldwertstabilität:

Konvergenzkriterien

- Preisniveaustabilität: Die inländische Inflationsrate darf maximal 1,5 Prozentpunkte über derjenigen der drei preisstabilsten Länder liegen.
- Zinsniveau: Der Zinssatz für langfristige Kredite darf das Niveau in den drei preisstabilsten Ländern höchstens um zwei Prozentpunkte übertreffen.
- Wechselkurs: Zwei Jahre vor Eintritt in die Endstufe der WWU darf die inländische Währung nicht mehr abgewertet worden sein.
- Öffentliche Finanzen: Das gesamte öffentliche Haushaltsdefizit in einem Jahr darf nicht mehr als drei Prozent des Sozialprodukts betragen, die Gesamtschuld des Staates 60 Prozent des Sozialprodukts nicht übersteigen.

Europäisches Währungsinstitut

Zum Zeitpunkt des Vertragsabschlusses erfüllten nur Frankreich und Luxemburg die Bedingungen des Beitritts zur WWU vollständig. Schon diese Tatsache zeigt, dass in Maastricht die stabilitätspolitische Messlatte sehr hoch gelegt wurde. Inzwischen wurde in Frankfurt das Europäische Währungsinstitut (EWI) errichtet, dem die Notenbankchefs der 15 EU-Länder angehören. Das EWI soll

1995: Stand der Konvergenz

	Teuerung in %	Neuschuld in % BIP	Staatsschuld in % BIP	Zinsen in %
Maastrichter Schwellenwerte	2,9	3,0	60,0	9,5
Belgien	1,5	4,6	34,9	7,5
Dänemark	2,1	2,3	75,7	8,3
Deutschland	1,9	3,6	58,3	6,8
Finnland	1,0	5,7	66,5	8,8
Frankreich	1,8	5,5	51,8	7,6
Griechenland	9,5	9,5	117,5	14,5
Großbritannien	3,4	4,0	52,5	8,2
Irland	2,5	2,4	87,2	8,3
Italien	5,3	7,4	125,4	12,2
Luxemburg	1,8	1,4	7,6	6,3
Niederlande	2,0	3,7	77,7	6,8
Österreich	2,5	5,4	69,2	7,1
Portugal	4,1	5,8	70,7	11,2
Schweden	2,9	7,3	81,0	10,3
Spanien	4,7	6,0	64,5	11,3

Quelle: Bundesverband deutscher Banken

die währungspolitische Entwicklung in den Mitgliedstaaten überwachen und koordinieren, insbesonders die Bandbreiten für Wechselkursschwankungen verringern. Ab 1999 soll dann – auch wenn nur zwei Staaten den Konvergenz-Test bestehen – die Währungsunion anlaufen: Der Euro und das Cent sollen die nationalen Währungen nach und nach ablösen. Im Gegensatz zur deutsch-deutschen Währungsunion von 1990 ist die Einführung der Euro-Währung keine Währungsreform. Angenommen, der Euro ist zum Zeitpunkt der Umstellung zwei Mark wert. Dann würden in Deutschland sämtliche DM-Beträge im Verhältnis zwei zu eins umgestellt – und zwar Löhne, Sparkonten und Warenpreise. Aus 4 000 DM Monatslohn würden dann 2 000 Euro werden, der Kinobesuch würde statt 12 DM entsprechend 6 Euro kosten. An der Kaufkraft ändert sich dabei nichts. Dann soll auch eine unabhängige Europäische Zentralbank (EZB) die Geldmenge der Europawährung steuern und für ihre Stabilität verantwortlich sein. Die Europäische Zentralbank ist weitgehend nach dem Vorbild der Deutschen Bundesbank konzipiert.

Europäische Zentralbank

In der Frage des richtigen Zeitpunktes der Einführung der gemeinsamen europäischen Währung stehen sich zwei „Denkschulen" gegenüber. Die Verfechter der „Motortheorie" fordern die möglichst schnelle Realisierung der Währungsunion, auch wenn noch beträchtliche Entwicklungsunterschiede z.B. hinsichtlich des Industrialisierungsgrades, des Produktivitätsstandards oder der Inflationsrate zwischen den Teilnehmerländern bestehen. Nach Auffassung dieser „Monetaristen" wirkt eine gemeinsame Währung als enorme Schubkraft im wirtschaftspolitischen Angleichungsprozess. Demgegenüber vertreten die „Ökonomisten" die „Krönungstheorie". Zunächst müssen die wirtschaftlichen und sozialen Voraussetzungen (z.B. die Arbeitslosenquote und der soziale Standard) und die stabilitätspolitischen Zielsetzungen harmonisiert werden, bevor dann als krönender Abschluss eine gemeinsame Euro-Währung eingeführt werden kann.

„Motortheorie"

„Krönungstheorie"

MATERIAL 18 Europa bleibt Europa – eine Fabel von Cees Nooteboom

In einem großen, eleganten, aber ein wenig heruntergekommenen Klub, wie man sie in London findet, saßen die europäischen Währungen beisammen. Jeden Tag wird in einem Nebenzimmer des Klubs ihre Temperatur gemessen und das Ergebnis draußen angezeigt, für Börsen, Banken und Spekulanten. Es dürfte Sie kaum wundern, dass es sich ungeachtet des grammatischen Geschlechts ausnahmslos um Männer handelte. Ich weiß nicht, ob Sie sich jemals eine bildliche Vorstellung von der Mark

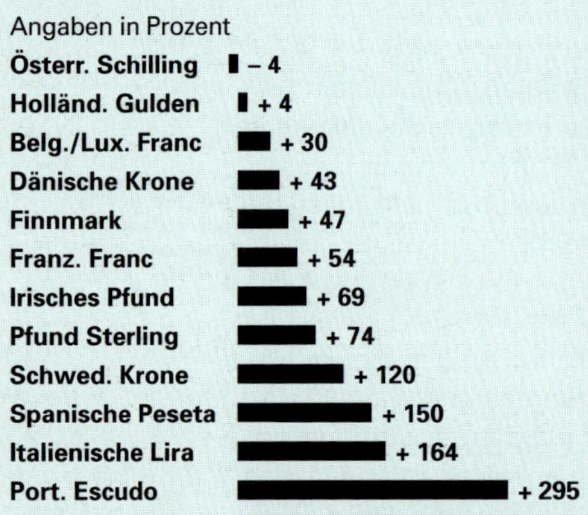

oder dem Gulden gemacht haben, aber im Vergleich zur Drachme und zum Escudo, vom Dinar, Leu und Złoty ganz zu schweigen, wirken die beiden blühend, ja geradezu unverschämt gesund.

„Aber im Grunde sind sie doch Angeber", sagte das Pfund zum Französischen Franc, der bereits die ganze Zeit versuchte, die Mark auf sich aufmerksam zu machen. Der Franc erwiderte nichts und stand auf, weil er den Rubel auf sich zukommen sah. „Ich hab' ja schon immer gesagt, dass nichts dabei herauskommen würde", murmelte das Pfund, aber der Gulden, der das gehört hatte, sagte: „Dazu hast du ja auch nach Kräften beigetragen." Auch die Peseta war nicht glücklich. „Zuerst hieß es, wir dürften auch mitmachen", sagte sie zur Lira, „und plötzlich waren wir nicht mehr gut genug. Jahrelang tut man sein Bestes, man glaubt alles, was sie sagen, und auf einmal erzählen sie einem, man hätte nicht genug gespart, man würde nicht genug verdienen, und man dürfe vielleicht, wenn man sich gut beträgt, in ein paar Jahren nochmal anfragen."

„Das Boot neigt sich auf die Seite des Schwersten", sagte die Lira zerstreut, während sie versuchte, sich den albanischen Lek vom Leibe zu halten und sich gleichzeitig etwas Intelligentes einfallen zu lassen, was sie zur Mark sagen könnte. In diesem Augenblick wurde die Tür aufgerissen, und ein junger Mann im Jogginganzug stürmte herein. „Mein Gott, auch das noch", sagte das Pfund seufzend zum Schweizer Franken, „allein schon der Gedanke, sich mit diesem Parvenü gemein machen zu müssen!"

Der Euro, denn um niemand anderen handelte es sich, schien diese Bemerkung überhört zu haben. Er schlug dem Pfund auf die Schulter, dass es dröhnte, und rief: „Na, alter Knabe, wie geht's? Schon ein bisschen besser? Mrs. Thatcher[1] wohlauf?" und ging schnurstracks weiter zu Mark und Gulden, die ein wenig darauf gewartet hatten. „Kann ich euch mal kurz unter vier Augen sprechen", sagte er, „ich habe gerade den Dollar und den Yen bei Mac Donald's getroffen und die meinten ..."

Der Rest war für die übrige Gesellschaft nicht zu hören, denn in diesem Augenblick hatte der Forint seinen ganzen Mut zusammengenommen und war auf den Euro zugegangen. „Hätten Sie wohl einen Augenblick Zeit für mich?" fragte er. Der Euro sah die Mark an, blickte auf seine Armbanduhr und sagte: „Tut mir leid, mein Guter, jetzt geht's wirklich nicht, aber Sie können gern eine Nachricht bei meiner Sekretärin hinterlassen."

[1] englische Premierministerin 1979–1991

(aus: Süddeutsche Zeitung vom 18. 10. 1993)

1. Erläutern Sie mit Hilfe des Autorentextes (S. 176f.) und Material 18, worin sich der „Wert" einer Währung ausdrückt.
2. Warum ist es so schwierig, eine gemeinsame europäische Währung zu schaffen?

MATERIAL 19 Die Deutschen und ihre Mark

„...nur noch wenige tausend Tage"

MATERIAL 20 Vorzüge der Europawährung

Eine einheitliche Währung würde für alle Unternehmen das Wechselkursrisiko beseitigen, das Anbieten eigener Produkte in anderen EU-Staaten erleichtern, grenzüberschreitende Investitionen leichter und attraktiver machen sowie die Buchführung bei multinationalen Tätigkeiten der Unternehmer vereinfachen. Die Vorteile des Binnenmarktes werden sich deshalb erst durch eine gemeinsame Währung vollständig ausschöpfen lassen, die daher vom überwiegenden Teil der Wirtschaft befürwortet wird. ...
Eine einheitliche Währung hätte überdies eine disziplinierende Wirkung, denn kein Land könnte beispielsweise ohne weiteres mehr nationales Geld drucken, um sein Haushaltsdefizit zu decken oder die Staatsschulden zu senken.
Schließlich beinhaltet die Europäische Währungsunion möglicherweise noch einen psychologisch bedeutsamen Aspekt: Eine einheitliche Währung könnte das Gefühl verstärken, sich als Europäer zu fühlen, und trüge damit zur Identitätsbildung der EU-Bevölkerung bei.

(aus: Dirk Günther: Europäische Wirtschafts- und Währungsunion – Wird die DM geopfert? in: Von der EG zur Europäischen Union. Arbeitshilfen für die politische Bildung, Bonn 1993, S. 138 f.)

MATERIAL 21 Aus einer Werbeanzeige

So hart wie die Deutsche Mark.

Wir Deutschen haben eine der härtesten und stabilsten Währungen der Welt. Die Mark steht für Fleiß, wirtschaftliches Wachstum und politische Stabilität. *Das wird auch für die künftige Europa-Währung gelten.*
Die Bundesregierung hat die in Deutschland bewährte politische Unabhängigkeit der Zentralbank für Europa gesichert. Der Vorrang der Geldwertstabilität ist eindeutig festgeschrieben.
Wichtige Einzelheiten sind noch klarer und noch eindeutiger geregelt als im Bundesbankgesetz.

1 DEUTSCHE MARK 1987

EUROPA-WÄHRUNG: STARK WIE UNSERE DEUTSCHE MARK!

Das bedeutet: *Was unsere Währung so stark gemacht hat, sichert nun unsere Zukunft in Europa.* Mit einer starken Währung schaffen wir stabile Verhältnisse für Wachstum und Beschäftigung – in Deutschland und in einem Europa, das weiter zusammenwächst.
Für die Sparer ist wichtig: Durch die Einführung der Europa-Währung verlieren die Sparguthaben nichts von ihrem Wert!

EINE INFORMATION DER BUNDESREGIERUNG

1. Erläutern Sie die Karikatur (Mat. 19). Berücksichtigen Sie dabei auch die Grafik in Material 18.
2. Welche Vorzüge der Europawährung werden in Material 20 genannt?
3. Setzen Sie sich mit den möglichen Ursachen für die Werbekampagne der Bundesregierung, der Gestaltung der Anzeige und ihren Aussagen auseinander (Mat. 21).

3.2 Die Zukunft Europas – Vertiefung oder Erweiterung der EU? Klein- oder Groß-Europa?

Mit dem Zusammenbruch des Ostblocks ist der Kreis der Anwärter auf eine EU-Mitgliedschaft gewachsen. Mitteleuropäische Länder wie Polen, Ungarn, die Tschechische oder Slowakische Republik, die sich von jeher stark mit dem Westen Europas verbunden fühlen, suchen die Unterstützung Brüssels in ihrem Kampf zur Sicherung ihrer neugewonnenen Freiheit und zur Sanierung ihrer darniederliegenden Industrie. Die Europäische Union schloss Assoziierungsabkommen mit diesen Staaten, war aber nicht zu weitergehenden Schritten bereit. Die Verweigerung von ausreichender Unterstützung und ein kurzsichtiger Protektionismus der EU könnten die vier Reformländer – und andere Staaten des ehemaligen Ostblocks – in einen Teufelskreis aus Verarmung und politischer Instabilität führen, wenn nicht gar die Demokratie zum Scheitern bringen.

Doch die Europäische Gemeinschaft steckt in einem Dilemma: Je attraktiver sie für Dritte wird, je mehr neue Mitglieder sie aufnimmt, desto schwieriger wird der Weg zu einer politischen Union. Denn nur wenige der Beitrittskandidaten sind zur politischen Union bereit und fähig. Angesichts der wirtschaftlichen Misere in Osteuropa und im Hinblick auf das ehrgeizige Ziel einer Währungsunion benötigt die EU jedoch besonders dringend eine nach innen und außen voll handlungsfähige Entscheidungsinstanz. Was ist zu tun in dieser Situation?

Drei Modelle zur Weiterentwicklung

Drei Modelle zur Weiterentwicklung des europäischen Einigungsprozesses stehen im Mittelpunkt der Diskussionen:

Gesamteuropäische Freihandelszone

- Die Europäische Union zeigt sich offen für jeden Beitrittswilligen, wenn es um die Zollunion und den Binnenmarkt geht. Vorbild könnte der Zusammenschluss der EU mit den ehemaligen EFTA-Staaten zum Europäischen Wirtschaftsraum (EWR) sein. Auf diese Weise würde so etwas wie eine gesamteuropäische Freihandelszone ansonsten souveräner Nationalstaaten entstehen.
  Dieses Modell schließt eine einheitliche europäische Währung aus; auch wird die politische Handlungsfähigkeit nicht verbessert.

Wirtschaftliche und politische Union

- Die Zulassung zu einer wesentlich weitergehenden wirtschaftlichen und politischen Union steht nur solchen Ländern offen, die bestimmte ökonomische Bedingungen erfüllen und bereit sind, Kompetenzen an europäische Institutionen abzugeben. Vorbild wäre die Europäische Union.

- Das dritte Modell enthält die weitestgehende wirtschaftliche und politische Integration:

Europäischer Bundesstaat

  Es ist ein Europäischer Bundesstaat mit einer vom Europäischen Parlament gewählten Regierung und Ressortverantwortung der Minister. Das Parlament ist zusammen mit dem Ministerrat, der als Zweite Kammer – also als eine Art Bundesrat – fungiert, für die Gesetzgebung der europäischen Angelegenheiten zuständig. Die ehemaligen Nationalstaaten, die Länder und Regionen behalten jeweils bestimmte nationale oder regionale Zuständigkeiten, für die sie voll verantwortlich sind.

Das zuletzt genannte Modell wird am ehesten dem vor allem in Deutschland geforderten „Demokratie-Gebot" für die Gemeinschaft gerecht, da es Volkssouveränität, klare Kompetenzverteilung, Verantwortlichkeit der Politiker und Transparenz der Entscheidungen garantiert. Wie aber sieht es mit der Realisierbarkeit solcher Vorstellungen aus? Außer Deutschland und vielleicht noch den Beneluxländern beispielsweise will niemand den Europa-Abgeordneten mehr Macht geben – was sich auch aus den nationalen Traditionen und Verfassungen erklärt. Im präsidialen System Frankreichs etwa hat die Nationalversammlung relativ wenig Rechte; warum sollte das Parlament in Straßburg stärker sein? In Großbritannien, wo das Unterhaus hartnäckig auf seinen nationalen Rechten besteht, denken die Volksvertreter – zumindest offiziell – nicht daran, auch nur ein Minimum ihrer Kompetenzen abzutreten. Die Dänen (und ebenso die anderen kleinen Nationen) haben Einfluss im Ministerrat, befürchten aber, im Parlament von den Großen überstimmt zu werden. Noch scheint es generell unvorstellbar, dass sich Deutsche, Franzosen oder Briten auch nur teilweise von jemandem regieren lassen, der nicht ihre Sprache spricht.

Nationale Traditionen und Verfassungen

Und dennoch sieht die Wirklichkeit anders aus: Schon heute haben die Nationalstaaten einen Teil ihrer Zuständigkeiten freiwillig an Brüssel, Straßburg und Luxemburg abgegeben. Es gibt Ansätze für eine gemeinsame politische Öffentlichkeit in Europa. Die wirtschaftliche Verflechtung im Binnenmarkt geht genauso wie die Zunahme des Handels in einem solchen Ausmaß voran, dass ein Auseinanderbrechen der Europäischen Gemeinschaft, eine Re-Nationalisierung Westeuropas fast unmöglich erscheint – es sei denn, man wollte ein wirtschaftliches und soziales Chaos riskieren. Und das kann eigentlich niemand wollen, der bisher schon für die europäische Einigung gekämpft und ihre ungeheuren Vorteile miterlebt hat.

Gemeinsame politische Öffentlichkeit

Welches Modell von Europa sich letztlich durchsetzt, muss offen bleiben. Erste Weichenstellungen erfolgen auf der sogenannten „Maastricht-II-Konferenz" 1996/97, die sich mit der Erweiterung der EU und mit der Reform der EU-Institutionen befasst.

Vielleicht wird es ein Europa sein, das Elemente aller drei Modelle enthält, vielleicht ist es auch etwas völlig Neues, was am Ende dieses Prozesses der europäischen Einigung steht. Der amerikanische Wirtschaftsprofessor Lester Thurow jedenfalls geht von einer Überwindung der Spannungen zwischen den verschiedenen Nationen Europas und dem großen wirtschaftlichen Brückenschlag zwischen Ost- und Westeuropa aus und stellt fest:
380 Millionen im Durchschnitt gut ausgebildete Bürger in Westeuropa, ökonomisch verknüpft mit 300 Millionen Osteuropäern, die gleichfalls auf vergleichsweise hohem Niveau ausgebildet sind – ein solches Potential für die wirtschaftliche Entwicklung des Kontinents habe es seit dem Zusammenbruch des Römischen Reiches nicht mehr gegeben. Und er fährt fort, Großbritannien habe das 19., die USA das 20. Jahrhundert geprägt. Zukünftige Historiker aber würden feststellen, dass das 21. Jahrhundert dem Europäischen Haus gehört hat. Denn, so ergänzt der Historiker Paul Kennedy, zusammen mit Japan und Nordamerika hat sich die EU als eines der drei großen Zentren ökonomischer, technologischer Macht in einer ansonsten zersplitterten Welt herausgebildet.

MATERIAL 22 Ansturm auf die Wohlstandsfeste

Wochenlang waren sie durch die nordafrikanische Wüste nach Norden marschiert – zerlumpt, abgemagert, verzweifelt. Dann endlich erreichte der Elendszug die marokkanische Küste bei Tanger. In Sichtweite Gibraltar, Vorposten zum ersehnten Ziel: Europa, die Wohlstandsfeste der Reichen.
„Wir haben keine Heimat mehr. Alles, was wir von euch wollen, ist: Schaut uns beim Sterben zu", erklärt Issa el-Mahdi, charismatischer Anführer des Hungermarsches, den herbeigeeilten Entwicklungsstrategen, EU-Politikern und Reportern. Den Flüchtlingen gelingt es noch, mit Booten nach Spanien überzusetzen. Dort aber sind die Gewehrläufe einer hastig aufgestellten „Europäischen Armee" auf sie gerichtet.

Szenen einer Zukunftsvision, mit der William Nicholson, Autor des BBC-Films „Der Marsch", den europäischen Fernsehzuschauern einen Vorgeschmack davon geben wollte, was ihnen droht, wenn sie sich weiterhin in ihrem Wohlstand einmauern und sich nicht um das Elend der Welt kümmern.
Nun hat die Wirklichkeit die Fiktion schon eingeholt. Mit Kriegsschiffen versuchten die italienischen Behörden 1991 Flüchtlinge aufs Meer zurückzutreiben, als 20 000 junge Albaner auf rostigen und verrotteten Schiffen im Hafen von Brindisi anlandeten, um einem diktatorischen Regime und einem Leben in Armut zu entrinnen.
Der Marsch auf Westeuropa hat begonnen. Lech Walesa, polnischer Staatspräsident 1990–96, warnte vor der „albanischen Bedrohung". So wie die Albaner nach Italien, würden Millionen aus dem ehemaligen Ostblock nach Westen fluten, wenn den bankrotten Ländern nicht geholfen werde.
Einzeln oder in kleinen Gruppen gelangen die Armutsflüchtlinge über die Grenzen – sie werden von professionellen Menschenhändlern eingeschleust, überqueren auf Schmugglerpfaden das Gebirge oder werden nachts von Fischerbooten an den Küsten Spaniens oder Italiens ausgesetzt. Sie reisen ganz legal mit dem mühsam ersparten Ticket und einem Touristenvisum über Flughäfen ein, kommen mit dem Zug oder gar im eigenen Pkw ...
Der „freie Austausch von Menschen und Meinungen" war einer der wichtigsten Grundsätze, deren Verwirklichung 35 Staats- und Regierungschefs auf der KSZE 1975 in Helsinki vereinbart hatten. Nun, da sich die Grenzen für die seit Generationen Eingeschlossenen öffnen, brechen im ehemaligen Ostblock lange unterdrückte ethnische und religiöse Konflikte aus.
Schon erschüttert die beginnende Massenflucht das Selbstverständnis der westlichen Demokratien: An der österreichisch-ungarischen Grenze, wo im Herbst 1989 der Stacheldraht durchtrennt und für Tausende von DDR-Bürgern der Weg in die Freiheit geöffnet wurde, sichern Soldaten neuerdings wieder die grüne Grenze – diesmal auf westlicher Seite.
Soll sich die „freie Welt" durch harte Einreisebeschränkungen speziell gegenüber den Touristen aus den armen Regionen dieser Welt abschirmen?

Je größer die Kluft zwischen dem wohlhabenden Westeuropa und der Dritten Welt wird, desto mehr Menschen machen sich auf die Wanderung. Die Migrationsforscher unterscheiden zwischen den „Push- und Pull-Effekten" als Auslöser für die Flüchtlingsströme: Hungersnöte, Kriege, bürgerkriegsähnliche Konflikte und Umweltzerstörung entwurzeln und vertreiben die Menschen (Push-Effekt). Gleichzeitig erhöht sich die Attraktivität – der Pull-Effekt – Westeuropas: hoch industrialisiert, stabil, vergleichsweise reich und dazu mit sinkenden Geburtenraten und einem absehbaren Bedarf an Arbeitskräften ...
Überall in Europa, wo schon heute die Deklassierten der westlichen Wohlstandsgesellschaft untereinander und mit den Zugewanderten um billige Wohnungen und Arbeitsplätze konkurrieren, nimmt die Aggression gegen die Fremden zu. Bei den humanitären Organisationen und beim Flüchtlingshochkommissariat der Uno wächst die Sorge, dass die Welle der Armutsflüchtlinge die Aufnahmebereitschaft für die aus politischen oder rassistischen Gründen Verfolgten zerstören könnte. Der Uno-Flüchtlingskommissar in Belgien, Ruprecht von Arnim: „Wenn die Massen über Europa hereinbrechen, dann wird nur noch emotional gehandelt. Davor habe ich Angst."

(aus: Der Spiegel, Nr. 13, 1991)

Erörtern Sie die Gründe für den Ansturm auf die „europäische Wohlstandsfeste" und die sich daraus ergebenden Probleme.

MATERIAL 23 **Auf Besuch in der EU**

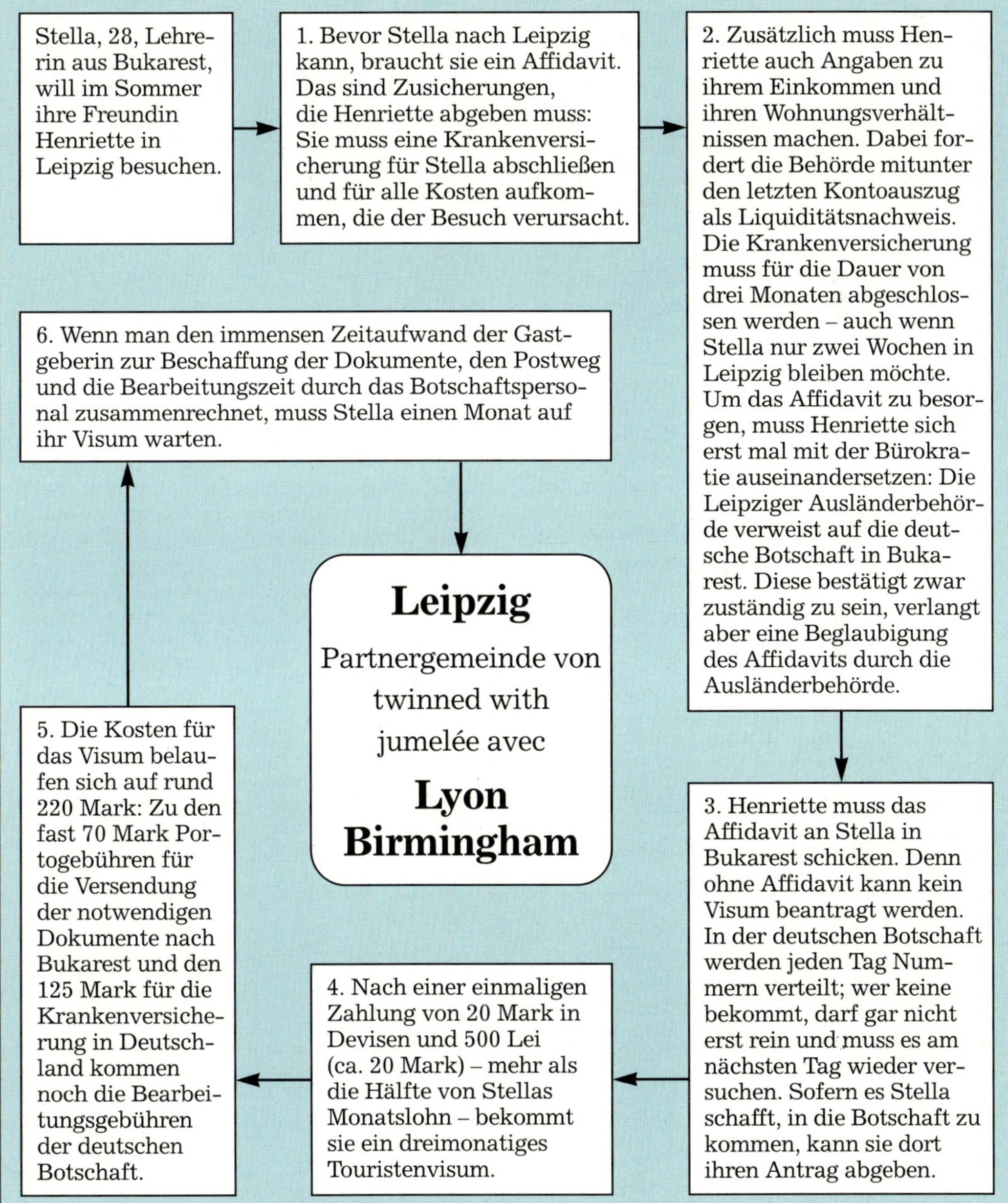

(nach einer Idee aus: jetzt. Das Jugendmagazin der Süddeutschen Zeitung vom 25.7.1994, S. 7)

Erläutern Sie die Gründe für die Besuchsprozedur. Überlegen Sie mögliche Alternativen. Bedenken Sie die Schwierigkeiten, diese Alternativen zu realisieren.

MATERIAL 24 Wie groß darf Europa werden?

Allein der Beitritt der vier Visegrád-Staaten – Polen, Ungarn, Tschechische und Slowakische Republik – würde, so haben Experten ausgerechnet, die ohnehin fast unbezahlbaren Kosten der gemeinsamen Agrarpolitik der EU verdoppeln. Da Bruttosozialprodukt und Einkommen pro Kopf in Polen und selbst in der Tschechischen Republik immer noch kaum halb so hoch sind wie in den ärmsten EU-Ländern Griechenland und Portugal, würde die Erweiterung nach Osten unweigerlich auch die Kosten für die Brüsseler Strukturpolitik, eine Art innere Entwicklungshilfe der Gemeinschaft, steil in die Höhe treiben.

Doch nicht nur dem EU-Haushalt und der gemeinsamen Agrarpolitik drohen bei einer zu schnellen Aufnahme der Osteuropäer kaum lösbare Schwierigkeiten. Die Freizügigkeit, ein Grundelement der Gemeinschaftsverträge, würde die alten Mitgliedstaaten der Union – und hier in erster Linie Deutschland – bei einem so steilen Ost-West-Wohlstandsgefälle geradezu ins Chaos stürzen.

Der Streit um die Sperrminorität im EU-Ministerrat, der die Beitrittsverhandlungen mit Österreich und den Skandinaviern so lange blockierte, lässt überdies ahnen, wie schwierig die institutionelle Reform der Europäischen Union wird. Doch gerade diese Reform ist in den nächsten Jahren unumgänglich. Denn das Zusammenspiel der Institutionen mag bisher zu zwölft geklappt haben. Die Entscheidungsmechanismen funktionieren vielleicht auch noch leidlich mit 16 Mitgliedern. Doch wenn die Union einmal 20 oder gar 24 Mitglieder hat, werden die alten Spielregeln, die einst für sechs entworfen wurden, nicht mehr greifen. In ihrer jetzigen Gestalt ist die Europäische Union nicht auf den Beitritt neuer Mitglieder vorbereitet.

Heißt das nun, dass die Westeuropäer deshalb die Zugbrücken vor ihrer Wohlstandsfestung schleunigst hochziehen müssen, um das Bewährte zu bewahren? Nein, sicher nicht, und die Europäer in Prag, Budapest oder Warschau haben das moralische und politische Recht, der Gemeinschaft europäischer Demokratien beizutreten. Das kann nicht morgen geschehen, aber in absehbarer Zukunft. ... Die künftige Union wird eine völlig andere Gemeinschaft sein als die alte EG. Sie darf kein „Europa à la carte“ werden, wo jeder das herauspickt, was ihm passt, aber sie muss ein flexibleres, dezentralisiertes Europa werden. Alle müssen dem gleichen Ziel verpflichtet sein: der Integration. Doch den Weg dahin sollten die Partner mit unterschiedlichen Geschwindigkeiten gehen können.

(aus: Stuttgarter Zeitung vom 20.4.1994, S. 1, Autor: Thomas Gack)

MATERIAL 25 Wo machen Sie mit?

1. Die Grenzen zwischen den europäischen Staaten sollten für Reisende möglichst durchlässig sein.
2. Der Friede in Europa kann nur durch eine enge Zusammenarbeit der europäischen Nationalstaaten gewahrt werden.
3. Es gibt zahlreiche Probleme und Herausforderungen (z.B. Umweltschutz, Asylfrage, Geldpolitik, Binnenmarkt, Transitverkehr), die die europäischen Staaten besser gemeinsam als im Alleingang lösen können.
4. Zur gemeinsamen Lösung von Problemen in ausgewählten Politikbereichen sind gemeinschaftliche Institutionen (Europäischer Rat, Europäisches Parlament, Europäischer Gerichtshof usw.) erforderlich.
5. Bei der Lösung von Problemen, die alle europäischen Staaten betreffen, sollen Entscheidungen auf der europäischen Ebene die einzelstaatlichen Entscheidungen ersetzen.
6. Die Politische Union (mit gemeinsamer Außen-, Sicherheits- und Technologiepolitik) und die gemeinsame Unionsbürgerschaft sind zu begrüßen.
7. Die europäischen Staaten sollten sich möglichst bald zu einem Europäischen Bundesstaat – vergleichbar mit der Bundesrepublik Deutschland – zusammenschließen.

1. Welche Probleme könnte eine rasche Erweiterung der EU mit sich bringen (Mat. 24)? Beurteilen Sie den Lösungsansatz von Thomas Gack aus der Sicht eines osteuropäischen Politikers.
2. Führen Sie eine Umfrage nach dem Muster von Material 25 in Ihrer Klasse durch. Diskutieren Sie die Ergebnisse.

Nord und Süd

1. Armut und Hunger – Schicksal der Dritten Welt?

Ende der Siebzigerjahre hat eine internationale Kommission aus Politikern und Wissenschaftlern unter dem Vorsitz des früheren Bundeskanzlers Willy Brandt im Auftrag der Vereinten Nationen einen Bericht über die Zukunftschancen der Menschheit erarbeitet. In diesem Bericht – er trägt den Titel „Das Überleben sichern" – werden Armut und Hunger als die größte Gefahr für die weitere Entwicklung der Welt bezeichnet. Über das „Wesen der Armut" heißt es darin:

Wesen der Armut

„Viele Hunderte von Millionen in den armen Ländern der Welt sind einzig und allein von den elementaren Bedürfnissen des Überlebens in Anspruch genommen. Arbeit gibt es für sie häufig nicht oder, wenn doch, zu äußerst geringem Lohn und oft kaum erträglichen Arbeitsbedingungen. Die Unterkünfte sind nicht aus dauerhaftem Material gebaut und haben weder fließendes Wasser noch sanitäre Einrichtungen. Elektrizität ist ein Luxus. Ärztliche Hilfe ist dünn gesät und in ländlichen Gegenden nur selten zu Fuß zu erreichen. Grundschulen mögen – wo es sie gibt – kostenlos und nicht zu weit entfernt sein, die Kinder jedoch werden bei der Arbeit gebraucht und sind nicht ohne weiteres zugunsten der Schule entbehrlich. Permanente Ungewissheit ist das Los der Armen. Es gibt keine staatlichen Sozialversicherungen gegen Arbeitslosigkeit, Krankheit oder Tod des Familienernährers. Überschwemmungen, Dürre oder Seuchen, die über Menschen und Tiere kommen, können Unzähligen die Lebensgrundlage entziehen, ohne dass sie hoffen könnten, sie je wiederzugewinnen."

Zwanzig Jahre nach dem Erscheinen dieses Berichts leben immer noch 1,1 Milliarden Menschen in absoluter Armut unter Bedingungen, die sich mitteleuropäischen Vorstellungen entziehen. In den armen Ländern der Welt sterben jährlich etwa fünfzig Millionen Menschen an Hunger – das entspricht in etwa der Gesamtzahl der Toten des Zweiten Weltkrieges. Fünfzehn Millionen dieser Hungertoten sind Kinder unter fünf Jahren.

Armut und Hunger treten als Massenerscheinung nur in den Entwicklungsländern auf. Mehr als drei Viertel der Staaten dieser Erde zählen zu den Entwicklungsländern. In ihnen leben etwa vier Millarden Menschen, also etwa 80 Prozent der Weltbevölkerung. Ihr Anteil am Bruttosozialprodukt und damit am Welteinkommen beträgt dagegen nicht einmal zwanzig Prozent; ihr Anteil an der Weltindustrieproduktion liegt mit fünfzehn Prozent noch darunter.

Nord-Süd-Gegensatz

Unsere Welt ist eine Welt, die vom Gegensatz zwischen Reich und Arm, zwischen Industrie- und Entwicklungsländern geprägt ist. Häufig wird das Wohlstandsgefälle zwischen diesen Ländergruppen aufgrund deren geographischen Lage auch als Nord-Süd-Gefälle bezeichnet. Allerdings beschreibt die Unterscheidung in einen „armen Süden" und einen „reichen Norden" die wirtschaftlichen und sozialen Verhältnisse kaum in angemessener Weise. Zum einen verschleiert der Begriff „armer Süden“ den für viele Entwicklungsländer typischen Widerspruch zwischen dem oft extremen Reichtum einiger weniger und der großen Massenarmut. Zum anderen vernachlässigt er, dass man heute nicht mehr von „den“ Entwicklungsländern sprechen kann, denn zwischenzeitlich haben zahlreiche asiatische Staaten mit teilweise sehr großen Erfolgsaussichten zum Sprung in das Industriezeitalter angesetzt. In diesen „Schwellenländern“ wächst seit Jahren die Wirtschaft in einem atemberaubenden Tempo. Ihnen stehen als ‚have nots' vor allem die Länder Afrikas gegenüber. In Lateinamerika sind im Vergleich zu Afrika die volkswirtschaftlichen Daten günstiger – aber wie Afrika hat auch dieser Kontinent während der achtziger Jahre große Rückschläge hinnehmen müssen und seither insbesondere mit dem Problem einer übergroßen Auslandsverschuldung zu kämpfen.

Dritte Welt

Vielfach werden die Entwicklungsländer zusammenfassend auch als „Dritte Welt“ bezeichnet. Dieser Begriff stammt von einem französischen Bevölkerungswissenschaftler, der 1952 in Anspielung auf den „Dritten Stand“ in Frankreich vor 1789 schrieb: „Denn schließlich will auch sie, diese unbeachtete, ausgebeutete, verachtete Dritte Welt wie der Dritte Stand, etwas sein.“ Mit der Entkolonialisierung erfuhr der Begriff der Dritten Welt dann einen Bedeutungswandel. Er wurde zum Ausdruck für das Bestreben der jungen afro-asiatischen Staaten, sich im Ost-West-Konflikt gemeinsam als „Dritte Welt“ zwischen den marktwirtschaftlich-kapitalistisch orientierten Ländern des Westens, der „Ersten Welt“, und den sozialistisch-planwirtschaftlich ausgerichteten Staaten des Ostblocks, der „Zweiten Welt“, zu behaupten. Mit dem Zusammenbruch der sozialistischen Staatenwelt, dem Ende des Ost-West-Konfliks und der Hinwendung zahlreicher Staaten Asiens, Afrikas und Lateinamerikas zu den marktwirtschaftlichen Ordnungsvorstellungen der kapitalistischen Länder, ist eigentlich auch der Begriff der „Dritten Welt“ überholt. Allerdings ist weder für den Begriff der „Entwicklungsländer“ noch für den der „Dritten Welt“ ein Ersatz in Sicht.

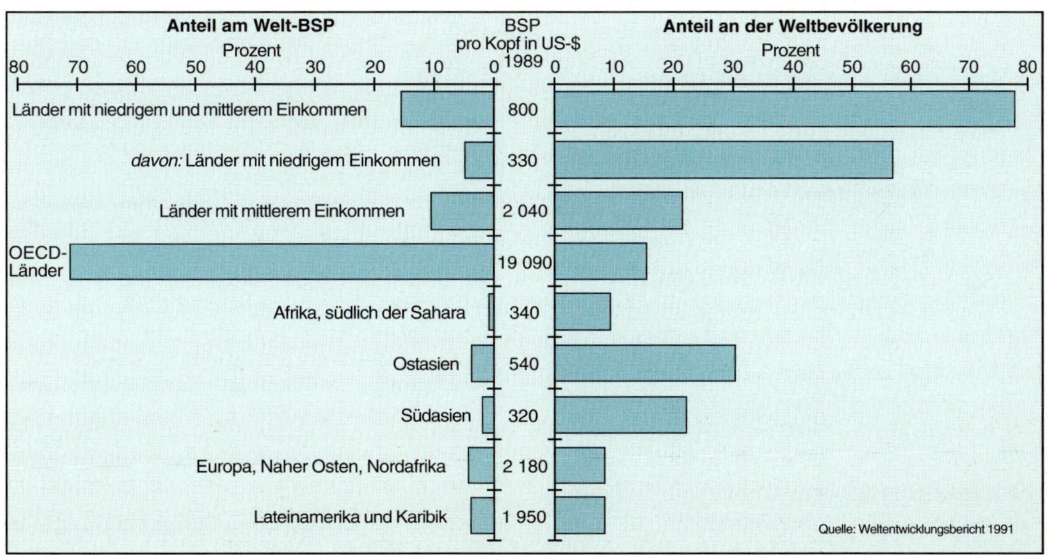

MATERIAL 1 Anklage

Gott schuf das Weltall
und darin die Erde.
Auf dem kleinen Planeten
schufen wir Abendländer
die Erste, Zweite und
Dritte Welt.
Die Dritten sind nicht
die Zweiten
und erst recht nicht
die Ersten.
Die Ersten sind wir.
Wir schufen die Dritte Welt
als Zertrümmerer
alter Kulturen,
wir schufen sie
mit Unterwerfung, Raubbau
und Menschenverachtung.
Jahrhundertelang
befrachteten wir
die Schiffe mit Beute,
verteilten fremdes Eigentum,
erzwangen abendländische Tünche.
Die Dritte Welt,
geplünderter Garten,
betäubte Wunde der Erde,
erwacht
geschüttelt von Krämpfen,
um endlich zu leben.
Wir sind an der Reihe,
den ersten Platz
zu verlassen.

Christa Peikert-Flaspöhler

1. Stellen Sie die in dem Gedicht (Mat. 1) enthaltenen Vorwürfe an die Erste Welt zusammen und konkretisieren Sie diese mit Hilfe des Textes von Aimé Césaire (Mat. 2).
2. „... geschüttelt von Krämpfen": Erläutern Sie an Beispielen, was Christa Peikert-Flaspöhler mit diesen Worten andeuten will.
3. „Wir sind an der Reihe, den ersten Platz zu verlassen." Setzen Sie sich mit dieser Bemerkung am Ende des Gedichts auseinander.
4. Diskutieren Sie über Form und Inhalt der Kritik von Aimé Césaire (Mat. 2).

MATERIAL 2 Was die Kolonisation zerstört hat

... Ich sehe genau, was die Kolonisation zerstört hat: die bewunderungswürdigen Kulturen der Indianer; und weder Deterding[1] noch Royal Dutch[1], noch Standard Oil[2] werden mich jemals über die Azteken, über die Inkas hinwegtrösten.

Ich sehe auch jene anderen – auf längere Sicht verurteilten – Kulturen, in die sie ein Prinzip der Zerstörung eingeführt hat: Ozeanien, Nigeria, Nyassaland. Ich sehe weniger gut, welchen Beitrag sie geleistet hat. ...

Man erzählt mir von Fortschritt, von „Leistungen", von geheilten Krankheiten, von weit über das ursprüngliche Niveau gehobenem Lebensstandard.

Ich aber spreche von Gesellschaften, die um sich selbst gebracht wurden, von zertretenen Kulturen, von ausgehöhlten Institutionen, von beschlagnahmtem Land, von ermordeten Religionen, von vernichteter Kunst, von außerordentlichen Möglichkeiten, die unterdrückt wurden.

Man wirft mir Fakten an den Kopf, Statistiken, Kilometerzahlen von Straßen, Kanälen, Eisenbahnen. Ich spreche von Tausenden hingeopferter Menschen für den Bau der Eisenbahn Kongo-Ozean. ... Man präsentiert mir Schiffsladungen von Baumwoll- und Kakaoexporten, Hektaren von angepflanzten Ölbäumen und Weinstöcken. Ich aber spreche von natürlichen Wirtschaftsstrukturen, die zerrüttet wurden, von chronischer Unterernährung, von einer landwirtschaftlichen Entwicklung, die einzig den Interessen der Metropolen dient, von Raubbau an Erzeugnissen, Raubbau an Grundstoffen. ...

Wir hatten Gesellschaften, die zum Wohle aller funktionierten, und nicht zum Wohle einiger weniger durch alle. ... Es waren kooperative ..., brüderliche Gesellschaften.

Aimé Césaire,
Schriftsteller und Politiker aus Martinique

(aus: Aimé Césaire: Über den Kolonialismus, Berlin 1968, S. 21–25)

[1] Henri Deterding (1866–1939): seit 1901 Generaldirektor der niederländischen *Royal Dutch Petroleum Company*, die er 1907 mit der britischen *Shell Company* zum Royal-Dutch-Shell-Konzern zusammenschloss, dem weltgrößten Erdölkonzern.

[2] *Standard Oil*: amerikanischer Erdölkonzern (gegründet 1889)

MATERIAL 3 **Wohlstand und Unterentwicklung auf der Welt**

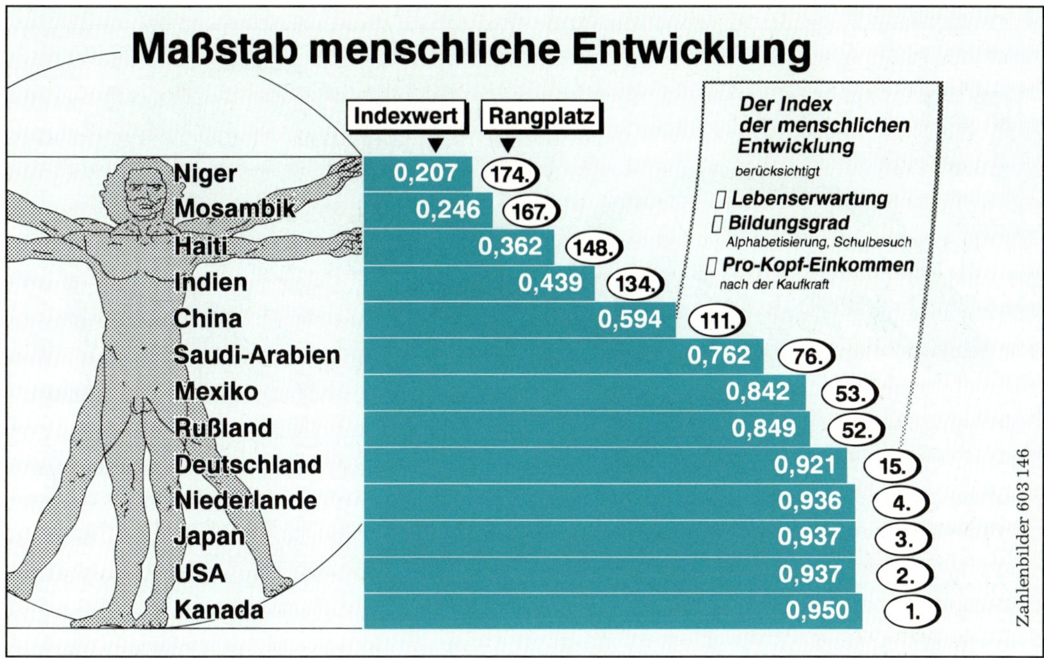

MATERIAL 4 **Lebenserwartung – Kindersterblichkeit – Analphabetentum**

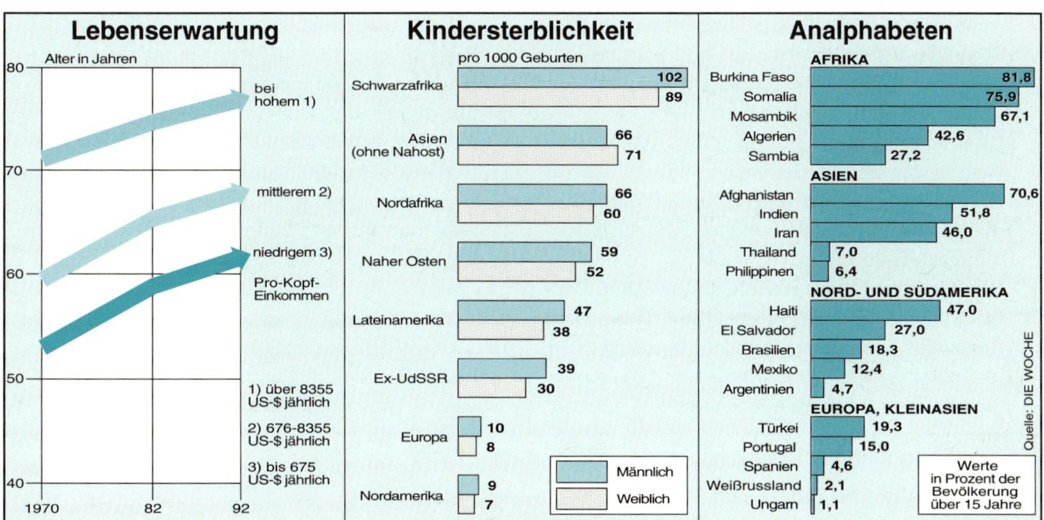

Erschließen Sie aus den Schaubildern (Mat. 3 und 4 und S. 187) Informationen zur Verteilung von Wohlstand und Armut in der Welt.

MATERIAL 5 Ursachen der Unterentwicklung

Es gibt zahlreiche Theorien, die die Unterentwicklung der Dritten Welt zu erklären versuchen. Sie lassen sich im wesentlichen auf zwei gegensätzliche Denkansätze zurückführen.

Die Ursachen der Unterentwicklung liegen in den Entwicklungsländern und bei den Menschen, die dort leben.

- Das rasche Bevölkerungswachstum in den Entwicklungsländern verhindert, dass sie wirtschaftlich und sozial vorankommen.
- Die Entwicklungsländer sind durch das tropische Klima benachteiligt. Dort entstand kein Zwang zur Vorratswirtschaft und Vorsorge. ...
- Die Entwicklungsländer haben schlechteren Boden für die Landwirtschaft.
- Den Entwicklungsländern fehlen die Bodenschätze für die Entwicklung.
- Die religiösen Vorstellungen und die Mentalität der Entwicklungsvölker stehen ihrer Entwicklung entgegen.
- Die Menschen hungern, weil sie arm sind. Deshalb können sie nicht sparen. Ohne Ersparnisse kann die Landwirtschaft und die Industrie nicht verbessert werden. Ohne Verbesserungen gibt es keinen Fortschritt: Sie bleiben arm und hungrig.

„Schließlich sitzen wir alle im selben Boot."

Unterentwicklung heißt: Die Entwicklungsländer sind *noch nicht* entwickelt – noch nicht soweit wie die Industrieländer. Unterentwicklung ist ein Rückstand. Die Entwicklungsländer müssen diesen Rückstand aufholen.

Die Ursachen der Unterentwicklung darf man nicht nur in den Entwicklungsländern suchen ... Unterentwicklung und Entwicklung sind die Kehrseiten derselben Geschichte.

- Die Entwicklungsländer sind abhängige Länder.
- Die Abhängigkeit wurde vor allem in der Kolonialzeit begründet. ...
- Die Abhängigkeit bleibt auch nach der Kolonialzeit in veränderten Formen (Neo-Kolonialismus): handels- und währungspolitische Abhängigkeit; kulturelle Überfremdung; industrielle und technologische Abhängigkeit; politische und auch militärische Unterdrückung; Zusammenarbeit mit den Herrschenden in den Entwicklungsländern.

Unterentwicklung heißt: Die Entwicklungsländer werden *hinunter* entwickelt – eine eigenständige Entwicklung wird verhindert. Unterentwicklung ist eine abhängige Entwicklung.

(aus: R. Lüpke/G.F. Pfäfflin: Abhängige Dritte Welt, Nürnberg 1974, S. 17f.)

Bilden Sie in Ihrer Klasse zwei Gruppen, die versuchen sollen, in einem Streitgespräch jeweils einen der beiden Erklärungsansätze zu erläutern, zu begründen bzw. zu entkräften.
In der Debatte sollte auch auf mögliche entwicklungspolitische Konsequenzen eingegangen werden.

2. Entwicklungshilfe – Hilfe zur Unterentwicklung oder Hilfe zur Selbshilfe?

Motive der Entwicklungszusammenarbeit

Bundestag und Bundesregierung haben stets die Verpflichtung der Bundesrepublik Deutschland anerkannt, den Entwicklungsländern zu helfen. Es sei ein Gebot der Humanität und der internationalen Solidarität, zu einem weltweiten Ausgleich der Lebenschancen der Völker einen Beitrag zu leisten. Die Bundesregierung definierte ihre Entwicklungspolitik als Entwicklungszusammenarbeit. Von Anfang an war die Entwicklungshilfe ein wichtiges Instrument dieser Zusammenarbeit. Sie sollte als „Hilfe zur Selbsthilfe" geleistet werden und in erster Linie die Massenarmut bekämpfen und zur Befriedigung der Grundbedürfnisse beitragen.

Neben diesen entwicklungspolitischen Zielen ließen sich die Bundesregierungen in ihrer Entwicklungszusammenarbeit jedoch auch von anderen politischen Überlegungen leiten. So diente die Entwicklungshilfe in den Fünfziger- und Sechzigerjahren auch als Instrument der Deutschlandpolitik. Sie wurde eingesetzt, um die völkerrechtliche Anerkennung der DDR durch die Staaten der Dritten Welt zu verhindern. Nach der Ölkrise wurden Mitte der Siebzigerjahre die wirtschaftspolitischen Eigeninteressen der Bundesrepublik stärker betont; die Entwicklungshilfe wurde auch als Instrument zur Rohstoffsicherung genutzt. Dieser Trend verstärkte sich in den Achtzigerjahren. Angesichts der zunehmenden Arbeitslosigkeit in der Bundesrepublik sollte die Entwicklungshilfe „beschäftigungswirksam" werden. Die Empfängerländer sollten die gewährte Hilfe möglichst zum Kauf von Gütern und Dienstleistungen in Deutschland verwenden („Lieferbindung" der Entwicklungshilfe). Kritiker bezeichnen seither die Entwicklungshilfe als Instrument der Exportförderung.

Generell unterscheidet man zwischen bi- und multilateraler Entwicklungshilfe, die erstere wird von Staat zu Staat direkt abgewickelt und macht in Deutschland rund zwei Drittel der öffentlichen Entwicklungshilfemittel aus; das restliche Drittel fließt als multilaterale Entwicklungshilfe vor allem in Entwicklungshilfeprogramme der EU und der Vereinten Nationen.

Formen der Entwicklungshilfe

Die Bundesrepublik kennt folgende Formen bilateraler Entwicklungshilfe:

- Kapitalhilfe: In Form zinsgünstiger Darlehen mit langer Laufzeit oder nicht rückzahlbarer Zuschüsse soll sie den Import entwicklungspolitisch notwendiger Investitionsgüter erleichtern („Warenhilfe") oder in Programme zur Verbesserung der Infrastruktur fließen („Strukturhilfe").
- Technische Hilfe wird in Form nicht rückzahlbarer Zuschüsse für Vorhaben gewährt, die die bundeseigene Gesellschaft für Technische Zusammenarbeit (GTZ) im Auftrag der Bundesregierung bzw. des Bundesministeriums für wirtschaftliche Zusammenarbeit und Entwicklung (BMZ) durchführt.

- Personelle Zusammenarbeit bedeutet die Ausbildung von Fach- und Führungskräften aus Entwicklungsländern, den Einsatz von Fachkräften der GTZ und von Entwicklungshelfern vor Ort.
- Nahrungsmittelhilfe und humanitäre Hilfe sind als Hilfen in akuten Notfällen, z.B. nach Naturkatastrophen oder bei Bürgerkriegen gedacht.

Versagen der Entwicklungshilfe?

Die Bundesrepublik Deutschland leistete erstmals 1952 Entwicklungshilfe; bis heute (1998) hat sie über 200 Milliarden DM an öffentlichen Mitteln dafür aufgewendet. Außerdem sind zusätzlich erhebliche private Entwicklungshilfeleistungen, z.B. von Kirchen oder sonstigen privaten Trägern, erbracht worden. Auf die Frage, warum trotz großer Entwicklungshilfeleistungen auch anderer Industrieländer immer noch Hunderte Millionen Menschen ein Dasein unter dem Existenzminimum fristen müssen und kaum ihre Grundbedürfnisse befriedigen können, werden unterschiedliche Antworten gegeben:

- Die Entwicklungshilfe sei stets zu gering gewesen. So seien die meisten Industrieländer, auch die Bundesrepublik Deutschland, der UN-Empfehlung, jeweils 0,7 Prozent ihres Bruttosozialprodukts als Entwicklungshilfe zur Verfügung zu stellen, bei weitem nicht nachgekommen. Die Entwicklungshilfe müsse daher deutlich erhöht werden.
- Die Entwicklungshilfe sei für die Länder der Dritten Welt eher eine „Hilfe zur Unterentwicklung", ja eine „tödliche Hilfe". Entwicklungshilfe korrumpiere und reduziere die eigenen Anstrengungen; man solle sie am besten ganz einstellen.
- Nicht die Entwicklungshilfe selbst, sondern die ihr zugrunde liegenden Ziele und Bedingungen sowie die Vergabepraxis seien für die geringen Erfolge der Entwicklungszusammenarbeit verantwortlich. Die Entwicklungshilfepolitik solle daher neu konzipiert werden.

Neukonzeption der Entwicklungshilfe

Die Chancen für eine Neukonzeption der Entwicklungshilfe sind nach dem Ende des Ost-West-Konfliktes gestiegen. Jahrzehntelang haben die Regierungen in Ost und West aus außen- und sicherheitspolitischen Erwägungen korrupte, unfähige und undemokratische Regierungen durch Vergabe von Entwicklungshilfegeldern gestützt. Weil dies so war, sind nach Beendigung des Kalten Krieges die Chancen groß, durch Förderung wirtschaftlicher, sozialer und politischer Reformen interne Entwicklungshemmnisse in den Ländern der Dritten Welt zu beseitigen. Mit neuen Kriterien für die Vergabe von Entwicklungshilfe will die Bundesregierung seit 1991 entwicklungspolitisch geeignete Rahmenbedingungen in den Entwicklungsländern schaffen. So soll Entwicklungshilfe nur noch in solche Staaten fließen, die die Menschenrechte beachten, die demokratisch sind und sich von marktwirtschaftlichen Grundsätzen leiten lassen.

Private Entwicklungshilfe

Neben der öffentlichen steht die private Entwicklungshilfe freier Träger, z.B. der kirchlichen Hilfswerke, der Parteistiftungen oder sonstiger privater Organisationen. Diese „nicht-staatlichen Organisationen" führen Entwicklungsprogramme nach eigenen Zielsetzungen durch, finanziert aus Mitgliedsbeiträgen und Spenden. Das BMZ stockt diese privaten Mittel durch nicht rückzahlbare Zuschüsse auf. Die freien Träger können – im Gegensatz zu staatlichen Stellen – an den Regierungen, Bürokratien und Machthabern der Entwicklungsländer vorbei direkt an der Basis aktiv werden.

MATERIAL 6 Erfahrungen mit Entwicklungshilfe im Niger

Wer sehen will, welche Wirkungen die bisherige Entwicklungszusammenarbeit gehabt hat, braucht nur über Land zu fahren, wo 85 Prozent der Nigrer leben. Sie wohnen in Hütten und Lehmhäusern, ernähren sich von einfachsten Gerichten und kennen den Hunger. Die Kindersterblichkeit ist hoch, die meisten Menschen sind Analphabeten. Erkennbare Entwicklungsfortschritte sind allenfalls ein moderner Brunnen im Dorf und eine Krankenstation in der Nähe. Angesichts solcher Eindrücke fragt man sich, wohin in den letzten Jahrzehnten die Millionenbeträge internationaler Entwicklungshilfe geflossen sind, da die ländliche Bevölkerung davon offensichtlich kaum profitiert hat. …

Ein seit vielen Jahren in Entwicklungsländern tätiger UNO-Experte für Wirtschaftsfragen schätzt, dass sechzig Prozent der Entwicklungshilfegelder für Waren und Dienstleistungen direkt ins Ausland zurückfließen und dass von den restlichen vierzig Prozent der weit überwiegende Teil indirekt denselben Weg nimmt, zum Beispiel über ausländische Firmen in Entwicklungsländern. Dabei wird auf einheimische Strukturen wenig Rücksicht genommen. Für ein ländliches Großprojekt schickten die Italiener Fiat-Autos, auf deren Reparatur nigrische Mechaniker nicht eingestellt sind, weil Autos dieser Marke bisher nicht gefahren werden und deshalb auch keine Ersatzteile vorhanden sind. Ähnliches gilt für die Lieferung japanischer Spritzgeräte, mit denen der nigrische Pflanzenschutzdienst bedacht wurde.

Wenn in den Straßen von Niamey Laubhäufchen beseitigt wurden, kamen Mercedes-LKW angefahren, auf die mit einem schweren Caterpillar-Vorderlader Reisig und Blätter geschaufelt wurden. Trotz eines gesetzlichen monatlichen Mindestlohns von umgerechnet nur 120 DM und einer schreienden Arbeitslosigkeit verbanden sich durch den Einsatz der Maschinen die Interessen von Gebern und Nehmern gegen die Arbeitssuchenden. Für die städtische Müllabfuhr war es zwar ökonomisch unsinnig, aber bequemer und vor allem „moderner", Maschinen zu verwenden, die in den Industrieländern Beschäftigung bewirken, dem Wirtschaftskreislauf in den Entwicklungsländern aber Geld und den Menschen Arbeit entziehen: den Straßenkehrern und den Herstellern von Eselskarren, auf denen Laub und Müll abtransportiert werden könnten.

Im Frühjahr 1985 führte der Niger-Fluss nur noch so wenig Wasser, dass die Versorgung Niameys gefährdet schien, wenn nicht ein kleiner Rückhaltedamm durch den Fluss gebaut würde, um das spärliche Restwasser zu stauen. Diese Notwendigkeit war Monate vorher bekannt. Der Damm wurde schließlich durch eine europäische Baufirma in drei Tagen errichtet, mit einer ausländischen Finanzierung, deren Volumen den Monatslöhnen von 2 500 Arbeitern entsprach. Statt von nigrischer Hand erarbeitete Entwicklungshilfe in den heimischen Markt zu lenken, schleuste man sie auch über die Baufirma wieder nach Europa zurück. …

Das Ausland lieferte zugunsten der Beschäftigungswirksamkeit auf dem eigenen Markt eher fertige Produkte und Leistungen ab, als dass es im geförderten Land Prozesse zur Eigenproduktion in Gang brächte. Entwicklung ist aber kein Ergebnis, sondern ein Prozess. In demselben Maße, indem wir zugunsten der Beschäftigungswirksamkeit in Industriestaaten Produkte für Länder der Dritten Welt – hier oder dort – selber herstellen, verhindern wir in diesen Ländern solche Prozesse. Die Diskussion über Beschäftigungswirksamkeit betrifft in Wirklichkeit die Frage, inwieweit wir gewillt sind, in den Ländern des Südens selbstgeschaffene Entwicklung zuzulassen. …

Ein Leistungsgefühl der Bevölkerung gegenüber den abgelieferten Hilfsgütern entsteht nicht. Das wirkt sich auf das allgemeine Bewusstsein aus: Weil die Menschen von der Erarbeitung der Entwicklung weitgehend ausgeschlossen sind, geht ihnen das Gefühl für das Verhältnis von Aufwand und Ertrag verloren. Vom Wunsch führt der Weg direkt zum Ergebnis, ohne den Umweg über den mühevollen Akt der Herstellung. Wenn Wünsche geäußert werden, ist das immer wieder zu spüren: Statt Hilfe für eine Schule möchte man den kompletten Bau, →

einen fertigen Brunnen, eine komplette Büroeinrichtung. Ein älterer nigrischer Arzt: „Früher konnten die Leute selber Brunnen bauen. Heute schauen sie zu, wie ihnen ein Brunnen ins Dorf geliefert wird."
Bedenkt man, dass in vielen der ärmsten Entwicklungsländer fast alle öffentlichen Investitionen unter solchen Umständen von außen finanziert werden, ... darf man sich über den bei vielen Menschen inzwischen eingetretenen Realitätsverlust nicht wundern. Er spiegelt sich in der verständlichen, aber naiven Erwartung wider, man könne den Fortschritt aus den Industrieländern importieren. Da er sich dort ereignet habe, müsse man ihn auch von dort herholen – statt sich der Mühe unterziehen, Entwicklung selber zu erarbeiten.

(aus: Kurt Gerhardt: „In den Händen des Volkes", Erfahrungen mit Entwicklungshilfe im Niger, in: Aus Politk und Zeitgeschichte B 33–34/1987, S. 3ff.)

MATERIAL 7 Hintergrundinformationen

NIGER

Fläche: 1,27 Mio km^2
Hauptstadt: Niamey
Bevölkerung 1993: 8,5 Mio
(Projektion 2000: 11 Mio)
Export nach Deutschland 1993: 1,8 Mio DM
Import aus Deutschland 1993: 28,4 Mio DM
Entwicklungshilfezusagen der Bundesrepublik Deutschland an Niger bis 1993:
Finanzielle Zusammenarbeit 659,61 Mio DM
Technische Zusammenarbeit 697,13 Mio DM

Das in der Sahara- und der Sahelzone gelegene Land ist durch ungünstige klimatische Bedingungen, geringe Ausstattung mit natürlichen Ressourcen und durch seine Binnenlage stark benachteiligt. Zusätzliche Probleme entstehen durch den von einem hohen Bevölkerungswachstum verstärkten Druck auf die natürlichen Ressourcen (Überweidung, Bodenerosion) wie auf die ohnehin schwache Infrastruktur (Wasserversorgung, Schulen, gesundheitliche Grundversorgung u.ä.) sowie durch soziale und ethnische Spannungen zwischen Tuareggruppen und der schwarzen Bevölkerungsmehrheit.
Die Schwerpunkte der (rückläufigen) deutschen Entwicklungszusammenarbeit sind die Bereiche Ressourcenerhaltung, Umweltschutz, ländliche Entwicklung, Infrastruktur (Wasserbereich), Grundbildung sowie Gesundheitsversorgung einschließlich Familienplanung.

(aus: Journalistenhandbuch 1995, S. 68 und 111)

MATERIAL 8 Chinesisches Sprichwort

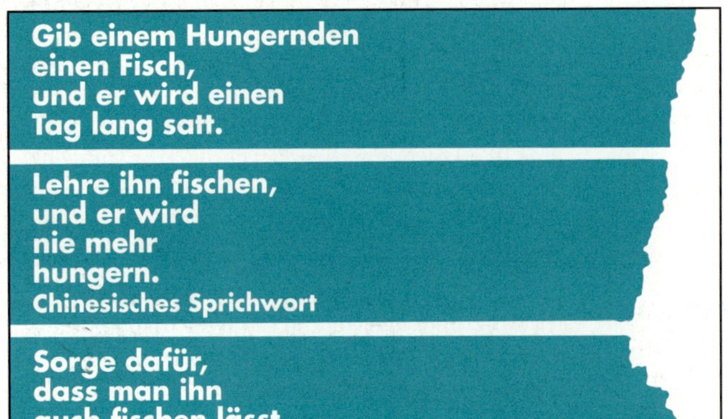

Messen Sie die Praxis der Entwicklungshilfe im Niger (Mat. 6) an den Aussagen des Chinesischen Sprichwortes und dessen Erweiterung (Mat. 8).
Kommen Sie zu einer Bewertung der Entwicklungshilfe im Niger.

MATERIAL 9 Ein Entwicklungsprojekt in Brasilien: Vom Slum zur Stadt

„Couto Fernandez ist jetzt eine richtige Stadt geworden." Die beinahe 80-jährige Frau, die vor ihrem bescheidenen Haus fegt, ist unüberhörbar stolz auf die Favela, in der sie seit 17 Jahren zu Hause ist. Die ehemalige Spontansiedlung am Rande der brasilianischen Großstadt Fortaleza gehört zu den aufstrebenden Bezirken: Für mehrere 1 000 der etlichen Zehntausend Favelados gibt es inzwischen Strom- und Wasseranschluss, sowie Toilette und Waschgelegenheit in den Häusern; unterirdisch verläuft von Wohnung zu Wohnung ein Kanalisationsstrang, der das Abwasser zur Kläranlage bringt.

Verschwunden ist das stinkende Rinnsal auf der Straße, das eine Brutstätte für Krankheitserreger war, verschwunden sind auch die Überschwemmungstümpel, die zur Regenzeit Couto Fernandez in eine matschige Sumpflandschaft verwandelten. Früher krachten nach einem Regenguss die Hütten aus Wellblech oder Holzbrettern häufig zusammen. Heute fangen die Slumbewohner schon an, die Hauswände zu verputzen. ...

Das Erfolgskonzept der Gesellschaft für Technische Zusammenarbeit (GTZ): *Hilfe zur Selbsthilfe* steht im Vordergrund; *Stärkung der Bewohner-Selbstorganisation* heißt ein weiteres Schlagwort; all das soll zu einer *nachhaltigen Entwicklung* führen.

Wie es scheint, haben die Entwicklungshelfer aus den Fehlern der Vergangenheit gelernt. Ehemals waren ihre Vorzeigeprojekte großspurige Maschinen oder Anlagen. Die zerstörten jedoch nicht nur die gewachsenen Strukturen in den Ländern der Beschenkten. Sie funktionierten auch nur kurze Zeit – nach Abreise der Entwicklungshelfer blieben bald nur noch rostende Ruinen.

Als 1990 das Projekt in Couto Fernandez begann, war *Bewohnerbeteiligung* eines der Leitmotive. Zunächst nahmen die Entwicklungshelfer Kontakt mit der Selbstorganisation der Favela auf, der „associação dos moradores". Dort erfuhren die Deutschen und ihre brasilianischen Partner sehr schnell, wo die Favelados der Schuh am meisten drückte: Abwasser, Trinkwasser, Energie für die Küche. Darauf wäre jeder Stadtplaner auch ohne das langatmige Palaver mit den Bewohnern gekommen. „Aber es ging darum, das Projekt von vornherein zu einem Projekt der Betroffenen zu machen", so Brunke Brunken, einer der beiden Deutschen bei dem Vorhaben.

Eigenleistung hieß das Motto, sobald es an die Arbeiten ging. Das Projekt stellte nur Material und Werkzeuge. „Das Verlegen der Rohre beispielsweise erledigten die Favelados selbst", so Brunken. Damit will man nicht nur den Betroffenen neue Qualifikationen nahebringen, mit denen sie vielleicht einmal ihren Lebensunterhalt verdienen können. *Dauerhafte Entwicklung* ist das große Ziel: Die Verbesserungen müssen sich bis zum Ende des Projektes soweit etabliert haben, dass die Favelados sie selber am Leben erhalten wollen und können. So wurden für die Abwasserkanäle und die Kläranlage Wartungsgruppen ausgebildet, die die Rohre sauberhalten. ...

„Entwicklung von innen" nennt Herbert Reufels von der GTZ-Zentrale im Taunusstädtchen Eschborn das Konzept. Das Wort „Einmischung" will er nicht in den Mund nehmen. Aber natürlich reiben sich die Projekte an den politischen Gegebenheiten im Entwicklungsland. „Schon bei den Planungen für ein Projekt machen wir den Partnern klar, dass es uns um Minderung der Armut und um den Abbau sozialer Ungleichheiten geht."

Man will Bauern und Favelados auf den Weg bringen, dass sie ihre Interessen gegenüber der Obrigkeit und den Reichen durchsetzen können. In Couto Palmeiro wurde ein „Radio Comunitario" eingerichtet, wo die Favelados in Eigenregie morgens und abends für eine halbe Stunde lokale Informationen per Lautsprecher unter die Nachbarn bringen. Eine Stadtteilzeitung hat sich etabliert, und kurze Videofilme leiht man an andere Bewohnervertretungen aus, damit diese sich über den erfolgreichen Weg von Couto Fernandez informieren können.

(aus: Der Tagesspiegel vom 3.7.1994, Autor: Peter Becker. Der deutsche Beitrag für das Projekt beträgt für die erste vierjährige Phase sechs Millionen DM, der Partnerbeitrag umfasst Personal- und Sachleistungen in ähnlicher Höhe.)

1. Erschließen Sie aus dem Text Zielsetzungen deutscher Entwicklungszusammenarbeit.
2. Vergleichen Sie den Bericht über das Projekt in Brasilien mit dem Erfahrungsbericht aus dem Niger (Mat. 6), und kommen Sie zu einer Einschätzung dieses Projektes. Berücksichtigen Sie auch Material 8.

3. Neue Weltwirtschaftsordnung, Freihandel, Süd-Süd-Kooperation – entwicklungspolitische Alternativen?

Terms of Trade

Wir haben uns daran gewöhnt, dass für Produkte aus der Dritten Welt meist sehr niedrige Preise gezahlt werden müssen. Was für die Verbraucher in den Industrieländern erfreulich ist, stellt sich für die Entwicklungsländer als ein Drama dar. Sie sind auf den Import von Industriegütern angewiesen, deren Preise im langjährigen Trend aber deutlich stärker als die von ihnen exportierten Rohstoffe gestiegen sind. Die Entwicklungsländer müssen daher für den Import eines bestimmten Industriegutes, z.B. eines Traktors, immer größere Mengen an Rohstoffen ausführen. Als Folge dieses „ungleichen Tauschs" verändern sich die Austauschrelationen (Terms of Trade) langfristig zum Nachteil der Entwicklungsländer.

Neue Weltwirtschaftsordnung

Integriertes Rohstoffprogramm

Mit der Forderung nach einer „Neuen Weltwirtschaftsordnung" wollen die Entwicklungsländer die internationalen Wirtschaftsbeziehungen gerechter gestalten. Sie setzten 1976 ein „Integriertes Rohstoffprogramm" (IRP) durch, das Kernstück ihrer Forderungen nach einer Neuen Weltwirtschaftsordnung. Mit diesem freilich stark verwässerten Programm sollten die Exporterlöse für Rohstoffe stabilisiert und gesteigert werden. Das IRP besteht aus drei Elementen:

- Für die zehn wichtigsten lagerfähigen Rohstoffe sollten zum Ausgleich von Angebots- und Nachfrageschwankungen Rohstofflager („bufferstocks") errichtet werden.
- Diese Lager sollten durch einen gemeinsamen Fonds finanziert werden; seine Mittel sollten auch strukturverbessernden Maßnahmen in den Erzeugerländern dienen.
- Für die im IRP enthaltenen zehn Rohstoffe sollten Rohstoffabkommen geschlossen werden mit dem Ziel, Preisober- und Preisuntergrenzen sowie Exportquoten festzulegen.

Die Rohstoffabkommen erwiesen sich als der besondere Schwachpunkt des IRP. Mitte der Neunzigerjahre funktionierte nur noch das Kautschukabkommen. Alle anderen Abkommen waren an den Interessengegensätzen zwischen den Erzeuger- und Abnehmerländern sowie der Erzeugerländer untereinander gescheitert.

Freihandel

GATT

Die Industrieländer hatten den Forderungen der Dritten Welt nach einer Neuen Weltwirtschaftsordnung nie Sympathien entgegengebracht. Für sie war diese Idee mit den Grundsätzen einer liberalen Marktwirtschaft unvereinbar. Sie setzten vielmehr auf eine weitere Liberalisierung des Welthandels, wie sie im Allgemeinen Zoll- und Handelsabkommen GATT (General Agreement on Tariffs and Trade) vom Oktober 1947 festgeschrieben worden ist.

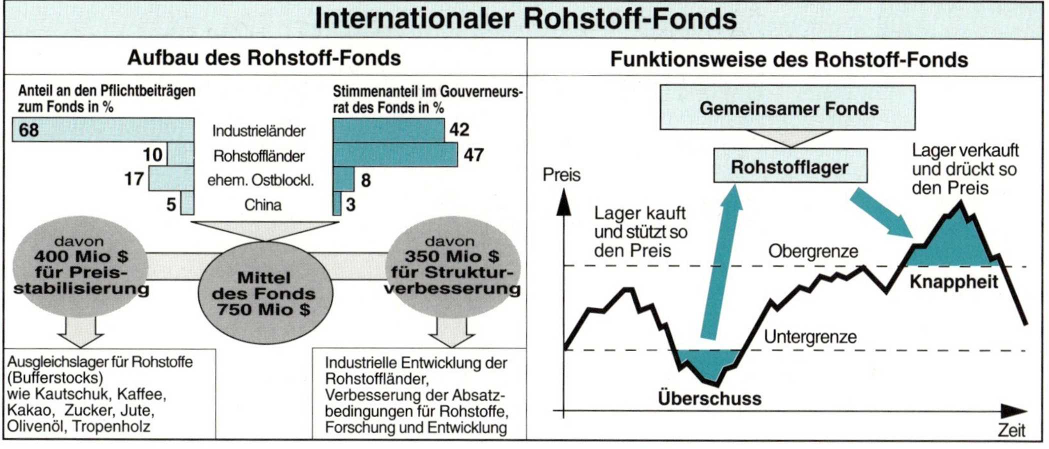

Dem GATT – seit 1995 „World Trade Organization" (WTO) – gehören inzwischen 123 Länder als Mitglied an, darunter 99 Entwicklungsländer. Hauptziel ist es, den Freihandel durch Abbau von Handelsbeschränkungen (z.B. Importzölle, Exportsubventionen) zu fördern. Zuletzt wurden 1994 im Abkommen von Marrakesch entsprechende Vereinbarungen getroffen.

WTO

Nach Berechnungen internationaler Organisationen soll das Abkommen von Marrakesch bis zum Jahre 2002 weltweit zu Einkommenssteigerungen von 200 bis 300 Milliarden US-Dollar führen; davon sollen etwa ein Drittel auf die Entwicklungsländer entfallen, vor allem auf die Volksrepublik China und die asiatischen Schwellenländer. Für die ärmsten Länder, insbesondere afrikanische Staaten, werden jedoch Einkommensverluste erwartet. Diese Prognosen werden auf der einen Seite damit begründet, dass es Verbesserungen vor allem für Industriegüter, nicht jedoch für Rohstoffe gab. Auf der anderen Seite steht die Zusage der USA und der EU, Agrarsubventionen abzubauen. Der Subventionsabbau bei bestimmten Agrarprodukten wird zu einem Anstieg der Weltmarktpreise führen, der die Nahrungsmittelimporteure – und das sind die ärmsten Länder – benachteiligen wird.

Abkoppelung vom Weltmarkt

Diese für die armen Länder enttäuschenden Ergebnisse haben der Kritik jener Experten neues Gewicht verliehen, die schon früher immer wieder betont hatten, dass wegen des großen Entwicklungsgefälles die Basis für einen gerechten Warenaustausch zwischen Nord und Süd nicht gegeben sei. Sie schlagen den Entwicklungsländern vor, sich von den internationalen Wirtschaftsbeziehungen weitgehend abzukoppeln. Insbesondere sollten sie ihre Landwirtschaft umbauen. Der Anbau von Exportprodukten (cash crops) soll zugunsten einer verstärkten Nahrungsmittelproduktion für die eigene Bevölkerung gedrosselt werden, um die Abhängigkeit von Lebensmittelimporten zu verhindern. Die Abhängigkeit vom Import industrieller Güter soll durch den Aufbau einer eigenen verarbeitenden Industrie mit angepasster, d.h. selbst erlernter und beherrschbarer Technologie gemildert werden. Dieses Konzept schließt eine verstärkte Zusammenarbeit zwischen den wirtschaftlich ähnlich entwickelten Staaten des Südens ein (Süd-Süd-Kooperation).

MATERIAL 10 Turbulenzen auf dem Kaffee-Markt

Nachtfröste in Brasilien ... sorgten in der internationalen Kaffeewelt für regelrechte Panik. Da befürchtet wurde, dass große Teile der nächsten Ernte gefährdet seien, schnellten die Rohkaffee-Preise ... in die Höhe. ... Die Zeiten, in denen das mit Abstand beliebteste Getränk der Deutschen (180 Liter pro Kopf und Jahr) im Durchschnitt um die sieben Mark pro Pfund – etwa elf Pfennig pro Tasse – kostete, sind wohl erst mal vorbei. ...

Der historische Tiefstand der Kaffeepreise der vergangenen vier Jahre trieb ... Tausende von kleinen Kaffeebauern in den Ruin und destabilisierte ganze Volkswirtschaften in den Anbauländern, darunter die Ärmsten der Armen wie Uganda, Burundi und Guatemala. ... Der Pflanzer musste schon froh sein, wenn er eine Mark für ein Pfund Kaffee bekam. Dieser Betrag lag unter dem Selbstkostenpreis ... Die Folge: Viele Kleinbauern gaben auf. ...

Begonnen hatte die fatale Preisschraube nach unten mit dem Scheitern des Weltkaffeeabkommens im Jahre 1989. In diesem Abkommen hatten sich die Erzeugerstaaten, durchweg arme Entwicklungsländer oder Schwellenländer des Südens, mit ihren Hauptabnehmern in den Industriestaaten des Nordens zu einem Quoten- und Preisstützungssystem zusammengerauft. Damit war es gelungen, den Verkaufspreis einigermaßen zu stabilisieren. Dennoch rutschten die Anbauländer immer mehr in die Misere. Während die Einnahmen für ihren Rohstoff nämlich in den achtziger Jahren bestenfalls stagnierten, kletterten die Preise für importierte Maschinen, Anlagen oder Dünger aus den Industrieländern unaufhörlich.

Die deutsche Kaffeewirtschaft, die um die Versorgung mit der hierzulande bevorzugten hochwertigen Arabica-Rohware fürchtete, konnte sich mit ihren Warnungen bei den übrigen Abnehmerländern nicht durchsetzen. Da sich der vor Deutschland größte Kaffeekunde, die Vereinigten Staaten, nicht auf die Forderung der Anbauländer einlassen mochte, einen stetigen leichten Anstieg der Rohkaffeepreise festzuschreiben, wurde das Kaffeeabkommen bis heute nicht erneuert.[1]

Um sich die nötigen Devisen für Importe von Industriegütern zu beschaffen, warfen die großen Kaffeeländer wie Brasilien (knapp 30 Prozent) oder Kolumbien (gut 15 Prozent der Welternte) immer mehr Rohstoffe auf den Markt. Doch während der guten Ernten Ende der achtziger Jahre wuchs der Verbrauch nur marginal. ... Kein Wunder also, dass mit dem Überangebot die Preise dramatisch abstürzten: In nur fünf Jahren halbierten sich die Deviseneinnahmen der Exportländer. ...

Eine dauerhafte Lösung versucht das Trans-Fair-System zu schaffen. Karitative Organisationen in Westeuropa taten sich zu einer Initiative zusam-

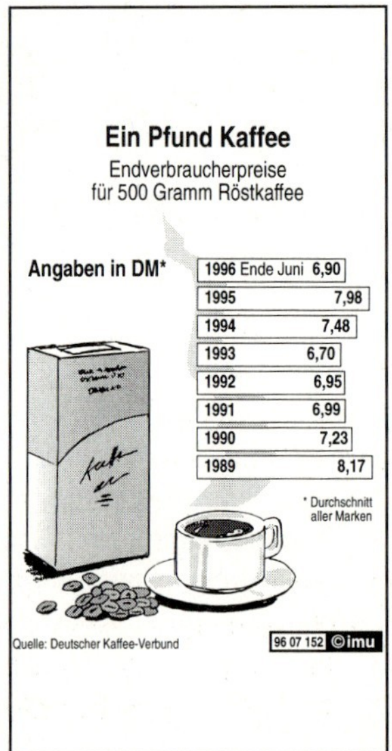

men, die vor allem den kleinen Kaffeebauern zugute kommt. Durch die Ausschaltung des lokalen Zwischenhandels und garantierte Abnahmepreise (von 1,90 DM je Pfund) für die durch das Trans-Fair-Siegel ausgewiesene Ware erhalten die kleinen Kaffeebauern direkt einen höheren Ertrag. Solange der Weltmarktpreis nicht über 1,65 Dollar lag, zahlte die Trans-Fair-Organisation den Kleinbauern-Kooperativen einen Aufschlag.

Der Kunde im Laden löhnte rund zwei Mark mehr als für den konventionellen Morgenkaffee. ... Zwar liegen die Rohkaffeepreise mit dem jüngsten Preissprung über dem Garantiepreis, und die an das Trans-Fair-System angebundenen Kooperativen von Nicaragua bis Mexico erhalten den Weltmarktpreis ohne Aufschlag, doch wie der Trans-Fair-Geschäftsführer Dieter Overath in Köln betont, besteht der Vorteil des Systems vor allem in der „langfristigen Absicherung“.

[1] Im Frühjahr 1995 haben die Kaffeeanbauländer ein Abkommen zur Stabilisierung der Rohkaffeepreise geschlossen.

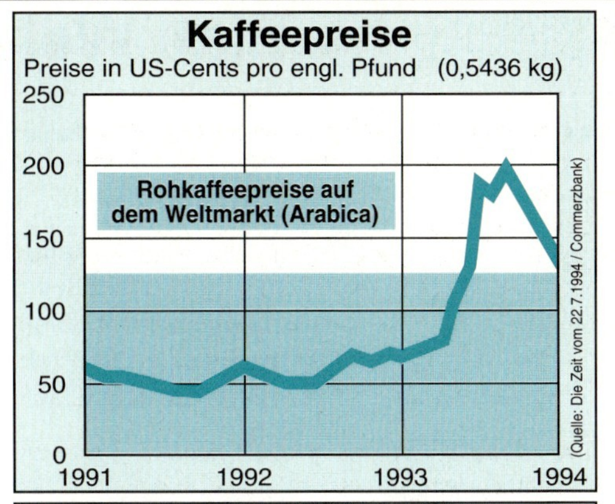

"terms of trade" - ein Beispiel

Dem Wert eines LKW entsprachen an der deutschen Grenze:	1985 (Jahresdurchschnitt)	1990 (Jahresdurchschnitt)
Lastkraftwagen (6 - 10t)	93 Sack Kaffee (zu je 60 kg)	302 Sack Kaffee (zu je 60 kg)

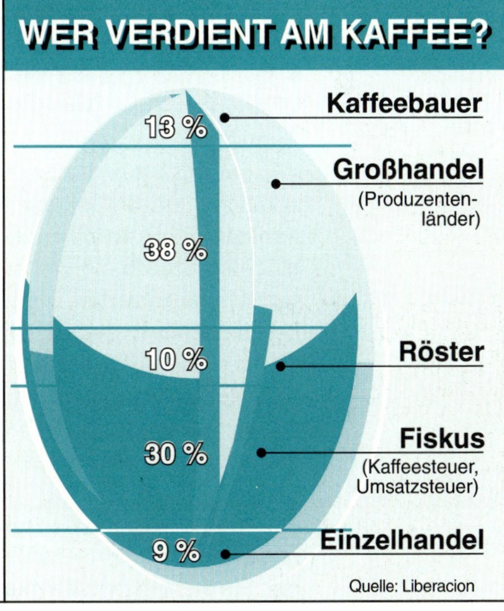

(aus: Dietmar H. Lamparter: Panik nach dem Frost, in: Die Zeit Nr. 30 vom 22.7.1994, S. 19)

1. Beschreiben Sie am Beispiel des Kaffeemarktes die Interessenkonflikte der Industrie- und Entwicklungsländer im Welthandel. Welche Auswirkungen haben diese Interessenkonflikte auf das IRP (Mat. 10, Autorentext S. 196f.)?
2. Trans-Fair – Erörtern Sie Idee, Stärken und Grenzen.

4. Eine Welt oder keine Welt

An der Schwelle des neuen Jahrtausends wachsen die Zweifel, ob die Idee, die Konsum- und Lebensgewohnheiten der reichen Industriegesellschaften auf die gesamte Weltbevölkerung auszudehnen, verwirklicht werden kann. Dazu, so rechnen Experten vor, reichten die Ressourcen nicht, das, so warnen sie, verkrafte die Erde nicht. Das ist das ökologische Dilemma im Verhältnis von Nord und Süd:

Ökologisches Dilemma

- In den Industrieländern gefährdet die ständig steigende Produktion materieller Güter die natürlichen Lebensgrundlagen.
- In der Dritten Welt ist hingegen Massenarmut die wichtigste Ursache der Umweltgefährdung. Es ist die schiere Not, die die Menschen zum Raubbau an der Natur treibt. Das noch ungebrochene Bevölkerungswachstum wird dort die Umweltprobleme auf absehbare Zeit noch weiter verschärfen.
- Die Reichen dieser Erde wollen begreiflicherweise ihren Wohlstand erhalten und mehren. Die Politik in den Industrieländern setzt unverdrossen auf die Karte „Wirtschaftswachstum". Sie rechtfertigt sich mit dem Hinweis, Wirtschaftswachstum trage zur Entschärfung der großen sozialen Probleme in den Industrieländern selbst bei.
- Die Armen dieser Erde aber wollen ein besseres Leben führen und fordern einen größeren Anteil an den Gütern dieser Welt.

Wie soll man aus diesem Dilemma herauskommen? Es gibt Stimmen, die eine deutliche Einschränkung des Lebensstandards in den Industrieländern zugunsten der Entwicklungsländer fordern; sie setzen auf eine Umverteilung im globalen Stil, da ein weiteres Wirtschaftswachstum ökologisch nicht zu verantworten sei und den Menschen in der Dritten Welt gerechterweise eine Verbesserung ihrer materiellen Lebensverhältnisse zugebilligt werden müsse; den Menschen in den Industrieländern sei hingegen ein bescheidener Lebensstil zuzumuten. Aber, so muss man sich fragen, werden solche Vorstellungen ohne schwerwiegende wirtschaftliche, soziale und politische Verwerfungen überhaupt zu verwirklichen sein?

Eine Gegenposition hält wirtschaftliche Fortschritte in den Entwicklungsländern ohne weiteren wirtschaftlichen Fortschritt in den Industrieländern für undenkbar. Sie sieht sehr wohl die ökologischen Risiken einer ständig weiter wachsenden Weltwirtschaft, baut aber auf innovative technische Lösungen mit der Ressourceneinsparung und auf die Entwicklung von Ersatzstoffen für nicht erneuerbare Rohstoffe.

Sustainable Development

Sie propagiert das Konzept einer „nachhaltigen" oder „dauerhaften" Entwicklung (sustainable development), die sie als eine Entwicklung definiert, „die die Bedürfnisse der Gegenwart befriedigt, ohne zu riskieren, dass künftige Generationen ihre eigenen Bedürfnisse nicht befriedigen können". Eine ausformulierte und international anerkannte Strategie einer nachhaltigen Entwicklung gibt es noch nicht.

MATERIAL 11 Globale Zeitenwende

Die Welt wird eins. Schon 500 Satelliten bestreichen unablässig die Erde mit den Funksignalen der Moderne. Uniformierte Bilder auf fast einer Milliarde Fernsehschirmen nähren die gleiche Sehnsucht in allen Hütten, an Amur, Jangtse, Amazonas und Nil: den Traum vom universellen Warenparadies. Mehr als 35 000 transnationale Unternehmen überziehen den Planeten mit einem eng geknüpften Handels- und Transportnetz. Mit weltumspannender Logistik bringen sie gleichzeitig in mehreren Dutzend Ländern ihre neuen Autos, Opern- und Pop-Hits, Videokameras und Schokoriegel auf den Markt. Alle Finanzmetropolen sind durch Datenleitungen verbunden, in Sekundenschnelle werden Milliardenvermögen verschoben.

Doch die eine Welt zerfällt. Der Abgrund zwischen den wenigen Wohlstandsländern und dem überwältigenden Rest klafft immer weiter auf. Eine gespaltene Weltgesellschaft entsteht. ...

Die „wesentliche Verbesserung des Lebensstandards“ in den „unterentwickelten Ländern“ durch „Hebung der Industrieproduktion“, mithin die Entwicklung für alle nach westlichem Vorbild, die der amerikanische Präsident Harry Truman 1949 den Armen verkündete, wird nicht stattfinden. Gerade jetzt, da von Jakutsk bis Nairobi, von Jakarta bis Bogotá Milliarden Menschen durch Seifenopern wie „Dallas“ und „Traumschiff“ von ihrem dörflichen Leben in eine planetare Dimension gestoßen werden, werden die Verkäufer der Entwicklungsverheißung vertragsbrüchig. Denn Trumans Versprechen kann niemals eingelöst werden.

Nicht Aufstieg und Wohlstand, sondern Verfall, ökologische Zerstörung und kulturelle Degeneration bestimmen heute den Alltag von drei Fünfteln der Menschheit. ...

Die ökonomische Globalisierung entzieht den einzelnen Regierungen die Kontrolle über die Wirtschaft. Transnationale Konzerne entscheiden unabhängig von nationalen Interessen über Investitionen und Kapitalflüsse. Das erzwingt einen Konkurrenzkampf zwischen den Industrieländern, in dem für Sozial- und Umweltpolitik immer weniger Spielraum bleibt. Ein wachsender Teil der Bevölkerung verarmt inmitten des Reichtums.

Die Idee des Kapitalismus, jener großen Entfaltung wirtschaftlicher und individueller Freiheit, hat fast überall gesiegt. Aber der Sieg schmeckt bitter. Nicht das „Ende der Geschichte“, das der nordamerikanische Philosoph Francis Fukuyama 1989 ausrief, ist nahe, sondern das Ende des Projekts, das so kühn „die Moderne“ genannt wurde.
Eine Zeitenwende von globaler Dimension kündigt sich an. Orientierungen und Konzepte, die sich in den vergangenen Jahrzehnten bewährt haben, erweisen sich als wertlos.

(nach: Hans-Peter Martin/Harald Schumann: Der Feind sind wir selbst, in: Spiegel-Spezial Nr. 4/1993, S. 14–16)

1. „Die Welt wird eins – doch die eine Welt zerfällt.“ Erläutern Sie diese widersprüchlich anmutende These.
2. Setzen Sie sich mit folgenden Thesen auseinander:
„Die Industrieländer müssen Abstriche in ihrem Lebensstandard hinnehmen, die Entwicklungsländer die Befriedigung der Grundbedürfnisse als oberstes Fernziel akzeptieren.“
„Wirtschaftliche und soziale Fortschritte in den Entwicklungsländern sind ohne weitere Fortschritte in den Industrieländern nicht denkbar. Die weitere Entwicklung muss und kann auf ökologisch verträgliche Weise erfolgen.“

5. Neuer Wein in alten Schläuchen? – Die UNO an der Schwelle des 21. Jahrhunderts

„Ich hoffe, dass es einen 50. Jahrestag der Vereinten Nationen geben wird, und ich hoffe, dass es dann Vereinte Nationen sein werden, denen das an die Hand gegeben wurde, was sie brauchen, um das zu tun, was wir von ihnen erwarten." So der langjährige philippinische Außenminister Carlos Romulo, einer der Gründungsväter der UNO (United Nations Organization), zu deren 40. Jahrestag im Jahre 1985. Der erste Wunsch des einstigen Präsidenten der UNO-Generalversammlung hat sich erfüllt, der zweite (noch) nicht.

Vereinte Nationen

Am Ende des Zweiten Weltkrieges hatten sich 51 Staaten in den Vereinten Nationen zusammengefunden, um die Welt vor neuen Kriegen zu bewahren, die Menschenrechte zu schützen, den sozialen Fortschritt und einen besseren Lebensstandard in größerer Freiheit zu fördern. Tatsächlich hat die Weltorganisation in den ersten 50 Jahren ihres Bestehens zahlreiche Konflikte entschärft, vielleicht sogar manchen Krieg verhindert. Sie hat Millionen von Menschen vor dem Hungertod und vor mörderischen Seuchen bewahrt, und sie hat in der internationalen Politik die Menschenrechte zum Thema gemacht.

Ungeachtet dieser und vieler anderer Erfolge und Leistungen wurden die Vereinten Nationen in den fünfzig Jahren ihres Bestehens oft genug der Weltöffentlichkeit als Prügelknabe vorgeführt. Viel häufiger und nachdrücklicher als ihre Erfolge wurden ihre Misserfolge, ihre Fehlleistungen und Rückschläge herausgestellt. Ihr Scheitern in diesem oder jenem Konflikt, an dieser oder jener Aufgabe wurde immer wieder als Beweis für das Scheitern der Idee der Vereinten Nationen selbst genommen. Die Frage ihrer Existenzberechtigung beschäftigte viele Politiker und Kommentatoren oft mehr als die Frage ihrer Reform, d.h. die Frage, wie die Vereinten Nationen für den Umgang mit den Weltproblemen besser gerüstet werden können.

Weltprobleme

An der Schwelle des 21. Jahrhunderts sind die Weltprobleme, die nicht oder nur unzureichend im nationalen Alleingang gelöst werden können, immer umfangreicher und komplizierter geworden. Zu ihnen gehören vor allem die explosionsartige Bevölkerungsentwicklung, die wachsende Massenarmut, die anschwellenden Flüchtlingsströme, die unkontrollierte Ausweitung der Massenvernichtungswaffen, das zunehmend international auftretende organisierte Verbrechen, die zahllosen religiösen und ethnischen Konflikte und ihre gewaltsame Austragung in immer mehr Kriegen, die Zerstörung unserer natürlichen Umwelt. Viele dieser Probleme waren vor 50 Jahren noch gar nicht vorhanden, zumindest aber nicht absehbar. Das UNO-System ist daher auch gar nicht auf ihre optimale Bewältigung hin angelegt.

Formal höchstes Gremium der Vereinten Nationen ist die jährlich einmal tagende UNO-Generalversammlung. In ihr sind alle mittlerweile 185 Mitgliedsländer nach dem Prinzip „ein Land, eine Stimme" gleichberechtigt vertreten. Die Generalversammlung ist als ein Forum beschrieben worden, auf dem diskutiert, aber politisch nichts entschieden wird. Denn nach der UNO-Charta kann sie die Angelegenheiten der Vereinten Nationen nur allgemein erörtern, ihre Entschließungen sind unverbindlich. Allerdings können diese den Mitgliedsländern der Vereinten Nationen als völkerrechtliche Abkommen zur Unterzeichnung vorgelegt werden. Sie treten dann als völkerrechtliche Verträge in Kraft, sobald eine im jeweiligen Einzelfall festgelegte Anzahl von Staaten die Ratifikationsurkunde hinterlegt hat. Auf diese Weise hat die Generalversammlung einen erheblichen Beitrag zur Ausbildung des Völkerrechts geleistet. Aber auch ihre Funktion als „Forum der Welt" ist nicht zu unterschätzen, denn sie ist die einzige institutionalisierte Möglichkeit der Völker, untereinander ins Gespräch zu kommen oder im Gespräch zu bleiben.

UNO-Generalversammlung

„Forum der Welt"

Politisch gewichtiger als die Generalversammlung ist jedoch der Weltsicherheitsrat. Ihm gehören fünf ständige Mitglieder an, nämlich die USA, Großbritannien, Frankreich, Russland und die Volksrepublik China. Diese Staaten verfügen jeweils über ein Vetorecht und können daher Entscheidungen des Rates jederzeit verhindern, was vor allem während des Kalten Krieges oft zu dessen Lähmung führte. Daneben hat der Weltsicherheitsrat noch zehn nichtständige Mitglieder, die jeweils für zwei Jahre gewählt werden und abstimmungsberechtigt sind. Diese können jedoch gegen ihnen unerwünschte Beschlüsse kein Veto einlegen.

Weltsicherheitsrat

Nach der UNO-Charta kann der Weltsicherheitsrat gegen Mitgliedsländer, die den Frieden bedrohen oder ihn brechen, Zwangsmaßnahmen ergreifen. Dieses Konzept der „kollektiven Sicherheit", den Frieden notfalls mittels militärischer oder nichtmilitärischer Sanktionen durch die Völkergemeinschaft zu erzwingen, wurde später durch das in der politischen Praxis bedeutsamere „peacekeeping"-Konzept ergänzt. Danach werden UNO-Friedenstruppen im Einvernehmen mit den Konfliktparteien in den jeweiligen Krisenregionen mit dem begrenzten Auftrag stationiert, die Einhaltung der vereinbarten Waffenruhe zu überwachen und das Aufflackern von Gewaltsamkeiten zu verhindern („Blauhelmmissionen"). Bei Zustimmung der Konfliktparteien sind Blauhelmmissionen – entgegen des Verbots von Interventionen in innere Angelegenheiten eines Mitgliedslandes – auch in Bürgerkriegen möglich.

Konzept der „kollektiven Sicherheit"

„peace-keeping"-Konzept

Auf Empfehlung des Weltsicherheitsrates wählt die Generalversammlung den UNO-Generalsekretär. Er ist nicht nur der oberste Verwaltungsbeamte der Weltorganisation, er kann auch politisch aktiv werden, z.B. kann er jede Angelegenheit vor den Weltsicherheitsrat bringen, die seiner Einschätzung nach friedensbedrohend ist. – Daneben verfügen die Vereinten Nationen über mehr als 70 Nebenorganisationen, die als Hilfs- und Sonderorganisationen auf Teilgebieten des UN-Aufgabenbereichs aktiv werden.

UNO-Generalsekretär

Zu den wichtigsten Reformvorschlägen, die das UNO-System für die Bewältigung der gegenwärtigen Weltprobleme tauglicher machen sollte, gehören:

Reform des UNO-Systems

- Eine Reform des Weltsicherheitsrates; es geht um das Problem der regionalen Ausgewogenheit in seiner Zusammensetzung, um die Erweiterung des Kreises der ständigen und nichtständigen Mitglieder und um die Frage, wie ein Missbrauch des Vetorechts verhindert werden kann.

- Die Bildung einer dem Weltsicherheitsrat unmittelbar unterstehenden Eingreiftruppe, deren schneller Einsatz eine Eskalation von Krisensituationen rechtzeitig verhindern soll; sie ist als Ergänzung der regulären Blauhelmmissionen gedacht.
- Die Schaffung eines dem Weltsicherheitsrat vergleichbaren Rates für wirtschaftliche Sicherheit und eines Rates für soziale Sicherheit mit dem Ziel, die verschiedensten UN-Aktivitäten zu koordinieren und zu überwachen. Die Sonderorganisationen sollen verpflichtet werden, dem zuständigen Rat zu berichten und die relevanten Fragen mit ihm zu erörtern.
- Die Bewältigung der Finanzmisere. Die Zahlungsmoral vieler UNO-Mitgliedsländer, allen voran die USA, ist schlecht; außerdem wurden die Mittel seit 15 Jahren nicht mehr erhöht, vom Inflationsausgleich einmal abgesehen. Der Etat der Vereinten Nationen ist geringer als der der Polizei und der Feuerwehr in New York.

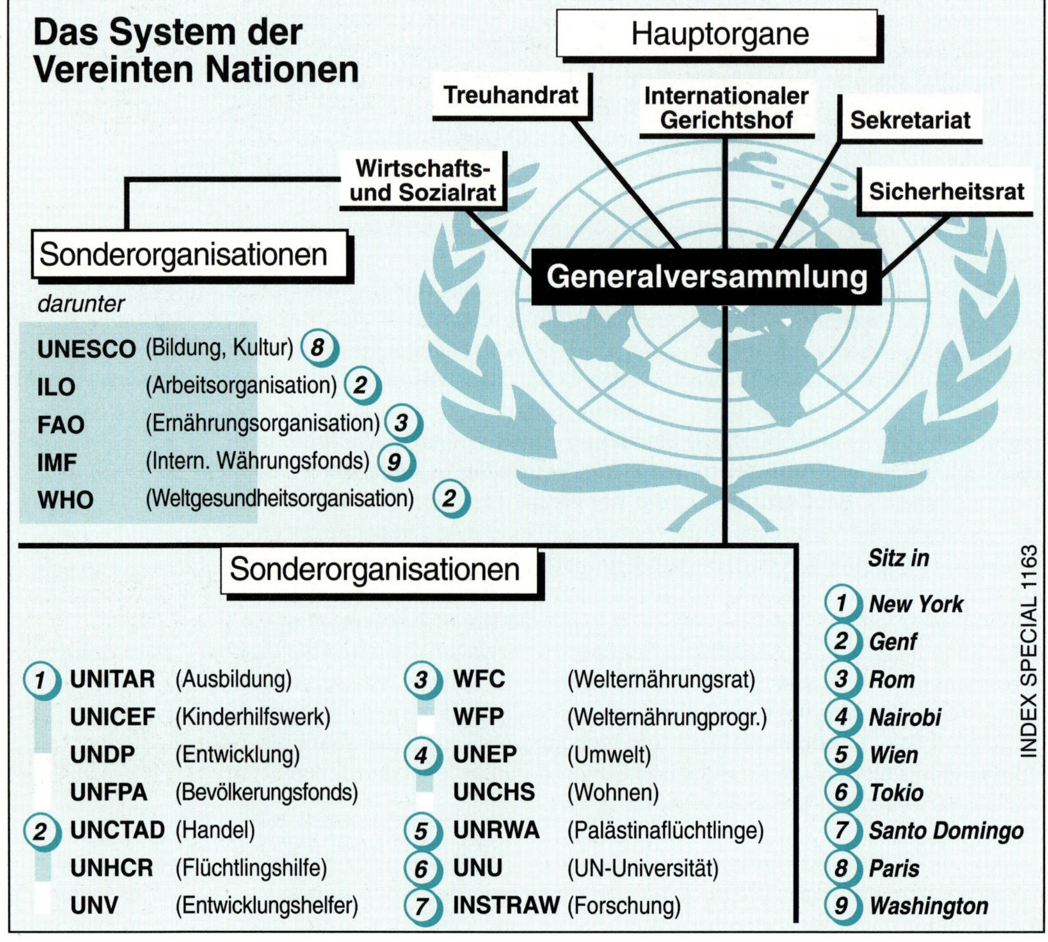

MATERIAL 12 Karikatur zum 50. Jahrestag der UNO

1. Welche Probleme der Vereinten Nationen werden in der Karikatur angesprochen?
2. Welches Bild der Weltorganisation vermittelt die Karikatur? Setzen Sie sich mit der Sichtweise des Karikaturisten auseinander.

MATERIAL 13 Interview mit Sadako Ogata, Hochkommissarin des UN-Flüchtlingswerks (UNHCR)

Sie ist die mächtigste Frau der UNO: Die Japanerin Sadako Ogata ist als Hochkommissarin für weltweit 27 Millionen Flüchtlinge zuständig. Während die afrikanischen Länder Millionen von Flüchtlingen aufnehmen, beklagt sie die nachlassende Bereitschaft der westlichen Industrienationen. BRIGITTE-Autorin Angelika Gardiner sprach mit Sadako Ogata in Genf.

Wenn es sein muss, stülpt sie sich einen Helm auf den Kopf und zieht eine kugelsichere Weste an: Sadako Ogata ist da völlig uneitel. Ob in Elendslagern der Krisengebiete oder ihrer Genfer Chefetage – wer nicht weiß, dass er es mit einer der wenigen echten Führungspersönlichkeiten zu tun hat, könnte die kleine grauhaarige Japanerin glatt übersehen.

Doch nach wenigen Minuten, das bestätigen auch ihre engsten Mitarbeiter, ist selbst kriegstreibenden Rambos aus aller Welt klar, dass das Lächeln dieser Frau nicht unbedingt Entgegenkommen bedeutet. Die 68-Jährige weiß genau, was sie will und wie sie es durchsetzen kann. In allererster Linie geht es ihr darum, den Millionen kleiner Leute zu helfen, die in jedem Krieg die Zeche bezahlen müssen. Sadako Ogata hat in Japan und den USA studiert und gelehrt. →

Bereits vor Jahrzehnten befasste sie sich als Wissenschaftlerin und später im Auftrag der japanischen Regierung mit Menschenrechten und internationalen Beziehungen.
Mit ihrer stillen, höflichen Entschlossenheit hat die ehemalige Politik-Professorin den Handlungsspielraum ihrer Organisation in nur fünf Amtsjahren erheblich erweitert. Während sich das UNHCR früher hauptsächlich um Menschen kümmerte, die bereits auf der Flucht außer Landes waren, mischen sich Frau Ogatas Emissäre heute auch in Bürgerkriegen ein, sobald Zivilbevölkerung bedroht ist. Damit es gar nicht erst so weit kommt, versucht das UNO-Flüchtlingswerk neuerdings auch, schon im Vorfeld bewaffneter Konflikte aktiv zu werden.

BRIGITTE: Seit 1970 hat sich weltweit die Zahl der Flüchtlinge verzehnfacht. Wie erklären Sie diesen ungeheuren Zuwachs?
SADAKO OGATA: Es stimmt, die Zahl der Flüchtlinge hat sehr zugenommen. Nach dem Kalten Krieg war der globale Konflikt beendet, aber jetzt erleben wir zahlreiche ethnische und religiöse Verfolgungen. Das UNHCR ist derzeit weltweit für etwa 27 Millionen Menschen zuständig. 14,5 Millionen Menschen mussten ihr Land verlassen. Wir zählen heute aber auch weit über fünf Millionen Binnenflüchtlinge hinzu, die innerhalb ihres Heimatlandes vertrieben wurden, weil die staatlichen Strukturen zusammengebrochen sind oder weil Bürgerkrieg herrscht. Und dann gibt es noch die Rückkehrer, die lange im Ausland leben mussten. Denken Sie nur an Mosambik, dessen Flüchtlinge auf sechs Nachbarstaaten verteilt waren, oder an die Bosnier, die nach dem Krieg in ihrem Land wieder nach Hause gehen. Allen diesen Menschen müssen wir beim Neubeginn in ihrer Heimat ebenfalls helfen.
Wird die Welt auf Dauer mit solchen gewaltigen Flüchtlingsströmen leben müssen?
Flucht und Vertreibung wird es immer geben. Wir hoffen aber, in Zukunft durch unser Handeln dazu beitragen zu können, das Entstehen solch riesiger Fluchtbewegungen zu verhindern.
Gleichzeitig lässt aber die Bereitschaft westlicher Regierungen nach, Flüchtlinge aufzunehmen.
Das macht uns große Sorgen. Denn besonders die Industrieländer Westeuropas sind von einigen Schauplätzen ethnischer Vertreibung nicht weit entfernt. Allein der Krieg mitten in Europa hat vier Millionen Menschen zu Flüchtlingen und Vertriebenen werden lassen. Aber auch weiter östlich wachsen in verschiedenen Ländern der früheren Sowjetunion die Spannungen.
Was können Sie denn tun, um die Aufnahmebereitschaft der Länder zu erhöhen?
Ich denke, die Industrieländer müssen erkennen, dass sie zweierlei beitragen können. Wer wirklich Asyl braucht, soll es bekommen. Die Hilfe der Industrienationen ist aber auch direkt in den Krisenregionen gefragt. Zum Beispiel müssen die Nachbarländer unterstützt werden. Ich habe großen Respekt vor afrikanischen Ländern, wie Tansania, deren Bevölkerung viele Opfer für die Flüchtlinge aus Ruanda gebracht hat. Zaire in Afrika und Iran im Nahen Osten haben in der jüngsten Vergangenheit mehr Flüchtlinge untergebracht als irgendein anderes Land auf der Welt. Diese Länder brauchen unsere Hilfe genauso wie die Menschen in den Kriegsgebieten.
Was halten Sie von den Lebensbedingungen, die den Flüchtlingen bereitgestellt werden? Oft sind sie ja auf engstem Raum zusammengepfercht.
In den Lagern geht es ihnen mit Sicherheit besser als dort, wo sie herkommen, denn da wurden sie verfolgt, und es herrschte Krieg. Wo aber plötzlich so viele Menschen versorgt werden müssen, wird auch die Umwelt zerstört. Ganze Wälder verschwinden, weil die Flüchtlinge Brennholz brauchen. Schulen werden als Notunterkünfte oder Krankenhäuser zweckentfremdet, und dadurch haben einheimische Kinder keinen Unterricht. Da muss die internationale Gemeinschaft auch den aufnehmenden Ländern Solidarität erweisen. Die Europäer brauchen sich doch nur vorzustellen, wie das wäre, wenn auf einmal eine Million Menschen über ihre Grenzen strömten! ...
Was erwarten Sie von der Europäischen Union konkret?
Europa hat eine lange Tradition der humanitären Hilfe. Dieser Grundgedanke, anderen Menschen in Not solidarisch beizustehen, muss wieder gestärkt werden. Man darf nicht vergessen, dass die Welt ziemlich klein ist – was in dem einen Land passiert, berührt auch die Nachbarstaaten. Im Prinzip geht es heute darum, den Ländern bei der Bewältigung innerer Spannungen zu helfen und sowohl extreme Armut als auch extreme Ungerechtigkeit zu beseitigen. Denn wer seinen Wohlstand nicht mit anderen teilt, riskiert potentiell gefährliche Bevölkerungsbewegungen, die schlimme Folgen haben können.
Was war die erfolgreichste Aktion des UNHCR in den letzten Jahren?
Da gab es einige. Ich glaube, den Flüchtlingsstrom von Ruanda nach Tansania im April 1994 haben wir sehr gut bewältigt. Da mussten wir an einem Tag eine Viertelmillion Menschen unterbringen. Die Koordination mit den anderen Hilfsorganisationen lief sehr gut, und wir waren gut vorbereitet. Drei Monate später, als noch einmal innerhalb weniger Tage eine Million Menschen flüchteten, waren wir allerdings total überfordert. Wir hatten unsere Kapazitäten überschätzt und mussten dann Regierungen bitten, Transportflugzeuge und Truppen zu schicken. Erst zwei Monate später hatten wir die Lage unter Kontrolle. Das war eine wichtige Lektion für uns. Wir haben daraus gelernt, rechtzeitig die eigenen Grenzen zu sehen und mit anderen zusammenzuarbeiten.
Das UNHCR wird heute politisch deutlich ernster genommen als vor Ihrem Amtsantritt vor fünf Jahren. Wieso?
Wir reden nicht viel, sondern wir tun was. Das ist das Wichtigste. Da wir zu 98 Prozent von freiwilligen Finanzhilfen leben, müssen wir auch unsere Geber durch Leistungen überzeugen. Vor allem in Deutschland ist die Bevölkerung da sehr aufgeschlossen. In der Ruanda-Krise haben wir viele Spenden von Privatpersonen bekommen. Und wenn die Bevölkerung sich einsetzt, setzen sich auch Regierungen ein.
Das UNHCR ist der Satzung nach politisch neutral. Wie ist das bei Ihrer Aufgabenstellung überhaupt möglich? →

Ich weiß eigentlich nicht, was damit gemeint ist. Wenn wir völlig neutral wären, könnten wir nicht erfolgreich arbeiten. Man muss die politischen Realitäten sehr gut im Blick haben, um humanitäre Hilfe leisten zu können.
Wie ist das für Sie, wenn Sie mit Kriegstreibern und ähnlichen Leuten verhandeln müssen?
Es stimmt schon, dass ich nicht nur mit Engeln spreche, sondern mich oft auch mit unangenehmen und schwierigen Leuten auseinandersetzen muss, aber das gehört eben zu meinem Job. Wir verhandeln mit allen Seiten. In Ex-Jugoslawien zum Beispiel haben wir immer engen Kontakt zu Moslems, Kroaten und auch Serben gehalten. Das heißt nicht, dass wir mit ihnen übereinstimmen. Aber ohne diese Konsultationen hätten wir nichts für die Flüchtlinge tun können. Ich bin durchaus stolz darauf, dass wir diesen ständigen Dialog hatten, selbst wenn es manchmal schwierig war. Und dabei stehen wir grundsätzlich auf der Seite der Opfer. Ich weiß nicht, ob man das neutral nennen kann.

(aus: Brigitte Nr. 14/1996, S. 71ff.)

1. Womit begründet Sagato Ogata die Veranwortung der Völkergemeinschaft für das Flüchtlingsproblem?
2. Informieren Sie sich über die im Interview genannten Konfliktherde und über die Tätigkeit weiterer UNO-Institutionen in diesen Krisengebieten.
3. Vergleichen Sie das durch Interview und Karikatur (S. 205) jeweils vermittelte Bild der UNO-Tätigkeit.
4. Beschaffen Sie sich arbeitsteilig Material über einige der im Schaubild auf Seite 204 genannten UNO-Institutionen und berichten Sie Ihren Mitschülern jeweils in einem Kurzreferat über diese.

MATERIAL 14 Bundespräsident a.D. Richard von Weizsäcker über die Reform der Vereinten Nationen

Am Ende des Zweiten Weltkrieges fanden sich die Siegermächte zusammen, um mit Hilfe der neu gegründeten Organisation der Vereinten Nationen ein weltweit wirksames Instrument zur Verhinderung eines dritten Weltkrieges zu schaffen. ... Der Begriff der Sicherheit für die Völker wurde fast ausschließlich militärisch definiert. Gefahren für die Sicherheit erkannte man lediglich in kriegerischen Konflikten.
Nach einem halben Jahrhundert ist es wohl an der Zeit, Entwicklung und Aufgaben der Weltorganisation neu zu überdenken und deren Strukturen der veränderten Weltlage anzupassen. Die Mehrheit der Völkergemeinschaft wird in ihrer Sicherheit heute durch Gefahren bedroht, die man vor fünfzig Jahren noch gar nicht wahrnahm. Die explosionsartige Zunahme der Weltbevölkerung, die Armut vor allem in der südlichen Hemisphäre, eine immer ungleichere Verteilung der wirtschaftlichen Gewichte, die Verschwendung der natürlichen Ressourcen, die Gefahren für Klima und Umwelt – keine dieser Sicherheitsbedrohungen wurde bei der Begründung der UNO ernsthaft ins Auge gefasst, ja auch nur erkannt. Gleichzeitig aber werden sie immer größer, denn die Abhängigkeiten aller von allen sind stetig im Wachsen begriffen. ...
Das Leitmotiv eines umfassenden Begriffs menschlicher Sicherheit sollen die UNO in ihren Strukturen widerspiegeln: Ein Wirtschaftsrat und ein Sozialrat sollen neben den Sicherheitsrat treten, alle drei unterstützt von einem gemeinsamen Sekretariat. Dieses Sekretariat wäre auch verantwortlich für eine integrierte Analyse und Bewertung der sicherheitspolitischen, wirtschaftlichen und sozialen Aspekte der menschlichen Sicherheit.

(aus: Richard von Weizsäcker, Alles steht und fällt mit dem politischen Willen der Mitglieder. UN-Reform als Vorbereitung auf die nächsten 50 Jahre, in: „Vereinte Nationen“ Nr. 5–6/1995, Nomos-Verlagsgesellschaft, S. 179–183)

1. Womit begründet Richard von Weizsäcker die Notwendigkeit, Entwicklung und Aufgaben der Vereinten Nationen neu zu überdenken?
2. Begründen Sie seinen Reformvorschlag einer Trias aus Sicherheits-, Sozial- und Wirtschaftsrat.
3. Erörtern Sie, welche Vorstellungen von Frieden hinter den Vorschlägen Richard von Weizsäckers stecken.

Schlagwortverzeichnis